Priska Beirer

Die Amts- und Staatshaftung für Unterlassungen

Schadenersatzforderungen gegen den Staat für Unterlassungen. Eine Darstellung der österreichischen und europäischen Rechtslage.

disserta Verlag

Beirer, Priska: Die Amts- und Staatshaftung für Unterlassungen: Schadenersatzforderungen gegen den Staat für Unterlassungen. Eine Darstellung der österreichischen und europäischen Rechtslage.
Hamburg, disserta Verlag, 2015

Buch-ISBN: 978-3-95935-038-9
PDF-eBook-ISBN: 978-3-95935-039-6
Druck/Herstellung: disserta Verlag, Hamburg, 2015

Bibliografische Information der Deutschen Nationalbibliothek:
Die Deutsche Nationalbibliothek verzeichnet diese Publikation in der Deutschen Nationalbibliografie; detaillierte bibliografische Daten sind im Internet über http://dnb.d-nb.de abrufbar.

Hermannstal 119k, 22119 Hamburg
http://www.disserta-verlag.de, Hamburg 2015
Printed in Germany

INHALTSVERZEICHNIS

I Einleitung

1 Einführende Worte

Die Amtshaftung ist eine Ausprägung des rechtstaatlichen Grundprinzips. Daher scheint es zunächst nachvollziehbar, logisch und klar zu sein, dass der Staat zu haften hat, wenn er seinem Bürger durch rechtswidriges Handeln schuldhaft einen Schaden zuführt. Denn nicht immer ist dem Rechtsschutz der Bürger vor ungerechtfertigten, rechtswidrigen staatlichen Eingriffen mit den gewöhnlichen Schutzeinrichtungen genüge getan.[1] Der Bürger soll einen Schutz erhalten gegen hoheitliche Eingriffe! Aber was ist, wenn notwendige Eingriffe seitens des Staates unterlassen werden? Was das Handeln der Behörden betrifft, wo es also um eine tatsächliche schädigende Tätigkeit und ein Übermaß an Eingriffen geht, ist die Rechtslage „relativ" klar. Anders sieht dies beim „Nicht-Handeln" aus!

Wie *Rebhahn* treffend festhält, kann der Bürger auch durch ein zu geringes Eingreifen geschädigt werden, nämlich dann, wenn dieser Schaden bei entsprechendem Einsatz staatlicher Organe wahrscheinlich vermieden worden wäre.[2] Entscheidend dabei ist immer die unterlassene Maßnahme der Gefahrenabwehr: Die Gewerbebehörde schreitet gegen eine konsenslose Betriebsanlage nicht ein, Gesundheitsschäden sind die Folge. Eine Bank wird insolvent, der Ausfall der Gläubiger hätte aber durch eine gehörige Bankenaufsicht vermieden werden können. In einer Gaststätte fehlt der im Bewilligungsbescheid auferlegte Handlauf an einer Treppe, ein Besucher stürzt, eine Überprüfung der Auflage hätte dies wahrscheinlich verhindert. Wird ein Bürger nun krank oder stirbt sogar oder wird die Bank insolvent und hätte all dies durch staatliches Handeln vermieden werden können, werden sich der Geschädigte oder seine Hinterbliebenen fragen, ob er nicht neben oder anstelle des unmittelbaren Schädigers auch den viel liquideren Staat in Anspruch nehmen soll. Denn hätte das staatliche Organ gehandelt, wäre sein Schaden nicht eingetreten.[3]

Das Problem bei Amtshaftungsansprüchen wegen Unterlassungen ist nun aber Folgendes: Damit eine Haftung für ein Unterlassen des Staates begründet werden kann, muss zunächst eine Pflicht zum Tätigwerden bestehen, damit eine Rechtswidrigkeit gegeben ist. Und genau hier liegt die zentrale Fragestellung. Nicht immer, wenn der OGH einen Anspruch zuerkannt hat, lag auch eine konkrete gesetzliche Pflicht zu genau diesem Handeln vor. Vielmehr wird oft ein Ermessen, dem eigentlich eine Handlungsfreiheit zu Grunde liegt, zur Pflicht. Diese Pflicht wurde den Behörden vom OGH in vielen Fällen regelrecht „auferlegt" und die Rechtsprechung somit sehr klägerfreundlich. Durch diese weite Rechtsprechungslinie wird die Frage „Wann muss der Staat handeln?" (und in Folge natürlich auch: „Wann handelt er zu

[1] *Paar,* Grundzüge des Amtshaftungsrechts (2010) 1.
[2] *Rebhahn,* Staatshaftung wegen mangelnder Gefahrenabwehr: eine Studie insbesondere zur österreichischen Amtshaftung mit einem Beitrag zum Kausalzusammenhang im Schadenersatzrecht (1997) 1.
[3] *Rebhahn,* Staatshaftung 1.

viel?") für den Staat immer schwieriger zu beantworten. Aufgabe der Judikatur wäre es nach *Rebhahn* auch, diesen Handlungsspielraum nicht allzu sehr einzuschränken oder gar verschwinden zu lassen.[4] Ob dies gelingt, gilt es hier aufzuzeigen.

Sinn und Zweck des Schutzzwecks der Norm ist es eigentlich, eine Ausweitung bzw eine Uferlosigkeit der Haftung zu vermeiden und damit einzugrenzen.[5] Leider hat man in Bezug auf die Amtshaftung für Unterlassungen eher das Gefühl, dass, über den Schutzzweck der Norm argumentiert, die Haftung ausgedehnt und somit stark klägerfreundlich ausgestaltet wird. So sehr, dass sich sogar der Gesetzgeber veranlasst sieht einzuschreiten und entsprechende Normen zu erlassen, die die vom OGH ausgeweitete Haftung wieder einschränkt, in dem das Gesetz den Schutzzweck regelt.[6]

Aber nicht nur im innerstaatlichen Recht gibt es die Möglichkeit, sich Schäden vom Staat ersetzen zu lassen. Ein weiterer wichtiger Aspekt in diesem Zusammenhang ist daher die Staatshaftung auf europäischer Ebene. Auch hier ahndet der EuGH Unterlassungen des Staates, wenn dieser zB eine RL nicht umsetzt oder eine VO nicht anwendet, also untätig bleibt.[7] Die erste Entscheidung hierzu wurde im „Francovich"-Urteil getroffen, kurz danach folgte das „Brasserie du pêcheur"-Urteil. Diese Urteile legten den Grundstein für die Staatshaftung im unionsrechtlichen Bereich. In weiteren Entscheidungen wurden Grundsätze manifestiert und weiter ausgearbeitet, auch Österreich war und ist von Staatshaftungsklagen betroffen. Besondere Probleme ergeben sich in Bezug auf Österreich bei der Durchsetzungen der unionsrechtlichen Staatshaftungsansprüche vor den nationalen Gerichten. Der Verfassungsgerichtshof hat zwar Kriterien zur Zuständigkeit der Gerichte entwickelt, dennoch sorgen diese Kriterien immer noch nicht für eine lückenlose Klarheit. Aus Gründen der Vollständigkeit, wird daher im Rahmen dieser Arbeit auch auf die Staatshaftung eingegangen.

2 Der Ausgangspunkt oder der Stein des Anstoßes: Der Handlauffall[8]

Ausgangspunkt und Motivation dieser Dissertation ist der berühmte „Handlauffall". Es gilt zu untersuchen, wie der Handlauffall die Judikatur verändert hat und wie auf die schon bei *Rebhahn* angeführte Kritik reagiert wurde. Der Handlauffall ist einer der ersten Entscheidungen, in der, der OGH aus einem bloßen Ermessen über den Schutzzweck der Norm eine Pflicht der Behörden abgeleitet hat und damit Amtshaftung zuerkannt hat.

---

[4] *Rebhahn*, Haftung für fehlerhafte Staatsaufsicht, in *Holoubek/Lang* (Hrsg), Organhaftung und Staatshaftung in Steuersachen (2002) 279.
[5] *Koziol*, Haftpflichtrecht I^3 (1997) Rz 8/18 ff.
[6] Vgl zB § 3 FMABG idF BGBl I 33/2005 und in der neuen Fassung BGBl I 136/2008.
[7] *Kucsko-Stadlmayer*, Voraussetzungen der Staatshaftung, in *ÖJK* (Hrsg), Staatshaftung (2004) 8.
[8] OGH 09.06.1992, 1 Ob 16/92, JBl 1993, 320 (Anm *Rebhahn*).

Um den Zusammenhang und das Grundproblem dieser Dissertation verstehen zu können, wird dieses Urteil hier genauer erläutert.

2.1 Vorbemerkung

Zuvor gilt es aber noch, den Begriff des „Ermessens“ kurz zu erörtern, da dieser Begriff eine zentrale Rolle einnimmt. Das öffentliche Recht kennt keine endgültige und für alles anwendbare Definition des Ermessens. Viel mehr führen Ermessen und undefinierte Gesetzesbegriffe dazu, dass das Legalitätsprinzip des Art 18 B-VG abgeschwächt wird und den Behörden dabei ein größerer Gestaltungsspielraum zukommt, als dies eine enge Auslegung des Art 18 B–VG nahe legen würde. In Art 130 Abs 2 B-VG führt das Ausüben eines freien Ermessens nicht zur Rechtswidrigkeit eines Bescheides, wenn dieses Ermessen im Sinne des Gesetzes ausgeführt worden ist. Wird ein Ermessen eingeräumt, so kann die Behörde ihre Entscheidung selbst treffen und zwischen verschiedenen rechtlich jedoch gleichstehenden Möglichkeiten auswählen. Darf die Behörde tätig werden, muss es aber nicht, spricht man von Handlungsermessen, muss sie tätig werden, kann aber zwischen verschiedenen Entscheidungen wählen, spricht man von Auswahlermessen. Indizien für das Vorliegen von Ermessen liefern Ausdrücke, wie „die Behörde kann…“, während Ausdrücke wie „die Behörde hat…“ eher auf eine gebundene Entscheidung hindeuten.[9] Allerdings sind diese Formulierungen als Richtlinie und Orientierungshilfe zu verstehen.[10] ME ergibt sich aus der Ermächtigung, ein Ermessen auszuüben, auch implizit die Pflicht dieses Ermessen pflichtgemäß auszuüben. Ermessen bedeutet daher nicht „Narrenfreiheit“ der Behörde, auch aus Art 130 B-VG ergibt sich, dass Rechtswidrigkeit nur dann nicht vorliegt, wenn vom Ermessen „im Sinne des Gesetzes Gebrauch gemacht“ wird. Dennoch setzt ein Ermessen mE immer eine Art „Freiheit“, genauer eine Entscheidungsfreiheit voraus. Sprich eine Freiheit, in der die Behörde nach eigenem Ermessen die Entscheidung treffen kann. Sei es, ob sie überhaupt tätig wird (Handlungsermessen) oder welche von mehreren Möglichkeiten sie als Grundlage für ihre Entscheidung heranzieht (Auswahlermessen). In den Fällen, die hier behandelt werden, ist, wie noch zu zeigen sein wird, diese Freiheit durch die „Pflichtenauferlegung“ und der damit einhergehenden und vom OGH auferlegten, wie ich sie nenne, „Pflicht zur einzig richtigen Handlung“, oft eingeschränkt, weil die Behörde hier keine Entscheidungsfreiheit mehr hat. Problematisch ist dies deshalb, weil diese Freiheit, die ein Ermessen typischerweise mit sich bringt, eigentlich nicht mehr vorhanden ist. Dies sollte aber nicht in jedem Fall zu einer abstrakten Pflicht führen, denn dies würde die Eigenschaft des Ermessens geradezu konterkarieren. Es kann aber in Einzelfällen berechtigt sein, eine konkrete Pflicht zu begründen. Eine konkrete Pflicht lässt sich aber nur dann ableiten, wenn die Unterlassung als Ermessensfehler gewertet werden kann, somit ein Ermessens- und Entscheidungsspielraum kaum oder viel eher nicht mehr vorhanden ist, da nur eine einzige richtige Handlungsmöglichkeit gegeben ist und damit die „Pflicht zum einzig richtigen

[9] *Kahl/Weber*, Allgemeines Verwaltungsrecht[3] (2011) Rz 162 ff.
[10] ZB VwGH 16.03.2005, 2004/12/0004.

Handeln" entsteht. Allerding konterkariert auch dies, das hier aufgezeigte Verständnis von Ermessen. Ist in weiterer Folge hier von Ermessen die Rede, so ist diese hier erörterte Definition anzuwenden.

Nun hatte der OGH also im Handlauffall zu prüfen, ob der Behörde ein etwaiger Ermessensfehler unterlaufen ist und diese somit sorgfaltswidrig nicht gehandelt hat.[11]

2.2 Der Sachverhalt

Der Gast einer Gaststätte stürzte auf dem Weg zur Toilette die Kellertreppe hinunter und hatte sich dabei schwer verletzt. An den Folgen dieser Verletzungen starb er wenige Tage später. Zum Unfallzeitpunkt hatte der Gast rund 3 Promille Alkohol im Blut.

Ca acht Monate vor diesem Zwischenfall wurde dem Gaststättenbetreiber eine Betriebsanlagengenehmigung mittels Bescheid ausgefertigt, unter anderem mit der Auflage einen durchgehenden Handlauf an der besagten Kellertreppe anzubringen. Diese Auflage hatte der Wirt nie erfüllt und auch die Behörde hatte die Erfüllung der Auflage nie nachgeprüft und das, obwohl es der Wirt mit der Einhaltung von Ge- und Verboten schon in der Vergangenheit nicht so ernst genommen hat. Schließlich betrieb er jahrelang seine Gaststätte ohne Betriebsanlagengenehmigung, weshalb sogar ein Straferkenntnis gegen ihn erlassen wurde.

2.3 Die rechtliche Beurteilung

Der OGH war der Meinung, dass die mangelnde Überwachung der Auflage „in der Tat eine Unterlassung pflichtgemäßen Organverhaltens" aufzeigt.[12] Dafür führte er zwei Argumente an:

Erstens war nach § 77 Abs 1 GewO (in der damals geltenden Fassung) eine Betriebsanlage, wenn von ihr eine Gefährdung von Personen ausging, nur unter bestimmten Auflagen zu genehmigen, welche diese Gefahren ausschlossen. Weiter führte der OGH aus, dass allein eine Überwachung der Auflage eine Befolgung ebendieser gewährt. Außerdem hätte die Behörde befürchten müssen, dass die Auflage nicht eingehalten wird, da der Gaststättenbetreiber auch zuvor nicht sonderlich gesetzeskonform gehandelt hat. Daraus ergibt sich umso mehr eine Pflicht der Behörde Auflagen zu überwachen, vor allem auch um Druck auf den Bescheidadressaten auszuüben, welcher sodann immer mit der Aufdeckung seines Ungehorsams zu rechnen hätte. Zweitens hat der Gesetzgeber der Behörde die

[11] *Rebhahn*, Staatshaftung 470.
[12] JBl 1993, 320 (321).

Möglichkeit gegeben, Maßnahmen (zB Verwaltungsstrafen nach § 367 Z 26 GewO oder Ersatzvornahmen) zu setzten, für den Fall, dass Auflagen nicht eingehalten werden. Diese können aber nur dann verhängt werden, wenn die Auflage auch kontrolliert wird, die Behörde also Kenntnis von der Nichtbefolgung erlangt.

Einwendungen der beklagten Partei, wonach die Behörde zwar zur Kontrolle berechtigt, aber (ohne konkrete Hinweise) nicht verpflichtet ist, entgegnete der OGH, dass es hier um die Überprüfung der Einhaltung von Auflagen geht und nicht um die (periodische) Überprüfung bereits geprüfter Betriebsanlagen. Um Personengefährdungen zu vermeiden, ist es geradezu erforderlich die Auflage zu überprüfen. Anders als die Betriebsanlage selbst wurde die Auflage noch nie überprüft.

Somit legt der OGH der Behörde die Pflicht auf, angeordnete Auflagen „auf geeignete Weise zu überwachen“, wenn es sich, wie hier, um Auflagen handelt, die „zur Vermeidung der Gefährdung der körperlichen Sicherheit von Personen angeordnet wurden.“[13]

Da die beklagte Behörde die Auflage aber eben nicht überwacht hat, ist ihr rechtswidriges Organverhalten anzulasten. Es handelt sich also um eine rechtswidrige Unterlassung der Überwachung. Des Weiteren hat sie es unterlassen, da die Beweislast beim Beklagten liegt, ihr mangelndes Verschulden kund zu tun, weshalb die Haftung für das schädigende, rechtswidrige Organverhalten „ohne weiteres“ anzunehmen ist.

Eine andere Frage, nämlich die der Kausalität, stellt sich nun. Fraglich ist, ob der Sturz des Gastes mit einem angebrachten Handlauf überhaupt verhindert worden wäre, schließlich hatte dieser ca drei Promille Blutalkoholgehalt. Dies würde die beklagte Behörde entlasten. Der OGH lässt die Frage offen und verweist an das Berufungsgericht zurück.

Zudem hatte der OGH Zweifel an der Verfassungskonformität des § 1 Abs 3 AHG. Diese Frage wird hier mangels Einschlägigkeit für das behandelte Thema allerdings nicht weiter erörtert.[14]

2.4 Die Kritik *Rebhahns*[15]

Die Kritik von *Rebhahn* zeigt, dass dieses Urteil einige Fragen aufwirft.

Treffend führt *Rebhahn* aus, dass der OGH ohne ausdrückliche Anordnung im Gesetz die Pflicht zur Überwachung gesundheitsschützender Auflagen bejaht hat. Aber nicht nur das, implizit muss daraus eine weitere Pflicht folgen, nämlich die, Maßnahmen gegen den bescheidwidrigen Zustand zu ergreifen. Nur dann kann von einem rechtswidrigen Unterlassen

[13] JBl 1993, 320 (322).
[14] Außerdem ist § 1 Abs 3 mittlerweile unstrittig anerkannt; VfGH 24.06.1993, G 191/92, G 274/92, VfSlg 13.476/1993.
[15] Glosse in JBl 1993, 320 (324 ff).

gesprochen werden, schließlich hätte die Überwachung alleine noch keinen Schaden verhindert. Zu unterscheiden gilt es nun, die grundsätzliche (abstrakte) Pflicht von der konkreten Pflicht im Einzelfall.

Eine ausdrückliche Anordnung die zur Überwachung von bereits erteilten Auflagen im Allgemeinen verpflichtet, findet sich damals noch nicht in der GewO, genaugenommen findet sich bis zur Novelle 1988[16] gar keine Pflicht, die die Behörde zum Einschreiten oder zum Kontrollieren von Anlagen verpflichtet hätte.[17] Gerade für nicht gefahrengeneigte Anlagen (wie zB ein Gasthaus) fehlte es damals aber auch nach 1988 noch an einer ausdrücklichen Norm. *Rebhahn* meint nun, dass diese Rechtslage dafür sprechen könnte, dass der Gesetzgeber bewusst nur eine Ermächtigung und keine Pflicht eingeführt hat. Vor allem vor dem Hintergrund, dass der Gesetzgeber durchaus ausdrückliche Kontrollpflichten vorschreibt, wenn es ihm nötig erscheint. Außerdem äußert *Rebhahn* „schwerwiegende Bedenken" bei der Ableitung und Begründung der Handlungspflicht, wenn sie sich alleine aus der Ermächtigung zur Gefahrenabwehr ergeben soll. Dies würde bedeuten, dass die Ermächtigung zur Gefahrenabwehr automatisch immer eine Handlungspflicht begründen würde. Diese Argumentation würde zu einem weiten, nämlich überall anwendbaren, Anwendungsbereich führen. Der unterschiedliche Sinngehalt von Ermächtigung und Pflicht muss daher gewahrt bleiben und ein darüber hinwegsetzten mit besonderen Überlegungen begründet werden. *Rebhahn* führt an, dass eventuell § 77 Abs 1 GewO (in der damals geltenden Fassung) einen Ansatz bieten könnte, findet für diese Argumentation, aber reichlich Gegenargumente. Er versucht das Genehmigen von Betriebsanlagen unter Auflagen als gefahrenbegründendes Vorverhalten zu klassifizieren, wobei die Behörde tatsächlich verpflichtet wäre, sich durch Kontrollen um die Gefahrenquelle zu kümmern (Ingerenzprinzip). Allerdings wäre eine Beschränkung der Haftung rein auf gesundheitsschützende Auflagen fraglich, da es keine überzeugende Abgrenzung geben würde, warum nicht die ganze Betriebsanlage überwacht werden muss.

Rebhahn stellt sich auch eine rechtspolitische Frage, nämlich welche Zielsetzung der OGH mit dieser klägerfreundlichen Judikatur verfolgt. Erziehung des Gesetzgebers? Risikotragung durch den Staat von allgemeinen Lebensrisiken? Er äußert dabei besonders Bedenken in Richtung eines totalen Überwachungsstaates, wenn der Staat tatsächlich dazu verpflichtet werden soll „Gefahren (noch) besser zu verhindern".[18]

Weitere Fragen stellen sich laut *Rebhahn* selbst dann, wenn man die Grundthese des OGH teilt. Mit dieser Entscheidung offengeblieben sind die Fragen nach der Intensität und dem Zeitpunkt der Überwachung durch die Behörde. Zudem ist unklar geblieben, wie die Behörde zu reagieren hat, wenn sie eine Nichtbefolgung feststellt. Aus dem Urteil lässt sich dabei nur ableiten, dass 7 Monate nach der Genehmigung zu lange sind und somit die Rechtswidrigkeit

---

[16] Mit dieser Novelle (BGBl Nr 399/1988) wurde in § 82a GewO eine Pflicht zur periodischen Überwachung von (allerdings nur) gefahrengeneigten Anlagen eingeführt.
[17] Heute ist anerkannt, dass § 360 GewO, welcher zur „Herstellung des der Rechtsordnung entsprechenden Zustandes" verpflichtet, auch die Sicherstellung der Einhaltung von (bereits erteilten) Auflagen beinhaltet; Näheres siehe in *Grabler/Stolzlechner/Wendl,* Kommentar zur Gewerbeordnung³ (2011) § 360 Rz 14.
[18] JBl 1993, 320 (325).

begründet, wenn der Beklagte nicht die Einhaltung der gebotenen Sorgfalt oder aber die fehlende Kausalität darlegt. Bei Schutzgesetzen wird generell sehr schnell von einem schutzgesetzwidrigen Zustand auf die Rechtswidrigkeit des kausalen Verhaltens geschlossen. Dies führt zu einer Beweislastumkehr zu Lasten des Beklagten. Diese, so *Rebhahn,* führt im konkreten Fall zu schwerwiegenden Problemen. Weil die Behörde es unterlassen habe, die Einhaltung der gebotenen Sorgfalt zu behaupten, wird ihr rechtswidriges Verhalten angelastet. Die Behörde hat allerdings das Vorhandensein einer Pflicht schon von Grund auf bestritten, daher wird sie logischerweise nicht auch noch behaupten die (bestrittene) Pflicht sorgfaltsmäßig erfüllt zu haben. Die Beklagte hatte also gar keine Möglichkeit auf einen erst von OGH vertretenen Standpunkt angemessen zu reagieren. Die Folge davon, fürchtet *Rebhahn*, wird sein, dass nun beklagte Parteien alles „in eventu" einwenden.

Des Weiteren entscheidend und im Einzelfall konkret zu prüfen ist, „was die Behörde -bei gegebener Sachlage und Ausstattung- wann hätte tun sollen".[19] Es geht dabei also um die konkrete Pflichtbegründung. *Rebhahn* meint hier, dass bei der Durchführung der Pflicht, anders als vom OGH gesehen, sehr wohl ein Ermessen und somit ein Gestaltungsspielraum vorhanden ist, da sich eine Gewerbebehörde einer Statutarstadt im Regelfall um mehr kümmern muss, als um einen bloßen Handlauf. Die Frage wann und wie zu kontrollieren ist, wird der Auslegung im Einzelfall bedürfen und Faktoren wie die Wahrscheinlichkeit und Größe der Gefahr, aber auch die zur Verfügung stehenden Mittel, werden dabei miteinbezogen werden müssen. Hierher gehört dann auch die Bewertung der Tatsache, dass der Gasthausbetreiber nicht gerade „gesetzesfromm" ist, und nicht, wie es vom OGH geprüft worden ist, zur Begründung der (abstrakten) Kontrollpflicht.

2.5 *Eigene Einschätzung*

Von der Frage der Kausalität und der Verfassungskonformität des § 1 Abs 3 AHG abgesehen, ist dieses Urteil schon erstaunlich. Immerhin wurde damit die Grundlage für eine sehr klägerfreundliche Judikaturlinie geschaffen. Auch wenn, wie die Kritik *Rebhahns* zeigt, sehr viele Fragen offen sind, ist es doch eine Tatsache, dass es, über den Schutzzweck der Norm argumentiert, zu einer regelrechten Pflichtauferlegung durch den OGH gekommen ist.

Besonders kritisch sehe ich die Tatsache, dass es zwischen „können" (Ermessen) und „müssen" (Pflicht), einen gravierenden Unterschied und eine klare Abgrenzungen gibt, die man nicht (auch nicht ein Gericht) vermischen sollte. Sicherlich weist ein „kann" nicht mit hundertprozentiger Wahrscheinlichkeit auf ein Ermessen hin, stellt aber mE ein sehr starkes Indiz dahingehend dar.[20] Zudem bin ich mir sicher, dass sich der Gesetzgeber diesen Unterschieden sehr bewusst ist und sich dieser Ausdrücke und Formulierungen daher gezielt bedient. *Rebhahn* sagt zwar, dass eine derartige Verschmelzung unter Darlegung besonderer

[19] JBl 1993, 320 (326).
[20] Vgl dazu auch *Pirker/Kleewein*, Amtshaftung wegen unterbliebener Gefahrenabwehr, ÖJZ 1995, 521 mwN.

Argumente möglich sei, der Versuch ein Beispiel aufzeigen, scheitert in meinen Augen allerdings, immerhin findet *Rebhahn* zu seiner These selbst sofort eine Gegenthese. Dies zeigt umso mehr, wie schwer sich besondere Argumente finden lassen, die für eine generelle Ableitung von Pflichten aus einem Ermessen sprechen würden. Aus einem Ermessen daher eine abstrakte Pflicht zu begründen, erscheint mehr als fraglich. Immerhin würde dies bedeuten, dass aus einer Ermächtigung zur Gefahrenabwehr stets auch eine Verpflichtung folgen müsste. Entscheidend wird es daher sein, im Einzelfall konkrete Pflichten zu begründen.[21] Je höher die Gefahrenlage, desto eher wird die Behörde einschreiten müssen. Der OGH spricht von einer solchen Pflicht, wenn Personen und Gesundheit gefährdet sind, fraglich bleibt, wie dies zB mit dem Eigentum der Nachbarn ist, welches ex lege vom Schutzzweck umfasst ist.[22]

Generell tendiert der OGH dazu aus jeglichem Ermessen eine abstrakte Pflicht abzuleiten. Mit dem Schutzzweck der Norm wird dann versucht die konkrete Pflicht herzuleiten. Dies mag in Fällen, wo es um das Leben und die Gesundheit geht gerechtfertigt sein, da es sich um eine der höchst zu schützenden Güter handelt, ist jedoch beim Eigentum schon schwerer und bei bloßen Vermögensschäden nur in Ausnahmefällen argumentierbar, nämlich ausschließlich dann, wenn im Unterlassen ein gravierender Ermessensfehler besteht.

3 Weiterer Fortgang der Untersuchung

Dieses Urteil, auch wenn es schon älter ist, zeigt gut die Probleme auf, die sich bei der Amtshaftung für Unterlassungen ergeben:

Zum einen, die schon angesprochene Problematik der Pflichtbegründung aus Ermessen. Zu fragen gilt es dabei, wann eine Pflicht auch ohne abstrakte Vorschrift besteht und in wieweit dies nicht doch überschießend und vom OGH zu weit gefasst ist.

Hat man nun eine Pflicht „gefunden“, so sind die weiteren Probleme und Fragestellungen zu beachten, die sich aus der konkreten Pflicht im Einzelfall ergeben. Bei der Amtshaftung für Unterlassungen gibt es keine Parade- oder Musterfälle, nach denen, dann jeder weitere Fall zu lösen ist. Auch eine einheitliche Judikaturlinie des OGH gibt es nicht. Es kommt daher immer auf den konkreten Einzelfall an, weshalb sich keine Pauschalierung der Amtshaftung für Unterlassen finden lassen wird, aber eventuell gewisse Eckpfeiler auszumachen sind.

Des Weiteren wird die Argumentation der konkreten Pflichtbegründung über den Schutzzweck der Norm, also den Rechtswidrigkeitszusammenhang, geführt. Meist handelt es sich auch dabei um eine Betrachtung des Einzelfalls. Der Schutzzweck der Norm wird daher in weiterer Folge immer wieder Gegenstand der Abhandlung sein.

---

[21] So auch *Rebhahn*, Staatshaftung 470.

[22] Siehe dazu unten Kapitel III 4.

Nicht direkt im Handlauffall enthaltene Probleme der Amtshaftung bei Unterlassungen sind des Weiteren Folgende:

Teilweise greift der Gesetzgeber in die klägerfreundliche Judikaturlinie des OGH ein, in dem er nach einschlägigen Urteilen, die Gesetze zu Gunsten des Staates ändert und die Haftung wieder einschränkt. Diesbezüglich fraglich ist, inwieweit es sich dabei „nur“ um eine Konkretisierung des Schutzzwecks der Norm oder doch um einen verfassungsrechtlich nicht zulässigen Eingriff handelt.

II Das AHG - Grundzüge des Amtshaftungsrechts

1 Allgemeines

1.1 Historische Entwicklung

Schon der Codex Theresianus beabsichtigte, zwar nicht die Haftung des Staates, aber immerhin eine Schadenersatzpflicht von Richtern vorzusehen. In der Weiterentwicklung durch *Horten* und *Martini* flaute diese Haftung aber zu einer Erwähnung ab, dass durch eine Beschwerdeführung an die höhere Behörde etwaigem Richterverschulden abgeholfen werden müsse.[23]

Relativ früh, nämlich mit 01.07.1787, wurde dann doch mit einem Hofdekret die Haftung der Ortsgemeinde bzw Gutsherrschaft für die Patrimonial- und Kommunalgerichte eingeführt. Das Hofdekret vom 14.03.1806 legte den Zivilrichtern, aber wiederum die Pflicht auf, Klagen gegen Staatsbeamte wegen ihrer Amtshandlungen zurückzuweisen.[24]

Erst die Dezemberverfassung von 1867 sah im StGG dann wieder eine Haftung für richterliche sowie Regierungs- und Vollzugsgewalt vor.[25] Die Haftung für richterliche Gewalt bedurfte noch eines Ausführungsgesetzes, dem Syndikatsgesetz 1872. Dadurch war es schon möglich, neben dem schädigenden richterlichen Beamten auch den Staat zu klagen.[26] Auch für die Haftung der Regierungs- und Vollzugsgewalt hätte es eines weiteren ausführenden Gesetzes bedurft, welches aber nie erlassen wurde.[27]

Mit der Bundesverfassung 1920 wurde dann Art 23 B-VG erlassen, nach welchem Bund, Länder und Gemeinden für die von ihnen bestellten Personen zu haften hatten, aber auch die schädigende Person, also das Organ, hatte damals noch Ersatz zu leisten, wenn sie bei Ausübung ihrer Tätigkeit durch eine vorsätzliche oder grobfahrlässige Rechtsverletzung wem immer einen Schaden zugefügt hat.[28]

Die Bundes-Verfassungsgesetznovelle von 1923 wechselte dann von der Bestellungstheorie zur Funktionstheorie, nach welcher jener Rechtsträger haften sollte, für den das Organ handelte.[29]

1929 wurde dann mit einer weiteren Bundes-Verfassungsgesetznovelle die Haftung an die Verletzung eines subjektiven Rechts geknüpft und auch erstmals zwischen privatrechtlichen

---

[23] *Zechner,* Entwicklungslinien der Staatshaftung aus hoheitlichem Verhalten in Österreich, in *Fischer-Czermak/Hopf/Kathrein/Schauer* (Hrsg), FS 200 Jahre ABGB (2011) 771 f mwN.
[24] *Paar,* Grundzüge 1.
[25] RGBl 1867/144.
[26] RGBl 1872/112.
[27] *Paar,* Grundzüge 2.
[28] RGBl 1920/1.
[29] RGBl 1925/268.

und hoheitsrechtlichen Rechtsträgern unterschieden und eine Organhaftung für unmittelbar verursachte Schäden der in Abs 1 genannten Rechtsträger normiert. Da das benötigte Ausführungsgesetz aber nicht ergangen ist, wurde die Geltung des Syndikatsgesetzes verlängert.[30]

Mit dem Bundesverfassungsgesetz vom 18.12.1948 wurde die Amtshaftung wieder in zahlreichen Punkten abgeändert und die Haftung der Rechtsträger erweitert, da die Theorie der „Verletzung eines subjektiven Rechts" und die Haftungsbeschränkung auf grobe Fahrlässigkeit und Vorsatz fallen gelassen wurde.[31] Entscheidend war, dass gleichzeitig auch ein Ausführungsgesetz ergangen ist. Nämlich das Bundesgesetz vom 18. Dezember 1948, womit die Haftung des Bundes, der Länder, der Bezirke, der Gemeinden und der sonstigen Körperschaften und Anstalten des öffentlichen Rechts für die in Vollziehung der Gesetze zugefügten Schäden geregelt wurde, oder kurz das AHG.[32] Damit war nun endlich eine Haftung des Staates für die Gerichtsbarkeit und die Verwaltung auch tatsächlich und in umfassendem Maße geschaffen.[33]

1.2 Ansprüche außerhalb des AHG

1.2.1 Sondergesetze

Obwohl die hL und die Rechtsprechung grundsätzlich davon ausgehen, dass es sich beim AHG um eine Kodifikation und damit um eine abschließende Regelung handelt, gibt es dennoch einige Ausnahmegesetze. Diese basieren auf verfassungsrechtlichen Grundlagen und können daher neben dem Amtshaftungsanspruch bestehen.[34] Die Wichtigsten sollen hier kurz angeführt werden.

Ersatzpflichten, die direkt neben dem Art 23 B-VG bestehen, ergeben sich aus Art 5 Abs 5 MRK und Art 7 PersFrG. In beiden wird ein Anspruch auf Haftentschädigung normiert, welcher nach hL jeweils im Amtshaftungsverfahren geltend zu machen ist.[35] Beide Ansprüche sind verschuldensunabhängig und ersetzen auch immaterielle Schäden (sind somit weitergehender als das AHG). Es gelten grundsätzlich die Verfahrensvorschriften des AHG

---

[30] *Paar,* Grundzüge 3.
[31] BGBl 19/1949.
[32] BGBl 20/1949 (mehrfach novelliert); mittlerweile (BGBl I Nr 33/2013) wurde auch dieser Titel abgeändert zu: „Bundesgesetz über die Haftung der Gebietskörperschaften und der sonstigen Körperschaften und Anstalten des öffentlichen Rechts für in Vollziehung der Gesetze zugefügte Schäden (Amtshaftungsgesetz – AHG)".
[33] *Zechner* in *Fischer-Czermak/Hopf/Kathrein/Schauer* (Hrsg), FS 200 Jahre ABGB 789.
[34] *Paar,* Grundzüge 4; *Schragel,* Kommentar zum Amtshaftungsgesetz (AHG) 3. Auflage (2003) § 1 Rz 3; *Vrba/Zechner,* Kommentar zum Amtshaftungsrecht (1983) 19; *Mader* in *Schwimann,* ABGB Praxiskommentar Band 7, 3. Auflage (2005) AHG Vor § 1 Rz 4.
[35] Vgl etwa OGH 10.08.2010, 1 Ob 114/10m, JBl 2010, 794, GrundsatzE SZ 48/69; *Schragel,* AHG³ § 1 Rz 10; *Mader* in *Schwimann³,* AHG Vor § 1 Rz 7; *Paar,* Grundzüge 4; aA *Vrba/Zechner,* AHG 36. Nach diesen ist der Anspruch nach Art 5 Abs 5 MRK (ohne Einhaltung der Verfahrensbestimmungen des AHG) im Zivilverfahren durchzusetzen.

mit Ausnahme von § 2 Abs 2 und 3 AHG, jedoch sollen die Verjährungsregeln des § 6 Abs 1 AHG zur Anwendung kommen.[36]

Das StEG 2005 (ersetzt das StEG 1969) gilt als Ausführungsgesetz zu Art 5 Abs 5 MRK und verpflichtet den Bund für den Schaden zu haften, den eine Person durch den Entzug der persönlichen Freiheit zum Zweck der Strafrechtspflege oder durch eine strafgerichtliche Verurteilung erlitten hat. Nach § 1 Abs 2 StEG bleiben Ansprüche nach dem AHG unberührt. Auch hier ist der ideelle Schaden im Ersatzanspruch inbegriffen.[37]

Auch im Polizeibefugnis-Entschädigungsgesetz findet sich eine verschuldensunabhängige Haftung des Bundes. Dieser hat Ersatz für Schäden zu leisten, die von einem Organ des öffentlichen Sicherheitsdienstes bei der Ausübung von Zwangsbefugnissen durch die im Waffengebrauchsgesetz 1969 genannten Maßnahmen unmittelbar verursacht worden sind, sofern der Zwang im Vollziehungsbereich des Bundes ausgeübt und nicht vom Geschädigten durch rechtswidriges Verhalten ausgelöst wurde. Auf Antrag entscheidet die Verwaltungsbehörde mittels Bescheid über einen etwaigen Anspruch. Den Zivilgerichten kommt eine sukzessive Kompetenz zu. Auch die Verfahrensbestimmungen des AHG kommen zur Anwendung.[38]

Der Ersatz nach dem Impfschadengesetz muss ebenso im Verwaltungsweg entschieden werden, andere darüberhinausgehende Ansprüche bleiben unberührt. Dabei kann der Geimpfte für Schäden aus bestimmten Impfungen konkret aufgezählte Entschädigungsleistungen geltend machen, auf das Verhalten des Impfenden kommt es dabei nicht an.[39]

Wurde die Befugnisausübung nicht durch rechtswidriges Verhalten des Geschädigten ausgelöst, kann dieser nach dem Militärbefugnisgesetz (MBG) Ersatz für bestimmte Schäden fordern, bei denen es sich auf der einen Seite um Schäden als Folge von Maßnahmen handelt, die nach den §§ 16 bis 19 MBG erlaubt sind (Ausübung unmittelbarer Befehls- und Zwangsgewalt durch militärische Organe im Wachdienst), auf der anderen Seite um Schäden, die durch die Verwendung von über die Identität einer Person täuschenden Urkunden entstehen. Die Schäden werden prinzipiell in Geld ersetzt, soweit eine Versicherung dafür besteht. Das MBG enthält in § 48 eigene Verfahrensbestimmungen, Amtshaftungsansprüche bleiben unberührt.[40]

Auch für das Versagen von technischen Einrichtungen, gibt es verschiedene (verschuldensunabhängige) Ersatzansprüche (zB § 89e GOG und § 15 Abs 6 OGHG). § 89e GOG normiert die Haftung des Bundes für die durch den Einsatz der Informations- und Kommunikationstechnik verursachten Schäden aus Fehlern bei der Führung gerichtlicher Geschäfte einschließlich der Justizverwaltungsgeschäfte sowie der dafür notwendigen

[36] *Schragel,* AHG³ § 1 Rz 10.
[37] *Paar,* Grundzüge 5.
[38] *Mader* in *Schwimann³,* AHG Vor § 1 Rz 9.
[39] *Schragel,* AHG³ § 1 Rz 9.
[40] *Mader* in *Schwimann³,* AHG Vor § 1 Rz 9.

Register und sonstigen Geschäftsbehelfe und der öffentlichen Register. Ist der Schaden allerdings auf ein unabwendbares Ereignis zurückzuführen, so entfällt die Haftung, wenn dies weder auf einem Fehler in der Beschaffenheit noch auf einem Versagen der Mittel der automationsunterstützten Datenverarbeitung beruht. Das AHG bleibt anwendbar.[41] Diese seit 01.01.2005 neu geregelte Haftung dient als Ersatz für frühere Einzelregelungen, wie §§ 27 GUG, 18 GEG, 37 FBG, 251 Z 5 ZPO. Es handelt sich um eine verschuldensunabhängige Haftung des Staates für den (schädigenden) EDV-Einsatz in der Vollziehung.[42]

1.2.2 Allgemeine, verschuldensunabhängige Haftungsgrundlagen

Die hL geht davon aus, dass sich Schadenersatzzahlungen des Staates für das Verhalten in Vollziehung der Gesetze auch aus anderen allgemeinen, verschuldensunabhängigen Haftungsgrundlagen ergeben können, ohne durch Art 23 B-VG und das AHG ausgeschlossen zu werden.[43] Auch der OGH vertritt in stRsp die Ansicht, dass bspw die Gefährdungshaftung nach dem EKHG nicht durch das AHG ausgeschlossen wird.[44] Die Mehrzahl der Lehre teilt diese Ansicht.[45] Weitere Ansprüche, die neben dem AHG geltend gemacht werden können, finden sich in §§ 26 KHVG 1994, 146 ff LuftFG, 3 AtomHG, ebenso wie §§ 1319 und 1319a ABGB.[46]

1.2.3 Haftung aus Vertrag

In letzter Zeit kommt es immer wieder und vermehrt zur „Privatisierung" öffentlicher Aufgaben, um das Staatsbudget etwas zu entlasten. Dabei werden diese öffentlichen Aufgaben entweder ganz oder teilweise auf private Rechtsubjekte übertragen (zB Sicherheitskontrolle, Parkraumüberwachung, etc). Während „Privatisierung" meist eine vollständige Übertragung der Aufgaben an das private Unternehmen bedeutet, hat der Staat bei der „Ausgliederung" noch Kontrolle über das die Staatsaufgabe wahrnehmende Rechtssubjekt (zB eine Anstalt des öffentlichen Rechts oder eine Kapitalgesellschaft) und kann damit noch Einfluss nehmen. Staatliche Kernaufgaben, wie die äußere Sicherheit, sind

---

[41] § 89e GOG idF BGBl I 128/2004 ist seit 01.01.2005 in Kraft.

[42] *Mader* in *Schwimann³,* AHG Vor § 1 Rz 10; für Ersatzansprüche betreffend der hoheitlichen Ausgliederungen siehe *Mader* in *Schwimann³,* AHG Vor § 1 Rz 12 ff. Für weitere Ersatzansprüche in Sondergesetze, wie Datenschutz etc, siehe *Schragel,* AHG § 1 Rz 4 ff.

[43] OGH 22.08.1996, 1 Ob 2047/96b, SZ 69/188 mwN; *Mader* in *Schwimann³,* AHG Vor § 1 Rz 5; aM *Vrba/Zechner,* AHG 18 ff, 38 ff; diese verneinen eine Ableitung anderer zivilrechtlicher Ansprüche, welcher Art auch immer, aus hoheitlichem Handeln.

[44] Bspw OGH 12.10.2004, 1 Ob 42/04i, ZVR 2005/86, 295 (Anm *Rihs*) uva; *Paar,* Grundzüge, 6.

[45] *Schragel,* AHG³ § 1 Rz 14; *Mader* in *Schwimann³,* AHG Vor § 1 Rz 5; *Paar,* Grundzüge, 6; *Walter/Mayer/Kucsko-Stadlmayer*, Grundriss des österreichischen Bundesverfassungsrechts¹⁰ (2007) 601; aM *Vrba/Zechner,* AHG 38 ff; diese gehen von einer Ausschließlichkeit der Verschuldenshaftung aus; Näheres dazu im Allgemeinen *Paar,* Grundzüge, 7.

[46] *Mader* in *Schwimann³,* AHG Vor § 1 Rz 5 mwN.

dabei aber „ausgliederungsfeste Aufgaben“ und können daher nicht abgetreten werden.[47] Unter Beleihung wird in diesem Zusammenhang die Übertragung von Hoheitsgewalt an juristische Personen des öffentlichen oder Privatrechts oder an natürliche Personen des Privatrechts verstanden, während bei der Ausgliederung nicht immer zwingend hoheitliche Aufgaben übertragen werden.[48]

Die immer stärker werdende Übertragung hoheitlicher Aufgaben auf Private, erfordert es nun aber immer mehr privatrechtliche Verträge abzuschließen, um als Privater hoheitliche Leistungen zu erhalten, so dass es zu einer Kollision von einfachem Vertragsrecht und Amtshaftungsrecht kommt:

Diese Problematik kommt vor allem bei der wiederkehrenden Begutachtung von Kraftfahrzeugen nach §§ 55 Abs 4 und 57a Abs 2 KFG zum Tragen. Die Frage, die sich stellt ist, ob man als geschädigter Besteller neben oder anstelle der Amtshaftung Ansprüche gegen den Gutachter aus dem Werkvertrag hat.[49]

Die Rsp geht von einem „Nebeneinanderbestehen“ dieser beiden Ansprüche aus. So sprach der OGH aber aus, dass, im Falle einer Vertragsverletzung, welche durch ein beliehenes Unternehmen begangen wird, sich der Geschädigte sowohl am Unternehmen, als auch am Rechtsträger schadlos halten kann, wenn das als juristische Person geltende Unternehmen nicht als Organ iSd § 1 Abs 2 AHG zu qualifizieren ist. Bei Anspruchskonkurrenz ist es also möglich die Ansprüche nebeneinander geltend zu machen.[50]

Der Rechtsweg nach § 9 Abs 5 AHG ist aber dann ausgeschlossen, wenn eine physische Person[51] als Organ iSd § 1 Abs 2 AHG auftritt. Aus einem Bestellungsvertrag lässt sich laut OGH kein Direktanspruch gegen ein Organ ableiten.[52] Offen geblieben ist die Frage, wie sich die Lage verändern würde und ob daher eine Haftung gegeben wäre, wenn zum Bestellungsvertrag eine andere vertragliche Grundlage hinzutreten würde, wie z.B. ein Werkvertrag.[53]

Schragel kritisiert die Unterscheidung des OGH zwischen der Haftung von physischen und juristischen Personen. Die Haftung aus Vertrag davon abhängig zu machen, kann seiner Ansicht nach nicht gerechtfertigt werden. Beruft sich ein Geschädigter auf einen anderen gültigen Rechtsgrund, so soll dieser Anspruch gegen jeden Vertragspartner gelten, „wer immer er auch sei“.[54] Wenn sich nun eine Haftung auf einen Vertrag und nicht auf das AHG

---

[47] *Berka,* Verfassungsrecht: Grundzüge des österreichischen Verfassungsrechts für das juristische Studium[4] (2012) Rz 222 und 652.
[48] *Lachmayer,* Ausgliederungen und Beleihungen im Spannungsfeld der Verfassung-Reflexionen zur verfassungsgerichtlichen Rsp in der Ausgliederungsdebatte, JBl 2007, 750.
[49] *Schragel,* AHG[3] § 1 Rz 14.
[50] OGH 27.03.2001, 1 Ob 25/01k, JBl 2001, 722 = RdW 2001/608, 591 = ÖZW 2002, 59 (Anm *Kucsko-Stadlmayer)* = SZ 74/55.
[51] Eine juristische Person kann nach dieser E niemals Organ iSd § 1 Abs 2 AHG sein.
[52] OGH 12.10.2004, 1 Ob 296/03s, SZ 2004/145.
[53] *Paar,* Grundzüge 8.
[54] *Schragel,* AHG[3] § 1 Rz 14.

stützt, so ist eine Unterscheidung der Haftung zwischen juristischen und natürlichen Personen sachlich nicht nachzuvollziehen.[55]

Jüngst stellte der OGH dazu fest, dass für (Amtshaftungs-)Klagen gegen juristische Personen des Privatrechts, die für hoheitliches Handeln in Pflicht genommen oder beliehen wurden - ebenso wie für Klagen gegen physische Personen als Organe - gemäß § 9 Abs 5 AHG, der Rechtsweg unzulässig ist.[56] Im Umkehrschluss muss bei einer Haftung aus einer vertraglichen Grundlage logischerweise die „amtshaftungsrechtliche Immunität" entfallen. Daher muss der Rechtsweg zulässig sein und die Haftung ist nach Vertragsrecht zu beurteilen, unabhängig davon, ob es sich beim Schädiger um eine natürliche oder juristische Person handelt.[57]

Dies führt zB dazu, dass im Rahmen einer § 57a KFG-Überprüfung, wenn der Auftraggeber auch der Geschädigte ist, die vertragliche Haftung neben der Amtshaftung, die gegen den Bund zu richten ist besteht und eben der vertragliche Anspruch gegen den Werkunternehmer gerichtet werden kann, der an sich auch schädigendes Organ ist, da die Immunität entfällt.[58]

Zur Problematik der Aufsicht durch Private siehe Kapitel III 2.1.4

1.2.4 Andere nicht schadenersatzrechtliche Ansprüche

Da das hoheitliche Handeln nicht mit den Mitteln des Privatrechts beeinflusst werden soll, ist es grundsätzlich nicht möglich, Ansprüche aus Besitz und Eigentum mit Besitzstörungs- oder Eigentumsklagen zu bekämpfen, wenn es sich bei dem Eingriff um einen hoheitlichen Akt handelt.[59]

Der OGH geht grundsätzlich davon aus, dass Bereicherungsansprüche nicht im Amtshaftungsverfahren geltend gemacht werden können.[60] Auch die hL stimmt mit dem überein. Werden bereicherungsrechtliche Ansprüche aus einem Rechtsverhältnis mit hoheitlicher Beteiligung abgeleitet, so können diese nicht im ordentlichen Rechtsweg geltend gemacht werden.[61]

Andere Ansprüche, wie bspw Unterlassungs- und Wiederherstellungsansprüche oder etwa Widerrufsrechte, können nicht auf das AHG gestützt werden.[62]

---

[55] *Paar,* Grundzüge, 9; *Schragel,* AHG³ § 1 Rz 14 und 252; ebenso im Ergebnis *Mader* in *Schwimann³,* AHG § 9 Rz 14.
[56] OGH 26.02.2009, 1 Ob 176/08a, SZ 2009/30 = JBl 2009, 520.
[57] *Schragel,* AHG³ § 9 Rz 252; ebenso im Ergebnis *Mader* in *Schwimann³,* AHG § 9 Rz 14 und kürzlich in OGH 23.02.2011, 1 Ob 224/10p, bbl 2011, 189 bestätigt.
[58] *Ziehensack,* AHG Amtshaftungsgesetz Praxiskommentar (2011) § 1 Rz 188.
[59] *Schragel,* AHG³ § 1 Rz 15; für die Ausnahme bezüglich der Beschlagnahme im Strafverfahren, nachbarrechtliche Ausgleichsansprüche und wasserrechtliche Ansprüche vgl *Mader,* AHG Vor § 1 Rz 6 mwN.
[60] OGH 26.06.1991, 1 Ob 11/91, SZ 64/85.
[61] *Schragel,* AHG³ § 1 Rz 18 mwN; *Mader* in *Schwimann³,* AHG Vor § 1 Rz 6; *Paar,* Grundzüge 10.
[62] *Mader* in *Schwimann³,* AHG Vor § 1 Rz 6 und § 1 Rz 87.

1.3 Abgrenzungen

Das AHG ist unbedingt vom Dienstnehmerhaftpflichtgesetz DHG zu unterscheiden. Für Dienstnehmer, die als Organe für Rechtsträger iSd Art 23 B-VG fungieren, ist die Haftung für schädigendes Verhalten nach DHG gemäß § 1 Abs 2 DHG ausgeschlossen. AHG und OrgHG sind daher leges speciales zum DHG. Im Umkehrschluss muss daher auch das DHG anwendbar sein, wenn die Organe im Bereich der Privatwirtschaftsverwaltung tätig werden.[63] AHG, OrgHG und DHG sorgen dafür, dass für jedes schädigende Organwalter-Handeln, mit Ausnahme von privaten Handlungen, gehaftet wird. Bei der Haftung an sich besteht ein wesentlicher Unterschied. Während ein Amtshaftungsanspruch nur gegen den Rechtsträger des handelnden Organs möglich ist, kann beim DHG der Organwalter selbst vom Geschädigten in Anspruch genommen werden. Auch der Regress ist anders ausgestaltet. Allerdings wird diese unterschiedliche Behandlung der Haftung nach AHG/OrgHG und DHG stark kritisiert.[64]

Das OrgHG ist wie das AHG auf Grundlage und in Ausführung des Art 23 B-VG ergangen. Geregelt wird darin die Haftung der rechtswidrig und schuldhaft handelnden Organe gegenüber dem Rechtsträger, dem der Schaden entstanden ist. Allerdings ist das OrgHG aus praktischer Sicht eher unbedeutsam.[65]

1.4 Supranationales Recht

1.4.1 EMRK

Stellt der EGMR eine Verletzung der Konvention oder der Protokolle fest und gestattet das innerstaatliche Recht der Vertragsparteien nur eine unvollkommene Wiedergutmachung für die Folgen dieser Verletzung, so kann der Gerichtshof nach Art 41 EMRK der verletzten Partei eine gerechte Entschädigung zusprechen, wenn dies notwendig ist. Dies kann dann der Fall sein, wenn zB Schadenersatz nach Art 5 Abs 5 EMRK nicht oder nicht genügend zugesprochen wird oder ein Schaden unmittelbar aus dem Urteil eines Höchstgerichts abgeleitet wird. Art 41 leg cit gilt als Teil des EGMR-Verfahrens und ist daher nicht innerstaatlich geltend zu machen. Die innerstaatlichen Haftungsausschlüsse bleiben beachtlich.[66]

---

63 *Wachter* in *Schwimann³*, DHG § 1 Rz 61 ff.
64 *Mader* in *Schwimann³*, AHG Vor § 1 Rz 26 mwN.
65 *Mader* in *Schwimann³*, OrgHG Vor § 1 Rz 1 und 2.
66 *Mader* in *Schwimann³*, AHG Vor § 1 Rz 19.

1.4.2 EU

Zur Staatshaftung auf Ebene des Unionsrechts siehe unten Kapitel IV „Auf Unionsrecht beruhende Staatshaftungsansprüche“.

2 Die Ersatzpflicht

2.1 Die verfassungsrechtliche Grundlage

Das rechtsstaatliche Grundprinzip ist zwar nicht ausdrücklich in der Verfassung geregelt, lässt sich aber aus den verschiedensten Bestimmungen ableiten. Hier stellt ua die Amtshaftung eine entscheidende Ergänzung für die Gewährleistung dieses Grundprinzips dar. Denn nicht immer ist dem Rechtsschutz der Bürger vor ungerechtfertigten, rechtswidrigen staatlichen Eingriffen mit den gewöhnlichen Schutzeinrichtungen genüge getan.[67] Verfassungsrechtliche Grundlage für eine zivilrechtliche Haftung der Organwalter und Rechtsträger ist Art 23 B-VG. Dieser regelt neben der Amtshaftung auch die Organhaftung, den Regress, sowie den Erlass näherer Bestimmungen durch den Bundesgesetzgeber (= Sonderkompetenz). Nach Art 23 B-VG haften der Bund, die Länder, die Gemeinden und die sonstigen Körperschaften und Anstalten des öffentlichen Rechts für den Schaden, den die als ihre Organe handelnden Personen in Vollziehung der Gesetze, durch ein rechtswidriges Verhalten wem immer schuldhaft zugefügt haben. Ein Bundesgesetz, welches eine solche Haftung ausschließen würde, wäre daher verfassungswidrig, denn auch der (einfache) Bundesgesetzgeber ist an die verfassungsrechtlich vorgegebenen Grundsätze gebunden und erhält im Abs 4 keine „schrankenlose Ermächtigung“.[68]

Wenn auch nicht unumstritten geht die hL und der VfGH grundsätzlich davon aus, dass es sich beim Amtshaftungsanspruch um einen Anspruch zivilrechtlicher Natur handelt.[69] Die Anspruchsvoraussetzungen sind zwar im öffentlichen Recht zu finden, eine Verletzung öffentlicher Regelungen hat in weiterer Folge aber dennoch einen zivilrechtlichen Schadenersatzanspruch zur Folge.[70]

---

[67] *Paar,* Grundzüge 1.
[68] Vom VfGH festgehalten in der E vom 24.06.1993, G 191/92, G 274/92, VfSlg 13.476/1993.
[69] *Schragel*, AHG³ Rz 1; *Mader* in *Schwimann³,* AHG Vor § 1 Rz 3 mwN; zur fraglichen Notwendigkeit dieser Diskussion: *Binder*, Der Staat als Träger von Privatrechten (1980) 65.
[70] Vgl *Mader* in *Schwimann³,* AHG Vor § 1 Rz 3.

In Ausführung des Art 23 Abs 4 B-VG ist im Jahr 1949 das AHG und 1967 das OrgHG ergangen. Das AHG ist am 1.2.1949 in Kraft getreten und wurde seitdem mehrfach novelliert.[71]

2.2 *Die haftenden Rechtsträger und „ihre Organe"*

2.2.1 Die Rechtsträger

Nach § 1 Abs 1[72] hafteten der Bund, die Länder, die Gemeinden, sonstige Körperschaften des öffentlichen Rechts und die Träger der Sozialversicherung. Diese Aufzählung stimmt nicht vollständig mit der des Art 23 B-VG überein, danach haften nämlich der Bund, die Länder, die Gemeinden und die sonstigen Körperschaften und Anstalten des öffentlichen Rechts. Während die Anführung der Sozialversicherung im AHG anstelle der Anstalten des öffentlichen Rechts grundsätzlich als nicht beabsichtig, va aber nicht als verfassungswidrige Erweiterung der haftenden Rechtsträger[73] angesehen wird und auch Jahrzehnte lang nur theoretisch, auf Grund des Mangels an Anstalten mit eigenem hoheitlichen Wirkungsbereich[74], bedeutsam war, sieht dies bei den bis zur Novelle 2013[75] im AHG noch erwähnten Bezirken anders aus. Mit BGBl I 100/2003 wurden die Bezirke in Art 23 B-VG gestrichen. Da diese in § 1 Abs 1 aber bis 2013 noch vorgekommen sind, sieht *Paar* darin eine verfassungswidrige Erweiterung der haftenden Rechtsträger.[76] Eine praktische Relevanz hat sich daraus mE ohnehin nicht ableiten lassen, da Bezirke generell nicht als Gebietskörperschaften eingerichtet sind und damit nicht rechtsfähig sind. Die Relevanz dieser Diskussion hat sich mittlerweile aber endgültig erledigt, da mit der Novelle BGBl I Nr 33/2013 die Bezirke eben ersatzlos aus § 1 Abs 1 gestrichen wurden.

Die hL geht davon aus, dass - bei verfassungskonformer Interpretation - als Rechtsträger nach dem AHG nur jene juristischen Personen des öffentlichen Rechts gelten, die hoheitliche Vollziehungsaufgaben im eigenen Wirkungsbereich ausüben.[77]

Der Begriff der juristischen Person des öffentlichen Rechts ist alles andere als eindeutig definiert.[78] Klarer hingegen ist die Einteilung der verschiedenen Arten. Demnach werden die juristischen Personen des öffentlichen Rechts eingeteilt in Körperschaften des öffentlichen Rechts, Anstalten, Fonds und Stiftungen.

---

[71] *Mader* in *Schwimann³*, AHG Vor § 1 Rz 1 und 3.
[72] Bei Paragrafen ohne Gesetzesangaben sind grundsätzlich jene des AHG gemeint.
[73] *Schragel*, AHG³ § 1 Rz 19.
[74] *Vrba*, Amtshaftung-Staatshaftung Nationale und internationale Haftung des Staates für die Verhaltensweisen seiner Organe, Lose Blattsammlung (Stand März 2013) Band 1 Register 2 Kap 1.2, 1.
[75] BGBl I Nr 33/2013.
[76] *Paar,* Grundzüge 14.
[77] *Walter/Mayer/Kucsko-Stadlmayer*, Bundesverfassungsrecht¹⁰ 597; *Öhlinger,* Der Anwendungsbereich des Amtshaftungsgesetzes, in *Aicher* (Hrsg), Die Haftung für staatliche Fehlleistungen im Wirtschaftsleben (1988) 141 f; *Paar,* Grundzüge 14; *Mader* in *Schwimann³,* AHG § 1 Rz 3.
[78] Zu den unterschiedlichen und teils verwirrenden Ansichten in der Lehre: *Paar,* Grundzüge 14 f.

Körperschaften sind jene mit Zwangscharakter ausgestalteten juristischen Personen, die zur Personenmehrheit erhoben wurden. Man unterscheidet die Gebietskörperschaften (Bund, Länder, Gemeinden) von den Personalkörperschaften (Kammern, Feuerwehren und Jagdgenossenschaften).[79]

Anstalten sind Einrichtungen, die zur juristischen Person erhoben worden sind und deren sachlicher und persönlicher Bestand dauernd für Zwecke der öffentlichen Verwaltung gewidmet ist. Dabei stehen im Gegensatz zur Körperschaft die Sachmittel im Vordergrund.[80] Zu den selbstständigen Anstalten des öffentlichen Rechts, die als Rechtsträger in Frage kommen, zählen die FMA[81], ebenso wie die Sozialversicherungsträger.[82]

Ein Fonds stellt ein Zweckvermögen dar, welches als juristische Person errichtet worden ist. Zu unterscheiden gilt es die öffentlich-rechtlichen von den privatrechtlichen Fonds. Meist sind Fonds privatrechtlicher Natur, da sie auf Grund des Bundesstiftungs- und Fonds-Gesetz oder dem Privatstiftungsgesetz eingerichtet sind. Diese stellen dann eine juristische Person des privaten Rechts dar und sind daher keine Rechtsträger iSd AHG. Öffentlich-rechtliche Fonds sind der Umwelt- und Wasserwirtschaftsfonds, der Nationalfonds für Opfer des Nationalsozialismus oder der Allgemeine Entschädigungsfonds.[83]

Hingewiesen sei an dieser Stelle auch auf die Haftung für Handlungen im übertragenen Wirkungsbereich nach § 1 Abs 3. Mit dem im Abs 1 genannten Rechtsträger haftet zur ungeteilten Hand auch derjenige, als dessen Organ die handelnde Person gewählt, ernannt oder sonst wie bestellt worden ist. Eingeführt wurde dieser Absatz aus Gründen des Rechtsschutzes. Da es oft für den Geschädigten schwer erkennbar ist, für wen das schädigende Organ gehandelt hat, soll nun auch der Rechtsträger mithaften, dem das Organ organisatorisch unterstellt ist.[84]

2.2.2 Die Organe

Das AHG enthält in § 1 Abs 2 eine Legaldefinition des Organbegriffs. Danach gelten als Organe alle physischen Personen, wenn sie in Vollziehung der Gesetze (Gerichtsbarkeit oder Verwaltung) handeln, gleichviel, ob sie dauernd oder vorübergehend oder für den einzelnen Fall bestellt sind, ob sie gewählte, ernannte oder sonst wie bestellte Organe sind und ob ihr Verhältnis zum Rechtsträger nach öffentlichem oder privatem Recht zu beurteilen ist. Der Organbegriff ist ein funktionell-organisatorischer, daher ist auch die Aufzählung der Bestellarten rein demonstrativ.[85] Ebenfalls irrelevant ist der Verantwortungsgrad, die

---

[79] *Paar,* Grundzüge 15.
[80] *Schragel*, AHG³ § 1 Rz 20.
[81] § 1 Abs 1 iVm § 3 FMABG.
[82] *Mader* in *Schwimann³,* AHG § 1 Rz 2; für weitere Einzelfragen siehe aaO.
[83] *Paar,* Grundzüge 16; *Schragel*, AHG³ § 1 Rz 20; *Vrba/Zechner,* AHG 12.
[84] *Schragel*, AHG³ § 1 Rz 21; *Mader* in *Schwimann³,* AHG § 1 Rz 12 ff.
[85] *Mader* in *Schwimann³,* AHG § 1 Rz 4.

Leistungsbefugnis oder der hierarchische Rang des Organs. Damit ist der Haftungsbereich des AHG sehr weit gefasst.[86]

Als Organwalter gelten aber nicht nur hoheitlich bestellte Organe, sondern auch private Personen, die mit hoheitlichen Aufgaben durch Beleihung oder Inpflichtnahme betraut worden sind. Die Anzahl von Ausgliederungsmaßnahmen ist in der letzten Zeit gestiegen.[87] Meist sind dies Unternehmen, denen die Aufsicht über einen speziellen Bereich zukommt, wie bspw die Austro-Control GmbH für die Luftfahrtsicherheitskontrolle oder die Schienen Control GmbH für die Sicherheit im Bahnverkehr, aber auch andere Privatunternehmen können Träger von Hoheitsgewalt sein, bspw die Werkstatt, die Begutachtungen von Kraftfahrzeugen nach § 57a KFG durchführt.[88] Es ist nicht nötig, dass das beliehene Organ organisatorisch in den Rechtsträger eingebunden ist oder hoheitlich gegenüber Dritten auftritt.[89]

Die Übertragung einer staatlichen Aufgabe an eine juristische Person führt zu einem „Organproblem".[90] Vgl hierzu auch die Judikaturänderung zur analogen Anwendung des § 9 Abs 5 auf juristische Personen.[91]

Die Partizipation, also die bloße Mitwirkung von Betroffenen oder Interessenvertretern an Verwaltungsentscheidungen, bspw in Beiräten, gilt nicht als Akt der Hoheitsverwaltung.[92]

In diesen Fällen hat der OGH bspw eine Organstellung iSd § 1 Abs 2 bejaht: Für den Amtssachverständigen[93], Bankprüfer[94], Nationalbank[95], KFZ-Begutachter[96], Kesselprüfer[97], ua.[98]

2.2.3 Die Zurechnung der Organe zum Rechtsträger

Nach der herrschenden Ansicht haftet nicht der Rechtsträger, der das Organ bestellt hat (Bestellungstheorie), sondern jener Rechtsträger, für den das Organ tätig wird (Funktionstheorie). Nach § 1 Abs 1 haftet jener Rechtsträger für den das Organ entweder tätig war oder eben tätig sein hätte sollen. Das bedeutet zB, dass im Falle der mittelbaren

---

[86] *Paar,* Grundzüge 16.
[87] Zu diesem Problem allgemein: *ÖJK* (Hrsg), Entstaatlichung – Gefahr für den Rechtsstaat? (2002).
[88] *Mader* in *Schwimann³,* AHG § 1 Rz 6.
[89] Es reicht ein „Verhalten im Dienst hoheitlicher Zielsetzung"; *Schragel*, AHG³ § 1 Rz 26.
[90] Vergleiche hierzu *Schragel*, AHG³ § 1 Rz 20 und 28.
[91] OGH 26.02.2009, 1 Ob 176/08a, SZ 2009/30 = JBl 2009, 520; *Paar,* Grundzüge 17 f.
[92] *Mader* in *Schwimann³,* AHG § 1 Rz 6; *Schragel*, AHG³ § 1 Rz 30; *Paar,* Grundzüge 17.
[93] OGH 24.06.2005, 1 Ob 49/05w, SZ 2005/92; OGH 26.02.1996, 16 Ok 9/95, SZ 69/44.
[94] OGH 27.03.2007, 1 Ob 269/06z, ecolex 2007/248, 599 (Anm *Wilhelm*).
[95] OGH 17.10.1995, 1 Ob 8/95, ÖJZ-EvBl 1996/79.
[96] OGH 04.04.1990, 1 Ob 3/90, JBl 1991, 180 (Anm *Rebhahn*).
[97] OGH 27.03.2001, 1 Ob 25/01k, JBl 2001, 722 = RdW 2001/608, 591 = ÖZW 2002, 59 (Anm *Kucsko-Stadlmayer)* = SZ 74/55.
[98] Für detailliertere und weitere Einzelfragen, insb auch zu verneinten Organstellung vgl *Mader* in *Schwimann³,* AHG § 1 Rz 10 und *Paar,* Grundzüge 19 ff; beide mwN.

Bundesverwaltung grundsätzlich der Bund für seine funktionellen Organe, wie zB den Landeshauptmann, haftet. Wird ein Organ für Bund und Land tätig, so haftet je nachdem in welchem Vollzugsbereich die schädigende Handlung gesetzt wurde, Bund oder Land oder auch beide gleichzeitig.[99] Die Gemeinden haften für Handlungen im eigenen Wirkungsbereich, im übertragenen Wirkungsbereich haften je nach Rechtslage Land oder Bund. Für Privatpersonen haftet grundsätzlich jener Rechtsträger, für den das schädigende Organ die Aufgaben erfüllt.[100]

Da sich die Zuordnung des Organs zu einem Rechtsträger für den Geschädigten oft schwierig erweist, kann nach § 1 Abs 3 ausnahmsweise auch der „organisatorische Rechtsträger“ in Anspruch genommen werden.[101]

2.2.4 Keine unmittelbare Haftung des schädigenden Organs

Nach § 1 Abs 1 S 2 haftet das Organ dem Geschädigten nicht. Des Weiteren ist nach § 9 Abs 5 der Rechtsweg gegen das Organ selbst ausgeschlossen.[102]

2.3 Die Haftungsvoraussetzungen im Detail

2.3.1 Die Haftung „nach den Bestimmungen des bürgerlichen Rechts“

In § 1 Abs 1 heißt es, die Rechtsträger haften „nach den Bestimmungen des Bürgerlichen Rechts“. Das bedeutet, dass es sich beim Amtshaftungsanspruch um einen Schadenersatzanspruch nach bürgerlichem Recht handelt. Das ABGB soll also nur subsidiäre Anwendbarkeit finden[103], es bildet also das lex generalis[104], das AHG enthält noch zusätzliche Sonderregelungen, wie die Haftung für Schäden am Vermögen und an der Person oder der Ersatz einzig in Geld. Da auch bei der Amtshaftung Verschulden und Rechtswidrigkeit vorliegen muss, handelt es sich grundsätzlich um eine Verschuldenshaftung.[105]

---

[99] *Schragel*, AHG³ § 1 Rz 53.
[100] *Paar,* Grundzüge 21.
[101] Siehe Punkt 2.2.1 in diesem Kapitel.
[102] Näheres siehe *Mader* in *Schwimann³,* AHG § 9 Rz 9.
[103] Ziehensack, AHG § 1 Rz 802.
[104] Auch *Rebhahn* spricht von einem Grundlagenverweis und nicht von einem Rechtsfolgenverweis: *Rebhahn,* Staatshaftung 94.
[105] *Mader* in *Schwimann³,* AHG § 1 Rz 16.

2.3.2 *Die Vollziehung von Gesetzen*

2.3.2.1 Allgemeines

Ein Schaden wird nach § 1 nur dann ersetzt, wenn er „in Vollziehung der Gesetze" zugefügt worden ist.[106] Konkretisiert durch Abs 2 geht die hL davon aus, dass damit Verhaltensweisen in der Hoheitsverwaltung und Rechtsprechung gemeint sind. Ausgenommen sind der Bereich der Gesetzgebung und der Privatwirtschaftsverwaltung.[107] *Schragel* hält zur Unterscheidung treffend fest: „Vollziehung bedeutet daher im Gegensatz zur Gesetzgebung die Ausführung und Durchführung der Gesetze (EvBL 1965/69)".[108]

Die in Vollziehung der Gesetze stattfindende schädigende Handlung muss keine Amtshandlung gegenüber dem Geschädigten sein, auch Dritten entstandene Schäden sind ersatzfähig.[109]

Ausgenommen ist die Gesetzgebung im formellen Sinn, es gibt daher keine Haftung für legislatives Unrecht.[110] Dies gilt auch für reine Vorbereitungshandlungen für Gesetze. Der mit den Vorbereitungen betraute Minister, kann bei Fehlverhalten keine Amtshaftung auslösen.[111] Anders ist dies bei der Verletzung von Unionsrecht, zB bei mangelnder RL-Umsetzung.[112]

2.3.2.2 Der Bereich der Gerichtsbarkeit

Die Gerichte handeln, wenn sie Recht sprechen, immer hoheitlich und zwar sowohl im Strafrechts- als auch im Zivilrechtsbereich. Daneben werden aber auch andere nicht unmittelbar der Rechtsprechung zugehörige Tätigkeiten als hoheitlich qualifiziert, wie zB Handlungen bei Amtstagen, einer Konkurseröffnung, Zustellung etc.[113]

2.3.2.3 Der Bereich der Verwaltung

Da Verwaltung nicht ausschließlich hoheitlich geschieht, ist ein zentraler Punkt, und zugleich eine der schwierigsten Anwendungsfragen in der Amtshaftung, die Abgrenzung von Hoheits-

---

[106] Zu den Konsequenzen, wenn dieses Kriterium nicht vorliegt: *Ziehensack*, AHG § 1 Rz 239.
[107] *Mader* in *Schwimann³*, AHG § 1 Rz 17; *Schragel*, AHG³ § 1 Rz 55; *Paar*, Grundzüge 23 f; *Rebhahn*, Staatshaftung 44 f.
[108] *Schragel*, AHG³ § 1 Rz 55.
[109] *Mader* in *Schwimann³*, AHG § 1 Rz 18; SZ 44/122.
[110] Für weiterführende Informationen zum Ausschluss der Haftung für den Bereich der Gesetzgebung, siehe *Paar*, Grundzüge 23 ff und *Mader* in *Schwimann³*, AHG § 1 Rz 19.
[111] *Vrba*, Amtshaftung-Staatshaftung Register 2 Kapitel 1.4, 1.
[112] Siehe unten Kapitel IV.
[113] *Mader* in *Schwimann³*, AHG § 1 Rz 22 f mwN.

und Privatwirtschaftsverwaltung. Denn nach hL und Rsp wird der Amtshaftungsanspruch im Bereich der Verwaltung nur bei hoheitlicher Tätigkeit der Rechtsträger gewährt.[114] Eine „allgemein gültige Formel" für die Abgrenzung ist bis heute nicht gefunden.[115]

Prinzipiell wird davon ausgegangen, dass der Gesetzgeber die „rechtstechnischen Mittel" für das (hoheitliche) Verwaltungshandeln zur Verfügung stellt. Findet eine Verwaltungshandlung demnach keine gesetzliche Grundlage, so wird von privatwirtschaftlicher Verwaltung ausgegangen.[116] Ebenso wenn bei der Abgrenzung Zweifel bestehen, hier lehnt sich der OGH an die Rechtsprechung des VfGH an.[117] Ermächtigt der Gesetzgeber die Verwaltung zur Erlassung von Verordnungen, Bescheiden oder Akten unmittelbarer verwaltungsbehördlicher Befehls- und Zwangsgewalt, so liegt zweifelsfrei Hoheitsverwaltung vor.[118] Allerdings ist die Amtshaftung nicht nur auf jene Bereiche beschränkt, wo es von der Rechtsordnung festgelegte Handlungsformen gibt.[119] Vielmehr ist auch auf die Zielsetzung staatlichen Handelns und den unmittelbaren funktionellen Zusammenhang[120] abzustellen. Andernfalls wäre die schlichte Hoheitsverwaltung nicht erfasst, was wiederum nicht dem Rechtsschutzzweck des AHG entsprechen würde.[121]

Verordnungen stellen generelle Rechtsvorschriften dar, welche sich nach außen an die Rechtsunterworfenen richten und von Verwaltungsbehörden erlassen werden. Man unterscheidet Durchführungsverordnungen sowie gesetzesergänzende, -ändernde, -vertretende Verordnungen. Da sie meist dazu dienen andere generelle Normen zu präzisieren, zählt die Erlassung von Verordnungen zur Gesetzgebung im materiellen Sinn. Rein formell gesehen handelt es sich aber jedenfalls um einen Verwaltungsakt, da Verordnungen nur von Verwaltungsbehörden erlassen werden können.[122] Neben diesen Rechtsverordnungen unterscheidet Rsp und Lehre noch die Verwaltungsverordnungen, wie Erlässe, Dienstanweisungen oder Instruktionen.[123] Auch diese haben Verordnungsqualität, wenn sie „imperativ" sind, also nicht bloße Gesetzestexte wiederholen, den Handlungsspielraum der Behörde einschränken und das Gesetz bindend festlegen. Es muss sich also um eine generelle und verbindliche Anordnung handeln.[124] Die Kundmachung einer Verordnung[125] kann ebenso Amtshaftungsansprüche begründen, wie das Unterlassen von Verordnungen. Letzteres aber natürlich nur, wenn auch eine Pflicht zur Erlassung besteht, wie zB § 2c TierSG. Ansonsten enthält Art 18 Abs 2 B-VG nämlich „nur" eine Ermächtigung zum Verordnungserlass

---

[114] *Schragel*, AHG³ § 1 Rz 59 und 72; *Mader* in *Schwimann³*, AHG § 1 Rz 24; *Paar,* Grundzüge 29 mwN.
[115] Ein systematischer Überblick findet sich bei *Mader* in *Schwimann³*, AHG § 1 Rz 26.
[116] *Paar,* Grundzüge 30.
[117] *Vrba*, Amtshaftung-Staatshaftung Register 2 Kapitel 1.4, 11; OGH 29.01.1992, 1 Ob 47/91, EvBl 1992/105.
[118] *Rebhahn,* Staatshaftung 88.
[119] Vgl OGH 19.01.1999, 1 Ob 306/98a, JBl 2000, 179 (Anm *Kalb*).
[120] Zum funktionalen Zusammenhang und der „Bereichstheorie" vgl *Mader* in *Schwimann³,* AHG § 1 Rz 27; Zur Begründungslinientheorie nach *Holoubek,* vgl *Holoubek,* Haftung für schlichtes Verwaltungshandeln, insbesondere staatliche Warnungen und Empfehlungen, in *Holoubek/Lang* (Hrsg), Organhaftung und Staatshaftung 250 f.
[121] *Paar,* Grundzüge 32.
[122] *Walter/Mayer/Kucsko-Stadlmayer*, Bundesverfassungsrecht¹⁰, 296.
[123] *Schragel*, AHG³ § 1 Rz 62.
[124] *Mader* in *Schwimann³,* AHG § 1 Rz 32.
[125] Bspw OGH 19.01.1999, 1 Ob 267/98s, ZVR 1996, 361; 27.07.1995, 1 Ob 37/95, SZ 68/134.

(„kann").[126] Ebenfalls rechtswidrig ist die unterlassene Kundmachung einer Verordnung. Auch aus der Unterlassung der Aufhebung einer Gemeindeverordnung durch eine Aufsichtsbehörde iSd Art 119a B-VG kann sich ein Amtshaftungsanspruch ableiten lassen („hat...aufzuheben").[127]

Der Bescheid stellt den typischen individuellen, hoheitlichen, externen an einen Rechtsunterworfenen adressierten Verwaltungsakt dar.[128] Ob ein Bescheid rechtswidrig erlassen wurde oder nicht, ist nach Vorlage gemäß § 11 vom VwGH zu klären.[129] Ist ein Bescheid auf Grund einer rechtswidrigen Verordnung ergangen und ist dieser damit ebenfalls rechtswidrig, so haftet der Rechtsträger des Organs, der die Verordnung erlassen hat.[130] Gerichte und der UVS[131] haben bei Bedenken gegen die Gesetzmäßigkeit den VfGH anzurufen.[132]

Wird von einem Verwaltungsorgan gegen einen individuell bestimmten Adressaten einseitig ein Befehl erteilt oder Zwang ausgeübt, so liegt eine „Ausübung unmittelbarer behördlicher Befehls- und Zwangsgewalt" vor.[133] Diese sind immer als hoheitliches Verwaltungshandeln zu qualifizieren.

Realakte, bloße Handlungsweisen und andere schadensstiftende Ereignisse (zB Unterlassungen) gelten dann als Hoheitsverwaltung, wenn das Organverhalten in einen Tätigkeitsbereich fällt, der prinzipiell mit Befehls- und Zwangsgewalt ausgestattet ist und ein „innerer Zusammenhang" der Handlung mit einer hoheitlichen Tätigkeit besteht, dazu zählen auch „Vorbereitungshandlungen" für die Ausübung hoheitlicher Gewalt.[134] Werden zB Auskünfte, welche typischerweise als Realakt gelten[135], auf Grund des AuskunftspflichtG erteilt, so erfolgt dies in Vollziehung der Gesetze, selbst wenn es sich um Auskünfte im Bereich der Privatwirtschaftsverwaltung handelt.[136]

Der Bund haftet auch, wenn Organe der FMA bei der Bankenaufsicht Schäden herbeiführen, denn auch dies gilt als Hoheitsverwaltung.[137]

---

[126] *Schragel*, AHG³ § 1 Rz 67.
[127] *Mader* in *Schwimann³*, AHG § 1 Rz 57.
[128] *Walter/Mayer/Kucsko-Stadlmayer*, Bundesverfassungsrecht[10], 303.
[129] Dies gilt ebenso für Erkenntnisse oder Beschlüsse eines Verwaltungsgerichtes.
[130] *Schragel*, AHG³ § 1 Rz 64; zur fraglichen Rechtswidrigkeit und Verschuldung des Organs, siehe *Mader* in *Schwimann³*, AHG § 1 Rz 36 und 83.
[131] Zumindest noch bis Ende 2013. Mit der Verwaltungsgerichtsbarkeitsnovelle 2012 (BGBl I 51/2012) wird der UVS jedoch aufgelöst und jedes Bundesland soll ein Verwaltungsgericht erhalten.
[132] *Schragel*, AHG³ § 1 Rz 68.
[133] *Walter/Mayer/Kucsko-Stadlmayer*, Bundesverfassungsrecht[10] 305; Bsp: Festnahme nach § 35 VStG; Entfernen eines KFZ (§ 89s StVO); Abnahme eines Führerscheins nach § 89 FSG; Schließung eines Gewerbebetriebs nach § 360 GewO.
[134] *Mader* in *Schwimann³*, AHG § 1 Rz 37; eine Auflistung von Einzelfällen siehe *Mader* aaO Rz 38.
[135] Siehe dazu unten Kapitel III 3.2.3.2.
[136] *Schragel*, AHG³ § 1 Rz 94; *Mader* in *Schwimann³*, AHG § 1 Rz 39.
[137] OGH 11.06.2002, 1 Ob 103/02g, ÖBA 2003, 302; eine Auflistung weiterer Beispielfälle siehe *Mader* in *Schwimann³*, AHG § 1 Rz 39 und *Paar*, Grundzüge 35 f.

2.3.3 Die Haftung für Schäden „am Vermögen oder an der Person"

2.3.3.1 Der Schaden

§ 1 Abs 1 bestimmt, dass die Schäden „am Vermögen oder an der Person" zu ersetzen sind. Der Schadensbegriff richtet sich nach § 1293 ABGB. Danach ist ein Schaden jeder Nachteil, welcher jemandem an Vermögen, Rechten oder seiner Person zugefügt worden ist. Vom positiven Schaden zu unterscheiden, gilt es den entgangenen Gewinn. Dieser wird allerdings nur bei grobem Verschulden zugestanden.[138] Die Abgrenzung gestaltet sich oft schwierig und auch die Rsp ist sich nicht ganz einig.[139] Grundsätzlich gilt: War mit einem Gewinn mit an Sicherheit grenzender Wahrscheinlichkeit zu rechnen, so ist er als positiver Schaden zu qualifizieren.[140] Der Verdienstentgang wird bspw als positiver Schaden bewertet.[141]

Auch die Schadensermittlung erfolgt grundsätzlich nach bürgerlichem Recht. Die Berechnung des Schadens kann konkret oder abstrakt erfolgen. Während die abstrakte Berechnungsmethode einen objektiven Wert annimmt, wird bei der konkreten Berechnungsmethode eine Differenzrechnung angestellt.[142] Da nach § 1323 ABGB alles in den vorherigen Stand zurückzuversetzen ist und dies allenfalls nur konkret erfolgen kann, folgt das österreichische Schadenersatzrecht dem Prinzip der konkreten Berechnung.[143]

Für bloße Vermögensschäden gilt auch im Amtshaftungsrecht, dass diese nur ersetzt werden, wenn ein absolutes Recht oder ein Schutzgesetz verletzt wurde, wenn die schädigende Handlung vorsätzlich oder sittenwidrig war, oder wenn sich die Rechtswidrigkeit des schädigenden Verhaltens unmittelbar aus der Rechtsordnung ableiten lässt. Entscheidend ist daher die Haftung wegen Verletzung eines Schutzgesetzes und die damit einhergehende Frage des Schutzbereiches der verletzten Norm. Wichtig dabei ist, dass die verletzte Norm auch das Vermögen als solches schützt.[144] Wird in ein absolutes Recht eingegriffen, so ist auch für adäquat herbeigeführte Folgeschäden Ersatz zu leisten.[145] Nach neuerer Judikatur muss nun auch für die persönliche Freiheit und die Ehre gehaftet werden, obwohl diese in § 1 Abs 1 nicht genannt sind.[146] Des Weiteren ist der wirtschaftliche Ruf (good will) eines Unternehmens geschützt.[147] Generell spricht der OGH immateriellen Schäden Ersatzfähigkeit zu, mit der Begründung, dass ansonsten dem Gesetzgeber die Wendung „am Vermögen" ja ausgereicht hätte.[148]

---

[138] Vgl § 1324 ABGB; OGH 01.07.2004, 1 Ob 173/03b, JBl 2004, 793.
[139] Näheres hierzu: *Huber,* Der Schaden und seine Bemessung, in *Holoubek/Lang* (Hrsg), Organhaftung und Staatshaftung 84.
[140] *Rebhahn,* Staatshaftung 410.
[141] ZB OGH 28.04.2000, 2 Ob 82/00y, ZVR 2001/2.
[142] *Reischauer* in *Rummel³,* Kommentar zum Allgemeinen bürgerlichen Gesetzbuch³ (2007) § 1293 Rz 2a.
[143] *Reischauer* in *Rummel³, ABGB* § 1293 Rz 2b.
[144] *Mader* in *Schwimann³,* AHG § 1 Rz 88.
[145] OGH 29.01. 2002, 1 Ob 168/01i, JBl 2002, 390 (Anm *Kerschner*).
[146] *Paar,* Grundzüge 40.
[147] OGH 22.02.2000, 1 Ob 37/00y, SZ 73/35; 29. 1. 2002, 1 Ob 168/01i, JBl 2002, 390 (Anm *Kerschner*).
[148] *Ziehensack*, AHG § 1 Rz 803.

2.3.3.2 Das Verhalten des Organs

Auch der Begriff des Verhaltens in § 1 Abs 1 muss mangels eigener Definition nach bürgerlichem Recht beurteilt werden. Danach kann ein Verhalten entweder ein Tun oder ein Unterlassen sein. Problematisch scheint in diesem Zusammenhang das Unterlassen. Nach Rsp des VwGH besteht kein subjektives Recht der Bürger auf eine gesetzmäßige Führung der Verwaltung und auch im bürgerlichen Recht ist keine allgemeine Rechtspflicht verankert, Schäden zu verhindern.[149] Grundsätzlich gilt, dass ein Unterlassen dann zu Ersatzpflichten iSd AHG führt, wenn eine Handlungspflicht[150] besteht, das Unterlassen somit rechtswidrig ist und der Rechtswidrigkeitszusammenhang zwischen Unterlassen und dem hervorgerufenen Schaden gegeben ist.[151] Das pflichtgemäße Handeln hätte den Schaden somit abwenden müssen, um eine Haftung wegen Unterlassen bejahen zu können.

2.3.3.3 Die Kausalität

Die Kausalität wird auch im Amtshaftungsrecht nach der Äquivalenztheorie und der „conditio-sine-qua-non"-Formel geprüft.[152]

Während beim Tun geprüft wird, ob beim Wegdenken der Handlung auch der Schaden entfällt, muss beim Unterlassen geprüft werden, ob der Schaden beim Hinzudenken der pflichtgemäßen, aber eben unterlassenen, Handlung auch eingetreten wäre. Bei einer ganz außergewöhnlichen Verkettung von Umständen entfällt die Haftung allerdings.[153] Daher ist ein Unterlassen dann kausal, wenn pflichtgemäßes Handeln den Schaden abgewendet hätte und das Handeln auch möglich gewesen wäre. Vorwiegend wird es sich dabei um eine Wahrscheinlichkeitsüberlegung handeln. Der Geschädigte muss daher überwiegende Gründe darlegen, die darauf hinweisen, dass der Schaden durch die Unterlassung des handlungspflichtigen Organs herbeigeführt worden ist. Wäre der Nachteil daher auch ohne pflichtgemäßes Handeln eingetreten, wird eine Haftung wegen vorwerfbarer Unterlassung regelmäßig entfallen.[154] Eine Kausalitätsprüfung ist daher beim Unterlassen unabdinglich, da ja nur für solche Schäden ein Ersatz gebühren soll, die kausal von einem staatlichen Organ herbeigeführt worden sind, um mit der Amtshaftung keine Ausfallshaftung zu kreieren, die als allgemeine Versicherung des normalen Lebensrisikos dient.[155]

---

[149] *Schragel*, AHG³ § 1 Rz 141.
[150] ZB vom Gesetz auferlegte Fürsorgepflichten oder ein Schutzgesetz verlangt ein bestimmtes Handeln.
[151] *Mader* in *Schwimann³*, AHG § 1 Rz 43.
[152] Näheres dazu *Reischauer* in *Rummel³*, *ABGB* § 1295 Rz 2.
[153] *Paar,* Grundzüge 40; *Bollenberger,* Kausalität als Voraussetzung des Haftungsanspruches, in *Holoubek/Lang* (Hrsg), Organhaftung und Staatshaftung 31 f.
[154] *Mader* in *Schwimann³*, AHG § 1 Rz 48 mwN.
[155] *Ziehensack*, AHG § 1 Rz 881 f.

Generell hat der Geschädigte die Kausalität der schädigenden Handlung/Pflichtverletzung zu beweisen. Macht dieser aber einen Anspruch auf Grund der Verletzung eines Schutzgesetzes geltend, muss er nur die Übertretung dieser Schutznorm durch ein Organ des beklagten Rechtsträger und den tatsächlichen Schaden beweisen.[156]

2.3.3.4 Die Rechtswidrigkeit

2.3.3.4.1 Allgemeines

Prinzipiell sind Organe angehalten, sich rechtmäßig zu verhalten.[157] Verstößt ein Organ gegen Gebote oder Verbote, so handelt es rechtswidrig. Unter den Begriff der Rechtswidrigkeit im Sinne des AHG fällt nicht nur die gesetzwidrige Anwendung materieller oder verfahrensrechtlicher Vorschriften auf den Geschädigten, sondern auch die Verletzung aller öffentlich-rechtlichen und privatrechtlichen Rechtsvorschriften, die eine Schädigung von Personen oder Sachen verhindern sollen.[158] Rechtswidrigkeit ist ebenfalls gegeben bei einem Verstoß gegen unmittelbar anzuwendendem Unionsrecht, bei Verstoß gegen die guten Sitten und bei Verletzung absoluter Rechte.[159] Nicht notwendig für die Begründung der Rechtswidrigkeit, ist die Verletzung eines subjektiven Rechts durch das Organ, es reicht die Verletzung eines objektiven Rechts.[160] Des Weiteren wird auch die Meinung vertreten, dass auch auf das Verhaltensunrecht abzustellen ist.[161] Dabei ist jedoch zu beachten, dass sich die Rechtswidrigkeit des hoheitlichen Handelns von der anspruchsbegründenden Rechtswidrigkeit der Lehre des Verhaltensunrechts unterscheidet.[162]

Natürlich ist es auch im Amtshaftungsrecht möglich, die Rechtswidrigkeit mit Rechtfertigungsgründen (Notwehr, Notstand) auszuschließen, dies erfolgt nach den allgemeinen Grundsätzen.[163]

2.3.3.4.2 Die Rechtswidrigkeit bei Unterlassungen

Wie schon zuvor angesprochen, besteht prinzipiell kein subjektives-öffentliches Recht auf eine gesetzmäßige Führung der Verwaltung. Da eine Verletzung eines subjektiv-öffentlichen

[156] *Schragel*, AHG³ § 1 Rz 176.
[157] *Vrba*, Amtshaftung-Staatshaftung Register 2 Kapitel 1.6, 1; OGH 26.02.2002, 1 Ob 310/01x, JBl 2002, 520.
[158] OGH 30.09.2008, 1 Ob 225/07f, ecolex 2008/404, 1128; *Mader* in *Schwimann³*, AHG § 1 Rz 48.
[159] *Mader* in *Schwimann³*, AHG § 1 Rz 48; *Paar*, Grundzüge 40.
[160] *Rebhahn*, Staatshaftung 102 f; *Mader* in *Schwimann³*, AHG § 1 Rz 48.
[161] *Paar*, Grundzüge 43 mwN.
[162] *Rebhahn*, Staatshaftung 450 ff; *Schauer*, Verschulden als Haftungsvoraussetzung, in *Holoubek/Lang* (Hrsg), Organhaftung und Staatshaftung 49.
[163] *Mader* in *Schwimann³*, AHG § 1 Rz 58; zu den Grundsätzen der Beurteilung der Rechtswidrigkeit und gewissen Einzelfallproblemen vgl *Mader* in *Schwimann³*, AHG § 1 Rz 49 ff.

Rechts zur Anspruchsbegründung aber nach hL nicht nötig ist, kann ein Unterlassen einer hoheitlichen Handlung nur dann Ansprüche nach AHG begründen, wenn eine besondere gesetzliche Pflicht des Organs zum Handeln gegenüber dem Geschädigten besteht und auch die weiteren (allgemeinen) Voraussetzungen vorliegen.[164] Zudem muss das pflichtgemäße Handeln den Schaden verhindern können.[165] Praktisch am relevantesten sind dabei Entscheidungs- und Manuduktionspflichten, sowie die Aufsichtspflichten.[166]

2.3.3.4.3 Der Rechtswidrigkeitszusammenhang

Da die Rechtsträger im Amtshaftungsrecht nicht uferlos in die (Haft-)Pflicht genommen werden sollen, gilt auch hier der Grundsatz des Rechtswidrigkeitszusammenhangs: Danach sind bei Verletzung einer Norm nur jene Schäden zu ersetzen, die die überschrittene Norm gerade schützen bzw verhindern wollte.[167] Die allgemeinen schadenersatzrechtlichen Grundsätze des Rechtswidrigkeitszusammenhangs sind anzuwenden, weil nach hL der Terminus „wem auch immer" mit „jedermann" in § 1295 Abs 1 ABGB gleichzusetzen ist. Zu prüfen gilt es beim Rechtswidrigkeitszusammenhang daher, ob die einzelnen Rechtsträgerpflichten nur im Interesse der Allgemeinheit bestehen oder auch im Interesse einzelner Betroffener stehen.[168] Entscheidend ist also der Zweck der Norm bzw der Amtspflicht. In der Rsp wird dies mit unterschiedlichen Formeln geprüft.[169] Prinzipiell kommt es aber darauf an, dass die übertretene Vorschrift gerade (auch) den Sinn hat, den Geschädigten vor den Nachteilen zu schützen, wie sie nun eingetreten sind.[170] Das bedeutet, dass die öffentlich-rechtliche Norm neben der Wahrung des öffentlichen Interesses auch die Verhinderung des Schaden eines konkreten Drittens mitbezweckt und intendiert hat, eine bloße Reflexwirkung und mittelbare Berührung der Interessen Dritter reicht daher nicht aus. Die Ermittlung des Schutzzwecks erfolgt durch Auslegung.[171]

Für Unterlassungen des Rechtsträgers muss geprüft werden, inwieweit die Norm die Handlungspflicht nur im Interesse der Allgemeinheit oder im Interesse Einzelner festsetzt. Konkret geht es darum, ob der Geschädigte in den Bereich des Schutzzwecks einbezogen ist.

---

[164] *Mader* in *Schwimann³,* AHG § 1 Rz 53 f.
[165] *Vrba*, Amtshaftung-Staatshaftung Register 2 Kapitel 1.6, 3.
[166] Einzelfälle siehe *Mader* in *Schwimann³*, AHG § 1 Rz 55f oder *Ziehensack*, AHG § 1 Rz 970 ff und (hier genauer behandelt) in Kapitel III.
[167] *Paar,* Grundzüge 45.
[168] *Mader* in *Schwimann³,* AHG § 1 Rz 60.
[169] Genaue Abhandlung bei *Rebhahn,* Staatshaftung 248 ff.
[170] OGH 17.10.1995, 1 Ob 34/95.
[171] *Mader* in *Schwimann³,* AHG § 1 Rz 60 mwN. Gegen die hL vom Schutzzweck der Norm spricht sich *Klecatsky* in JBl 1981, 114 aus; dagegen wiederum *Rebhahn*, Amtshaftung und Normzweck, JBl 1981, 513 f.

Vorwiegend geht es hierbei in der Praxis bei der Amtshaftung für Unterlassungen um Auskunfts- und Aufsichtspflichten.[172]

2.3.3.4.4 *Das rechtmäßige Alternativverhalten*

Eine Haftung wird auch nach AHG dann ausgeschlossen, wenn der Schaden durch das rechtmäßige Verhalten genauso eingetreten wäre bzw eintreten hätte können (rechtmäßiges Alternativverhalten). Der vermeintlich in Anspruch genommene Rechtsträger soll sich bei mehreren in Betracht kommenden Verhaltensweisen darauf berufen können, dass eine andere dieser Verhaltensweisen den Schaden ebenfalls nicht verhindert hätte und dieser trotzdem eingetreten wäre.[173] Der Rechtsträger soll nur dann nicht von der Haftung befreit werden, wenn der Schutzzweck der Norm jedes andere Verhalten ausschließen will oder die Einhaltung eines mit besonderen Sicherheitsgarantien ausgestatteten Verfahrens erzwungen werden soll. Dies ist bspw dann der Fall, wenn das Recht auf persönliche Freiheit[174] verletzt wird oder bei einem nicht begründeten Bescheid.[175] Ebenfalls soll dies aus ähnlichen Überlegungen für die Verletzung präventiver Aufsichtspflichten gelten.[176] Zulässig ist dieser Einwand jedoch, wenn Sicherheitsmaßnahmen rechtswidrig angeordnet wurden, der Kläger aber selbst zu deren Durchführung aus anderen Gründen verpflichtet gewesen wäre, oder bei der Verwaltungsvollstreckung durch eine unzuständige Behörde oder etwa bei einer Erteilung der Lenkberechtigung ohne Auflagen, obwohl dies geboten gewesen wäre und der Lenker dadurch einen Unfall verschuldet, in concreto, wenn kein Zusammenhang zwischen Rechtswidrigkeit und Erfolg bestand.[177] Der Einwand, dass der Schaden auch bei rechtmäßigem Alternativverhalten eingetreten wäre, hat der Rechtsträger zu beweisen.[178]

2.3.3.5 Das Verschulden

Eine weitere Voraussetzung für die Haftungsbegründung nach AHG ist, dass das handelnde Organ den Schaden schuldhaft zugefügt haben muss. Die Amtshaftung stellt daher eine Verschuldens- und keine Gefährdungs- oder Erfolgshaftung dar.[179] Da das AHG nichts Näheres bestimmt, gelten die Verschuldensregeln des ABGB, daher wird für jeden Grad des Verschuldens gehaftet, ob Vorsatz, grobe oder leichte Fahrlässigkeit. Haftungsmaßstab für

---

172 *Mader* in *Schwimann*³, AHG § 1 Rz 61; zu den Auskunftspflichten siehe Kapitel III 3.2; zur Aufsicht Kapitel III 2; eine Auswahl von weiteren Einzelfällen findet sich bei *Mader* in *Schwimann*³, AHG § 1 Rz 62; wie konkret die Judikatur dies in Einzelfällen entscheidet siehe auch hier ab Kapitel III 2 ff.

173 *Schragel*, AHG³ § 1 Rz 155.

174 OGH 15.07.1981, 1 Ob 35/80, SZ 54/108; 21.06.2000, 1 Ob 88/00y, SZ 73/103.

175 OGH 03.09.1986, 1 Ob 30/86, SZ 59/141 = JBl 1987,244.

176 *Apathy*, Haftungsfolgen fehlerhafter Staatsaufsicht, in *Aicher* (Hrsg), Haftung 255 f.

177 *Mader* in *Schwimann*³, AHG § 1 Rz 63 mwN.

178 Ausführliche Fallgestaltungen finden sich bei *Ziehensack*, AHG § 1 Rz 1255 ff.

179 *Schragel*, AHG³ § 1 Rz 157.

das Verschulden eines Organs ist § 1299 ABGB. Das heißt, dass der Rechtsträger auch für leichtes Verschulden seiner Organe einzustehen hat, dies sollte allerdings nicht überspannt werden.[180] Für die Begründung des Amtshaftungsanspruches genügt es, wenn das Handeln dem Organ objektiv vorwerfbar (objektive Sorgfaltswidrigkeit) ist.[181] Verwiesen wird hierzu in der Lehre (nicht ganz unumstritten) auf § 2 Abs 1 AHG und auf § 1313a ABGB.[182] Dieses „objektivierte Verschuldensverständnis" führt daher dazu, dass die Rechtswidrigkeitsprüfung mit der Verschuldensprüfung zusammenfällt. Ganz konsequent ist auch die Rsp diesem Ansatz nicht gefolgt, denn Rechtswidrigkeit und Verschulden werden meist getrennt geprüft. Auch die Vertretbarkeit der Rechtsansicht wird auf Verschuldensebene geprüft.[183]

Muss ein Organ Recht anwenden, so handelt es nicht bei jeder unrichtigen Rechtsanwendung automatisch schuldhaft, sondern nur dann, wenn die Organentscheidung auf einer unvertretbaren Rechtsauffassung beruht. Ziel der „Vertretbarkeit der Rechtsauffassung" ist es, die Rechtsanwendung lebendig zu halten und der Rechtsauslegung somit nicht zu strenge Fesseln anzulegen.[184] Unvertretbar ist es etwa, wenn das Organ von gesicherter höchstgerichtlicher Rechtsprechung oder klaren Gesetzesstellen ohne sorgfältige Überlegung und Begründung abweicht.[185]

Erfordert eine Tätigkeit nun aber keine besonderen Fähigkeiten[186], entfällt § 1299 ABGB als Haftungsmaßstab und die Haftung richtet sich nach dem Umfang, nach welchem das Organ bei einer privaten Tätigkeit selbst gehaftet hätte.[187]

Der Schädiger kann bzw muss bei der Verschuldensprüfung ein Mitverschulden durch den Geschädigten nach § 1304 ABGB einwenden, da dies nicht von Amtswegen geprüft wird. Erforderlich ist dabei keine Rechtswidrigkeit im technischen Sinn, es genügt, wenn dem Geschädigten in den eigenen Angelegenheiten eine kausale Sorglosigkeit nachgewiesen werden kann.[188] Diese kann zB in einer sorglosen Untätigkeit bestehen, wenn es der Geschädigte schuldhaft unterlässt, geeignete schadensmindernde Handlungen zu setzen und ein verständiger Durchschnittsmensch diese gesetzt hätte. Im Einzelfall bestimmt sich die Zumutbarkeit nach dem redlichen Verkehr und den Interessen der Beteiligten.[189] Mitverschulden, und somit auch die Zulässigkeit der Einwendung, ist nach neuer Rsp auch dann gegeben, wenn Fehler der Behörde durch den Geschädigten erkannt wurden oder erkannt werden hätten können.[190] Generell kommt der Einwand ansonsten nur bei

---

[180] Vgl OGH 01.04.1992, 1 Ob 9/92, SZ 65/2, wonach in einer kritischen Situation rasch zu fassende Beschlüsse zwar rechtswidrig sein können, aber nicht unbedingt schuldhaft sein müssen.
[181] *Schauer* in *Holoubek/Lang* (Hrsg), Organhaftung und Staatshaftung 55.
[182] *Paar,* Grundzüge 45 mwN.
[183] *Mader* in *Schwimann³,* AHG § 1 Rz 67.
[184] *Schragel,* AHG³ § 1 Rz 159 mwN.
[185] Ausführlich bei *Mader* in *Schwimann³,* AHG § 1 Rz 73 ff.
[186] Wie zB bei einem Verkehrsunfall im Zuge einer Dienstfahrt.
[187] *Mader* in *Schwimann³,* AHG § 1 Rz 68.
[188] *Reischauer* in *Rummel³*, ABGB § 1304 Rz 1.
[189] *Paar,* Grundzüge 53.
[190] OGH 26.02.2002, 1 Ob 24/02i, ÖGZ 2002 H 8, 62.

Unterlassungen und verfahrensfreien Verwaltungsakten zum Tragen, da das Verhalten der Organe ohne Rücksicht auf die Parteien rechtmäßig sein muss.[191]

Das Mitverschulden eines Dritten schließt den Amtshaftungsanspruch nicht aus, es sind die §§ 1301 f ABGB entsprechend anzuwenden.[192]

2.4 *Haftungsausschluss*

In den folgenden Fällen schließt das AHG einen Amtshaftungsanspruch aus:

2.4.1 Verletzung der Rettungspflicht

Gemäß § 2 Abs 2 besteht für den Geschädigten eine sog „Rettungspflicht". Sein Anspruch besteht demnach dann nicht, wenn er den Schaden durch ein Rechtsmittel[193] oder durch Beschwerde beim Verwaltungsgericht und Revision beim Verwaltungsgerichtshof abwenden hätte können. Es liegt also zunächst am Geschädigten selbst, seine Interessen zu wahren und alle möglichen verfahrensrechtlichen Behelfe zu konsumieren, erst wenn dies erfolglos ist, soll Amtshaftung eintreten.[194] Es wird hier also eine besondere Schadensminderungspflicht auf Seiten des Geschädigten verlangt. Der Amtshaftungsanspruch entfällt aber nur, wenn das Rechtsmittel auch tatsächlich tauglich gewesen wäre, um den Schaden abzuwenden. Bei Unterlassungen kommen die Rechtsbehelfe nach Abs 2 nicht in Betracht.[195] Des Weiteren muss das Rechtsmittel vom Geschädigten schuldhaft nicht erhoben worden sein. Die Rechtsfolge der Rettungspflichtverletzung ist, dass der Amtshaftungsanspruch nicht entsteht.[196]

2.4.2 Höchstgerichtliches Erkenntnis

Nach § 2 Abs 3 lässt sich aus Erkenntnissen von Höchstgerichten (VfGH, VwGH und OGH) kein Ersatzanspruch ableiten. Wäre dies nicht der Fall, hätte der Rechtsschutz gar keine Grenze und es könnte auch keine endgültige Entscheidung gewährleistet werden.[197] Anders

---

[191] *Mader* in *Schwimann³*, AHG § 1 Rz 69.
[192] *Mader* in *Schwimann³*, AHG § 1 Rz 73 und 91.
[193] Zum Begriff ausführlich *Paar*, Grundzüge 57 f; Eine Auflistung gerichtlich anerkannter Rechtsmittel findet sich bei *Vrba*, Amtshaftung-Staatshaftung Register 2 Kapitel 1.8, 7 f.
[194] *Vrba*, Amtshaftung-Staatshaftung Register 2 Kapitel 1.8, 1.
[195] Vgl OGH 19.10.1993, 1 Ob 25/93, JBl 1994, 263.
[196] *Mader* in *Schwimann³*, AHG § 2 Rz 2 ff.
[197] *Walter/Mayer/Kucsko-Stadlmayer*, Bundesverfassungsrecht¹⁰, 601.

sieht dies der EuGH bei Verletzung von Unionsrecht.[198] Der Ausschluss des Anspruches nach § 2 Abs 3 gilt absolut, dh nur für die angeführten Gerichte und daher zB nicht für den Asylgerichtshof.[199] Amtshaftungsansprüche werden aber nicht allein auf Grund der Tatsache ausgeschlossen, dass ein Höchstgericht in einer Sache entschieden hat. Entscheidend ist, dass mit dieser höchstgerichtlichen Entscheidung, auch tatsächlich über das hoheitliche Handeln, aus dem sich die Amtshaftungsansprüche ergeben, inhaltlich geurteilt wurde. Das heißt, dass Amtshaftungsansprüche aus „nicht überprüfbaren Verhaltensweisen" (Art der Verfahrensführung, Grundlagen der freien Beweiswürdigung) durchaus möglich sind, da diese nicht aus dem Erkenntnis eines Höchstgerichts abgeleitet werden.[200] Es ist dabei nicht nur der formelle Gesichtspunkt zu prüfen, es kommt auch auf die materiellen Anhaltspunkte an. Das Vorliegen eines höchstgerichtlichen Erkenntnisses führt also nicht unbedingt und in jedem Fall zu einem Ausschluss der Haftung.[201]

Bei Unterlassungen, oder wie es im Fachjargon heißt bei Säumnis eines Höchstgerichts, stellt sich daher die Frage, ob ein fehlendes Erkenntnis nicht doch ein Amtshaftungsanspruch begründen kann. Im Sinne der Gewährleistung einer endgültigen Entscheidung entspräche es aber nicht dem Telos des § 2 Abs 3, wenn ein fehlendes Erkenntnis Amtshaftungsansprüche begründen würde. Letzten Endes würde das ja auch bedeuten, dass der OGH über seine eigene Säumnis zu entscheiden hätte. Zudem kann der OGH einen Amtshaftungsanspruch leicht vermeiden, zB in dem er einen Zurückweisungsbeschluss fasst und somit doch noch entscheidet. Es ist mit dem Begriff der „Erkenntnis" nach hL jede Art von Entscheidung eines Höchstgerichts gemeint.[202]

2.4.3 Die Verjährung

2.4.3.1 Die Verjährungsfrist

Das AHG kennt zwei Verjährungsfristen, nämlich eine dreijährige und eine zehnjährige Frist. Nach § 6 Abs 1 S 1 verjähren Amtshaftungsansprüche in drei Jahren nach Ablauf des Tages, an dem der Schaden dem Geschädigten bekannt geworden ist, keinesfalls aber vor einem Jahr nach Rechtskraft einer rechtsverletzenden Entscheidung oder Verfügung. Anders als in § 1489 ABGB, ist es nach dem AHG „nur" nötig den Schaden zu kennen, nicht jedoch den Schädiger. Dies ist wohl im Einklang des § 2 Abs 1 zu sehen, wonach das schädigende Organ nicht konkret bezeichnet werden muss. Die dreijährige Verjährungsfrist beginnt daher erst dann zu laufen, wenn dem Geschädigten bekannt ist, dass der Schaden auf ein schuldhaftes

[198] Siehe dazu Kapitel IV.
[199] *Paar,* Grundzüge 59 f.
[200] *Schragel*, AHG^3 § 2 Rz 196.
[201] *Ziehensack,* AHG § 2 Rz 109.
[202] *Tomasovsky/Urtz*, Haftung bei Säumnis von Gerichten und Verwaltungsbehörden, in *Holoubek/Lang* (Hrsg), Organhaftung und Staatshaftung 266; vgl dazu auch Kapitel III 6.1.4.

Verhalten eines Organs eines bestimmten Rechtsträger zurückzuführen ist.[203] Der OGH stellt bei der Kenntnis auf die Herstellung ausreichender Gewissheit ab bzw auf das Wissen nun selbst aktiv werden zu müssen, da der Wissensstand selbst nicht mehr erhöht werden kann.[204] Bei fortgesetzten Schäden beginnt bei jeder weiteren Schädigung die Frist ab Kenntnis neu zu laufen, weshalb jedes einzelne Verhalten Schadensursache ist und somit jedes Mal eine neue Verjährung zu laufen beginnt.[205]

Die zehnjährige Frist beginnt ab dem Zeitpunkt des Schadenseintritts zu laufen.[206] Mit dem Ablauf dieser absoluten Frist gilt der Anspruch endgültig als verjährt. Das heißt, wenn jemand im neunten Jahr nach Eintritt des Schadens den selbigen bemerkt, hat er nur noch ein Jahr Zeit, diesen geltend zu machen.[207]

2.4.3.2 Hemmung und Unterbrechung

Neben den Regeln des allgemeinen Verjährungsrechts enthält das AHG noch zwei weitere besondere Vorschriften über die Hemmung des Anspruchs.

Nach § 6 Abs 1 S 1 HS 2 beginnt die Verjährung des Anspruches keinesfalls vor einem Jahr nach Rechtskraft einer rechtsverletzenden Entscheidung oder Verfügung zu laufen. Diese Ablaufhemmung dient dem Geschädigten vor allem dazu die Rechtswidrigkeit im vorgesehenen Verwaltungsverfahren zu ermitteln, selbst wenn der Schaden dadurch nicht mehr abgewendet werden kann. Müssen nun weitere Rechtsmittel ergriffen werden, tritt die Hemmung ein. Der Begriff „Rechtskraft" ist dabei sehr weit zu verstehen, gemeint ist nicht nur die formelle Rechtskraft, sondern der Zeitpunkt in dem über eine Sache endgültig entschieden wurde, daher gilt es auch die außerordentlichen Rechtsmittel zu beachten.[208] Ergreift der Geschädigte andere Rechtsmittel (Nichtigkeit- und Wiederaufnahmeklagen) nach Eintritt der formellen Rechtskraft, wird die Verjährung nicht gehemmt.[209] Nicht als Entscheidung oder Verfügung iSd § 6 gilt die Ausübung unmittelbarer Befehls- und Zwangsgewalt.[210] Die Ablaufhemmung gilt des Weiteren für beide Verjährungsfristen.[211]

In § 6 Abs 1 Satz 3 normiert das AHG eine Fortlaufhemmung, wonach die Verjährung durch die Aufforderung gemäß § 8 für die dort bestimmte Frist oder, wenn die Aufforderung innerhalb dieser Frist beantwortet wird, bis zur Zustellung dieser Antwort an den Geschädigten gehemmt wird. Die Fortlaufhemmung beginnt mit dem Einlangen des

---

203 *Paar,* Grundzüge 62.
204 OGH 09.03.1983, 1 Ob 1/83, SZ 56/36.
205 *Vrba*, Amtshaftung-Staatshaftung Register 2 Kapitel 1.12, 3.
206 Näheres in *Sutter*, Die Verjährung von Staats-, Amts- und Organhaftungsansprüchen, in *Holoubek/Lang* (Hrsg), Organhaftung und Staatshaftung 307 ff.
207 *Paar,* Grundzüge 63.
208 OGH 26.06.2007, 1 Ob 103/07i, ÖJZ EvBl 2007/155, 862.
209 *Schragel*, AHG³ § 6 Rz 226; *Mader* in *Schwimann³*, AHG § 6 Rz 9.
210 OGH 26.06.2007, 1 Ob 103/07i, ÖJZ EvBl 2007/155, 862.
211 OGH 19.07.1988, 1 Ob 16/88, JBl 1989, 45.

Aufforderungsschreibens beim Rechtsträger und endet mit Einlangen des Antwortschreibens beim Geschädigten, längstens allerdings nach drei Monaten.[212]

Unterbrechungswirkung hat bspw eine Antragsstellung bei den Behörden der EMRK, nicht jedoch der Anschluss als Privatbeteiligter im Strafverfahren gegen das schädigende Organ oder Vergleichsverhandlungen, jedoch haben Vergleichsverhandlungen Hemmungswirkung.[213]

3 Das Verfahren

In den §§ 8 ff normiert das AHG einzelne Verfahrensvorschriften. Bestehen jedoch keine besonderen Vorschriften, sind die allgemeinen Regeln des Zivilprozesses anzuwenden.[214]

3.1 Das Aufforderungsverfahren

Bevor ein Geschädigter Klage einreichen kann, hat er gemäß § 8 AHG zunächst den Rechtsträger, gegen den er den Ersatzanspruch geltend machen will, schriftlich aufzufordern, ihm binnen einer Frist von drei Monaten eine Erklärung zukommen zu lassen, ob er den Ersatzanspruch anerkennt oder den Ersatz ganz oder zum Teil ablehnt.[215]

Wird ein Anspruch gegen den Bund erhoben, so ist dieser nach der Verordnung der Bundesregierung[216] vom 01.02.1949[217] geltend zu machen. Danach ist das Aufforderungsschreiben gemäß § 8 Abs 1 an die Finanzprokuratur zu richten. Die Verordnung trifft in Abs 2 auch Reglungen zum Inhalt des Schreibens. Es muss daher das rechtswidrige Verhalten geschildert werden, ebenso wie der Ersatzanspruch. Auch die Dienststelle des schädigenden Organs ist anzugeben und, wenn vorhanden, die Geschäftszahl des betreffenden Akts, Urkunden sind im Original oder in Abschrift beizulegen. Ganz allgemein (also auch für Aufforderungsschreiben gegen andere Rechtsträger), sagt *Schragel,* stellen die Darstellung des rechtswidrigen Verhaltens und die Bezifferung des Ersatzanspruches Mindestinhaltserfordernisse dar.[218] Laut OGH sind Grundsätze (vor allem die Inhaltskriterien) der VO auch auf Amtshaftungsansprüche gegen andere Rechtsträger

[212] *Paar,* Grundzüge 64; aM *Sutter* in *Holoubek/Lang* (Hrsg), Organhaftung und Staatshaftung 332.
[213] *Mader* in *Schwimann³,* AHG § 6 Rz 8.
[214] *Mader* in *Schwimann³,* AHG § 8 Rz 1.
[215] Eine ausführliche Auflistung typischer Verlaufsvarianten eines Amtshaftungsverfahrens findet sich bei *Ziehensack,* AHG Einleitung Rz 8 ff.
[216] BGBl 45/1949.
[217] Diese ist nach wie vor in Kraft, gesetzliche Grundlage bildet dabei § 1 Abs 4 ProkuraturG.
[218] *Schragel*, AHG³ § 8 Rz 237.

anzuwenden.[219] *Mader* misst diesen Inhaltskriterien aber wegen der verminderten Bedeutung nur mehr wenig praktische Relevanz zu.[220]

Der Rechtsträger hat gemäß Abs 2 drei Monate Zeit, den geltend gemachten Anspruch anzuerkennen oder zu verweigern. Diese Frist beginnt allerdings erst mit Einlagen des Schreibens bei der Finanzprokuratur bzw mit der Zustellung an einen zur Empfangnahme befugten Vertreter zu laufen.[221] Eine Anerkennung ist ein neuer, selbstständiger Verpflichtungsgrund, welcher bei Nichterfüllung im „normalen" Zivilprozess nach allgemeinen Regeln der ZPO und nicht im Amtshaftungsverfahren durchzusetzen ist. Eine Amtshaftungsklage ist jedoch dann einzubringen, wenn der Anspruch nur dem Grunde nach anerkannt wurde.[222]

Fraglich ist, ob der Rechtsträger nach dem Auskunftspflichtgesetz bzw nach den jeweiligen Landesgesetzen verpflichtet ist, Auskunft über amtshaftungsbegründende Tatsachen zu geben. *Schragel* spricht sich für eine solche Pflicht aus, denn die Möglichkeit, dass ein Antragsteller daraus eventuell Amtshaftungsansprüche ableiten kann, kann den Rechtsträger keinesfalls davon entbinden. Außerdem gelten die Auskunftspflichtgesetze auch für die Privatwirtschaftsverwaltung. Er weist aber auch daraufhin, dass sich aus § 8 AHG keine gesetzliche Auskunftspflicht ableiten lässt und es sich dabei um eine rechtsgeschäftliche Erklärung zu einem bestimmten Anspruch handelt.[223] Das Aufforderungsverfahren stellt kein Verwaltungsverfahren dar. Die Erklärung des Rechtsträgers ist somit kein Bescheid, sondern privatrechtlicher Natur.[224]

Nach § 8 Abs 2 gebührt Kostenersatz nach § 45 ZPO, wenn der Geschädigte nicht hinreichend deutlich aufgefordert hat oder die Klage schon vor Ablauf der Frist von drei Monaten erhebt oder das Klagebegehren in einem laufenden Verfahren erweitert, längstens aber bis zum Schluss der mündlichen Streitverhandlung. Der Kostenersatz entsteht aber nur, wenn der Rechtsträger den Anspruch auch innerhalb von drei Monaten anerkennt oder sogar erfüllt.[225] Daher drohen keine Rechtsfolgen, wenn der Geschädigte die Aufforderung unterlässt, weil er weiß, dass der Rechtsträger dem Anspruch widersprechen wird und folglich sofort klagt.[226] Praktische Relevanz hat diese Bestimmung aber bisher nicht erlangt.[227]

---

[219] OGH 28.06.1961, 1 Ob 255/61 (allerdings noch zur alten Rechtslage).
[220] *Mader* in *Schwimann*³, AHG § 8 Rz 4.
[221] *Mader* in *Schwimann*³, AHG § 8 Rz 4.
[222] *Paar,* Grundzüge 68.
[223] *Schragel*, AHG³ § 8 Rz 243; aA *Steuxner,* Aspekte der Amtshaftung in der Finanzverwaltung. Unrichtige Bescheide, unrichtig erteilte Auskünfte oder eingetretene Verfahrensverzögerungen können Anlaßfälle sein, SWK 1991, B III 13.
[224] VfGH 05.12.1985, B 825/85, VfSlg 10.725/1985.
[225] *Mader* in *Schwimann*³, AHG § 8 Rz 9.
[226] *Paar,* Grundzüge 69.
[227] *Vrba*, Amtshaftung-Staatshaftung Register 2 Kapitel 3.1, 7.

3.2 *Das Gerichtsverfahren*

Die örtliche und sachliche Zuständigkeit des Gerichtsverfahrens richtet sich nach § 9 Abs 1. Danach sind die Landesgerichte zuständig, in deren Sprengel die Rechtsverletzung stattgefunden hat. Bei Unterlassungen richtet sich die örtliche Zuständigkeit nach jenem Ort, an dem pflichtgemäß gehandelt hätte werden müssen.[228] Die Zuständigkeit eines anderen Gerichtes, insbesondere des OGH als Erstgericht, ist mangels Rechtsgrundlage nicht vorgesehen.[229] Verschiebungen (Prorogation) der örtlichen Zuständigkeit von einem Landesgericht zum anderen ist erlaubt, aber nicht die Vereinbarung eines Bezirksgerichts.[230] Das Gericht prüft die Zuständigkeit auf Grund der Angaben in der Klage. Der Kläger muss sich auf das AHG stützen und dartun, dass ein Organ des beklagten Rechtsträger dem Kläger einen Schaden in Vollziehung der Gesetze rechtswidrig und schuldhaft zugefügt hat.[231] Ist die Zuständigkeit des Amtshaftungsgerichts nicht gegeben, wird die Klage zurückgewiesen, wird die Unrichtigkeit erst im laufenden Verfahren klar, so ist die Klage abzuweisen.[232] Auch eine nicht ausschließlich auf das AHG gestützte Klage begründet idR die Zuständigkeit des Amtshaftungsgerichtes.[233] Wird ein Anspruch nicht auf das AHG gestützt, so ist das Amtshaftungsgericht nicht zuständig.[234] Klageänderungen sind im Rahmen des § 235 ZPO zulässig und auch der Mitverschuldenseinwand kann erhoben werden.[235]

Für Amtshaftungsklagen gegen Gerichte normiert § 9 Abs 4 eine besondere Delegierung, um den Anschein der Befangenheit von Richtern zu vermeiden.

Ersatzansprüche gegen das schädigende Organ sind nach § 9 Abs 5 im ordentlichen Rechtsweg nicht möglich. Man spricht gemeinhin auch von der „amtshaftungsrechtlichen Immunität des Organs“. Abs 5 soll das Organ vor allem vor deliktischen Ersatzansprüchen schützen. Dabei reicht die „Immunisierung“ aber nur so weit, als dass ein Ersatzanspruch des Rechtsträgers besteht.[236]

Ist die Entscheidung des Rechtsstreites von der Frage der Rechtswidrigkeit des Bescheides einer Verwaltungsbehörde oder des Erkenntnisses oder Beschlusses eines Verwaltungsgerichtes abhängig, über die noch kein Erkenntnis des Verwaltungsgerichtshofes oder des Verfassungsgerichtshofes vorliegt, und hält das Gericht den Bescheid bzw. das Erkenntnis oder den Beschluss für rechtswidrig, so hat es, sofern die Klage nicht gemäß § 2 abzuweisen ist, das Verfahren zu unterbrechen und beim Verwaltungsgerichtshof gemäß Art 133 Abs 2 des Bundes-Verfassungsgesetzes[237], die Feststellung der Rechtswidrigkeit des

---

[228] *Mader* in *Schwimann³*, AHG § 9 Rz 2.
[229] *Vrba*, Amtshaftung-Staatshaftung Register 2 Kapitel 3.2, 1.
[230] *Böhm*, Tücken des Amtshaftungsverfahrens, in *Aicher (Hrsg)*, Haftung 251.
[231] *Paar,* Grundzüge 70.
[232] OGH 27.03.2007, 1 Ob 271/06v, Zak 2007/390, 219.
[233] OGH 10.09.1980, 1 Ob 16/80, ZVR 1981/64.
[234] OGH 22.02.2000, 1 Ob 45/00z, ZVR 2000/80, 340.
[235] *Mader* in *Schwimann³*, AHG § 9 Rz 3 und 4.
[236] *Mader* in *Schwimann³*, AHG § 9 Rz 9 ff.
[237] B-VG, BGBl Nr 1/1930.

Bescheides bzw des Erkenntnisses oder des Beschlusses zu beantragen. Nach Einlangen des Erkenntnisses des Verwaltungsgerichtshofes hat das Gericht das Verfahren fortzusetzen und den Rechtsstreit unter Bindung an die Rechtsanschauung des Verwaltungsgerichtshofes zu entscheiden.

Das Verfahren muss nach § 11 unterbrochen werden, wenn sich Bedenken bezüglich der Rechtswidrigkeit eines Bescheides einer Verwaltungsbehörde oder des Erkenntnisses oder Beschlusses eines Verwaltungsgerichtes ergeben. Es muss beim VwGH die Feststellung der Rechtswidrigkeit beantragt werden, wenn es noch kein Erkenntnis des VfGH oder des VwGH gibt, das Gericht den Bescheid für rechtswidrig erachtet und die Klage nicht nach § 2 Abs 2 AHG abgewiesen werden würde. Dem Amtshaftungsgericht ist es also nicht erlaubt, die Rechtswidrigkeit selbst zu beurteilen, es sei denn die Zuständigkeit des VwGH wird durch Art 133 B-VG ausgeschlossen.[238] An das Erkenntnis des VwGH ist das Amtshaftungsgericht samt Begründung gebunden[239], allerdings muss auch über die Rechtswidrigkeit des Organverhaltens abgesprochen werden.[240]

Bei Zweifel an der Rechtmäßigkeit einer Verordnung muss ein Antrag auf Aufhebung der Verordnung beim VfGH gestellt werden (§ 11 Abs 3 AHG iVm Art 89 Abs 2 B-VG). Das Gericht muss aber nach Schrifttum und Rsp dann selber prüfen, wenn die Verordnung bereits aufgehoben wurde und der Anspruch auf einen anderen Grund gestützt wird, da der Antrag vom VfGH sowieso zurückgewiesen werden würde.[241] Wenn keine Bedenken bestehen, muss der VfGH nicht angerufen werden, das Amtshaftungsgericht hat zudem die Abweisung nach § 2 Abs 2 zu prüfen, sowie das Vorliegen einer vertretbaren Rechtsansicht.[242]

Hat das Ergebnis eines eingeleiteten Disziplinarverfahrens Auswirkungen auf die Entscheidung im Amtshaftungsverfahren, so kann diese gem § 12 Abs 1 auf Antrag oder von Amtswegen unterbrochen werden. Eine Bindung an die Entscheidung der Disziplinarbehörde besteht hier allerdings nicht.[243]

§ 13 Abs 1 setzt die Amtsverschwiegenheit für Zeugen und Sachverständige aus. Damit soll lediglich verhindert werden, dass ein Anspruch nicht durchgesetzt werden kann, weil sich die Organe auf die Verschwiegenheitspflicht berufen.

---

[238] *Paar,* Grundzüge 74.
[239] OGH 22.10.2001, 1 Ob 262/01p, ecolex 2002/95, 246.
[240] OGH 19.05.1998, 1 Ob 48/98k, ecolex 1998, 627; für Details zum Verfahren siehe *Mader* in *Schwimann*³, AHG § 11.
[241] *Schragel,* AHG³ § 1 Rz 69 und § 11 Rz 271.
[242] *Mader* in *Schwimann*³, AHG § 11 Rz 13.
[243] *Paar,* Grundzüge 77.

4 Der Regress

4.1 Das Regressrecht des organisatorischen Rechtsträgers

Wie schon erwähnt, ist es nach § 1 Abs 3 AHG möglich auch den organisatorischen Rechtsträger in Anspruch zu nehmen, also jenen Rechtsträger, der das Organ „gewählt, ernannt oder sonst wie" bestellt hat. Das ist der so genannte „Rechtsträger-Regress".[244] Schlagend wird § 1 Abs 3 AHG im Bereich der mittelbaren Bundesverwaltung, beim Handeln der Gemeinden im übertragenen Wirkungsbereich oder auch in Bereichen der Selbstverwaltung, wenn diese nicht im eigenen Wirkungsbereich tätig werden.[245] Obwohl zunächst verfassungsrechtliche Bedenken seitens des OGH[246] geäußert wurden, handelt es sich bei § 1 Abs 3 AHG um eine verfassungskonforme Solidarhaftung des organisatorischen Rechtsträgers, welche diesen nicht endgültig zur Tragung des Ersatzanspruches verpflichten soll und somit auch keine Haftung des organisatorischen Rechtsträgers gegenüber dem funktionellem Rechtsträger begründet.[247] Daher steht dem organisatorischen Rechtsträger gegen den funktionellen Rechtsträger nach § 1 Abs 3 S 2 AHG ein Rückersatz zu, wenn er Zahlungen an den Geschädigten geleistet hat. Als Verfahrensregeln werden die des AHG sinngemäß angewendet, dasselbe gilt für die Verjährung nach § 6 Abs 2 AHG.[248] Dabei muss der organisatorische Rechtsträger dem funktionellen Rechtsträger den Streit gemäß § 10 Abs 1 Z 1 AHG verkünden. Da die Schuld nicht vom organisatorischen Rechtsträger getragen werden soll, sondern lediglich dem Geschädigten eine Prüfung erspart werden soll, besteht der Anspruch auf vollen Rückersatz, laut *Schragel* auch auf Ersatz der Verfahrenskosten des vorangegangenen Verfahrens.[249]

4.2 Das Regressrecht des funktionellen Rechtsträgers

Wird der funktionelle Rechtsträger nun nach AHG in Anspruch genommen, so stehen ihm nach § 3 Abs 1 AHG Rückersatzansprüche gegen sein vorsätzlich oder grobfahrlässig handelndes Organ zu. Prinzipiell kann sich der Anspruch auf Grund des in § 1 Abs 2 AHG normierten Organbegriffes nur gegen physische Personen richten.[250] Aus § 1 Abs 3 im

[244] *Ziehensack*, AHG § 1 Rz 1350.
[245] *Mader* in *Schwimann³*, AHG § 1 Rz 13.
[246] OGH 09.06.1992, 1 Ob 16/92, JBl 1993, 320 (Anm *Rebhahn*) und 07.10.1992, 1 Ob 46/91. Diese Bedenken wurden aber vom VfGH nicht geteilt (24.06.1993, G 191/92, G 274/92, VfSlg 13.476/1993).
[247] *Paar,* Grundzüge 81 f.
[248] *Mader* in *Schwimann³*, AHG § 1 Rz 15.
[249] *Schragel*, AHG³ § 1 Rz 136.
[250] Zur Diskussion in der Lit siehe ua: *Paar,* Grundzüge 84; *Mader* in *Schwimann³*, AHG § 3 Rz 3.

Zusammenspiel mit § 3 Abs 1 AHG ergibt sich des Weiteren, dass nur der funktionelle und nicht der organisatorische Rechtsträger Regress beim Organ nehmen kann.[251]

Voraussetzung für die Begründung des Anspruches ist, dass der Rechtsträger dem Geschädigten nach AHG ersatzpflichtig war und den Schaden auch tatsächlich ersetzt hat.[252]

Zudem muss das Organ entweder vorsätzlich oder grob fahrlässig gehandelt haben. Das heißt bei leichter Fahrlässigkeit entfällt die Haftung. Uneingeschränkt besteht die Haftung ohnehin nur bei Vorsatz, bei grob fahrlässigem Handeln kann das Gericht den Rückersatz mäßigen.[253]

Haben mehrere Organe eines Rechtsträgers schuldhaft gehandelt, so sind die Grundsätze des § 896 ABGB heranzuziehen. Handeln mehrere Organe jedoch von unterschiedlichen Rechtsträgern, kann das in Anspruch genommene Organ gegenüber dem Rechtsträger einwenden, dass nur anteiliger Rückersatz begehrt werden kann und § 1302 ABGB zu beachten ist. Voller Rückersatz besteht hingegen, wenn das Organ für mehrere Rechtsträger tätig war, welche wiederum nach § 1302 haften.[254]

§ 3 Abs 3 AHG normiert eine besondere Regel für die Haftung von Kollegialorganen, wonach die Stimmführer, die für die Entscheidung gestimmt haben, haften sollen. Diese Haftung entfällt, wenn sie auf Grund einer unvollständigen oder unrichtigen Berichterstattung ergangen ist. § 3 Abs 3 AHG soll auch zur Anwendung kommen, wenn Kollegialorgane untätig bleiben. In diesen Fällen wird sich der Regressanspruch meist gegen den Vorsitzenden richten, welcher für die Einberufung der Sitzung zuständig ist.[255]

In § 4 AHG wird die Haftung ausgeschlossen, wenn auf Grund einer zulässigen Weisung gehandelt wurde. Das heißt, dass diese nicht von einem unzuständigen Vorgesetzten erteilt werden darf, ansonsten kommt der Haftungsausschluss nicht zum Tragen. Hatte das Organ eine Verpflichtung der Weisung Folge zu leisten, so kann es nicht schuldhaft gehandelt haben. Rückersatz ist dann von jenem Organ zu fordern, das die Weisung vorsätzlich oder grob fahrlässig erteilt.[256]

Auch hier finden die Verjährungsregeln des § 6 Abs 2 AHG Anwendung: Rückersatzansprüche verjähren danach in sechs Monaten nach Ablauf des Tages, an dem der Rechtsträger den Ersatzanspruch dem Geschädigten gegenüber anerkannt hat oder rechtskräftig zum Ersatz verurteilt worden ist.[257]

Über die Rückersatzklage des Rechtsträgers entscheidet gemäß § 9 Abs 3 das Arbeits- und Sozialgericht. Die Grundsätze des ASGG sind anzuwenden.

---

[251] *Mader* in *Schwimann³,* AHG § 3 Rz 2.
[252] *Mader* in *Schwimann³,* AHG § 3 Rz 3.
[253] *Schragel,* AHG³ § 3 Rz 202.
[254] *Mader* in *Schwimann³,* AHG § 3 Rz 8.
[255] *Lang,* Die Haftung bei Entscheidungen durch Kollegialorgane, in *Holoubek/Lang* (Hrsg), Organ- und Staatshaftung 179 f.
[256] *Paar,* Grundzüge 90.
[257] Zu den sich daraus ergebenden Problemen zB *Paar,* Grundzüge 92 f.

Auch hier ist den Rechtsträgern und Organen, von denen Rückersatz gefordert wird, der Streit nach § 10 Abs 1 AHG zu verkünden. Eine etwaige Unterlassung der Streitverkündung gegenüber dem Organ hat aber keine unmittelbare zivilrechtliche Auswirkung.[258]

[258] *Mader* in *Schwimann*³, AHG § 10 Rz 3.

III Die Amtshaftung für Unterlassungen

1 Die Pflichten zum Handeln

1.1 Allgemeines

Bei der Beurteilung der Haftung des Staates wegen Unterlassungen geht es primär um die Beurteilung der Frage, wer das Risiko dieses Nachteils tragen soll, der Staat oder doch der betroffene einzelne Bürger selbst. Zu Beginn der Betrachtungen der Ersatzleistung des Staates bei Unterlassungen steht dabei die zentrale Frage, welche Pflichten der Staat überhaupt zum Tätigwerden hat.[259] Denn, wie schon in Kapitel II 2.3.3.4.2. erwähnt, ohne Pflicht zum Handeln ist dem Staat ein Unterlassen nicht vorwerfbar und eine Haftung nicht zu begründen.

Es stellt sich an dieser Stelle die Frage, ob es eine Pflicht gibt, die immer wieder verletzt wird und somit eine Art „Paradepflicht" oder „Musterpflicht" darstellt.[260] Pflichten lassen sich aber aus vielen Rechtsquellen ableiten, so zB aus der Verfassung, den Staatszielbestimmungen, den Grundrechten und (vor allem in Bezug auf die Ausgestaltung) aus den einfachen Gesetzen. Grundsätzlich kann jede unterlassene Handlungspflicht des Staates Schadenersatz nach AHG auslösen.

1.2 Pflicht zum Handeln

Die Frage nach der Pflicht zum Handeln ist bei der Amtshaftung für Unterlassungen eines der spezifischen Probleme. Zu unterscheiden gilt es dabei abstrakte und konkrete Pflichten. Wird die Vollziehung gesetzlich verpflichtet entsteht eine abstrakte Pflicht. Erst der Einzelfall lässt eine abstrakte Pflicht konkret werden, in dem es diese auf einen konkreten Sachverhalt anzuwenden gilt.[261] Das Legalitätsprinzip in Art 18 B-VG bindet die Vollziehung an die Gesetze und macht so das Handeln der Vollziehung für den Bürger vorhersehbar.[262] Daraus folgt, dass sich eine etwaige Handlungspflicht immer auf ein Gesetz beziehen muss.[263] Abstrakte Pflichten lassen sich durch Auslegung der (meist einfachen) Gesetze ermitteln. Ob dann eine Pflicht auch konkret besteht, ist im Einzelfall zu erläutern. Bei der abstrakten Pflicht zum Tätigwerden ist es dabei nicht unbedingt notwendig, dass das Gesetz eine konkrete Anordnung dazu ausdrücklich vorschreibt.[264] Probleme können sich dabei aber daraus ergeben, dass der Behörde ein Ermessen zukommt. Da aus jeder gesetzlichen Norm,

---

[259] *Rebhahn*, Staatshaftung 117.
[260] Vgl dazu die Pflicht zur rechtzeitigen Umsetzung von RL in Kapitel IV 4.1, deren Verletzung man auf Grund der häufigen Verwendung als Anspruchsgrundlage wohl als solche bezeichnen kann.
[261] *Rebhahn*, Staatshaftung 466.
[262] *Hauer*, Staats- und Verwaltungshandeln[2] (2008) 69.
[263] Zur Ableitung einzelner Pflichten und von Ausnahmen siehe unten Kapitel III 1.3 ff.
[264] *Rebhahn*, Staatshaftung 468.

die die Behörde zum Tätigwerden ermächtigt, eine Pflicht bei Vorliegen besonderer Voraussetzungen abgeleitet werden könnte, ist es oft schwierig das Ermessen und den damit einhergehenden Spielraum der Behörde zu beurteilen. Generell schließt ein Ermessen die Ableitung einer solchen Pflicht nicht aus. Jedoch kann die konkrete Pflicht nur (!) dann bejaht werden, wenn jedes andere Handeln der Behörde zu einem fehlerhaften Ermessensgebrauch geführt hätte.[265] Dabei ist die Unterscheidung zwischen abstrakter und konkreter Pflicht besonders wichtig, da das generelle Ableiten allgemeiner abstrakter Pflichten aus einem Ermessen kritisch zu beurteilen ist, da damit das Ermessen der Behörde auf null eingeschränkt wird und somit eigentlich nicht mehr besteht. Ob dies dann im Sinne des Gesetzgebers ist, der meist recht klar ein Ermessen definiert und somit wohl kaum eine abstrakte Pflicht kreieren will, darf mE bezweifelt werden.[266] Wird eine solche Pflicht abgeleitet, so könnte man sie wohl als „Pflicht zum einzig richtigen Handeln" bezeichnen.

1.3 Pflichten aus der Verfassung

Eine Handlungspflicht, die sich direkt aus der Verfassung ableitet und die Vollziehung unmittelbar bindet, ist sehr schwer zu finden. [267]

Oft verbirgt sich hinter den Verfassungsbestimmungen lediglich eine objektive Verpflichtung des einfachen Gesetzgebers ein entsprechendes Gesetz zu erlassen.[268] Hauptadressat von verfassungsrechtlich auferlegten Pflichten ist daher meist der Gesetzgeber. Allerdings handelt es sich hierbei um eine objektive Pflicht, was bedeutet, dass subjektiv kein Anspruch des Einzelnen auf ein Tätigwerden des Gesetzgebers besteht. Auch der VfGH ist in dieser Hinsicht „machtlos", da dieser im Gesetzesprüfungsverfahren lediglich bestehende Gesetze wegen Verfassungswidrigkeit aufheben kann, aber nicht solche, die zwar rechtswidrigerweise, aber eben doch noch nicht bestehen.[269]

Eine Ausnahme hiervon (unter wenigen) bildet jedoch der Rückübereignungsanspruch bei zweckverfehlender Enteignung. Hier sagt der VfGH, dass auf Grund des Mangels einer einfachgesetzlichen Regelung der Rückübereignung und damit der Untätigkeit des zuständigen Gesetzgebers Art 5 StGG unmittelbar für die Beseitigung des Enteignungsbescheides zu gelten hat. Die Nichtanwendung des Art 5 StGG durch die Verwaltungsbehörde, stellt eine Verletzung des verfassungsgesetzlich gewährleisteten Rechts auf Eigentum dar. Ein subjektiv-öffentliches Recht erhält in diesem Falle aber nur derjenige, der zur Zeit der Enteignung auch tatsächlich Eigentümer war.[270]

---

[265] *Rebhahn*, Staatshaftung 468.
[266] Zur Problematik siehe auch beim Handlauffall in Kapitel I 2.
[267] Vgl *Rebhahn*, Staatshaftung 136.
[268] Vgl zB VfGH 07.10.1991, B 902/88, VfSlg 12.847/1991.
[269] *Walter/Mayer/Kucsko-Stadlmayer*, Bundesverfassungsrecht[10], 625.
[270] VfGH 26.02.1998, B 886/97 ua, VfSlg 15096/1998; VwGH 23.09.2004, 2003/07/0103, VwSlg 16462 A/2004 = RdU 2005/108, 179 (Anm *Schulev-Steindl*).

Allerdings agiert auch die Vollziehung nicht im „verfassungsleeren" Raum und hat sich an die Verfassung zu halten, zB in dem die Organe bei der Auslegung von einfachen Gesetzen eine „verfassungskonforme Interpretation" zu machen haben. Das heißt, die in der Vollziehung Tätigen müssen die Gesetze und sonstigen Rechtsvorschriften immer im Einklang mit der Verfassung auslegen und haben diese also bei der Anwendung der Gesetze mit zu bedenken. Damit wirkt sich die Verfassung auf die gesamte Rechtsordnung aus.[271] So lässt sich bspw auch ein Bescheid anfechten, mit der Begründung die Behörde habe es unterlassen, eine verfassungskonforme Interpretation durchzuführen oder eine solche nicht genügend oder sogar falsch durchgeführt.[272]

Verwaltung und Gerichtsbarkeit treffen daher (meist) keine direkten Pflichten aus der Verfassung, indirekt haben aber auch sie folglich die Verfassung zu wahren.

1.4 Pflichten in den Grundrechten

Grundrechte verschaffen dem Einzelnen individuelle Rechtspositionen (Freiheit, Eigentum, Einrichtungen etc) gegenüber dem Staat. Als historisch gesehen älteste Grundrechte und Menschenrechte der „ersten Generation" hatten diese in erster Linie die Funktion von „Abwehrrechten" gegen Eingriffe des Staates. Zu Grunde liegt diesen der Gedanke des Schutzes des Einzelnen vor dem als willkürlich geltenden Staat.[273]

Dennoch haben die Grundrechte auch in Österreich nach hL mehr Bedeutung als bloß gegen individuelle staatliche Eingriffe zu schützen, viel mehr enthalten sie Gewährleistungspflichten, die sich auch hier vor allem an den Gesetzgeber richten.[274] Die Frage, ob den Grundrechten neben den subjektiven Rechten, die sie verbürgen, auch noch zusätzliche Rechtsgehalte zukommen sollen, lässt sich laut *Stern* eindeutig bejahen.[275] Dogmatisch gesehen wurden Grundrechte zunächst eben als Abwehrrechte verstanden, erst durch die Rechtsprechung (vor allem des EGMR) wurden im Laufe der Zeit Handlungspflichten statuiert, also positive Verpflichtungen (Gewährleistungspflichten) des Staates „aktiv" zu sein.[276] Es war damit klar, dass die staatliche Pflicht nicht nur auf „Verletzungsverbote" beschränkt ist. Der Staat kann daher auch durch Unterlassungen mit den Grundrechten in Konflikt geraten.[277] Grundrechte weisen einen sogenannten „Doppelcharakter" auf, sie haben neben einem subjektiven Grundrechtsgehalt auch einen

---

[271] *Öhlinger*, Verfassungsrecht[8] (2009) 39 f.
[272] Vgl VwGH 22.12.1998, 96/08/0314, VwSlg 15.063 A/1998.
[273] *Stern*, Ein Beitrag zur Inpflichtnahme des Staates für die Optimierung der Grundrechte, in *Holoubek/Gutknecht/Schwarzer/Martin* (Hrsg), Dimensionen des modernen Verfassungsstaates (2002) 3 f.
[274] *Holoubek*, Grundrechte zwischen Freiheitsverbürgung und staatlicher Verantwortung - Antworten und Perspektiven der österreichischen Grundrechtsdogmatik, in *Holoubek/Gutknecht/Schwarzer/Martin* (Hrsg), Dimensionen 31.
[275] *Stern* in *Holoubek/Gutknecht/Schwarzer/Martin* (Hrsg), Dimensionen 6.
[276] *Heißl*, Grundlagen, in *Heißl* (Hrsg), Handbuch Menschenrechte (2009) 45.
[277] *Holoubek*, Grundrechtliche Gewährleistungspflichten. Ein Beitrag zu einer allgemeinen Grundrechtsdogmatik (1997) 23.

objektiven Grundrechtsgehalt. Vor allem aus Letzterem kann sich die Ableitung von Handlungspflichten aus einzelnen Grundrechten ergeben.[278] Grundrechte garantieren dem Einzelnen gewisse Freiheiten und wehren staatliche Eingriffe davon ab. Geschützt wird nur, was auch im jeweiligen Schutzbereich des Grundrechts liegt. So lassen sich auch positive Gewährleistungspflichten nur ableiten, wenn diese im Schutzbereich des jeweiligen Grundrechts liegen.[279] Oft ist es dabei sehr schwer zu beurteilen, ob dem Staat lediglich eine Ermächtigung auferlegt wird, oder ob er grundrechtlich tatsächlich dazu verpflichtet ist einzugreifen und damit abwehren muss. Dies ist oft nicht mit einem schlichten „ja oder nein" zu beantworten, entscheidend ist eben der konkrete Schutzbereich des jeweiligen Grundrechts und somit wieder der Einzelfall.[280] Diese positiven Grundrechtsgehalte richten sich direkt aber auch nur an den Gesetzgeber, wobei sich hier dieselbe Problematik der Durchsetzbarkeit stellt, wie bei der Pflichtableitung aus der Verfassung.

Auch wenn sich die Schutzpflichten vor allem an den Gesetzgeber richten, so ist auch die restliche Staatsgewalt an die Grundrechte gebunden. Anlehnend an die verfassungskonforme Interpretation, müssen die Gesetze von der Vollziehung natürlich auch „grundrechtskonform" ausgelegt werden.[281]

Teilweise ergeben sich Ausnahmen[282]. Allerdings lässt sich aus den Grundrechten (StGG, EMRK) nicht explizit herauslesen, ob und in welchem Umfang der Staat zur Abwehr der Gefahr vom jeweiligen Schutzgut bei Fremd- oder sogar Selbstgefährdung verpflichtet ist.[283] Es ist daher einzeln zu beurteilen, vor was, wen und wie das Gesetz schützen will und ob sich allenfalls auch eine Verpflichtung für die Vollziehung daraus ergibt.

1.5 Pflichten in Staatszielbestimmungen

Im Vergleich zu den Grundrechten kommt den Staatzielbestimmungen freilich eine nachrangige Rolle zu.[284] Der wesentliche Unterschied zu den Grundrechten liegt darin, dass aus ihnen keine subjektiven Rechte des Einzelnen abgeleitet werden können.[285] Das heißt, dass es dem Einzelnen nicht möglich ist diese gerichtlich durchzusetzen und somit geltend zu machen.[286]

[278] *Holoubek*, Grundrechtliche Gewährleistungspflichten 15.
[279] *Kucsko-Stadlmayer*, Allgemeine Strukturen der Grundrechte, in *Merten/Papier*, Handbuch der Grundrechte VII/1 (2009) 87.
[280] *Holoubek* in *Holoubek/Gutknecht/Schwarzer/Martin* (Hrsg), Dimensionen 41.
[281] *Stern* in *Holoubek/Gutknecht/Schwarzer/Martin* (Hrsg), Dimensionen 15 f.
[282] Vgl zB Rückübereignungsanspruch bei zweckverfehlter Enteignung oder auch die Schutzpflicht aus Art 2 EMRK: *Eberhard*, Recht auf Leben, in *Heißl* (Hrsg), Handbuch Menschenrechte 87.
[283] *Rebhahn*, Staatshaftung 136.
[284] *Weber*, Grundrecht auf Umweltschutz, in *Heißl* (Hrsg), Handbuch Menschenrechte 499.
[285] *Öhlinger*, Verfassungsrecht[8], 69.
[286] *Weber* in *Heißl* (Hrsg), Handbuch Menschenrechte 500.

Grundsätzlich sind neben dem Gesetzgeber ebenfalls auch die Verwaltung und die Gerichte an die Staatsziele gebunden, aber auch hier sind diese mehr als Orientierungshilfe und Interpretationsmittel zu verstehen. Ein direkter Rückgriff der Verwaltung ist wegen dem strengen Legalitätsprinzip in der Bundesverfassung nicht möglich. Daher entwickeln sich Staatsziele oft noch mehr als die Verfassung und die Grundrechte „nur" zu einem Hilfsmittel bei Ermessensentscheidungen, der Auslegung unbestimmter Gesetzesbegriffe und der Anwendung von Normen mit finaler Rechtsstruktur.[287]

Somit haben diese zwar eine auslegungsleitende Funktion[288], konkrete Handlungspflichten lassen sich aber keine daraus ableiten.[289]

1.6 Einfachgesetzliche Pflichten

1.6.1 Allgemeines

Adressat der grundrechtlichen Schutzpflichten ist meist der Gesetzgeber, welchem es obliegt die verfassungsrechtlichen Pflichten des Staates näher auszugestalten und somit zu konkretisieren. Dabei kommt dem Gesetzgeber ein großer Ermessensfreiraum zu, denn wie er die Pflicht im Einzelnen begründet, liegt allein in seiner Entscheidungsmacht.[290]

Aber auch Normen des B-VG, welche keine verfassungsgesetzlich gewährleistete Rechte darstellen und somit kein subjektives Recht des Einzelnen begründen, lösen immerhin eine verfassungsrechtliche Verpflichtung des einfachen Gesetzgebers aus, ein solches Recht vorzusehen.[291] So wurde zB gemäß Art 20 Abs 4 B-VG das APG (Bundesgesetz vom 15. Mai 1987 über die Auskunftspflicht der Verwaltung des Bundes) erlassen.

Während sich die Pflichten zum Handeln für den Gesetzgeber unmittelbar aus der Verfassung, den Grundrechten und uU den Staatszielbestimmungen ableiten lassen, müssen die Pflichten von Verwaltungsorganen (aber auch die der Gerichtsbarkeit) eine (einfach-)gesetzliche Grundlage haben, eine direkte Ableitung ist auf Grund des Legalitätsprinzips schwer zu begründen.[292] Das Legalitätsprinzip in Art 18 B-VG erlaubt die Durchführung der Verwaltung nur auf Grund der Gesetze. Diese müssen inhaltlich hinreichend konkret bestimmt sein.[293] Dies ist der Hauptgrund, warum eine direkte Pflichtableitung aus der Verfassung oder den Grundrechten scheitert. Diese sind als solche in ihrem Inhalt eben oft nicht konkret genug.

[287] *Weber* in *Heißl* (Hrsg), Handbuch Menschenrechte 499.
[288] VfGH 12.12.1991, V 210/91-222/91, VfSlg 12.944/1991.
[289] *Hauer*, Staats- und Verwaltungshandeln 4.
[290] *Öhlinger*, Sind staatliche Organe überhaupt - und wenn ja: In welchem Umfang - zur Information der Bevölkerung über Unfallgefahren verpflichtet?, ZVR 1995, 282.
[291] *Novak*, Lebendiges Verfassungsrecht (1991), JBl 1995, 17; VfGH 07.10.1991, B 902/88, VfSlg 12.847/1991.
[292] *Öhlinger*, ZVR 1995, 282.
[293] *Öhlinger*, Verfassungsrecht[8], 225.

Daher ist eine Zwischenschaltung des Gesetzgebers notwendig. Die österreichische Vollziehung kann somit als „gesetzesmediatisiert" gesehen werden.

Pflichten der Verwaltung und der Gerichtsbarkeit sind deshalb in den einzelnen (einfachen) Gesetzen zu suchen und durch Auslegung zu bestimmen.[294]

1.6.2 Beispiele für einfachgesetzliche Pflichten

Jüngst hat der OGH bspw eine Pflicht im UniversitätsG 2002 „gefunden", die bisher kaum Beachtung fand und meist als Ordnungsvorschrift gesehen wurde.[295] Laut OGH[296] ist § 54 Abs 8 UG ein Schutzgesetz für die Studenten, aus welchem sich die Pflicht der Universitäten ergibt, dafür zu sorgen, dass bei Lehrveranstaltungen mit einer beschränkten Teilnehmerzahl den zurückgestellten Studenten daraus keine Verlängerung der Studienzeit erwächst, zB durch Anbieten von Parallellehrveranstaltungen. Da dies von der Universität aber unterlassen wurde, verstößt sie rechtswidrigerweise gegen § 54 Abs 8 UG.[297]

Wie schon angesprochen[298] sah der OGH auch in der GewO die Pflicht der Behörde, erteilte Auflagen nachzukontrollieren.

„Eindeutigere" Pflichten ergeben sich bspw aus dem Auskunftspflichtgesetz (APG) oder den Aufsichtspflichten, wie zB dem Finanzmarktaufsichtsbehördengesetz (FMABG). Eine „Paradepflicht", wie etwa bei der Staatshaftung, wo meist die rechtzeitige Umsetzung einer Richtlinie unterlassen wird[299], findet sich im innerstaatlichen Recht aber nicht.

1.6.3 Allgemeine Rechtspflicht zum rechtmäßigen Handeln?

Eine subjektive Pflicht der Verwaltungsbehörden in eine bestimmte Richtung tätig zu werden, gibt es nicht. Eine Ausnahme bilden lediglich die „Entscheidungspflichten".[300] Weder im öffentlichen Recht noch im bürgerlichen Recht findet sich ein subjektives Recht auf eine

---

[294] Näheres siehe unten ab Kapitel III 2.

[295] *Standeker/Streit/Pressinger-Buchsbaum*, Schadensersatzanspruch Studierender gegen die Universität wegen unzureichenden Lehrveranstaltungsangebots? Anmerkungen und Überlegungen zu OGH 1 Ob 142/07z, zfhr 2008, 21.

[296] OGH 06.07.2010, 1 Ob 93/10y, JBl 2010, 654 (Anm *Meinhard*).

[297] Siehe genauer Kapitel III 7.

[298] Siehe Kapitel I 2 und III 4.

[299] Näheres ab Kapitel IV.

[300] *Loebenstein/Kaniak,* Kommentar zum Amtshaftungsgesetz (1985) 163; *Schragel*, AHG³ Rz 141 und unten Kapitel III 6.

gesetzmäßige Führung der Verwaltung, auch aus dem Legalitätsprinzip Art 18 B-VG lässt sich ein solches nicht ableiten.[301]

Hinzuweisen ist an dieser Stelle aber darauf, dass nach hA zur Haftungsbegründung nach dem AHG keine Verletzung eines subjektiv-öffentlichen Rechts notwendig ist.[302]

Zu Fragen gilt es daher, ob es eine allgemeine objektive Pflicht zum rechtmäßigen Handeln bzw überhaupt zum Tätigwerden gibt. Eine solche besteht allerdings ebenfalls nicht, Unterlassen alleine macht noch nicht ersatzpflichtig. Unterlassen ist daher nur dann rechtswidrig, wenn das Gesetz besondere Fürsorge- oder Schutzpflichten auferlegt oder eine vertragliche Pflicht besteht.[303] Dieser allgemeine Grundsatz ist auch für die Amtshaftung heranzuziehen, wobei die Verletzung vertraglicher Pflichten logischerweise entfällt.[304] Ausnahmen davon bestehen wenige und wenn, auch nur in engen Grenzen.[305]

Daher ist bei der Beurteilung von Unterlassungen immer nach einer besonderen gesetzlichen Pflicht zu suchen. Eine generelle Norm, die die Behörde zum positiven Tun anhält, gibt es in dieser Form nicht.

1.7 Fazit

Eine pauschale Antwort auf die Frage, wann der Staat aus verfassungs- und grundrechtlicher Sicht nun zum Handeln verpflichtet ist und damit ein Unterlassen dem Handeln gleichgestellt wird, gibt es nicht, vielmehr ist der konkrete Einzelfall entscheidend.[306] Die Frage nach einer „Paradepflicht" ist somit zumindest im innerstaatlichen Recht zu vereinen.

Tatsächlich stellt sich die Lage so dar, dass in dem für diese Dissertation wichtigen Bereich der Vollziehung wegen des Legalitätsprinzips wenig bis gar keine Pflichten unmittelbar aus der Verfassung, den Grundrechten oder den Staatszielbestimmungen abgeleitet werden können. Vielmehr ist es so, dass sich positive Grundrechtsgehalte an den Gesetzgeber richten, welcher damit verpflichtet wird, einfachgesetzliche Regelungen zu treffen, an welche sich dann wiederum die Vollziehung zu halten hat. Anders als in D[307] sind die Verwaltung und die Gerichtsbarkeit in Österreich, was die Pflichten betrifft, nicht direkt[308] an die Grundrechte gebunden, diese dienen vielmehr als Hilfsmittel bei Ermessenspielräumen und der Auslegung.

Daher gilt es nun, die einzelnen einfachgesetzlichen Normen, die eine Pflicht für die Vollziehung begründen, in konkreten Einzelfällen genauer zu beleuchten. Eine besondere

[301] *Koziol*, Haftpflichtrecht I³, Rz 4/60, II² (1984) 58; *Schragel*, AHG³ Rz 141.
[302] *Mader* in *Schwimann³*, AHG § 1 Rz 48 mwN.
[303] *Koziol*, Haftpflichtrecht I³, 4/60.
[304] *Schragel*, AHG³ Rz 141.
[305] *Koziol*, Haftpflichtrecht II² 58.
[306] Abhandlungen zu diesen Einzelfällen siehe ab Kapitel III 2.
[307] Vgl Art 1 Abs 3 dGG.
[308] Mit Ausnahme des abwehrrechtlichen Gehalts.

Rolle wird dabei die Pflichtableitung in Ermessensfällen einnehmen sowie die klägerfreundliche Ausweitung des Schutzzwecks der Norm, speziell bei bloßen Vermögensschäden.

2 Die mangelnde Staatsaufsicht

2.1 Die unterlassene Aufsicht

2.1.1 Allgemeines

Das Thema der Staatsaufsicht ist ein sehr sensibler Bereich, der stark polarisiert und in dem der Staat das geeignete Mittelmaß finden muss. Hier kann der Einzelne nämlich entweder durch zu viel oder aber auch durch zu wenig Aufsicht geschädigt werden. Dem Staat droht in beide Richtungen eine Ersatzpflicht. Die Staatsaufsicht dient meistens der Abwehr von Gefährdungen und damit dem Schutz der Bürger. Im überwiegenden Fall, handelt es sich dabei um Fremdgefährdungen, ab und zu muss der Staat aber auch den einzelnen Bürger vor sich selbst schützen. Die Aufsicht beginnt mit „bloßen" Überwachungen und kann auch bis zu Eingriffen gegen den Aufsichtsunterworfenen führen, wenn dies zum Schutze der Gefährdeten geboten ist. Die Behörde bewegt sich hier in einem kleinen Handlungsspielraum und da man im Nachhinein ja bekanntlich immer klüger ist, als zu dem Zeitpunkt, in dem die Behörde die Entscheidung über den Eingriff treffen muss, wäre es Aufgabe der Judikatur „den der Behörde verbleibenden Handlungsspielraum nicht allzu eng werden oder verschwinden zu lassen."[309]

Die Formen und Ausgestaltungen der Staatsaufsicht sind vielfältig und auch vielschichtig, hier gibt es zB die Staatsaufsicht über Betriebsanlagen, Lebensmittel, den Straßenverkehr oder Apotheken, genauso wie über den Energiemarkt. In Zeiten steigender Benzinpreise, wird sogar dieser zumindest in Deutschland unter die Staatsaufsicht gestellt.[310] Da eine umfassende Beschreibung aller Staatsaufsichten weder zielführend ist, noch gewährleistet werden könnte, wird im Folgenden vermehrt auf die grundlegenden Gemeinsamkeiten und jene Bereiche der Staatsaufsicht eingegangen, denen aus amtshaftungsrechtlicher Sicht für die unterlassene Aufsicht die meiste Bedeutung zukommt. Die wichtigste und meist diskutierteste Aufsicht ist dabei die Bankenaufsicht, daher ist ihr ein eigenes Kapitel mit detaillierter Beschreibung gewidmet, siehe unten in Kapitel III 2.2. Daneben kam es vor allem in Bezug auf den Kesselprüfer und die KFZ-Kontrolle nach § 57a KFG zu Diskussionen über den Organbegriff bei der (ua unterlassenen) Aufsicht durch Private.

---

[309] *Rebhahn* in *Holoubek/Lang* (Hrsg), Organhaftung und Staatshaftung 279.
[310] *Die Presse*, Berlin stellt Ölmultis unter Staatsaufsicht, abrufbar unter: http://diepresse.com/home/wirtschaft/international/754322/Berlin-stellt-Oelmultis-unter-Staatsaufsicht (01.04.2014).

2.1.2 *Die Amtshaftung für Fremdgefährdung*

Die Unterscheidung, ob eine Fremdgefährdung oder eine Selbstgefährdung vorliegt, ist eine Wesentliche, denn logischerweise ergeben sich dabei unterschiedliche Probleme. Während bei der Fremdgefährdung die Behörde gezwungen ist, gegen einen Schädiger (Aufsichtsunterworfenen) vorzugehen, um Dritte zu schützen, muss die Behörde bei Selbstgefährdung jemanden vor sich selbst schützen.

Will ein durch mangelhafte Aufsicht Geschädigter nun Schadenersatz im Wege der Amtshaftung verlangen, so muss auch hier wieder zunächst eine Pflicht zu genau diesem Handeln bestehen.[311] Die Behörde muss rechtswidrig und schuldhaft gegen diese Pflicht verstoßen, den Aufsichtsunterworfenen an einer Schädigung Dritter zu hindern, damit die unterlassene Aufsicht der Aufsichtsbehörde auch als schuldhaft und rechtswidrig angelastet werden kann. Die wohl bekannteste Aufsichtspflicht ist die der Bankenaufsicht durch die FMA, welche in den §§ 69 ff BWG geregelt ist. Nach § 69 Abs 1 BWG hat die FMA die Einhaltung bankspezifischer Gesetze durch die angeführten Kreditinstitute zu überwachen. Die Bundeskellereiinspektion wiederum, eine dem Bundesministerium für Land- und Forstwirtschaft, Umwelt- und Wasserwirtschaft nachgeordnete Dienststelle, ist für die Kontrolle der Einhaltung weingesetzlicher Bestimmungen zuständig.[312] Nach § 50 Weingesetz 2009 hat die Behörde bei Verdacht gesetzwidrige Erzeugnisse zu beschlagnahmen und diese sicher zu stellen. Nach § 46 Weingesetz kann[313] die Bundeskellereiinspektion verschiedenste Maßnahmen zur Mängelbehebung oder Risikoausschaltung anordnen. Besteht der Verdacht, dass ein Erzeugnis ein ernsthaftes Risiko für die Gesundheit oder Sicherheit der Verbraucher darstellt, so muss das Bundesministerium für Land- und Forstwirtschaft, Umwelt- und Wasserwirtschaft informiert werden.[314] Nach § 21 E-ControlG ist, als weiteres Beispiel, die E-Control-Behörde zuständig für die Überwachung der Einhaltung der Gesetze über die Elektrizitäts- und Gaswirtschaft und verschiedenster anderer Energiegesetze, in dem sie Untersuchungen macht sowie Gutachten und Stellungnahmen erstellt. Gemäß § 24 Abs 2 E-ControlG kann die E-Control sogar mit Bescheid die Herstellung des rechtmäßigen Zustandes innerhalb angemessener Frist auftragen. Da sie als Anstalt öffentlichen Rechts mit eigener Rechtspersönlichkeit eingerichtet (§ 2 Abs 1 E-ControlG) ist, ist die rechtliche Lage und deren Problemstellungen vergleichbar mit der, der FMA.[315] Generell zeigt diese auszugsweise Aufstellung von Pflichten auch, dass es nicht „die eine Pflicht" gibt.

---

311 Vgl zB OGH 19.12.2000, 1 Ob 93/00h, MietSlg 52.204 = ZVR 2002/21, 89 = RZ 2002/4, 44.

312 Näheres unter: http://www.bundeskellereiinspektion.at/ (01.04.2014).

313 Hier liegt durch den Wortlaut „kann" ein Ermessen der Behörde vor, welches dann zu einer konkreten Pflicht führt, wenn jedes andere Verhalten zu einem Ermessensfehler führen würde, also nur ein Handeln eine pflichtgemäße Ermessensausführung begründet hätte. Siehe dazu auch oben Kapitel III 1.2.

314 In diesem Fall wurde zB schon eine Amtshaftung wegen mangelhafte Weinaufsicht allerdings zu einer älteren Rechtslage bestätigt: OGH 26.03.1996, 1 Ob 2060/96i.

315 Ausführlich bei: *Paar*, Amtshaftung- und E-Control, ÖZW 2011, 12.

In den meisten Aufsichtsgesetzen gibt es einige „Muss-Bestimmungen“, aber auch viel „Kann-Regelungen“, die der Behörde einen gewissen Ermessensspielraum einräumen. Während die „Muss-Bestimmungen“ als klare Pflichten selten zu Problemen führen, ist dies bei den „Kann-Regelungen“ differenzierter zu betrachten.

Die wichtigste und damit problematischste Frage ist jedoch auch hier, die nach dem Schutzzweck der jeweiligen Aufsichtsnorm. Leicht bejahen lässt sich der Schutzzweck dabei für jene Interessen, die die verletzte Norm primär schützen will, also weswegen die Aufsicht gerade implementiert wurde.[316] So ist primärer Zweck der E-Control-Aufsichtsbehörde die Regulierung der Elektrizitäts- und Erdgaswirtschaft[317], also die Kontrolle über die Funktionalität eines Wirtschaftszweigs. Die Bankenaufsicht schützt in erste Linie einen funktionierenden Finanzmarkt. Angemerkt sei an dieser Stelle schon, dass dies nicht nur für den Bereich der Aufsicht gilt. So ist der Säumnisschutz zB dafür da, dass Verfahren nicht verschleppt werden und eine angemessene Verfahrensdauer nicht überschreiten.[318]

Ein zentraler Punkt der Fragestellung gilt hier aber auch der Grenzziehung zwischen noch geschützten und eben gerade nicht geschützten Interessen, denn in Österreich ist nicht geklärt in welchen Fällen auch die Interessen jener geschützt sind, die eigentlich nicht unmittelbar von der Aufsicht geschützt werden.[319] Der OGH nimmt dies zB bei der Bankenaufsicht an, in dem er als sekundären Schutzzweck der Bankenaufsicht den Gläubigerschutz sieht.[320] Wichtig ist es, bei dieser Beurteilung nicht komplett schrankenlos zu werden, denn das hieße für den Staat für jeden Schaden verantwortlich zu sein, „der bei rechtmäßigem Organhandeln nicht eingetreten wäre“.[321]

Da der OGH seine Judikatur nie über eine Einzelfallentscheidung hinaus hebt, lassen sich aus der Judikatur wenige allgemeine Rückschlüsse für etwaige Entscheidungskriterien ziehen. Allerdings scheint mir hier eine Anlehnung an *Rebhahn*[322] angebracht. Danach soll die Entscheidung, ob nicht primär geschützte Interessen (wie zB oft das bloße Vermögen) in den Schutzzweck miteinbezogen werden sollen oder nicht, nach diesen „Allgemeinen Kriterien“ getroffen werden. Solche allgemeine Kriterien sind die Art des gefährdeten Interesses, das Vorliegen eines subjektiven-öffentlichen Rechts, der Kreis der Betroffenen, die Beherrschung der Gefahr durch den Staat, das Auferlegen des Risikos durch den Staat, die explizite Inanspruchnahme von Vertrauen, Vertrauen bei der Aufsicht und die Sorge des Staates für anderweitigen Ersatz: Die Art des gefährdeten Interesses ist deshalb entscheidend, weil dem Schutzzweck von Gesundheit und Freiheit im Verhältnis zum Vermögen Vorrang einzuräumen ist und die Risikoverlagerung auf den Staat auf Grund der Einmaligkeit des menschlichen Lebens eher gerechtfertigt ist, als bei Sach- oder Vermögensschäden. So wären die Interessen desjenigen, der durch glykolhaltigen Wein Gesundheitsschäden erhält,

---

[316] *Rebhahn* in *Holoubek/Lang* (Hrsg), Organhaftung und Staatshaftung 282 f.
[317] Vgl *Paar*, ÖZW 2011, 12.
[318] Vgl *Kucsko-Stadlmayer*, Säumnisschutz und Amtshaftung, in *Holoubek/Lang* (Hrsg), Rechtsschutz gegen staatliche Untätigkeit (2011) 353; vgl auch unten Kapitel III 6.
[319] *Rebhahn* in *Holoubek/Lang* (Hrsg), Organhaftung und Staatshaftung 283.
[320] Dazu näher unten Kapitel III 2.2.
[321] *Rebhahn* in *Holoubek/Lang* (Hrsg), Organhaftung und Staatshaftung 283.
[322] *Rebhahn,* Staatshaftung 298 ff.

schützenswerter als die Interessen des Weinzwischenhändlers, der durch den Einkauf dieses Weines finanzielle Nachteile hat, weil er diesen eben nicht mehr weiter verkaufen kann. Aber auch bei der Verletzung von dinglichen Rechten ist der Schutzzweck eher zu bejahen, als bei Forderungsrechten und diese sind wiederum dem bloßen Vermögensschaden vorzuziehen. Liegt ein subjektiv-öffentliches Recht vor, so ist dies ein starkes Indiz dafür, dass im verletzten Interesse auch ein von der Amtshaftung geschütztes Interesse liegt. Ein entscheidender Faktor ist auch der Kreis der Gefährdeten, denn je größer die Gruppe der Gefährdeten ist, desto eher kann das verwirklichte Risiko dem allgemeinen Lebensrisiko zugerechnet werden, da es gleichmäßig über die Bevölkerung verteilt ist. Ist der Staat zur Gefahrenabwehr verpflichtet und kann er die Gefahrenquelle beherrschen, so spricht dies für ein Bejahen des Schutzzwecks. Legt der Staat den Geschädigten sogar das Dulden der Gefahr auf und setzt sich der Geschädigte dieser Gefahr nicht freiwillig aus bzw hat der Gefährdete keinen Eigennutzen aus der Duldung, so ist der Schutzzweck eher zu bejahen, als wenn der Gefährdete ein eigenes Interesse hat, sich in Gefahr zu begeben. Ein weiteres Kriterium ist die Berechtigung des Vertrauens des Bürgers auf den staatlichen Schutz. Musste er darauf vertrauen oder war er in seiner Annahme, zB auf Grund von Genehmigungen oder Gutachten (vgl Expertenhaftung), dazu zumindest berechtigt, ging aus dem entsprechenden Staatsakt also eine Risikoübernahme des Staates hervor, so ist auch hier der weite Schutzzweck eher zu bejahen. Besondere Bedeutung kommt diesem Vertrauen bei der Aufsicht zu, denn nicht jede Aufsichtspflicht ermächtigt zu einem berechtigten Vertrauen seitens der Bürger. Allerdings sind Ersatzleistungen seitens des Staates umso gerechtfertigter je mehr der Gefährdete die Gefahrenabwehr durch den Staat wirklich braucht (zB bei der Überwachung des Straßenverkehrs). Hat der Staat nun aber mit obligatorischen Schadensversicherungen (Unfall- oder Haftpflichtversicherung) oder Gefährdungshaftungen für eine andere Ersatzmöglichkeit gesorgt, so soll auch das einen verneinenden Einfluss auf die Rechtfertigung des weiten, Vermögensschäden inkludierenden Schutzzwecks nehmen, wenn das andere System „in funktionell äquivalenter Weise vor den finanziellen Folgen einer bestimmten Gefahrenquelle" schützt.[323]

Zum Schluss ein Zitat von *Rebhahn* selbst, der seine Theorie treffend zusammenfasst: „Aus diesen Gründen ist der Schutzzweck bei Schädigung durch Betriebsanlagen eher zu bejahen als bei Schädigungen durch einen nicht überwachten Finanzdienstleister, weil der Bürger der Anlage ausgesetzt ist, während er den Dienstleister ganz freiwillig in Anspruch nimmt. Und strikt abzulehnen wäre eine Haftung bei mangelhafter Bankenaufsicht für den Verlust, den die Aktionäre der Bank durch die Insolvenz erlitten haben; sie dürfen nicht mehr auf staatlichen Schutz ihrer Investitionen vertrauen als die Aktionäre einer Brauerei".[324]

---

[323] *Rebhahn,* Staatshaftung 371; mit weiteren Hinweisen zur genauen Ausgestaltung.
[324] *Rebhahn* in *Holoubek/Lang* (Hrsg), Organhaftung und Staatshaftung 284.

2.1.3 *Die Amtshaftung für Selbstgefährdung*

Das Thema der Amtshaftung für Selbstgefährdung ist vom OGH keinesfalls unbejaht geblieben. In diesen Fällen handelt es sich zwar nicht immer um reine Unterlassungsfälle, sprich um ein gänzliches untätig sein der Behörden, wie zB im unten angeführten Parkplatz-Fall. Meist handelt die Behörde ja, in dem sie zB einen Bescheid erlässt, da aber im Verfahren dabei Unterlassungen vorkommen, wie zB eine unterlassene Erhebung von Gefahrenzonen, sollen diese auch hier angeführt werden. Konkret handelt es sich um Fälle, in denen der Geschädigte dem Staat vorwirft, ihn nicht vor sich selbst geschützt zu haben. Das ist bspw dann der Fall, wenn der Bauherr nicht gehindert wird, ein unstabiles Haus auf einen rutschenden Hang zu bauen[325] oder eine Deponie geschlossen werden muss, weil die Lage dafür im Nachhinein untauglich ist[326] und dies jeweils durch eine gehörige Aufsicht vermieden werden hätte können. In diesen Fällen fordern die Geschädigten jeweils Ersatz für ihre frustrierten Aufwendungen, der OGH hält dies in beiden Fällen für nicht unmöglich, verweist aber auch auf das nicht unbeachtliche Thema des Mitverschuldens. Denn anders als bei der Amtshaftung für Fremdgefährdung, kommt dem Geschädigten hier eine große Eigenverantwortung zu. Eine solche Selbstverantwortung fehlt nur dann, wenn die Fähigkeit zur Selbstbestimmung fehlen würde, wie das zB bei Kindern oder auch Häftlingen der Fall wäre, hier kommt dem Staat dann besonders im Bereich der Gesundheit eine besondere Pflicht[327] zu, den Einzelnen vor einer Selbstgefährdung zu schützen. Generell jedoch sollte jeder selbstbestimmungsfähige Bürger selbst die Verantwortung für sein eigenes Handeln übernehmen. Jedenfalls ist die Amtshaftung bei Fehlen einer solchen besonderen Schutzpflicht vor Selbstgefährdung zu verneinen und dies wieder eher bei Vermögensschäden als bei Gesundheitsschäden aus den schon bei der Fremdgefährdung genannten Gründen.[328]

Wurde der Schutzzweck bejaht, so kann der Anspruch des Geschädigten laut OGH, wie schon erwähnt, auch aus Gründen des Mitverschuldens nach § 1304 ABGB abgewiesen werden. Allerdings ist es dafür entscheidend, dass der Ersatzanspruch zuvor auch tatsächlich festgestellt ist, um das Problem dogmatisch nicht an der falschen Stelle aufzufangen, denn eine Minderung auf Grund von Mitverschulden kommt nur in Frage, wenn auch tatsächlich ein Ersatzanspruch besteht.[329] Dies zeigt bspw folgender Fall[330]: Auf einem nicht behördlich genehmigten Parkplatz eines Hoteliers standen Autos seiner Gäste, die durch einen Lawinenabgang verschüttet und beschädigt wurden. Der Hotelbesitzer ersetze den Schaden der Gäste und forderte sodann den Ersatz vom Staat zurück, da ihm der Parkplatz jahrelang nicht untersagt worden ist, obwohl der Gemeinde die Gefahr auf Grund des Gefahrenzonenplans und auch die fehlende Bewilligung bekannt waren. Der OGH hat den Anspruch des Hoteliers zwar für begründet gehalten, weil eine kausale Sorglosigkeit der

[325] Vgl OGH 23.02.1999, 1 Ob 362/98m, SZ 72/29 und unten Kapitel III 5 Unterlassung im Baurecht.
[326] Vgl OGH 22.10.1999, 1 Ob 213/99a.
[327] *Rebhahn* nennt es eine verfassungshohe Pflicht (Staatshaftung 376).
[328] *Rebhahn*, Staatshaftung 376 und oben die „Allgemeinen Kriterien“ in Kapitel III 2.1.2.
[329] *Rebhahn*, Staatshaftung 377.
[330] OGH 18.09.1991, 1 Ob 38/90, ÖJZ EvBl 1992/14 = ecolex 1992, 89 = JBl 1992, 327 = SZ 64/126.

Behörde vorlag, ihn aber auf Grund von überwiegendem Mitverschulden des Hoteliers, der bewusst zu seinem Nachteil gehandelt hat, abgewiesen. Entscheidend ist es also, auch in diesen Fällen präzise zu fragen, ob die verletzte Norm den Zweck hat, den Beaufsichtigten vor Ersatzpflichten gegenüber Dritten zu schützen und damit der Staat für diese Schäden aufzukommen hat und sodann das Mitverschulden schwer genug wiegt, um den (an sich bestehenden) Anspruch zu verneinen.[331] Nach der erwähnten Theorie der „Allgemeinen Kriterien“ von *Rebhahn* würde dies allerdings bedeuten, dass der Anspruch des Hoteliers nicht aus Gründen des Mitverschuldens abzuweisen ist, sondern weil der Schutzzweck und die von ihm erfassten Interessen zu verneinen sind und somit erst gar kein zu Recht bestehender Anspruch aus Gründen des Mitverschuldens gemindert werden muss. Denn zum einen handelt es sich lediglich um reine Vermögensschäden, es wurde kein subjektives-öffentliches Recht verletzt, noch kann der Staat die Gefahr der Naturgewalt Lawine beherrschen. Auch eine etwaige Duldung der Gefahr wurde von Seiten der Behörde nicht auferlegt und außerdem besteht ein starkes Eigeninteresse des Hoteliers an diesen nicht genehmigten Parkplätzen. Das wichtigste Argument ist aber ganz klar dieses: Nur weil die Behörde dem genehmigungsbedürftigen Parkplatz jahrelang nicht kontrolliert und diese Tatsache toleriert, kann der Hotelier nicht darauf vertrauen, dass dann schon alles seine Richtigkeit haben wird und keine Gefahr besteht, wobei ihm klar bewusst ist, dass der Parkplatz genehmigungspflichtig ist. Ihm kommt in diesem Fall eine Selbstverantwortung zu, die Gefahr zu prüfen, vor allem auch, weil die Gefahrenzonenpläne öffentlich einsehbar sind. Das Vorliegen dieser Kriterien führt daher aus meiner Sicht mit der Hilfe von *Rebhahns* Theorie schon zum Verneinen des Schutzzwecks und damit des Anspruches. Auf die Frage des Mitverschuldens müsste daher schon gar nicht mehr eingegangen werden.

Des Weiteren ist bei der Selbstgefährdung zwischen der Aufsicht von Personen und der Aufsicht über Sachen zu unterscheiden. Stehen Personen unter staatlicher Obsorge (Schüler, Häftlinge, Präsenzdiener, in Krankenanstalten Angehaltene, öffentlich Bedienstete etc) so hat dies jedenfalls den Zweck diese Personen vor sich selbst zu schützen, manchmal sollen auch Dritte geschützt werden. Hier ist vor allem das Maß der Selbstverantwortung oft sehr unterschiedlich, denn bei einem Minderjährigen wird der Maßstab für ein etwaiges Mitverschulden gering bzw kaum vorhanden, bei einem öffentlich Bediensteten jedoch sehr hoch sein. Bei der Aufsicht über Sachen ist vor allem zu fragen, ob der Eigentümer oder Besitzer einer Sache neben Dritten auch geschützt ist. Allerdings muss man dabei aufpassen, dass der Eigentümer oder Besitzer damit nicht komplett von seinem eigenen Risiko befreit wird.[332]

Das heißt im Ergebnis, dass der Geschädigte nur dann Ersatz erhalten sollte, wenn gesetzlich ganz klar definiert ist, dass ein Eingriff bzw eine Aufsichtspflicht auch im Interesse des Beaufsichtigten ist. Der OGH folgt der dogmatisch eher fragwürdigen Argumentationslinie,

---

[331] *Rebhahn*, Staatshaftung 377.
[332] *Rebhahn*, Staatshaftung 378 ff.

den Schutzzweck zu bejahen und die Haftung dann erst über das Mitverschulden auszuschließen.[333]

Wie sich zeigt, ist die Begründung der Amtshaftung für Selbstgefährdung nicht einheitlich nach einem gewissen Schema zu beantworten. Generell gilt auch hier, dass der Schutzzweck eher zu bejahen ist, wenn Gesundheitsinteressen betroffen sind, als bei Vermögensinteressen. Gerade bei Letzterem ist eine gewisse Vorsicht geboten, das (meist selbst verschuldete und verwirklichte) Risiko des Geschädigten nicht auf den Staat zu übertragen und somit die Selbstverantwortung des Geschädigten ungerechtfertigt zu minimieren. Je höher diese Selbstverantwortung ist, desto eher lässt sich ein Mitverschulden begründen, dabei ist jedoch darauf zu achten, dass dieses nur mindernd wirken kann, wenn der Anspruch an sich besteht, also der Staat ein gewisses Risiko des Geschädigten zu tragen hat bzw ihm dieses angelastet wird. Dies ist vermehrt dann der Fall, wenn Personen unter staatlichem Schutz stehen und dem Staat eine Pflicht obliegt, sich um diese zu kümmern, wie zB bei Häftlingen.

2.1.4 Die Aufsicht durch Private

2.1.4.1 Allgemeines

Der Organbegriff nimmt bei der Aufsicht eine zentrale Rolle ein, denn nicht immer ist klar, ob der Schädiger auch tatsächlich dem Staat zuzurechnen ist. Verhältnismäßig einfach erscheint dies bei unmittelbar für die Behörde tätig werdenden Organen, wie zB den Mitarbeitern der FMA. Die Frage stellt sich aber vermehrt dort, wo die Aufsicht durch Private erfolgt, denn schwieriger ist die Zurechnung von Personen, die mit der Behörde nur mittelbar zusammenarbeiten. Für Aufsehen sorgten dabei in letzter Zeit die Entscheidungen des OGH zur Organstellung von Kesselprüfern, Bankprüfern und KFZ-Begutachtern. Diese Fälle sollen im Folgenden näher beleuchtet werden. Gemeinsam ist diesen Fällen, dass eine Prüfung stets auf Grund eines privatwirtschaftlichen Vertrages zwischen Prüfer, der als Sachverständiger agiert, und Geprüften vorgenommen wird. Verantwortlich für die immer größer werdenden Unklarheiten ist die zunehmende Ausgliederungspolitik, die es schwer macht die Verwaltung von der Privatwirtschaft klar zu trennen. Und selbst der OGH lässt bei seinen typischerweise einzelfallbezogenen Argumentationen kein einheitliches Konzept mit systematisierten Faktoren erkennen.[334]

[333] *Rebhahn* in *Holoubek/Lang* (Hrsg), Organhaftung und Staatshaftung 290.
[334] *Kucsko-Stadlmayer*, ÖZW 2002, 59.

2.1.4.2 Der Kesselprüfer

In 1 Ob 25/01k[335] lässt der OGH den Bund für eine durch ein privates Prüfunternehmen durchgeführte fehlerhafte Dampfkesselüberprüfung haften, da der Betreiber des Kessel bzw der ihm ersatzleistende (Haftpflicht-)Versicherer des Prüfers durch die spätere Explosion des entsprechenden Kessels in seinem Vermögen durch einen Betriebsausfall bzw durch den Ersatz dieses Betriebsausfalls des Kesselbetreibers geschädigt wurde.

Seit BGBl 1992/211 übernehmen Kesselprüfstellen als Sachverständige die Kontrollaufgaben nach dem KesselG, ua auch die für wiederkehrende Untersuchungen und Überprüfungen nach § 15 KesselG.[336] Um eine Organstellung dieser Prüfstellen zu bejahen, reicht es aus, dass die zu besorgende Aufgabe „infolge eines engen Sachzusammenhangs im Dienst der Erreichung der hoheitlichen Zielsetzung steht". Im vorliegenden Fall kommt der Prüfstelle „zumindest unterstützende Mitwirkung bei Besorgung der hoheitlichen Aufgaben der erstbeklagten Partei" zu. Obwohl es auf Grund der Privatisierung zwischen dem Staat und der Kesselprüfstelle keinerlei vertragliche oder hoheitliche Beziehungen gibt und diese privatwirtschaftlich von den Kesselbetreibern bestellt werden müssen, sieht der OGH diese Tätigkeit als „eindeutig (!) hoheitlich" an. Daran ändert auch die Tatsache nichts, dass nach § 28 KesselG das Kesselprüfunternehmen verpflichtet ist, eine Versicherung abzuschließen.[337] Um seinen Standpunkt zu untermauern verweist der OGH vergleichend auf die Tätigkeit des § 57a KFG-Begutachter, der allerdings zur Setzung eines Hoheitsaktes, nämlich dem Anbringen der Prüfplakette, ermächtigt ist und des Gasversorgungsunternehmens, welches Aufgaben des Magistrats nach dem Wiener Gasgesetz ausübt, wobei es sich dabei um eine mit der Stadt Wien identischen Stelle handelt. Rein private Tätigkeiten, wie die des Kesselprüfers, sehen anders aus. Der Kesselprüfer und der KFZ-Begutachter sind sich zwar rein von der Art der Bestellung her, nämlich kraft Gesetzes, ähnlich, nicht aber in der Art der auszuführenden Aufgabe. Denn der Kesselprüfer erstellt nichts anderes als eine Art Gutachten, so wie dies der gerichtliche Sachverständige tut, insofern ist dies keine typische Hoheitsaufgabe. Die Ausgabe der Prüfplakette ist zwar auch eine Begutachtung, aber im Endeffekt schon die Setzung eines Hoheitsakts. Insofern darf an der Schlüssigkeit des Vergleichs auf Grund der Art der Tätigkeit gezweifelt werden.[338]

Zum Schutzzweck der Norm des Kesselgesetzes argumentiert der OGH verhalten, danach umfasst dieser die Abwehr allgemeiner Gefahren für Menschen und Sachgüter, wobei Sachgüter fremde Sachen und auch Sachen des Kesselbetreibers sein können.

---

[335] OGH 27.03.2001, 1 Ob 25/01k, JBl 2001, 722 = RdW 2001/608, 591 = ÖZW 2002, 59 (Anm *Kucsko-Stadlmayer)* = SZ 74/55.
[336] Dies bedeutet va, dass die Kesselbetreiber diesen privatrechtlich zu beauftragen haben.
[337] Dem ist allerdings beizupflichten, denn das Kriterium der Versicherung kann erst auf den Schutzzweck Einfluss nehmen.
[338] Vgl auch *Kucsko-Stadlmayer*, ÖZW 2002, 59.

2.1.4.3 Der § 57a KFG-Begutachter

Die Organeigenschaft des § 57a KFG-Begutachter stellte der OGH schon vor langer Zeit fest (1981). Da die Überprüfung der Verkehrs- und Betriebssicherheit von Kraftfahrzeugen eigentlich die Ausübung eines konkreten hoheitlichen Rechts des Staates ist, sind solche Begutachtungen Amtshandlungen „in Vollziehung der Gesetze“.[339] Es handelt sich somit bei der Ermächtigung von Vereinen und Gewerbetreibenden nach § 57a Abs 2 KFG um eine Beleihung mit der Befugnis zur Setzung von Hoheitsakten (=Anbringung der Prüfplakette). Die Lehre billigte diesen Standpunkt der Judikatur.[340]

Interessant ist aber die Judikatur zum Schutzzweck der Norm der Überprüfungsnormen des KFG: Während der OGH in 1 Ob 40/93 noch dem Argument des Berufungsgerichtes, die „wiederkehrende Überprüfung der Verkehrs- und Betriebssicherheit diene (…) nur dem Interesse der vom Zulassungsinhaber verschiedenen Allgemeinheit“[341], gefolgt ist und iSd § 4 Abs 2 KFG nur Lenker, beförderte Personen, andere Straßenbenützer, sowie Schädigungen von Straßen und KFZ anderer Straßenbenützer vom Schutzzweck erfasst sah. Nicht jedoch das KFZ des Beaufsichtigten. So wird jedoch der Schutzzweck in 1 Ob 8/03p wie folgt gesehen: „Eine Einschränkung dahin, dass gerade das Kraftfahrzeug selbst nicht Schutzobjekt einer solchen Überprüfung sein sollte, ist dem Gesetz nicht zu entnehmen und erschiene auch nicht sachgerecht. Da die mangelnde Verkehrs- und Betriebssicherheit in erster Linie zu Verkehrsunfällen führen kann, liegt es nahe, in den Schutzbereich all jene Rechtsgüter einzubeziehen, die bei einem solchen Ereignis Schaden leiden können. Dazu gehört aber zweifellos auch das – sogar primär gefährdete - Kraftfahrzeug selbst, das bei einem solchen Unfall beschädigt und damit in seinem Wert vermindert werden kann.“[342] Begründet wird dies vom OGH damit, dass in § 57a KFG im Gegensatz zu § 57 KFG (zu dem 1 Ob 40/93 ergangen ist) kein Verweis auf § 4 Abs 2 KFG vorhanden ist und daher auch das überprüfte KFZ vom Schutzzweck erfasst ist. Auch 1 Ob 255/06s bestätigt, dass all jene Rechtsgüter vom Schutzzweck erfasst sein sollen, die im Straßenverkehr auf Grund einer mangelnden Verkehrs- und Betriebssicherheit Schaden nehmen können.[343] Warum jedoch eine LKW-Überprüfung anders zu sehen sein soll, wie eine „normale“ KFZ-Überprüfung ist mE schwer nachzuvollziehen, zumal § 4 Abs 2 KFG unter der Überschrift „Allgemeines“ steht, also sohin auch ohne Verweis ganz allgemein gilt. Generell zeigt dies wieder einmal die Tendenz der Judikatur den Schutzzweck eher auszuweiten als restriktiv zu sehen. Jedenfalls nicht erfasst sein sollen (richtigerweise, weil lediglich ein mittelbarer Schaden) Dritte, die auf die Angaben der Behörde im Zulassungsschein (zum Erzeugungsjahr) vertraut haben, denn diese technische Beschreibung hat nicht den Zweck unbeteiligten Dritten die Erhebung über das

[339] OGH 18.02.1981, 1 Ob 34/80, JBl 1981,650 = SZ 54/19 = EvBl 1981/161.
[340] OGH 04.04.1990, 1 Ob 3/90, JBl 1991, 180 (Anm *Rebhahn*).
[341] OGH 11.03.1994, 1 Ob 40/93, SZ 67/39.
[342] OGH 28.01.2003, 1 Ob 8/03p, JBl 2003, 866.
[343] OGH 23.01.2007, 1 Ob 255/06s, SZ 2007/5.

Baujahr eines KFZ zu ersparen.[344] Somit sind zwar Vermögensschäden am Auto des Aufsichtsunterworfenen vom Schutzzweck erfasst, nicht jedoch darüber hinausgehende Vermögensdispositionen.

2.1.4.4 Der Bankprüfer

In mehreren Entscheidungen[345] macht der OGH den privatwirtschaftlich bestellten Bankprüfer zum Organ der Aufsichtsbehörde. Näheres dazu siehe unten Kapitel III 2.2.3.

2.1.4.5 Resümee und eigene Meinung

Ein zentraler Satz kehrt in der Argumentation des OGH zum Organbegriff bei der Aufsicht immer wieder: Danach haftet der Staat für „jedes Verhalten im Dienst der Erreichung hoheitlicher Zielsetzungen", somit auch für Unterlassungen.

Dabei geht der OGH von einem sehr weiten Organbegriff aus, denn um als Organ einer Behörde zugerechnet zu werden, reicht es, wenn man für diese auf irgendeine Weise „Hilfstätigkeiten" ausübt bzw auszuüben hätte. Nicht entscheidend für den OGH ist dabei zB, ob das Organ hoheitlich bestellt wurde oder nicht, ob das Organ Befugnisse zum hoheitlichen Handeln hat, ob eine Beleihung vorliegt oder ob das Organ weisungsgebunden ist. Eine Inpflichtnahme und ein schlichtes hoheitliches Handeln ist mehr als ausreichend.[346]

Generell ist zB der Kesselprüfer als Sachverständiger tätig. Er hat zwar „erforderliche Maßnahmen zur Herstellung des gesetzmäßigen Zustandes" nach § 23 Abs 4 KesselG der Behörde anzuzeigen, diese ist aber an das Gutachten nicht gebunden.[347] Interessant und vor allem widersprüchlich erscheint in diesem Zusammenhang die Rsp des OGH zum gerichtlichen Sachverständigen.[348] Dieser ist nämlich kein Organ iSd AHG, weil zum einen nicht jeder, der zur Erfüllung einer hoheitlichen Aufgabe beiträgt, Organ iSd § 1 Abs 2 AHG ist und zum anderen der gerichtliche Sachverständige keine eigene Entscheidung trifft und dem Gericht lediglich ein Beweismittel liefert. Des Weiteren, so wird argumentiert und dies

[344] OGH 12.05.1954, 1 Ob 295/54, SZ 27/129; konkret ging es um einen Schaden aus einem Kaufvertrag, der rückabgewickelt werden musste, weil die Angaben über das Baujahr in der Zulassung nicht der Wahrheit entsprachen.
[345] ZB OGH 27.03.2007, 1 Ob 269/06z, ecolex 2007/248, 599 (Anm *Wilhelm*); 13.12.2005, 1 Ob 226/05z, ÖBA 2006/1355, 528; 25.03.2003, 1 Ob 188/02g, ÖBA 2004/1186, 304.
[346] *Kucsko-Stadlmayer*, ÖZW 2002, 59.
[347] *Hofmann*, Konsequenzen von Entstaatlichung für die Amtshaftung, in *ÖJK* (Hrsg), Entstaatlichung 155. Beim Bankprüfer soll dies mit der Gesetzesänderung (siehe Kapitel 2.2.3 und 2.2.5.1.) nun sichergestellt sein und dessen Bericht nur mehr als Beweismittel für die Aufsicht dienen (819 BlgNr XXII. GP, 5).
[348] ZB OGH 24.04.2001, 1 Ob 1/01f, JBl 2001, 788 (Anm *Rummel*) = ecolex 2001/304, 834 = RdW 2002/11, 19.

harmoniert insofern wieder mit *Rebhahns* Theorie[349], könne sich der Geschädigte auf Grund der deliktischen Haftung (und einer vorhanden Haftpflichtversicherung) direkt an den Sachverständigen halten und die Amtshaftung somit nicht greifen. Fraglich für mich bleibt dabei bloß, was der Kesselprüfer so gravierend anders macht, denn auch er liefert im Grunde genommen „nur" Beweismittel und hat eine Haftpflichtversicherung abzuschließen, aber das ist wohl eine andere hier nicht klärbare, weil im Detail zu umfassende, Frage. Tatsächlich stellt es sich nun so dar, dass Geschädigte (Vertragspartner) sich an den Staat zu halten haben, wenn dessen Behörde es auf Grund eines mangelhaften Kesselprüfberichts unterlassen hat, tätig zu werden.

Zusammenfassend mag die Argumentation zur Organstellung bei § 57a KFG-Begutachtern noch leicht nachvollziehbar sein, da diese mit der Ausstellung von Plaketten tatsächlich zur Setzung von Hoheitsakten ermächtigt sind, wird jedoch schwierig, wenn es zwischen den privatisierten Unternehmen und dem Staat keine Verbindung mehr gibt, va von Seiten der „Privaten" kein Hoheitsakt gesetzt wird und die doch weitaus stärkere Verbindung zwischen den privatwirtschaftlichen Vertragspartnern besteht. Werden Private nun generell (und die weite Auslegung des OGH lässt dies befürchten) der Behörde im gleichen Ausmaß zugerechnet, wie ihre eigenen Organe, so führt dies über kurz oder lang mit den Worten *Rebhahns*[350] zu einer „prämienfreien Haftpflichtversicherung" für private (Versicherungs-) Unternehmer, so dass diese in dem Bereich tatsächlich ohne Risiko wirtschaften können. Doch selbst, wenn man die Organstellung bejaht, ergibt sich das nächste Problem bei der Frage der Pflichtverletzung, da es sich bei wiederkehrenden Untersuchungen oft um Ermächtigungen des Staates an die Prüfunternehmen handelt, die positive Begutachtung bei Verkehrs- oder Betriebsuntauglichkeit zu verweigern. Eine darüber hinausgehende Pflicht[351] wird vom OGH jedoch regelmäßig ohne nähere Untersuchung als Selbstverständlichkeit unterstellt. Aber auch, wenn sich schließlich eine Pflicht finden lässt, ergibt sich ein weiteres Problem beim Rechtswidrigkeitszusammenhang und der Frage nach dem Schutzzweck der Norm. Problematisch ist hier vor allem die Tatsache zu sehen, dass die Überprüfungen auf Grund eines Vertrages zwischen Privaten erfolgt. Stellt der Prüfer nun ein unvollständiges Gutachten aus, so befindet er sich genau genommen in der Nichterfüllung seines Vertrages und wird dem Überprüften daraus schadenersatzpflichtig.[352] Zudem verpflichtet der Gesetzgeber die Prüfstellen oft zur Abschließung einer Haftpflichtversicherung. Da der OGH dem Schutzzweck aber oft dennoch bejaht, stimmt er implizit auch nicht dem „Allgemeinen Kriterium" von *Rebhahn* zu, wonach der Schutzzweck bei bestehen einer obligatorischen Versicherung oder eines sonstigen Behelfes, die vor finanziellen Belastungen durch Schadenersatz schützt, zu verneinen wäre. Gibt es daher eine andere Möglichkeit der Schadloshaltung spricht dies iS *Rebhahns* gegen eine Bejahung des Schutzzwecks, vor allem bei reinen Vermögensschäden.

---

[349] Danach soll bei der Abwägung der geschützten Interessen der Schutzzweck eher verneint werden, wenn ein anderweitiger Ersatz, wie zB eine Haftpflichtversicherung, gegeben ist.
[350] *Rebhahn*, Staatshaftung 401.
[351] Nämlich die einer genaueren sogar über die Prüfung der Verkehrs- bzw Betriebssicherheit hinausgehenden Pflicht.
[352] *Rebhahn*, JBl 1991,180.

2.1.5 *Fazit*

Das Thema der unterlassenen Aufsicht ist ein sehr vielseitiges und umfassendes Thema, bei dem sich in den Einzelheiten einige Probleme ergeben können.

Zunächst ist auch hier nach einer rechtswidrig und schuldhaft unterlassenen Pflicht zu suchen. Der OGH geht auf dieses Thema oft nicht ein und nimmt ein solches meist abgeleitet aus einem Ermessen an und unterstellt der Behörde und ihren Organen somit regelmäßig gravierende Ermessensfehler an Stellen, wo durch die vom OGH schlussgefolgerte Pflicht ein Ermessen praktisch nicht mehr vorhanden ist.

Da es auch im Bereich der Aufsicht immer mehr zu Ausgliederungen, Beleihungen und Inpflichtnahmen kommt, ergeben sich interessante Fragestellungen zum Organbegriff, vor allem dann, wenn „Private" (Aufsichtsunternehmen) die Kontrolltätigkeiten übernehmen. Gezeigt werden konnte, dass die Judikatur in Bezug auf die Organeigenschaft von Kesselprüfern und die Stellung von Gerichtssachverständigen sehr widersprüchlich und auch nicht nachvollziehbar ist, vor allem auch weil die Argumentation nicht strikt durchgehalten wird. Danach gilt es also für die Organstellung zunächst einmal zu fragen, wie weit die Sachverständigeneigenschaft des Prüfers reicht. Dient dessen Gutachten der Behörde lediglich als Beweismittel, so wäre diese zu verneinen.[353] Die Organeigenschaft des § 57a KFG-Begutachters hat der OGH, wie schon mehrfach gezeigt, zu Recht festgestellt, da dieser nicht nur „Beweismittel" erstellt, sondern tatsächlich einen hoheitlichen Akt setzt.

Beim Schutzzweck der Aufsichtsnorm dreht sich die Hauptfrage vor allem um das Thema der beiläufigen nicht primären Interessen, die aber vom Schutzzweck noch erfasst sein sollen, da meist Vermögensschäden geltend gemacht werden und diese in den wenigsten Fällen zum primären Schutzziel der Aufsichtsnorm gehören. Hier kann für eine Grenzziehung an *Rebhahns* Theorie der „Allgemeinen Kriterien" angelehnt werden. Die wichtigsten Kriterien sind dabei meiner Meinung nach sicherlich die Art des gefährdeten Interesses, Leben soll jedenfalls vor Vermögen gehen, das Angewiesen-Sein auf den staatlichen Schutz, aber auch die vom Staat getroffene Vorsorge anderweitiger Ersatzleistungen, wie zB die Haftpflichtversicherung des Kesselprüfers, können ebenfalls entscheidende Anhaltspunkte für die Entscheidung liefern. Des Weiteren entscheidend, ist auch das Vertrauen, das die Bürger in die Aufsicht legen, denn nicht immer ist dieses berechtigt, wie zB das Vertrauen auf die Richtigkeit der technischen Angaben in der KFZ-Zulassung.

Diese Kriterien *Rebhahns* (hier vor allem das, der obligatorischen Versicherung) werden teilweise, wohl aber zufällig, von der Judikatur angenommen, zumeist aber nicht beachtet: Der OGH sieht zwar, wie das Kesselprüfer-Urteil zeigt, das Kriterium und die Problematik einer vorhandenen Versicherung, weiß es aber nicht an der richtigen Stelle anzusetzen. Denn

---

[353] Die Organstellung hätte allein schon deswegen beim Kesselprüfer verneint werden müssen und muss fortan wegen der Gesetzesänderung ex lege auch beim Bankprüfer verneint werden.

dass es nicht dazu dient, die Organeigenschaft festzustellen, erscheint klar, beim Schutzzweck geht der OGH darauf aber nicht mehr ein. Anders beim Gerichtssachverständigen, denn dort ist die Pflichtversicherung ein Argument gegen die Ersatzfähigkeit des Schadens des Geschädigten und somit ein Kriterium, welches das Interesse des Geschädigten aus dem Schutzzweck der Norm ausschließt.

Zusammenfassend lässt sich festhalten, dass die Beurteilung der Amtshaftung für eine unterlassene Aufsicht im Detail wesentliche Fragen aufwirft, die es zu klären gilt. Eine allgemeine Systematisierung lässt sich dabei weder aus den Gesetzen, noch aus der Judikatur ableiten.[354] Da es sich bei Amtshaftungssachverhalten aber generell um individuelle Einzelfälle handelt, ist es schwer zu argumentieren, der OGH solle seine Judikatur doch über Einzelfallentscheidungen hinausheben. Wünschenswert wäre es aber dennoch, wenn der OGH seine Judikatur über immer wieder zitierte Floskeln beim Schutzzweck der Norm und der Organeigenschaft hinausheben würde und etwas strukturierter vorgehen würde und zB Fragen, wie die der unterlassenen Pflicht oder die des Schutzzwecks, genauer untersuchen würde. Hilfestellungen beim Schutzzweck der jeweiligen Norm würde dabei ua die Anlehnung an *Rebhahn* bieten, mit dessen Theorie der „Allgemeinen Kriterien" der Schutzzweck, zumindest in Bezug auf nicht primär geschützte Interessen, leichter zu ermitteln wäre.

2.2 Sonderfall: Bankenaufsicht

2.2.1 Allgemeines

Die Bankenaufsicht ist ein Teil der Wirtschaftsaufsicht. Die Aufsicht in der heutigen Form wird von drei Institutionen übernommen. Dabei soll das Bundeministerium für Finanzen (BMF) die legistischen Tätigkeiten übernehmen, die Österreichische Nationalbank (OeNB) die Finanzmarktstabilität gewährleisten (sog „Makro-Aufsicht") und die Finanzmarktaufsicht (FMA) die Behördenfunktion innehaben und für die sog „Mikroaufsicht" sorgen.[355]

2.2.1.1 Historische Entwicklung

Diese zuvor angesprochene „Trias" bestand nicht immer so. Erst mit der Gründung der FMA als „unabhängige, weisungsfreie integrierte Allfinanzaufsichtsbehörde wurde die zuvor

[354] Vgl auch *Kucsko-Stadlmayer*, ÖZW 2002, 59.
[355] *FMA*, Jahresbericht 2008, 24; abrufbar unter: http://www.fma.gv.at/typo3conf/ext/dam_download/secure.php?u=0&file=1936&t=1331633753&hash=22861096f79a9bd93155a3fdaf029a00 (01.04.2014). Im Finanzmarktkomitee (FMK) ist die Zusammenarbeit dieser Institutionen auch gesetzlich institutionalisiert.

zersplitterte Aufsicht über den österreichischen Finanzmarkt unter einem Dach vereint".[356] Dabei wurde die FMA die Gesamtrechtsnachfolgerin der 1997 ausgegliederten Bundes-Wertpapieraufsicht (BWA) und übernahm somit die Aufsicht über Wertpapierdienstleistungsunternehmen, Wertpapierbörsen sowie den Handel in börsennotierten Wertpapieren. Vom BMF übernahm die FMA die Aufsicht über Kreditinstitute, Versicherungen und Pensionskassen.[357] Die gesetzliche Grundlage für diese „Allfinanzaufsichtsbehörde" bildet das Bundesgesetz über die Errichtung und Organisation der Finanzmarktaufsichtsbehörde (Finanzmarktaufsichtsbehördengesetz - FMABG).[358]

Der VfGH[359] sah aber in der Betrauung der BWA mit den behördlichen Aufgaben, die in WAG und BörseG festgelegt werden, eine Überschreitung der verfassungsrechtlichen Grenze für die Betrauung von ausgegliederten Einrichtungen mit Hoheitsaufgaben. Mit diesem Erkenntnis entzog der VfGH der FMA indirekt die gesetzliche Grundlage, weshalb eine Änderung des FMABG[360] ausgearbeitet werden musste, um einer Aufhebung dieses Gesetzes und somit der gesetzlichen Grundlage der FMA durch den VfGH zu entgehen.[361] Des Weiteren wurde in dieser Änderung auch die Zusammenarbeit zwischen FMA und OeNB gesetzlich ausgestaltet. Jedoch wurde eine genaue Schnittstelle zwischen diesen zwei Institutionen erst mit der Reform der Finanzmarktaufsicht 2008[362] getroffen, wodurch es zu einer neuen Form der Zusammenarbeit kam.[363]

„Später kamen noch die Aufsicht über Mitarbeitervorsorgekassen (nunmehr betriebliche Vorsorgekassen) und Finanzkonglomerate, die Prospektaufsicht sowie zusätzliche Aufgaben und Kompetenzen im Kampf gegen unerlaubtes Anbieten von Finanzdienstleistungen und im Kampf gegen Geldwäsche und Terrorismusfinanzierung hinzu."[364]

2011 kamen noch mehr Aufsichtsgebiete hinzu wie zB die Aufsicht über Rating-Agenturen und die Prävention von Geldwäsche und Terrorismusfinanzierung.[365]

2.2.1.2 Die FMA

Die Behördenfunktion übernimmt die FMA mit Sitz in Wien. Sie ist als Anstalt des öffentlichen Rechts mit eigener Rechtspersönlichkeit eingerichtet und als solche

---

[356] *FMA*, Jahresbericht 2008, 24.
[357] *FMA*, Jahresbericht 2008, 24.
[358] BGBl I 97/2001 in der jeweils geltenden Fassung.
[359] VfGH 12.12.2001, G 269/01, VfSlg 16.400/2001.
[360] BGBl I 97/2001 idF BGBl I 45/2002.
[361] *Brandl/Wolfbauer*, Die wirklich neue Finanzmarktaufsichtsbehörde, ecolex, 2002, 294.
[362] BGBl I 136/2008.
[363] *FMA/OeNB*, Handbuch Bankenaufsicht, 7; abrufbar unter: http://www.fma.gv.at/typo3conf/ext/dam_download/secure.php?u=0&file=1903&t=1331645486&hash=68156a3bb99b968fba1b871e391443b4 (01.04.2014).
[364] *FMA*, Jahresbericht 2008, 24.
[365] *FMA*, Über die FMA, abrufbar unter: http://www.fma.gv.at/de/ueber-die-fma/geschichte-der-fma.html (01.04.2014).

weisungsfrei.[366] Allerdings unterliegt die FMA der Aufsicht durch den BMF.[367] Sie hat gemäß § 2 FMABG jene Aufgaben und Befugnisse zu erfüllen, die ihr durch die jeweiligen Gesetze, wie zB das BWG oder das WAG[368], zugewiesen werden. In einem „Mission Statement“ beschreibt die FMA ihre Ziele: Sie will zur Stabilität des Finanzmarktes Österreich beitragen, das Vertrauen in einen funktionierenden österreichischen Finanzmarkt stärken, die Anleger, Gläubiger und Verbraucher nach Maßgabe der Gesetze schützen und präventiv in Bezug auf die Einhaltung der Aufsichtsnormen wirken, Verstöße aber konsequent ahnden.[369] Damit diese Ziele erreicht werden überwacht die FMA die Einhaltung der gesetzlichen Regelungen und trifft die dafür erforderlichen Maßnahmen, definiert die FMA Mindeststandards und erlässt Verordnungen zur Konkretisierung der Gesetze, erarbeitet die FMA im Dialog mit den Marktteilnehmern Vorschläge zur dauerhaften Sicherung eines hohen Standards des österreichischen Finanzmarktes, vertritt die FMA die österreichischen Interessen in EU- und anderen internationalen Gremien und fördert die Zusammenarbeit mit anderen Aufsichtsbehörden, setzt die FMA zeitgemäße Analysesysteme ein und entwickelt sie laufend weiter, legt die FMA großen Wert darauf, hoch qualifizierte, motivierte Mitarbeiter zu beschäftigen und modernste Technik einzusetzen und arbeiten ihre Mitarbeiter teamorientiert an ganzheitlichen Problemlösungen im Sinne der Effizienz und Effektivität der integrierten Aufsichtstätigkeit.[370]

In Bezug auf die Bankenaufsicht sind die Aufgaben der FMA vor allem die Durchführung von Konzessions-, Bewilligungs-, und Anzeigeverfahren der einzelnen Finanz- und Kreditinstitute[371], die Durchführung behördlicher Aufsichtsverfahren, die behördliche Beaufsichtigung bankinterner Modelle, die Beauftragung der OeNB zur Vornahme von Vor-Ort-Prüfungen, die behördliche Überwachung von Mangelbehebungen durch Kreditinstitute etc.[372]

Zusammenfassend soll die FMA im Wesentlichen also Kreditinstitute zulassen, überwachen und gegebenenfalls schließen und etwaige Missstände am Finanzmarkt beseitigen.[373] Die Kosten, die bei der Beaufsichtigung entstehen, werden zum größten Teil von den Beaufsichtigten selbst bezahlt, einen Zuschuss gibt es aber auch von der Republik Österreich.[374] Alles in allem ist das aber ein sehr großes Aufgabengebiet.

---

366 § 1 FMABG.
367 § 16 FMABG.
368 Eine genaue Auflistung findet sich in § 2 FMABG.
369 *FMA*, Mission Statement, abrufbar unter: http://www.fma.gv.at/de/ueber-die-fma/mission-statement.html (01.04.2014).
370 *FMA*, Mission Statement, abrufbar unter: http://www.fma.gv.at/de/ueber-die-fma/mission-statement.html (01.04.2014).
371 ISd § 1 Abs 1 und 2 BWG.
372 *FMA*, Die Aufgaben der FMA, abrufbar unter: http://www.fma.gv.at/de/ueber-die-fma/kompetenzen/aufgaben-der-fma.html (01.04.2014); *Oppitz*, Bankrecht, in *Potacs/Holoubek* (Hrsg), Handbuch des öffentlichen Wirtschaftsrechts Band II^2 (2007) 69 ff.
373 *OeNB*, Bankenaufsicht, abrufbar unter: http://www.oenb.at/Finanzmarktstabilitaet/Bankenaufsicht/Zustaendigkeiten.html (01.04.2014).
374 *Kammel*, Einführung ins Banken- und Kapitalmarktrecht (2011) 41.

2.2.1.3 Die OeNB

Anders als die FMA ist die OeNB als Aktiengesellschaft eingerichtet und die Zentralbank der Republik Österreich. Als solche gehört sie auch dem europäischen System der Zentralbanken an (ESZB).[375] Die OeNB hat, nicht zuletzt auch durch den Euro-Beitritt und den Eintritt in die dritte Stufe der Wirtschafts- und Währungsunion, ein breites Aufgabengebiet. In Bezug auf die Bankenaufsicht obliegt ihr vor allem die Aufgabe der Finanzmarktstabilität, daher ist sie seit 1.1.2008 vor allem für Vor-Ort-Prüfungen und die Analyse von Einzelbanken zuständig. Auf Grund dieser Prüf- und Analyseergebnisse kann die FMA dann hoheitlich tätig werden.[376] Deswegen ist eine enge Zusammenarbeit dieser beiden Institutionen notwendig.

2.2.2 § 3 FMABG

Für dieses Amtshaftungsthema in Bezug auf die Bankenaufsicht interessant ist der (nunmehr mehrfach geänderte) § 3 FMABG.[377] Zum einen, weil § 3 FMABG iVm § 69 ff BWG die Grundnorm für die Bankenaufsicht darstellt und zum anderen, weil der OGH[378] in seiner eigentlich ständigen Rsp den Anlegern und Sparern Amtshaftungsansprüche zugestanden hat, wenn der Staat die Aufsicht mangelhaft ausgeführt, also unterlassen hat. Argumentiert wird dies auch hier wieder über den Schutzzweck der Norm.[379] Der Gesetzgeber war darüber nicht sehr erfreut und lies es sich, salopp gesagt, nicht nehmen, den Schutzzweck selbst zu definieren und § 3 FMABG dahingehend abzuändern, so dass Anleger und Sparer keinen Ersatz mehr erhalten können.[380]

Das FMABG ist ein relativ junges Gesetz[381], welches auf Grund der häufiger gewordenen Ausgliederung von staatlichen Aufgaben erlassen worden ist, hier eben ua der Bankenaufsicht, welche nun durch die FMA ausgeführt wird. Gemäß der Verfassungsbestimmung in § 1 FMABG ist die FMA eine weisungsfreie Anstalt des öffentlichen Rechts mit eigener Rechtspersönlichkeit. Dennoch haftet der Bund gemäß § 3 Abs 1 FMABG nun für Schäden, welche die Organe und Bediensteten der FMA in Vollziehung der in § 2 genannten Bundesgesetze den Rechtsträgern zugefügt haben, nach den Bestimmungen des AHG. Haftungssubjekt ist dabei der Bund, denn die FMA sowie deren

---

[375] § 2 Abs 1 NBG.
[376] *OeNB*, Bankenaufsicht, abrufbar unter: http://www.oenb.at/Finanzmarktstabilitaet/Bankenaufsicht/Zustaendigkeiten.html (01.04.2014); ein genauer Überblick über die Aufgaben der OeNB findet sich bei: *Oppitz* in *Potacs/Holoubek* (Hrsg), Handbuch 74 f.
[377] BGBl I 97/2001 idF BGBl I 136/2008.
[378] Zuerst durch OGH 14.12.1979, 1 Ob 36/79, SZ 52/186; aufrechterhalten zB durch OGH 28.01.2009, 1 Ob 187/08v, ecolex 2009/183, 487 = ecolex 2009, 396 (Anm *Graf*); 28.01.2009, 1 Ob 232/08m, ÖBA 2010/1596, 70.
[379] Hierzu zusammenfassend OGH 04.04.2006, 1 Ob 251/05a, SZ 2006/53.Vgl auch oben Kapitel III 4.2.4.
[380] Vgl auch unten 2.2.5.
[381] BGBl I 97/2001.

Bedienstete und Organe haften dem Geschädigten nicht.[382] Dies war wegen der in Art 23 Abs 1 B-VG genannten Anstalten des öffentlichen Rechts nicht immer ganz klar, ist nun aber positivrechtlich verankert und die FMA kann selbst nicht zur Haftung herangezogen werden.[383] Daher hat der Bund nach den Bestimmungen des AHG Ersatz zu leisten, das heißt er muss für ein rechtswidriges und schuldhaftes Verhalten der FMA einstehen. Dabei kann es sich um einen rechtswidrigen Eingriff handeln, va bei Maßnahmen nach § 69 Abs 3 bzw § 70 Abs 2 ff BWG, oder, was viel häufiger der Fall ist, um die Unterlassung einer notwendigen Aufsichtsmaßnahme.[384]

In § 3 Abs 2 FMABG werden die Aufgaben der FMA näher beleuchtet, nach pflichtgemäßem Ermessen[385] hat die FMA „alle nach den Umständen des Einzelfalls erforderlichen, zweckmäßigen und angemessenen Aufsichtsmaßnahmen zu ergreifen."[386] Um auf die Wahrung der Finanzmarktstabilität zu achten, kann sie ihrer Entscheidung Prüfberichte der Abschlussprüfer und Organe der beaufsichtigten Unternehmen oder der OeNB zu Grunde legen, nicht jedoch, wenn begründete Zweifel bezüglich Richtigkeit, Vollständigkeit, Sachkunde oder Sorgfalt der Prüfer etc bestehen. Weitere Befugnisse erhält die FMA durch § 70 BWG[387], wie zB zur Auskunftseinholung oder Prüfungsbeauftragung anderer. Die Tätigkeiten der FMA sind jedenfalls und unbestritten hoheitlich.[388]

Hat der Bund einem Geschädigten Ersatz geleistet, kann er gemäß Abs 3 leg cit Rückersatz vom Organ nach den Bestimmungen des AHG fordern, also beim vorsätzlichen oder grob fahrlässigen (Nicht-)Handeln des Organs.[389]

Des Weiteren muss die FMA den Bund beim Verfahren in jeder zweckdienlichen Weise unterstützen und zB Unterlagen und Informationen zur Verfügung stellen (Abs 4).

In Abs 5 stellt der Gesetzgeber klar, dass privat bestellte Abschlussprüfer nur dann Organe der FMA sind, wenn sie auch im gesonderten Auftrag der FMA handeln. Dies gilt auch für die Prüfungsorgane gesetzlich zuständiger Prüfungseinrichtungen.

2.2.3 Amtshaftung für mangelnde Bankenaufsicht

Die Amtshaftung für mangelnde Bankenaufsicht hat in letzten dreißig Jahren eine erstaunliche Entwicklung genommen. Der OGH hatte dabei immer wieder Amtshaftungsansprüche

---

[382] Vgl § 3 Abs 1 FMABG idF BGBl I 136/2008; *Raschauer*, ÖBA 2004, 338; *Mader*, Amtshaftung für Bankprüfer, in *Gruber/Harrer* (Hrsg), Aktuelle Probleme der Abschlussprüfung 121 f.

[383] Zur Diskussion zB *Raschauer*, ÖBA 2004, 338.

[384] *Mader* in *Gruber/Raschauer* (Hrsg), Wertpapieraufsichtsgesetz Band I (2010) § 3 FMABG Rz 2.

[385] Der in diesem Absatz eingeräumte Ermessenspielraum führt dazu, dass auf die amtshaftungsrechtlichen Grundsätze der Ermessensausübung zu achten ist; siehe auch Kapitel III 1.2.

[386] § 3 Abs 2 FMABG idF BGBl I 136/2008.

[387] BGBl 532/1993 idF BGBl I 118/2010.

[388] Vgl unten Kapitel III 2.2.3.

[389] Dazu im Einzelnen oben Kapitel II 4.2.

zugesprochen und einige Hürden zu meistern.[390] Erstmals sprach er in 1 Ob 36/79 Anlegern Amtshaftungsansprüche wegen unzureichender Bankenaufsicht zu.[391]

Prinzipiell heißt es natürlich auch bei Amtshaftungsansprüchen wegen mangelnder Bankenaufsicht, dass diese dann zustehen, wenn alle (allgemeinen) Voraussetzungen vorliegen. Das heißt auch hier braucht es einen Schaden, der von einem Organ durch ein hoheitliches Unterlassen schuldhaft und rechtswidrig zugefügt worden ist. Das heißt also: „Nach geltendem Recht haftet der Bund als Rechtsträger im Sinn des Amtshaftungsgesetzes für Schäden, die von Organen der FMA in Ausübung behördlicher Befugnisse im Rahmen der Finanzmarktaufsicht herbeigeführt werden."[392] Dies ergibt sich seit 1.7.2005 auch aus § 3 FMABG.[393]

Bei Schäden in Verbindung mit einer Bank wird es sich regelmäßig um finanzielle Schäden handeln, also um Schäden am Vermögen. Im überwiegenden Teil der bisherigen Fälle, die es vor den OGH „geschafft" haben, waren es meist Vermögensschäden der Anleger einer Bank. In solchen Fällen wird der Rechtsträger aber nur dann in Anspruch genommen werden können, wenn das System der Einlagensicherung nach §§ 93 ff BWG versagt bzw die kridamäßige Verteilung des Vermögens den Ausfall nicht deckt, ansonsten würde ja erst gar kein Schaden entstehen.[394] Entscheidend ist natürlich auch, dass das Fehlverhalten, also die mangelnde Aufsicht, auch tatsächlich kausal für den eingetretenen Vermögensschaden war. Seit der FMABG-Novelle[395] sind gemäß § 3 Abs 1 S 2 FMABG Schäden iSd Bundesgesetzes nur solche, die Rechtsträgern, die der Aufsicht nach dem FMABG unterliegen, unmittelbar zugefügt wurden.[396] An dieser Stelle erwähnt sei aber, dass das System der Einlagensicherung die Haftung des Bundes nicht komplett ausschließt. Da die Einlagensicherungseinrichtung und der Bund unechte Solidarschuldner iSd 896 ABGB sind, kann sich die Einlagensicherungseinrichtung, wenn sie leistet, beim Bund vollen (!) Regress holen.[397]

Die Zuordnung der Bankenaufsicht unter die Hoheitsverwaltung ist unproblematisch. Zum einen wurde schon die Bankenaufsicht des Finanzministeriums vom OGH als „in Vollziehung der Gesetze" deklariert[398], zum anderen stellt § 3 FMABG klar, dass der Bund für die von der FMA in Vollziehung der Gesetze zugefügten Schäden haftet. Die Aufsichtstätigkeit der FMA ist damit klar ein Teil der Hoheitsverwaltung, da die Vollziehung von Gesetzen

---

[390] *Ziehensack*, AHG § 1 Rz 1515.
[391] OGH 14.12.1979, 1 Ob 36/79, SZ 52/186.
[392] *Raschauer*, Amtshaftung und Finanzmarktaufsicht, ÖBA 2004, 338 (346).
[393] Zur vorherigen Diskussion, wer im Falle der Bankenaufsicht Subjekt der Amtshaftung ist: *Raschauer*, ÖBA 2004, 338.
[394] *Mader* in *Gruber/Harrer* (Hrsg), Abschlussprüfung 130; OGH 04.04.2006, 1 Ob 251/05a, ÖBA 2007/1438, 806 (812); Vgl auch ähnlich die „Too big to fail"-Problematik unten Kapitel III 2.2.7.
[395] BGBl I 136/2008.
[396] Dazu näher unten Kapitel III 2.2.4.
[397] *Mader* in *Gruber/Raschauer* (Hrsg), WAG I § 3 FMABG Rz 19 mwN.
[398] OGH 04.03.1987, 1 Ob 47/86, SZ 60/33, JBl 1987, 386; 11.06.2002, 1 Ob 103/02g, ÖBA 2003/1100, 302; die FMA hat die Aufgaben vom BMF übernommen, weshalb eine Umlegung dieser Judikatur denkbar ist.

typischerweise hoheitlich ist, welche entweder durch eigene Organe oder durch betraute Privatpersonen (in Form von Beleihung oder Inpflichtnahme) ausgeübt werden kann.[399]

Dies führt zu einer weiteren interessanten Frage, die der OGH zu klären hatte, nämlich ob dem Bankprüfer eine Organstellung zukommt. Während die Zuordnung von Mitarbeitern der FMA als Organe leicht[400] erscheint, ist fraglich, ob ein privat bestellter (!) Abschlussprüfer auch eine Organstellung innehat. Dies hat der OGH in mehreren Entscheidungen bejaht und somit die Haftung für eine mangelhafte Bankenaufsicht erweitert.[401] Eigentlich ist der Bankprüfer nichts anderes als der Abschlussprüfer einer Bank, der vom zu prüfenden Unternehmen angefordert und bezahlt wird. Somit weist er zunächst einmal keine „hoheitlichen Qualifikationen" auf. Er muss der FMA zwar angezeigt werden, einen Einfluss darauf, wer letztlich bestellt wird, hat die FMA aber nicht, sie hat lediglich ein Widerspruchsrecht (§ 63 BWG). Allerdings hat die FMA auf Grundlage der vom Abschlussprüfer vorgelegten Berichte[402] gegebenenfalls Maßnahmen einzuleiten. Somit kann eine Mitwirkung des Bankprüfers an der hoheitlichen Bankenaufsicht nicht gänzlich abgestritten werden.[403] Ob dies alleine auch eine Organstellung zu begründen vermag, darf (und ist auch[404]) stark diskutiert werden, der OGH sieht es jedenfalls so:

Die Tatsache, dass der Gesetzgeber den Bankprüfer bewusst nicht zum Organ machen wollte, „kann für sich allein die Organeigenschaft allerdings nicht ausschließen, kommt es doch vielmehr entscheidend darauf an, ob der Bankprüfer tatsächlich in den „hoheitlichen Meinungsbildungsprozess" eingebunden wird (vgl SZ 58/42)."[405] Ein „Verhalten im Dienst der Erreichung hoheitlicher Zielsetzung" reicht völlig aus, so ist es nicht nötig, dem Dritten gegenüber hoheitlich aufzutreten oder organisatorisch in den Rechtsträger eingegliedert oder weisungsgebunden zu sein.[406] Diese eher großzügige Bejahung von Organeigenschaften kommt aber nicht nur bei Bankprüfern vor.[407] Die Diskussion um die Organstellung des Bankprüfers ist seit der Novelle BGBl I 2005/33 verstummt, denn hier hat der Gesetzgeber in § 3 Abs 5 FMABG nun klargestellt, „die von den der Aufsicht unterliegenden Unternehmen bestellten Abschlussprüfer sind nicht Organe im Sinne des § 1 Abs 1 AHG, es sei denn, dass sie im gesonderten Auftrag der FMA für diese Prüfungen nach den in § 2 genannten

[399] *Mader* in *Gruber/Harrer* (Hrsg), Abschlussprüfung 123. Siehe auch oben Kapitel II 2.3.2.
[400] Gemäß § 1 Abs 2 AHG sind Organe jedenfalls jene Personen, die bei der Aufsichtsbehörde unmittelbar tätig sind; OGH 25.03.2003, 1 Ob 188/02g, ÖBA 2004/1186, 304.
[401] ZB OGH 27.03.2007, 1 Ob 269/06z, ecolex 2007/248, 599 (Anm *Wilhelm*); 13.12.2005, 1 Ob 226/05z, ÖBA 2006/1355, 528; 25.03.2003, 1 Ob 188/02g, ÖBA 2004/1186, 304.
[402] Gem § 273 UGB hat der Prüfer einen gesonderten bankenaufsichtsrechtlichen Prüfbericht zu erstellen, welchen er gemeinsam mit dem „normalen" Prüfbericht der FMA und der OeNB nach § 44 Abs 1 BWG vorzulegen hat.
[403] *Mader* in *Gruber/Harrer* (Hrsg), Abschlussprüfung 123.
[404] Vgl zB *Rebhahn,* Amtshaftung für "Bankprüfer" - Wohltat oder Irrweg?, ÖBA 2004, 267; *Doralt*, Haftung der Abschlussprüfer (2005) Rz 370 ff; *Raschauer*, Bankenaufsicht, Amtshaftung und Beihilfenverbot, ÖJZ 2005/1, 1; aA zB *Zechner*, Neuere Entwicklungen in der Amtshaftungsjudikatur des Obersten Gerichtshofes, in *BMJ* (Hrsg), Haftung 178 ff.
[405] OGH 25.03.2003, 1 Ob 188/02g, ÖBA 2004/1186, 304 (305).
[406] OGH 25.03.2003, 1 Ob 188/02g, ÖBA 2004/1186, 304 (306).
[407] zB auch beim Kesselprüfer oder KFZ-Begutachter, siehe oben Kapitel II 2.2.2 und III 2.1.4.

Bundesgesetzen durchführen".[408] Dies bedeutet, dass die Amtshaftung für die Erstellung des bankenaufsichtsrechtlichen Prüfberichtes nach § 63 Abs 5 BWG im Rahmen der Jahresabschlussprüfung nunmehr ausgeschlossen ist. Ist der Prüfbericht unvollständig oder falsch, so wird er nun haftungsrechtlich nicht mehr dem Bund zugerechnet.[409] Für den Fall aber, dass die FMA den Prüfer selbstständig für eine ergänzende Prüfung nach § 70 Abs 1 Z 2a BWG benötigt, ist die Haftung noch aufrecht. Dann wird der Prüfer so behandelt, als wäre er tatsächlich für die staatliche Aufsicht tätig und von der FMA selbst beauftragt worden.[410] Dieser Schritt führt natürlich auch zu einer Reduzierung des Amtshaftungsrisikos für den Bund, da die vom OGH als fehlerhaftes Verhalten angesehene Tätigkeit des Bankprüfers ex lege nicht mehr als hoheitlich gilt.[411]

Das von den Aufsichtsorganen gesetzte oder in diesem Fall eben gerade nicht gesetzte Verhalten muss natürlich auch rechtswidrig sein. Das heißt wieder für eine unterlassene Bankenaufsicht, dass es auch eine Pflicht zu genau jenem unterlassenen Handeln geben muss. Heranzuziehen für die Bankenaufsicht sind dabei die einzelnen bankrechtlichen Gesetze, vor allem aber auch das FMABG[412]. § 2 Abs 1 FMABG iVm § 69 ff BWG normiert dabei die Pflicht zur Aufsicht über die Einhaltung der einzelnen Vorschriften des BWG und andere Gesetze[413] durch die Kredit- und Finanzinstitute. Gemäß § 3 Abs 2 FMABG hat die FMA „bei ihrer Tätigkeit nach pflichtgemäßem Ermessen alle nach den Umständen des Einzelfalls erforderlichen, zweckmäßigen und angemessenen Aufsichtsmaßnahmen zu ergreifen." Generell gilt es auch hier, auf den Einzelfall abzustellen und genauestens zu prüfen, gegen welche Norm durch ein Unterlassen verstoßen wurde. Während bei § 3 Abs 2 FMABG von einem pflichtgemäßen Ermessen die Rede ist, hat die FMA zB nach § 70 Abs 4 BWG gegen eine konzessionslose Bank mit den angeführten Maßnahmen tatsächlich einzuschreiten. Eine Pflicht lässt sich daraus mE relativ „einfach" herauslesen und ableiten, immerhin heißt es darin: „Liegt eine Konzessionsvoraussetzung (…) nicht mehr vor (…), so hat die FMA (...)". Die FMA kann oder darf also nicht einschreiten, sie muss einschreiten, wenn es keine Konzession gibt. Ein Unterlassen des Einschreitens, wäre also ein rechtswidriger Verstoß gegen diese Pflicht. Um dann auch zu haften, müssen natürlich auch die restlichen Voraussetzungen gegeben sein. Schwieriger wird es schon, wenn das Gesetz der Behörde ein Ermessen einräumt, denn dann käme eine rechtswidrige Unterlassung nur dann in Betracht, wenn der Behörde ein Ermessensfehler unterläuft und damit quasi die „Pflicht zum einzig richtigen Handeln" verletzt würde.[414] Dies wäre in § 70 Abs 1 BWG der Fall, hier kann die Behörde nämlich gewisse Maßnahmen setzen, wie zB die OeNB zur Vor-Ort-Prüfung anhalten oder gewisse Dokumente von den Kreditinstituten fordern. Tut die FMA dies nicht

[408] § 3 Abs 5 FMABG idF BGBl I 33/2005. Zur „Eingriffs-Problematik" siehe genauer unten Kapitel III 2.2.5.
[409] *Mader* in *Gruber/Raschauer* (Hrsg), WAG I § 3 FMABG Rz 10.
[410] *Mader* in *Gruber/Harrer* (Hrsg), Abschlussprüfung 125.
[411] Was auch schon in den Materialien zur Novelle ersichtlich wird: 819 BlgNR XXII. GP, 1,8. *Mader* in *Gruber/Harrer* (Hrsg), Abschlussprüfung 125.
[412] BGBl I 97/2001 in der jeweils geltenden Fassung.
[413] Sparkassengesetz, Bausparkassengesetz, Einführungsverordnung zum Hypothekenbank- und Pfandbriefgesetz, Hypothekenbankgesetz, Pfandbriefgesetz, Bankschuldverschreibungsgesetz, Investmentfondsgesetz, Depotgesetz, Beteiligungsfondsgesetz, BMSVG, Immobilien-Investmentfondgesetz und Finanzkonglomeratsgesetz.
[414] Vgl Kapitel III 1.2.

und entsteht dadurch ein Schaden, so kann dies nur dann rechtswidrig sein, wenn auf Grund der Sachlage auch nach freiem Ermessen die Behörde nur zu einem Schluss hätte kommen können, nämlich gerade zB die OeNB zu beauftragen bzw die entsprechenden Dokumente zu fordern und somit keine vertretbare Rechtsansicht vorliegt. Unterlässt sie dies, so unterläuft ihr ein gravierender nicht zu vertretender Ermessensfehler. Die Behörde verletzt dann rechtswidrigerweise und trotz eigentlich vorliegendem Ermessen, ihre „Pflicht zum einzig richtigen Handeln“.

Zuletzt gilt es auch hier, das Verschulden zu prüfen, dabei ergeben sich allerdings im Zusammenhang mit dem Unterlassen keine Besonderheiten zu den allgemeinen Regeln, weshalb an dieser Stelle lediglich darauf zu verweisen ist.[415]

2.2.4 Der Schutzzweck der Norm der Bankenaufsicht

Bis dato hat sich der OGH erst einmal etwas näher[416] mit dem Schutzzweck der Norm der Bankenaufsicht befasst. In 1 Ob 251/05a hält er treffend fest, dass es sich beim Schaden dieser Klage, wie bei eigentlich allen Klagen zur Bankenaufsicht, um einen Vermögensschaden handelt, welcher nur dann ersetzt wird, wenn es sich beim schädigenden Verhalten um „die vorwerfbare Verletzung eines absoluten Rechts, die Übertretung eines Schutzgesetzes nach § 1311 ABGB oder ein sittenwidriges Verhalten des Schädigers“ handelt.[417] Die Frage ist also regelmäßig, ob die Regelungen über die Bankenaufsicht[418] Schutzgesetze iSd § 1311 ABGB sind, da die anderen zwei Möglichkeiten sinngemäß aus praktischer Sicht ausscheiden werden. Dies sieht der OGH regelmäßig ohne nähere Begründung und Untersuchung als gegeben an und prüft, ob die übertretene Bestimmung den Geschädigten gerade auch vor den eingetretenen Vermögensnachteilen schützt. „Gehaftet wird demnach nur für Schäden, die gerade in Verwirklichung jener Gefahr verursacht wurden, um deren Vermeidung willen der Gesetzgeber ein bestimmtes Verhalten fordert oder untersagt.“[419] Dabei reicht oft auch schon aus, dass die „Verhinderung eines Schadens wie des später eingetretenen lediglich mitbezweckt“ wird.[420] Die Frage ist also im Weiteren, wie weit der Kreis der geschützten Personen bei der Bankenaufsicht reicht. Für welche Interessen soll der Rechtsträger bei einer unterlassenen Bankenaufsicht einstehen?

Hauptzweck und Aufsichtsziel der Bankenaufsicht ist ein Funktionsschutz, der im öffentlichen Interesse steht, nämlich im „volkswirtschaftlichen Interesse an einem

[415] Siehe Kapitel II 2.3.3.5.
[416] Wobei man sich hier nicht zu viel erwarten darf. Es handelt sich vielmehr um eine Art Zusammenfassung der vom OGH verwendeten „Klauseln“ zum Schutzzweck der Norm.
[417] OGH 04.04.2006, 1 Ob 251/05a, AR 2006 H 5, 24 (Anm *Gruber*) = ÖBA 2007/1438, 806 = ÖBA 2007, 794 (Anm *Karner*) = SZ 2006/53.
[418] Va werden hierbei § 69 ff BWG einschlägig sein.
[419] ÖBA 2007/1438, 806 (812).
[420] ÖBA 2007/1438, 806 (812).

funktionsfähigen Bankwesen und an der Finanzmarktstabilität".[421] Auch der OGH spricht davon, dass es sich beim Funktionsschutz, um ein primäres, zentral maßgebliches Aufsichtsziel handelt.[422] Vom Bankwesen sind weite Teile der Volkswirtschaft abhängig und Störungen in dem Bereich können sich leicht auf die gesamte Wirtschaft übertragen. Mit der Aufsicht soll dies dann eben verhindert werden, bzw soll es dadurch erst gar nicht so weit kommen.[423] Ein funktionsfähiges Bankwesen heißt vor allem, dass „insb das Vertrauen der Kunden in die Sicherheit der den Banken anvertrauten Gelder, in die strikte Einhaltung des Bankgeheimnisses und in die klaglose und rasche Durchführung von Bankgeschäften" gegeben ist.[424] Stabil ist ein Finanzmarkt dann, wenn er fähig ist, „Schocks größeren Ausmaßes zu verkraften und sich zu regenerieren".[425] „Konkret bedeutet Finanzmarktstabilität folglich, dass das Vertrauen in den Finanzsektor, insbesondere in eine stabile Versorgung mit Finanzdienstleistungen in den Bereichen Zahlungsverkehr, Kredit- und Einlagengeschäft sowie Risikoabsicherung gewährleistet ist."[426] Dieser Funktionsschutz steht allein im öffentlichen Interesse, da dadurch bestimmte Leistungen, die für eine moderne Volkswirtschaft wichtig sind und eine Schlüsselstellung einnehmen, sichergestellt werden sollen. Da dieser Aspekt des Schutzzwecks der Norm keine bestimmte (natürliche oder juristische) Person einschließt, lassen sich aus diesem keine Amtshaftungsansprüche für Vermögensschäden bei Unterlassungen ableiten.[427]

Amtshaftungsansprüche des Einzelnen lassen sich jedoch laut ständiger Rsp[428] des OGH und Teilen der Literatur[429] sehr wohl aus dem Gläubigerschutz begründen, dem sekundären Schutzzweck der §§ 69 ff BWG. Geschützt sind danach nämlich auch die einzelnen Anleger und Sparer sowie Anleihegläubiger[430] einer Bank. Insbesondere soll die Bankenaufsicht „dazu dienen, einer Insolvenz von Banken vorzubeugen, indem Missstände rechtzeitig erkannt und abgestellt sowie drohende Gefahren abgewendet würden." Es handelt sich daher beim Zweck der Bankenaufsicht nicht um eine formale Prüfung, sondern um eine inhaltliche bankwirtschaftliche Prüfung, mit der auch „Anleger vor Verlusten geschützt werden" sollen.[431] Weshalb das Unterlassen einer gehörigen Bankenaufsicht sehr wohl zu Amtshaftungsansprüchen der geschädigten Gläubiger führen konnte. Seit Ende Oktober 2008 allerdings sind die Gläubiger ausdrücklich kraft einer Gesetzesänderung in § 3 FMABG ausgenommen.[432]

---

421 *Johler* in *Dellinger* (Hrsg), Bankwesengesetz – Kommentar (2011) § 69 Rz 124 f.
422 OGH 17.10.2006, 1 Ob 142/06y, ÖBA 2007/1439, 814 (815).
423 *Johler* in *Dellinger* (Hrsg), BWG § 69 Rz 32 ff mwN.
424 *Laurer* in *Laurer/Borns/Strobl/M. Schütz/O. Schütz*, Bankwesengesetz³ (2011) § 69 Rz 6.
425 *Johler* in *Dellinger* (Hrsg), BWG § 69 Rz 45.
426 *OeNB*, Definition Finanzmarktstabilität, abrufbar unter: http://www.oenb.at/Finanzmarktstabilitaet.html (01.04.2014).
427 *Raschauer*, ÖJZ 2005/1, 5.
428 OGH 17.10.1995, 1 Ob 20/94, SZ 68/189; 22.06.1993,1 Ob 22/92, SZ 66/77; 04.03.1987, 1 Ob 47/86, SZ 60/33, JBl 1987, 386; 14.10.1981, 1 Ob 42/81, SZ 54/143; 14.12.1979, 1 Ob 36/79, SZ 52/186.
429 ZB *Schragel*, AHG³ § 1 Rz 134; *Krejci*, Amtshaftung für Bankprüfer, ÖBA 1998, 16; aA *Rebhahn*, ÖBA 2004, 267.
430 *Rebhahn*, ÖBA 2004, 267 (269).
431 OGH 25.03.2003, 1 Ob 188/02g, ÖBA 2004/1186, 304.
432 Vgl zu dieser Problematik unten Kapitel III 2.2.5.

Zum Umfang des geschützten Personenkreises hat der OGH nun auch ausgesprochen, dass Bankunternehmer nicht vom Schutzzweck der Aufsicht erfasst sind, wenn der Schaden infolge fehlerhafter Geschäftsführung entstanden ist. Davon sind auch die Mehrheitsaktionäre betroffen. Damit stellt er die in der Lit[433] aufgeworfene Anmerkung klar, dass der Bund gegenüber dem Kreditinstitut für den eigentlich privatrechtlich bestellten Bankprüfer für Unterlassungen haften könnte.[434] In Anlehnung an *Raschauer*[435] spricht der OGH aus, dass den Beaufsichtigten im Zweifel kein Schutz durch verwaltungsbehördliche Aufsichtsregeln zukommt, es sei denn, es liegt eine besondere Gefahrensituation vor, in der auf Grund typischerweise mangelhafter Sachkunde, Personen vor Selbstgefährdung[436] zu schützen sind. Dies trifft aber auf Bankunternehmen nicht zu, daher sind (va auch risikoreiche) Vermögensinteressen der Bank und die der „Eigentümer, Gesellschafter und Aktionäre" nicht geschützt.[437] Auch nicht geschützt sind Geschäftspartner des Kreditinstituts, welche mit der geschäftlichen Verbindung unter Kapitaleinsatz Unternehmensgewinne erzielen wollten, vor allem auch dadurch, weil ihnen gegenseitig weitgehende Informationsmöglichkeiten zur jeweiligen Bonität offen stehen.[438]

Auch nicht geschützt sein sollen nach hL die Investoren einer Bank, welche (selbst als seriöse Investoren) keine Gläubiger sind.[439] Begründet werden kann dies damit, dass Investoren ganz andere Möglichkeiten zur Informationsgewinnung zur Verfügung haben.[440]

Der OGH stellt bei der Beurteilung der Schutzwürdigkeit also auf die Informationsmöglichkeit ab, die den einzelnen Akteuren zur Verfügung stehen. Je mehr Einfluss man hat, desto weniger schutzwürdig ist man. Daher ist das Bankunternehmen auf Grund der großen Einflussnahme in die eigenen Geschäfte wohl am wenigsten schutzwürdig, aber auch Investoren und Geschäftspartner haben umfassende Möglichkeiten sich Informationen über die Bank zu beschaffen und Einblick in die Liquidität des Bankunternehmens zu bekommen. Richtigerweise kann man jetzt sagen, dann muss doch der Sparer sehr wohl geschützt werden, denn diesem steht diese umfassende Information nicht zur Verfügung. Dies ist nach der Ansicht des OGH so richtig. Allerdings darf man dabei mE nicht vergessen, dass das Anlegen von Geld und das damit verbundene Risiko sehr wohl selbst „ausgesucht" ist und zunächst einmal selbst geprüft wird und dabei ist es dem einzelnen Sparer sehr wohl zuzutrauen, das Risiko einigermaßen abzuschätzen bzw sich darüber zu informieren. Die klägerfreundliche Auslegung des Schutzzwecks der Norm durch den OGH führte an dieser Stelle tatsächlich dazu, dass es, wie es *Rebhahn* treffend formulierte, zu einer „prämienfreien Haftpflichtversicherung" auch für Private kam.[441] Das private Risiko des

---

433 *Rebhahn*, ÖBA 2004, 267 (269); *Mader* in *Gruber/Harrer* (Hrsg), Abschlussprüfung 129 f.
434 Dies ist in der Rsp des Öfteren zB beim Kesselprüfer (JBl 2001, 722) oder KFZ-Begutachter (JBl 2003, 866) bejaht worden.
435 *Raschauer*, ÖJZ 2005/1, 5.
436 Siehe hierzu oben Kapitel III 2.1.3.
437 OGH 04.04.2006, 1 Ob 251/05a, ÖBA 2007/1438, 806 (813).
438 OGH 17.10.2006, 1 Ob 142/06y, ÖBA 2007/1439, 814.
439 *Krejci*, Amtshaftung für den Verlust BWG-widriger Investitionen in eine Bank?, ÖBA 2001, 461 (466).
440 *Schragel*, AHG[3] §1 Rz 134.
441 *Rebhahn*, Staatshaftung 363 ff.

Anlegers, nämlich die des Verlustes seiner Investitionen, geht mE in diesen Fällen auf den Staat über, da die Verluste der Anleger vom Staat über die Amtshaftung ausgeglichen werden.

Würde man die geschützten Interessen nach den „Allgemeinen Kriterien" von *Rebhahn* betrachten, wäre nur folgender Schluss möglich: Die Interessen der Anleger und Sparer sind ganz klar sekundäre, also nicht primär geschützte Interessen. Vermögensschäden sind nach dieser Theorie schon mal weniger schützenswert als Leben, Gesundheit und Eigentum. Es gibt auch kein subjektiv-öffentliches Recht der Anleger und Sparer auf eine funktionierende Aufsicht oder dergleichen. Des Weiteren handelt es sich um kein Risiko dessen Duldung vom Staat auferlegt wurde, vielmehr ist es ein Risiko, das die Anleger und Sparer freiwillig mit einem starken Eigennutzen eingegangen sind, auch das macht sie nicht schützenswerter. Auch die Abhängigkeit vom Staat bzw das Vertrauen auf eine funktionierende Aufsicht auf Grund derer eine Anlage risikoloser ist, ist in diesen Fällen wohl kaum berechtigt. Und zu guter Letzt gibt es mit der Einlagensicherung auch eine Art Versicherung, die zwar nur bis zu einer gewissen Summe beschränkt ist, aber dennoch zur Schadenabwendung dient und Kleinanleger jedenfalls schützt. Im Ergebnis findet sich meines Erachtens nach der Theorie von *Rebhahn* kein Argument, das die Interessen der Anleger und Sparer schützenswert erscheinen lässt.

Wie auch immer man zur Auslegung des Schutzzwecks der Norm im Bereich der Bankenaufsicht steht, immerhin sind hier, wie gezeigt, verschiedenste Ansichten möglich, ist seit der Novelle BGBl 2008/136 die Möglichkeit für Gläubiger, aber auch für das Kreditinstitut selbst, Amtshaftungsansprüche wegen unterlassener Bankenaufsicht geltend zu machen, stark gesunken. Der Gesetzgeber hat damit den Schutzzweck der Norm neu definiert und damit eine Haftung des Bundes auf Grund unterlassener Bankenaufsicht unmöglich gemacht. Der Schutzzweck der Norm der Bankenaufsicht beinhaltet also nur noch die Interessen der beaufsichtigten Rechtsträger selbst. Mit Blick auf die dargestellte Judikatur bedeutet dies wohl, dass eine Haftung nach § 3 FMABG nur noch im Falle von rechtswidrigen Eingriffen möglich ist, nicht jedoch für eine unterlassene Bankenaufsicht. Da eine Haftung für Eingriffe aber nur vereinzelt vorkommt, werden Amtshaftungsklagen im Bereich der Bankenaufsicht wohl eine Seltenheit werden.[442]

2.2.5 Sind die Eingriffe der Gesetzgebung gerechtfertigt?

2.2.5.1 Die „Eingriffe"

Der Gesetzgeber reagierte insgesamt zweimal auf die Rechtsprechung des OGH zur Bankenaufsicht und änderte § 3 FMABG dementsprechend ab.

---

[442] *Mader* in *Gruber/Raschauer* (Hrsg), WAG I § 3 FMABG Rz 14; zur verfassungsrechtlichen Problematik vgl unten Kapitel III 2.2.5.

Das erste Mal war § 3 Abs 5 FMABG betroffen. In der BHI-Entscheidung[443] sprach der OGH aus, dass der privat bestellte Abschlussprüfer als Organ der Aufsichtsbehörde anzusehen ist, weil er in den „hoheitlichen Meinungsbildungsprozess" eingebunden ist, dass der Abschlussprüfer aber lediglich aus verwaltungsökonomischen Gründen als Bankprüfer eingesetzt wird, vermag die Organeigenschaft nicht auszuschließen. Die Pflicht bei Mängeln eine Anzeige an die FMA zu machen, ist ein „Verhalten im Dienste hoheitlicher Zielsetzung."[444]

Mit der Novelle BGBl I 2005/33 hat der Gesetzgeber den Abs 5 dann abgeändert. Nach § 3 Abs 5 FMABG sind nunmehr die von den der Aufsicht unterliegenden Unternehmen bestellten Abschlussprüfer expressis verbis nicht mehr Organe im Sinne des § 1 Abs 1 AHG. Allerdings kommt den Abschlussprüfern, dann eine Organstellung zu, wenn sie im gesonderten Auftrag der FMA für diese Prüfungen nach den in § 2 genannten Bundesgesetzen durchführen.

Schon *Rebhahn*[445] ahnte, dass die Rechtsprechung zur Organstellung des Bankprüfers bzw die darin enthaltene zentrale Aussage nicht lange Bestand haben wird. Entweder die Rechtsprechung ändert sich (was eher unwahrscheinlich ist) oder der Gesetzgeber greift ein. *Rebhahn* plädierte aber dafür, dass der Gesetzgeber tätig wird und eine Regelung trifft, die den „Herrschaftsbereich des AHG" klar abgrenzt, zumindest für den Bereich der Banken und Versicherungen. Der OGH will von der erhobenen Kritik jedoch nichts wissen[446] und hält an seiner Aussage für den Zeitraum vor Inkrafttreten des § 3 FMABG idF BGBl I 33/2005 jedenfalls fest, jedoch ohne jedwede konkrete Begründung. Vielmehr muss diese Aussage reichen: „Er (Anm: der OGH) sieht sich weder durch die Ausführungen in der Revisionsbeantwortung noch die teilweise kritischen Stellungnahmen in der Literatur veranlaßt, von seiner Rechtsauffassung abzugehen (ebenso bereits 1 Ob 226/05z)."[447]
Der Gesetzgeber hingegen folgte dem Aufruf zur Abgrenzung und stellt klar, dass Bank- und Versicherungsprüfer keine Organe iSd AHG sind. In der RV[448] heißt es dazu, dass ein gesetzlicher Klarstellungsbedarf gegeben ist, weil das OGH-Urteil[449] „mit seinem fallspezifischen Ergebnis nicht auf alle Tätigkeiten von Bankprüfern übertragbar scheint".

In der RV war der Abs 5 eigentlich als Verfassungsbestimmung angedacht, konnte aber dann nicht als solche durchgesetzt werden, weil die entsprechende Mehrheit fehlte.[450] Als Begründung für die Verfassungsbestimmung wird angegeben, dass es sich bei Abs 5 „um eine Sonderbestimmung zu Art 23 B-VG in der Auslegung durch die Rechtsprechung handelt".[451]

---

[443] Siehe unten Kapitel III 2.2.6.2.
[444] Genauer oben Kapitel III 2.2.3; OGH 25.03.2003, 1 Ob 188/02g, ÖBA 2004/1186, 304.
[445] *Rebhahn*, ÖBA 2004, 267 (280).
[446] ZB OGH 31.01.2006, 1 Ob 268/05a, ÖBA 2006/1363, 614; 13.12.2005, 1 Ob 226/05z, ÖBA 2006/1355, 528; 04.04.2006, 1 Ob 251/05a, ÖBA 2007/1438, 806.
[447] OGH 31.01.2006, 1 Ob 268/05a, ÖBA 2006/1363, 614 (615).
[448] ErlRV 819 BglNR 22. GP.
[449] Gemeint ist die BHI-Entscheidung.
[450] *Mader* in *Gruber/Raschauer* (Hrsg), WAG I § 3 FMABG Rz 15.
[451] ErlRV 819 BglNR 22. GP 9.

Ob die nun ergangene einfachgesetzliche Regelung der Verfassung entspricht, wird unten in Kapitel III 2.2.5.4.1 erläutert.

Das zweite und auch umstrittenere Eingreifen des Gesetzgebers betrifft § 3 Abs 1 S 2 FMABG. Mit der Novelle BGBl I 136/2008 wurde folgender Satz hinzugefügt: „Schäden im Sinne dieser Bestimmung sind solche, die Rechtsträgern unmittelbar zugefügt wurden, die der Aufsicht nach diesem Bundesgesetz unterliegen." Damit wird die Amtshaftung des Bundes für eine mangelhafte Bankenaufsicht entscheidend eingeschränkt, denn laut ständiger Rechtsprechung würde der Schutzzweck der Norm auch vor Schäden schützen, die den Anlegern und Sparern zugefügt werden.[452] Wie ein aktuelles Urteil zum AMIS-Fall zeigt, ist diese Rechtsprechungsrichtlinie unverrückbar: „Abgesehen davon wäre der erst durch die am 26. 10. 2008 kundgemachte Novelle BGBl I Nr 136/2008 angefügte zweite Satz des § 3 Abs 1 FMABG, wonach Schäden im Sinne dieser Bestimmung solche sind, die Rechtsträgern unmittelbar zugefügt wurden, die der Aufsicht nach diesem Bundesgesetz unterliegen, hier entgegen der Auffassung der Beklagten auch deshalb noch nicht anwendbar, weil die der BWA bzw FMA von den Klägern vorgeworfenen Handlungen bzw Unterlassungen alle deutlich vor Oktober 2008 erfolgt seien und eine Rückwirkung dieser Bestimmung nicht in Betracht komme."[453] Da Rückwirkungen im Sinne der Rechtssicherheit generell eher kritisch zu sehen sind und nur in Ausnahmefällen zulässig sind und eine Judikaturänderung ebenfalls einer Begründung bedürfte, ist dem meiner Meinung nach durchaus zuzustimmen.

In den Materialien zur Gesetzesänderung werden vor allem die „Sub-prime"-Krise und die damit verbundene Verschlechterung der Wirtschaftslage in Amerika, Europa und somit auch Österreich als Beweggründe für die Novelle angegeben. Die darauf folgende Finanzkrise, ausgelöst durch die Pleite der „Lehman Brothers", tat ihr übriges. Um dieses Problem zu lösen muss laut RV eine gesetzliche Grundlage geschafft werden, „welche den Bund in die Lage versetzt, im Bedarfsfall effizient, umfassend und insbesondere rasch Maßnahmen zur Sicherung der Stabilität des Finanzmarktes im Sinne des Entwurfes zwecks Vermeidung einer beträchtlichen Störung im Wirtschaftsleben Österreichs, Sicherstellung des gesamtwirtschaftlichen Gleichgewichts und zum Zweck des Schutzes der österreichischen Volkswirtschaft setzen zu können."[454] Zum eingefügten Satz 2 heißt es kurz und knapp, dass „Schäden, die sich lediglich als Reflexwirkung des Aufsichtsverhaltens im Vermögen Dritter auswirken" ausgeschlossen werden sollen.[455] Mit diesem einen simplen Satz definiert der Gesetzgeber den Schutzzweck der Norm (also der, der Bankenaufsicht) neu, nämlich entgegen der stRsp und schränkt die Haftung des Bundes damit stark ein.[456] Der Gesetzgeber ist somit der Meinung, dass Anleger und Sparer Dritte sind, die lediglich durch eine Reflexwirkung geschädigt werden. Auch diese Änderung führte zu Diskussion über die Verfassungsmäßigkeit, dazu unten Kapitel III 2.2.5.4.2.

---

[452] Siehe dazu oben Kapitel III 2.2.4.
[453] OGH 22.06.2012, 1 Ob 186/11a.
[454] ErlRV 682 dB XXIII GP 1.
[455] ErlRV 682 dB XXIII GP 6.
[456] Dazu etwa kritisch *Kunst/Salburg*, FMA: Amtshaftungsausschluss statt effizienter Aufsicht!, ecolex 2008, 1092.

2.2.5.2 Ökonomischer Aspekt

Der Gesetzgeber führt in den Materialien vorwiegend ökonomische Aspekte für die Gesetzesänderung an. Als großer Auslöser gilt die Finanzkrise, welche auch in Österreich zu zahlreichen Verlusten der Anleger und Sparer geführt hat. Ohne die Gesetzesänderung wäre es diesen uU möglich gewesen vom Bund Ersatz dafür zu fordern, wenn dieser die Bankenaufsicht mangelhaft durchgeführt hätte. Generell betrachtet sind die Schadenssummen in den letzten Jahren stark angestiegen.[457] Im AMIS-Fall[458] wurden bis zu 80 Mio Euro als Haftungssumme veranschlagt. Man kann sich also vorstellen, welche finanzielle Belastung auf den Bund mit der Finanzkrise zugekommen wäre, wenn besagter Satz 2 nicht eingeführt worden wäre. Wie *Bauer* treffend zeigt, würde eine uneingeschränkte Haftung des Bundes für eine mangelhafte Aufsicht der FMA, „in einem pessimistischen Szenario die finanzielle Leistungsfähigkeit des Staates durchaus arg strapazieren".[459] Insofern hat die Änderung ihr Ziel wohl nicht verfehlt.

In der Lehre ist diese (ökonomische) Begründung teilweise jedoch durchaus kritisch aufgenommen worden. Dort heißt es ua, dass dieses rein finanzielle Interesse kein berücksichtigungswürdiges öffentliches Interesse ist, das einen Haftungsausschluss rechtfertigen würde.[460] Allerdings sollte man dabei nicht vergessen, dass die Einräumung von Amtshaftungsansprüchen für Fehlleistungen des Staates immer eine rechtspolitische Entscheidung des Gesetzgebers darstellt. Natürlich ist dieser dabei an die Verfassung, dabei vor allem an den Gleichheits- und Sachlichkeitsgrundsatz, und auch an das Europarecht gebunden, aber er ist ebenso an das Ziel der disziplinierten Budgetkonsolidierung gebunden. Zu weite Amtshaftungsansprüche führen nicht zur Erreichung dieses Ziels. Daher hat der Gesetzgeber hier eine „verantwortungsvolle Entscheidung" zu treffen, was ihm, wie *Ziehensack* treffend formuliert, im Bereich der mangelhaften Bankenaufsicht mit dem Haftungsausschluss gelungen ist.[461]

Man sollte auch nicht vergessen, dass die Judikatur des OGH in weiterer Folge auch zu einer Art „gratis Versicherung für Anleger" geführt hat. Schon *Rebhahn*[462] erkannte dies relativ früh und bezeichnete die Amtshaftung für Bankgläubiger als „prämienfreie Haftpflichtversicherung". Die Anreizwirkung bei einer Amtshaftung für die Bankenaufsicht eher risikoreiche Geschäfte einzugehen ist klar höher, wenn der einzelne Anleger weiß, dass etwaige Verluste, die über die Einlagensicherung hinausgehen, durch die Amtshaftung abgedeckt sind. Haftpflichtversicherungen führen nun einmal zu einem strategischen Verhalten und zur risikoreichen Anpassung dieses Verhaltens. Man nennt dies auch

---

[457] *Bauer*, Einschränkung der Amtshaftung für die FMA, in *Lienbacher/Wielinger* (Hrsg), Öffentliches Recht. Jahrbuch 2009 (2009) 229 mwN.
[458] Siehe unten Kapitel III 2.2.6.3.
[459] *Bauer* in *Lienbacher/Wielinger* (Hrsg), Jahrbuch 2009, 229.
[460] Vgl *Kunst/Salburg*, ecolex 2008, 1092 und unten Kapitel III 2.2.5.4.2.
[461] *Ziehensack*, AHG Einleitung Rz 69 ff.
[462] *Rebhahn*, Staatshaftung 363 ff.

„moralisches Risiko" („moral hazard").[463] So kann es sein, dass mit dem Wissen über die Schadloshaltung durch den Bund durch die Amtshaftung, der Anreiz fehlt, sich über die Bonität des Kreditinstituts Gedanken zu machen.[464] In einer AMIS-Entscheidung geben die klagenden Anleger offen zu, dass sie auf eine funktionierende Aufsicht vertraut haben und dadurch das Risiko eingegangen sind.[465]

Aber nicht nur auf die Anleger und Gläubiger löst die Amtshaftung eine Anreizwirkung aus. Ziel des Schadenersatzrechtes ist es ja auch, präventiv zu wirken.[466] Daher sieht *Graf* die Entscheidung des Gesetzgebers problematisch und bezeichnet den Eingriff als „dreisten Versuch einer Einschränkung der Haftung".[467] *Graf* fürchtet „eine Verschlechterung der Qualität der Finanzmarktaufsicht", da die Motivation einer effizienten Aufsicht durch die nunmehr entfallende drohende Sanktion geschmälert wird.[468] Somit entfällt nach *Graf* die präventive Wirkung des Schadenersatzrechts. *St. Korinek* fürchtet jedoch das Gegenteil, nämlich dass durch zu strenge Anforderungen an die Aufsichtsbehörde, die Behörde gezwungenermaßen rechtswidrig handelt und im Zweifel von Eingriffen Abstand nimmt, da diese im Unterschied zu Unterlassungen jedenfalls zu Schäden führen. Die Aufsichtsbehörde bemüht sich dann uU mehr um Untätigkeit und unterliegt einer „Beißhemmung", daher spricht sich *St. Korinek* für einen einzuräumenden Handlungsspielraum der Behörde und eine „zurückhaltend wahrgenommene Amtshaftung" aus.[469] § 3 Abs 1 Satz 2 FMABG dürfte diese Problematik der „Beißhemmung" aber wohl eher verstärken, da für ein Unterlassen die Haftung nun so gut wie ausgeschlossen ist.[470]

Wie stark sich das Kriterium der Prävention durch das Schadenersatzrecht aber tatsächlich auf die Aufsicht auswirkt, darf mE dahingestellt bleiben, denn immerhin trifft die nachteilige Folge des Schadenersatzes (in der Regel) nicht direkt das handelnde Organ selbst, sondern den Bund. Daher bietet sich hier aus meiner Sicht von vorherein ein geringeres Anreizpotenzial, als dies zB „unter Privaten" der Fall wäre, wo der präventive Charakter durchaus höher einzuschätzen ist, da der Schaden direkt beim „Handelnden/Unterlassenden" hängen bleibt. Generell wäre es sicherlich effektiver, wenn die Haftung und die Pflichten der Aufsicht genauer definiert werden würden und somit der Handlungsspielraum der Aufsicht klar abgegrenzt ist.

Wichtig wäre an dieser Stelle auch zu definieren, welches Risiko der Staat beim mittlerweile zum „Weltrisiko" avancierten Finanzmarkt nun tragen soll. Vor allem geht es dabei um die Frage nach dem finanziellen Risiko und die Abwägung, ob der einzelne Sparer nun vor einer unzureichenden Bankenaufsicht geschützt werden soll, oder ob nicht etwa die steuerzahlenden

---

[463] *Rebhahn*, Staatshaftung 175.
[464] *Bauer* in *Lienbacher/Wielinger* (Hrsg), Jahrbuch 2009, 230.
[465] Näheres in Kapitel III 2.2.6.3.
[466] *Koziol/Welser*, Bürgerliches Recht II^{13} (2006) 301; *Rebhahn*, Staatshaftung 175.
[467] *Graf*, Amtshaftungsansprüche geschädigter AMIS-Anleger - OGH trifft richtungsweisende Entscheidung, ecolex 2009, 396 FN 4.
[468] *Graf* aaO.
[469] *St. Korinek*, Amtshaftung für fehlerhafte Versicherungsaufsicht, ÖJZ 2000, 741 (745).
[470] Vgl *Bauer* in *Lienbacher/Wielinger* (Hrsg), Jahrbuch 2009, 231 FN 36.

Bürger, ohne diese wäre es dem Bund nicht möglich Ersatz zu leisten, vor den damit verbundenen Amtshaftungsansprüchen geschützt gehören.

Gerade bei unsichtbaren Risiken muss der Gesetzgeber einschreiten und den Einzelnen vor diesem Risiko warnen und klare gesetzliche Regelungen erlassen, welche das Risiko minimieren oder gänzlich vermeiden. Das kann bis zu Verboten führen, wenn das Risiko für die Gesellschaft vom Gesetzgeber als nicht tragbar eingestuft wird.[471] Dies ist aber nicht immer ganz leicht. Das von Menschenhand geschaffene Zivilisationsrisiko Finanzmarkt unterliegt erstens ständiger Änderung und wird zudem auch auf die unterschiedlichste Art und Weise bewertet.[472] Auf Grund dieser Modelle hat der Gesetzgeber dann zu handeln, auch die ErlRV[473] in diesem Fall stützen sich auf die Wirtschaftsaussichten. Erwähnt werden muss auch, dass sich diese Modelle und Aussichten schon lange nicht mehr auf Österreich und somit innerstaatliche Gegebenheiten alleine beziehen, sondern global betrachtet werden müssen, was die Situation ebenfalls nicht unbedingt erleichtert. Entscheidend ist jedenfalls, dass der Gesetzgeber in die Lage versetzt wird, schnell auf divergierende Modelle zu reagieren und Änderungen, wenn es nötig ist, umzusetzen, um die Bevölkerung so vor den Risiken zu schützen.[474]

Ähnlich dürfte es der Gesetzgeber im Fall der Gesetzesanpassung bei der Bankenaufsicht gesehen haben. ME handelt es sich dabei nämlich nicht um eine Freizeichnung von der Haftung und der Verantwortung aus ökonomischen Gründen[475], sondern um die notwendige gesetzliche Verlagerung des Risikos von der Allgemeinheit zum einzelnen Anleger und Sparer selbst, wo es heute auch hingehört. Denn die Amtshaftung für die unterlassene Bankenaufsicht „wurde zu einer Zeit von OGH und Lehre bejaht, in der die mit den Geschäften einer österreichischen Bank verbundenen Risiken für Prüfer und Aufsicht weit überschaubarer waren als die heute möglichen Risiken".[476] Die Allgemeinheit dieses Risiko tragen zu lassen, würde mir nicht mehr angemessen erscheinen, da dieses Risiko in seiner Gesamtheit auch für den Staat immer unkontrollierbarer wird. Oder um es in andere Worte zu fassen: Eine Vermögensanlage bietet ja nicht nur Risiken, sondern auch Chanen und „wer bei einer Bank außergewöhnlich hohe Zinsen lukrieren will, sollte sich nicht wundern, wenn auch diese Bank keine Gelddruckerei ist und insolvent wird."[477] Insofern handelt es sich bei der Amtshaftung um rechtsstaatliche Schutzvorschriften und nicht „um Vorschriften zur Wohlstandsbegründung Einzelner zu Lasten der Allgemeinheit".[478]

Zum Schluss seien noch ein paar Worte erwähnt über die Diskussion, ob ökonomische Aspekte in der „Juristerei" etwas verloren haben. Schon am Anfang des Jusstudiums lernt man, dass ökonomische Aspekte nicht zur juristischen Begründung taugen. Dies ist auch

---

[471] *Thiele,* Bachelier, Black&Scholes oder Mandelbrot?, in *Scharrer/Dalibor/Fröhlich/Rodi/Schächterle* (Hrsg), Risiko im Recht-Recht im Risiko (2011) 225 ff.
[472] Vgl *Thiele* in *Scharrer/Dalibor/Fröhlich/Rodi/Schächterle* (Hrsg), Risiko 226.
[473] ErlRV 682 dB XXIII GP 1.
[474] *Thiele* in *Scharrer/Dalibor/Fröhlich/Rodi/Schächterle* (Hrsg), Risiko 247.
[475] Vgl zB *Kunst/Salburg,* ecolex, 2008, 1092.
[476] *Rebhahn,* ÖBA 2004/4, 267 (280).
[477] *Rebhahn,* Amtshaftung im Rechtsvergleich, in *BMJ* (Hrsg), Haftung für staatliches Handeln (2003) 277.
[478] *Ziehensack*, AHG Vor § 1 Rz 87.

richtig, denn für die Auslegung und Subsumtion von Gesetzen wäre es wahrlich fehl am Platz, ökonomische Aspekte zur Begründung heranzuziehen. Anders sicht dies meiner Meinung nach aber aus, wenn der Gesetzgeber diese ökonomischen Überlegungen verwendet, um Gesetze neu zu gestalten. Denn dabei geht es nicht um auslegende Begründungen, sondern um Beweggründe für ein neues oder zu änderndes Gesetz, welche durchaus ökonomischer Natur sein dürfen, oder wie *Ziehensack* sie nennt „rechtspolitische Aspekte“ sein dürfen, wenn sie ausreichende Gründe liefern.[479]

2.2.5.3 Rechtsvergleich

Bevor die verfassungsrechtlichen Bedenken zur Änderung des § 3 FMABG genauer untersucht werden, erscheint es mir wichtig, darauf einzugehen, wie die Rechtslage zur Amtshaftung bei der Bankenaufsicht in anderen Ländern der EU aussieht. Besonderes Augenmerk ist dabei auf die unionsrechtliche Ansicht des EuGH zu legen, sowie auf unseren „großen Nachbar“ Deutschland.

2.2.5.3.1 Unionsrecht

Im Unionsrecht findet sich keine Verpflichtung für die Mitgliedstaaten eine Amtshaftung für die Aufsicht für Sparer und Anleger einzuführen. Dies hat der EuGH in der Rs C-222/02[480] klar dargelegt. In diesem Fall verlangten Peter Paul und andere Einleger Schadenersatz von der Bundesrepublik Deutschland, erstens wegen verspäteter Umsetzung der Richtlinie 94/19 und zweitens wegen einer unzureichenden Bankenaufsicht durch das Bundesaufsichtsamt. Das deutsche Recht sieht die Bankenaufsicht allerdings rein im öffentlichen Interesse, weshalb ein Schadenersatz der einzelnen Gläubiger der Bank ausgeschlossen wäre.[481] Der BGH legte nun die Sache dem EuGH zur Vorabentscheidung vor, wobei unter anderem gefragt wurde, ob das Unionsrecht dem deutschen Recht entgegensteht, wenn Sparer und Anleger keinen Ersatz bei einem Fehlverhalten der Aufsichtsbehörde erhalten. Die Antwort des EuGH ist klar: Das deutsche Recht steht den „Bankenrichtlinien“[482] nicht entgegen. Denn obwohl die Richtlinien bestimmte Aufsichtspflichten auferlegen und in den Beweggründen auch vom Schutz der Einleger sprechen, lassen sich daraus keine Rechte zu Gunsten der Einleger ableiten, für den Fall dass ihre „Einlagen aufgrund einer unzureichenden Aufsicht der zuständigen nationalen Behörde nicht verfügbar sind“.[483] Auch aus der RL über die Einlagensicherungssysteme 94/19/EG lassen sich solche Ansprüche des Einzelnen nicht ableiten. Unionsrechtlich ist also eine Amtshaftung für die Bankenaufsicht, um die in der RL

---

[479] Zu diesen, siehe weiter oben in diesem Kapitel.
[480] EuGH 12.10.2004, C-222/02 (Paul), wbl 2005/3, 32 = ZER 2005/315, 170.
[481] Siehe unten Kapitel III 2.2.5.3.2.
[482] RL 7/780/EWG, 89/299/EWG, 89/646/EWG (nun zusammengefasst in RL 2000/12/EG).
[483] EuGH 12.10.2004, C-222/02 Rz 38 ff.

verfolgten Ziele zu erreichen, nicht geboten, allerdings auch nicht verboten, wenn es eine solche geben sollte.[484] Während *Raschauer*[485] im mit der Amtshaftung für die Bankenaufsicht einhergehenden „Garantieeffekt“ eine gemeinschaftswidrige Wettbewerbsverzerrung im Beihilfenrecht witterte, konterte der OGH mit der Unterscheidung zwischen der verschuldensunabhängigen Einlagensicherung des Unionsrechts und der schadenersatzrechtlichen Amtshaftung. Schließlich könne „keine Rede davon sein, dass Einlagen bei einer österreichischen Bank - wegen der Amtshaftung – "praktisch risikolos", nämlich regelmäßig durch eine staatliche Haftung abgesichert wären.“[486]

Aus unionsrechtlicher Sicht hätte Österreich also, sowohl bei Aufrechterhaltung der Amtshaftung für mangelhafte Bankenaufsicht sowie mit der nun erfolgten Gesetzesänderung, „nichts zu befürchten“.

2.2.5.3.2 Rechtslage in anderen Staaten - insbesondere Deutschland

Nach § 4 Abs 4 dFinDAG nimmt die Bundesanstalt (=Aufsichtsbehörde) ihre Aufgaben und Befugnisse nur im öffentlichen Interesse wahr. Bereits 1984 wurde die Amtshaftung gegenüber Geschäftspartnern der Kreditinstitute in der „Vorgängernorm“ des § 6 Abs 4 KWG ausgeschlossen.[487] Auch hier musste sich der BGH mit der Zulässigkeit dieses Ausschlusses beschäftigen und folgerte, dass dies nicht gegen das Grundgesetz verstößt.[488] In der Pressemitteilung 9/2005[489] heißt es dazu, dass eine derartige Einschränkung der Amtspflichten erlaubt ist, weil dabei Umfang und Inhalt der Pflicht selbst nicht verändert werden. Es spielt keine Rolle, dass der Rechtsprechung des BGH damit die Grundlage entzogen wird. Auch das in Art 34 S 1 dGG gewährleistete Recht auf Haftung des Staates für Amtspflichtverletzungen werde dadurch nicht verletzt. Die unübersehbare Vielzahl von Einlegern und Kunden und die Komplexität der Bankenaufsicht und des von ihr zu beaufsichtigenden Bereichs, berechtigt den Gesetzgeber nur mittelbar Begünstigte von der Haftung auszuschließen. Auch etwaige Aufsichtspflichten (Art 14 dGG) werden durch die Einschränkung nicht verletzt, da es hierfür eine ausreichende gesetzliche Regelung (im KWG) gibt.

Interessant an dieser Pressemitteilung ist meiner Meinung nach, dass auch hier die ökonomischen Aspekte eine große Rolle spielen und das Argument der Auswirkung einer

---

[484] OGH 27.03.2007, 1 Ob 269/06z, ecolex 2007/248, 599 (Anm *Wilhelm*); ErlRV 819 BlgNr XXII GP 7 f.
[485] *Raschauer,* ÖJZ 2005/1, 9 ff.
[486] OGH 27.03.2007, 1 Ob 269/06z, ecolex 2007/248, 599 (Anm *Wilhelm*).
[487] *Bauer* in *Lienbacher/Wielinger* (Hrsg), Jahrbuch 2009, 233 mwN.
[488] BGH III ZR 48/01.
[489] Abrufbar unter: http://juris.bundesgerichtshof.de/cgi-bin/rechtsprechung/document.py?Gericht=bgh&Art=en&sid=36c23e96f81ac388364417af5a040824&nr=32256&linked=pm&Blank=1 (01.04.2014).

solchen Einschränkung auf die Aufsichtspflicht durch eine ausreichende gesetzliche Regelung konterkariert wird.[490]

Dieser Ausschluss ist jedoch kein europäischer Einzelfall. In einem von *Rebhahn* aufgestellten Rechtsvergleich, zeigt dieser, dass eine fehlerhafte Finanzaufsicht in England, Frankreich und Deutschland kaum zu einer Haftung führt. Dies ist ein deutlicher Gegensatz zur Judikatur des OGH. Dies ist insofern auch interessant, weil es sich im Grunde um drei verschiedene Rechtssysteme handelt, die dennoch im Großen und Ganzen zu ähnlichen Ergebnissen führen.[491]

Der Blick auf andere europäische Staaten zeigt, dass die Diskussionen über die Zulässigkeit einer Einschränkung der Amtshaftung bei der Bankenaufsicht durchaus ähnlich verlaufen sind und im Endeffekt für zulässig erachtet worden sind.

2.2.5.4 Verfassungsrechtliche Bedenken

2.2.5.4.1 § 3 Abs 5 FMABG

Die Tatsache, dass der Abs 5 eigentlich als Verfassungsbestimmung gekennzeichnet war und lediglich im Parlament nicht als solche durchgesetzt werden konnte, zeigt, wie *Mader* treffend formuliert, „ein gewisses Unwohlsein der Verfasser der Regierungsvorlage".[492] Tatsächlich stellt sich die Frage, ob die grundlegend in Art 23 B-VG geregelte Amtshaftung „einfach so" einfachgesetzlich abgeändert werden darf. Zu entscheiden hätte dies natürlich der VfGH, so könnte der OGH bei der Beurteilung eines Falls in Bezug auf § 3 Abs 5 FMABG einen Antrag auf Prüfung der Verfassungsmäßigkeit desselben stellen. Bisher, und immerhin ist diese Novelle aus dem Jahre 2005, ist dies allerdings nicht geschehen, was wohl darauf hindeutet, dass selbst der OGH keine verfassungsrechtlichen Bedenken dagegen hegt und das obwohl er seiner entgegenstehenden Ansicht prinzipiell treu bleibt.[493] Dass die Novelle BGBl I 33/2005 nach wie vor Bestand hat, führt zum Wegfall einiger Probleme va in Bezug auf einen etwaigen Rückgriff gegen das Organ (den Bankprüfer).[494]

Auch *Rebhahn* sieht in einer, die derzeitige Rechtsprechung korrigierenden, gesetzlichen Regelung keine verfassungsrechtlichen Bedenken, vielmehr kann es sich dabei sehr wohl um eine restriktive Regelung (also die Verneinung einer Organstellung) handeln. Dem ist grundsätzlich zuzustimmen. Hauptargument ist und bleibt, dass der OGH den Anwendungsbereich des AHG sehr viel weiter zieht, als dies noch der Verfassungsgesetzgeber 1948 tat. Es liegt daher nahe, dass ein engeres Verständnis auch (!)

[490] Vgl hierzu oben Kapitel III 2.2.5.2 zur schwachen Anreizwirkung des Schadenersatzrechtes bei der Amtshaftung.
[491] *Rebhahn* in *BMJ* (Hrsg), Haftung 274.
[492] *Mader* in *Gruber/Harrer* (Hrsg), Abschlussprüfung 128.
[493] Vgl Kapitel III 2.2.5.1.
[494] Näheres bei *Mader* in *Gruber/Harrer* (Hrsg), Abschlussprüfung 131 ff.

verfassungskonform ist, auch dann, wenn es lediglich einfachgesetzlich geregelt ist.[495] Auch *Mader* stimmt dem zumindest im Hinblick auf § 3 Abs 5 FMABG zu, denn es handelt sich lediglich um die Abgrenzung von hoheitlichen und nicht-hoheitlichen Tätigkeiten. Die Amtshaftung für Unterlassungen eines Bankprüfers ist somit nunmehr in den restriktiven Grenzen des Abs 5 zulässig.[496]

An dieser Stelle angemerkt sei auch, dass eine solche Grenzziehung zwischen Hoheitsbereich und „normalen“ Sachverständigenbereich durchaus nötig ist. Gerade bei den mittlerweile mehr als üblichen Ausgliederungs- und Beleihungstätigkeiten ist es oft schwer den Überblick über die Organeigenschaft zu behalten und welches (Nicht-)Handeln nun hoheitlich geschieht bzw welches lediglich im Zuge der privatwirtschaftlichen Bestellung durch das Kreditinstitut vorgenommen wird. Besonders problematisch wird dies eben in Fällen der „gesellschaftlichen Selbstregulierung“.[497]

2.2.5.4.2 § 3 Abs 1 S 2 FMABG

Die nun brennendere Frage ist: Darf der (einfache) Gesetzgeber entgegen der gängigen Judikaturlinie in § 3 Abs 1 FMABG einen Satz zwei einfügen und damit den Schutzzweck der Norm der Finanzmarktaufsicht mit dem Ausschluss bloßer Vermögensschäden von Anlegern und Sparen näher definieren oder verstößt dies gegen Art 23 B-VG und die Grundgesetze und ist somit nicht verfassungskonform?

2.2.5.4.2.1 Der Stand der Lehre

Die Lehre ist sich hier nicht einig. Während *Bauer*[498] diese Einschränkung der Haftung des Bundes lediglich als (auch verfassungsrechtlich zulässige) Klarstellung des Schutzzwecks der Norm der Aufsichtsgesetze sieht, äußern *Kunst/Salburg*[499] verfassungsrechtliche Bedenken, welche wiederum von *Rabl*[500] kritisiert werden. Auch *Winternitz*[501] kommt, *Kunst/Salburg* zustimmend, zu der Auffassung, dass die Neufassung des § 3 Abs 1 FMABG sogar in mehrfacher Hinsicht gegen geltendes Verfassungsrecht verstößt.

---

[495] *Rebhahn*, ÖBA 2004, 267 (280).
[496] *Mader* in *Gruber/Raschauer* (Hrsg), WAG I § 3 FMABG Rz 15.
[497] Dazu näher *Raschauer*, ÖBA 2005/1, 7 f.
[498] *Bauer* in *Lienbacher/Wielinger* (Hrsg), Jahrbuch 2009, 223.
[499] *Kunst/Salburg*, ecolex 2008, 1092.
[500] *Rabl*, Beschränkung der Haftung der FMA verfassungsrechtlich zulässig?, ZFR 2009/119, 186.
[501] *Winternitz*, Anlegerschäden eine "Reflexwirkung" des Aufsichtsverhaltens? Haftungsbeschränkung der FMA verfassungswidrig, ZFR 2009/118, 183.

Konkret werden dabei Bedenken vor allem gegen das Eigentumsgrundrecht, den Gleichheitssatz und die Vereinbarkeit mit Art 23 B-VG ins Treffen geführt. Dies soll im Weitern genauer untersucht werden:

2.2.5.4.2.2 Art 23 B-VG

In Art 23 Abs 4 B-VG heißt es, dass nähere Bestimmungen zu den Abs 1 bis 3 durch das Bundesgesetz getroffen werden. Das heißt zunächst einmal, dass der einfache Gesetzgeber nicht von vorherein von etwaigen Gestaltungen ausgeschlossen ist, vielmehr kommt ihm ein gewisser Gestaltungsspielraum zu. Natürlich hat er sich dabei an die Grundsätze des Abs 1 bis 3 zu halten. Besonders Bedacht ist dabei dem Begriff „wem auch immer“ zu schenken und den weiteren Schranken, die sich aus Abs 4 ergeben.[502] Wieweit dieser Gestaltungsspielraum nun reicht, ist nach der Lehre nicht ganz klar. Laut *Rebhahn* kann der einfache Gesetzgeber nach Abs 4 aber nur über die nähere Ausgestaltung und nicht über die Regelung disponieren.[503] Für *Winternitz* wird mit dem Haftungsausschluss seitens des Gesetzgebers jedenfalls der einfachgesetzliche Gestaltungsspielraum überschritten und in das Wesen der Amtshaftung eingegriffen.[504] Auch die Rechtsprechung zu Art 23 Abs 4 B-VG ist in Bezug auf den Gestaltungsspielraum recht zurückhaltend. In VfSlg 13.476/1993 heißt es dazu nur, dass die dem einfachen Gesetzgeber erteilte Ermächtigung nähere Bestimmungen zu erlassen, nicht schrankenlos ist. Vielmehr sind die verfassungsrechtlichen Beschränkungen zu beachten. „Der Verfassungsgerichtshof geht sohin schon auf Grund der Entstehungsgeschichte des Art 23 Abs 1 B-VG davon aus, daß eine gesetzliche Regelung, welche eine Amtshaftung eines Rechtsträgers für die in seinem Vollzugsbereich von welchem Organ auch immer gesetzten rechtswidrig schuldhaften Verhaltensweisen ausschließt, dem Art 23 Abs 1 B-VG widersprechen würde und daher verfassungswidrig wäre.“[505] Zu beachten bleibt in diesem Zusammenhang aber, dass diese Entscheidung zu klären hatte, ob dem Art 23 B-VG ein funktioneller und ein organisatorischer Rechtsbegriff zu Grunde liegt. So wäre es verfassungswidrig, wenn man lediglich den organisatorischen Rechtsträger haften lassen würde, eine Erweiterung der Haftung neben dem funktionellen auch auf den organisatorischen Rechtsträger ist aber legitim, da sich dieser ja wiederum regressieren kann.[506] Generell lässt sich aus dieser Judikatur aber herauslesen, dass der Gestaltungsspielraum seine Grenze jedenfalls an den verfassungsrechtlichen Grundsätzen findet.

Ein höchstgerichtliches Erkenntnis, das klärt, ob der einfache Gesetzgeber indirekt durch Präzisierung des Schutzzwecks die Haftung der Bundes für fehlerhaftes Aufsichtsverhalten ausschließen darf, gibt es soweit ersichtlich noch nicht.[507] Zieht man die oben zitierte

[502] *Bauer* in *Lienbacher/Wielinger* (Hrsg), Jahrbuch 2009, 235.
[503] *Rebhahn*, Staatshaftung 269.
[504] *Winternitz*, ZFR 2009/118, 183 (184).
[505] VfGH 24.06.1993, G 191/92, G 274/92, VfSlg 13.476/1993.
[506] *Bauer* in *Lienbacher/Wielinger* (Hrsg), Jahrbuch 2009, 236 mwN.
[507] Wäre laut *Mader* (in *Gruber/Raschauer* (Hrsg), WAG I § 3 FMABG Rz 16) aber zu begrüßen.

Judikatur heran, so müsste dies doch erlaubt sein, wenn dabei nicht von den Grundsätzen des Art 23 B-VG abgewichen wird und alle verfassungsrechtlichen Beschränkungen[508] eingehalten werden.[509] Auch der OGH erkennt einen gewissen Spielraum des Gesetzgebers in 1 Ob 33/91 (hier in Bezug auf § 2 Abs 2 AHG) an. Dabei kommt dem Gesetzgeber eine „nicht unbegrenzte rechtspolitische (!) Gestaltungsfreiheit zu", die nur beim Exzess einer verfassungsgerichtlichen Kontrolle unterliegt und daher auch nicht mit den Maßstäben des Gleichheitsgrundsatzes zu messen ist. In diesen Grenzen darf die Rechtskontrolle gerade nicht über die Rechtspolitik urteilen. „Daß daher das AHG den durch Art 23 Abs 1 B-VG eingeräumten Amtshaftungsanspruch in verschiedener Form einschränkt, ist per se nicht zu beanstanden, weil die Einschränkung nicht schrankenlos ist (mwN)"[510]

Der Rahmen dieses Gestaltungsspielraumes ist alles andere als klar und wird im Zweifel eher eng gesehen.[511] Es fehlen auch genauere Untersuchungen, denn bisher hat sich nur *Rebhahn* eingängig damit befasst und hat mit seiner mE zustimmungswürdigen „Theorie von den primär und beiläufig geschützten Interessen" Pionierarbeit geleistet, der bisher aber dennoch eine stiefmütterliche Behandlung zu Teil wurde, die in letzter Zeit aber immer wieder gerne zitiert wird.[512] Er löst damit allgemein das Problem, wann eine Einschränkung des Schutzzwecks durch den einfachen Gesetzgebers erlaubt ist und wann eben nicht. Dafür unterscheidet *Rebhahn* zwischen primär und nur beiläufig geschützten Interessen und zwischen Staatshandeln das Eingriffscharakter hat oder eben gerade jenem, das ein solches nicht aufweist. Primär geschützte Interessen sind jene, die vom Schutzzweck direkt erfasst sind, beiläufig geschützte Interessen sind hingegen jene, welche bloß faktisch mitgeschützt werden. So wäre es unzulässig nach Art 23 Abs 1 B-VG bei Handlungen mit Eingriffscharakter, das unmittelbar betroffene Interesse auszuschließen. Es wäre daher nicht möglich, die Aufgaben der Gewerbeordnung im Bereich der Betriebsanlagen pauschal nur in den öffentlichen Dienst zu stellen, da dies klar gegen die primären Interessen, wie zB Schutz vor Gefährdung von Gesundheit und Eigentum, gerichtet wäre. Bei Staatshandlungen, die hingegen keinen Eingriffscharakter haben, sieht dies anders aus. Wenn der Schutz der Allgemeinheit, daran würde es aber zB dann fehlen, wenn ein subjektiv-öffentliches Recht geschützt wäre, nämlich deutlich im Vordergrund steht und die Einschränkung nicht in absolut geschützte Güter des Geschädigten eingreift, noch ein solcher Eingriff eines anderen zulässig ist, dann ist der Ausschluss von beiläufig geschützten Interessen erlaubt. Außerdem widerspricht es keinesfalls dem Legalitätsprinzip, wenn der Gesetzgeber in Zweifelsfällen selber eine Aussage zum Schutzzweck trifft, diesen also präzisiert, im Gegenteil es liegt gerade in dessen Sinne.[513] Umgelegt auf die Bankenaufsicht ist dies so zu interpretieren: Primärer Zweck der Bankenaufsicht ist ein volkswirtschaftliches Interesse, während die Interessen der Anleger und Sparer nur beiläufig, also sekundär, geschützt werden. Weiter handelt es sich bei der mangelnden Bankenaufsicht nicht um eine Staatshandlung mit

---

[508] Dies betrifft wohl am ehesten grundrechtliche Schutzpflichten, Staatszielbestimmungen und vor allem das Sachlichkeitsgebot.

[509] *Bauer* in *Lienbacher/Wielinger* (Hrsg), Jahrbuch 2009, 236; *Paar*, ÖZW 2011, 12 (14).

[510] OGH 18.09.1991, 1 Ob 33/91, JBl 1992, 249.

[511] Vgl *Bauer* in *Lienbacher/Wielinger* (Hrsg), Jahrbuch 2009, 237.

[512] So zB *Bauer* aaO; *Mader* in *Gruber/Raschauer* (Hrsg), WAG I § 3 FMABG Rz 16.

[513] *Rebhahn,* Staatshaftung 279 ff.

Eingriffscharakter. Auch von einem Zulassen von Gefährdungen (durch andere) kann nicht gesprochen werden. Wie *Rebhahn* treffend pointiert, kann man dem Staat nur vorwerfen, dass er überhaupt Bankinstitute zulässt, dies aber auch nur dann, „wenn man den Staat wirklich für alles verantwortlich machen wollte, was in der Gesellschaft vor sich geht."[514] Schließt der Gesetzgeber nun die Haftung gegenüber Sparer und Anleger, wie oben gezeigt, aus und hält er dabei die verfassungsrechtlichen Grundsätze ein, so muss dies nach der Theorie von *Rebhahn* erlaubt sein und verletzt Art 23 Abs 1 B-VG nicht, da ja lediglich beiläufig geschützte Interessen ausgeschlossen werden. Insofern handelt es sich lediglich um die zulässige Präzisierung des Schutzzwecks der Bankenaufsicht.[515]

Zu klären gilt es nun, ob der Gesetzgeber die verfassungsrechtlichen Grundsätze auch tatsächlich eingehalten hat.

2.2.5.4.2.3 Gleichheitssatz

Vorwiegend wurde hier von *Kunst/Salburg*[516] argumentiert, dass mit dieser Einschränkung gegen den Gleichheitssatz in Art 7 Abs 1 B-VG bzw dem darin enthaltenen Sachlichkeitsgebot verstoßen wird. Sachlich nicht gerechtfertigt sei dabei die Schlechterstellung von „durch die Tätigkeit der FMA Geschädigten im Vergleich zu von sonstigen Rechtsträgern und deren Organen Geschädigten".[517] Ebenfalls argumentiert wird mit der Meinung des Gesetzgebers aus dem Jahre 2005, wonach verfassungsrechtliche Unsicherheiten bezüglich der Übertragung des Amtshaftungsrisikos von der FMA auf den Bund bestehen. Wenn sogar dies verfassungswidrig ist, so *Kunst/Salburg* weiter, dann muss dies gerade umso mehr für den kompletten Ausschluss gelten.[518] Da die angesprochene Gesetzesänderung, nach knapp 8 Jahren in Kraft, immer noch Bestand hat und verfassungsrechtlich nicht angetastet wurde, lässt sich va das letzte Argument mE etwas entkräften, wenn auch nicht ganz methodisch korrekt argumentiert. Die angesprochenen Befürchtungen seitens des Gesetzgebers haben sich eben nicht bestätigt, was zu einem Ausscheiden dieses Argumentes führt und zeigt, dass sich auch der Gesetzgeber einmal irren kann. Die entscheidende Frage ist nun aber, ob mit dieser Haftungseinschränkung tatsächlich Gleiches ungleich behandelt wird. Es ist dem Gesetzgeber also verboten eine sachlich nicht gerechtfertigte Differenzierung vorzunehmen, indem er Gleiches ungleich oder Ungleiches gleich behandelt. Eine solche Differenzierung braucht immer auch einen Rechtfertigungsgrund.[519] Wenn *Kunst/Salburg*[520] etwa als Vergleichsgruppe die Rsp, Polizei und das allgemeine Verwaltungsrecht nennen, vergessen sie wohl darauf, dass dies zu

[514] *Rebhahn,* Staatshaftung 279 f.
[515] So im Ergebnis auch *Bauer* in *Lienbacher/Wielinger* (Hrsg), Jahrbuch 2009, 238.
[516] Da die meiste und grundlegende Kritik hier von *Kunst/Salburg* kommt und in nachfolgenden Kritiken lediglich zitiert wird, wird in weiterer Folge nur mehr auf diese eingegangen.
[517] *Kunst/Salburg*, ecolex 2008, 1093.
[518] *Kunst/Salburg*, ecolex 2008, 1093 mwN.
[519] Näheres zum Gleichheitssatz zB *Berka,* Verfassungsrecht[4] Rz 1644.
[520] *Kunst/Salburg*, ecolex 2008, 1093 Fn 13.

undifferenziert und beiläufig geschieht, denn öffentliches Handeln bzw Unterlassen ist nicht in jedem Fall gleich zu stellen. Schon eher vergleichen lassen sich da die Bereiche des Wirtschaftsaufsichtsrechts miteinander und hier fällt auf, dass für die Haftung für bloße Vermögensschäden im Bereich der Finanzmarktaufsicht im Vergleich mit gleichartigen Schäden aus anderen Aufsichtsbereichen durchaus Unterschiede[521] bestehen, die jedoch als vertretbar angesehen werden können.[522] Zur sachlichen Rechtfertigung kann auch beitragen, dass es durchaus Sicherungsmittel gibt, die äquivalent und günstiger sind, wie zB die verschuldensunabhängige Einlagensicherung bis zu 100.000 €, was wohl einen Großteil der Anleger und Sparer absichert. Des Weiteren sollten auch ökonomische Aspekte, wie schon gezeigt wurde[523], miteinbezogen werden können und entgegen *Kunst/Salburg* als Rechtfertigung dienen.[524] Außerdem sollte auf einen gerechten Schadensausgleich Wert gelegt werden, denn „im Bereich der Nichtpersonenschäden besteht daher kein Anlass, eine vom Gesetz nicht vorgesehene Risikohaftung des Staates durch zu Lasten der Allgemeinheit großzügige Handhabung der Amtshaftung zu substituieren“.[525]

Auch dem Vertrauensschutz wurde Rechnung getragen, da die Gesetzesänderung nur auf Fälle anzuwenden ist, die nach dem In-Kraft-Treten derselben auftreten.[526]

2.2.5.4.2.4 Eigentumsgrundrecht

Der Gesetzgeber würde auch gegen die ihm im Gestaltungsspielraum auferlegten Schranken verstoßen, wenn er mit seiner Gesetzesänderung in das Eigentumsgrundrecht des Art 5 StGG und Art 1 1. ZProtEMRK eingreift, denn da Amtshaftungsansprüche als zivilrechtliche Ansprüche zu qualifizieren sind, fallen sie in den Schutzbereich der verfassungsrechtlichen Eigentumsgarantie.[527] Werden nun Eigentumseinschränkungen vorgenommen so müssen diese entweder gesetzlich vorgesehen sein, einem öffentlichen Interesse dienen und verhältnismäßig sein und dürfen nicht den Wesensgehalt des Eigentumsgrundrechtes berühren.[528] Da die Gesetzesänderung nur auf Fälle anzuwenden ist, die nach dem In-Kraft-Treten der Norm entstehen, ist es fraglich, ob dadurch überhaupt ein konkret entstandener Schaden beschränkt wird. Nimmt man dies dennoch an, so kann mit den in diesem Kapitel schon genannten Argumenten[529] aber auch hier ein verfassungswidriger Eingriff ausgeschlossen werden, da ein öffentliches Interesse vorliegt, welches verhältnismäßig

---

[521] Vor allem ist hier wohl die unglaublich hohe Komplexität der Finanzmarktaufsicht zu nennen.
[522] *Bauer* in *Lienbacher/Wielinger* (Hrsg), Jahrbuch 2009, 241.
[523] Oben Kapitel III 2.2.5.2.
[524] Siehe auch *Bauer* in *Lienbacher/Wielinger* (Hrsg), Jahrbuch 2009, 242 Fn 77.
[525] *Rebhahn,* Staatshaftung 225; zum gerechten Schadensausgleich siehe ab 185 aaO.
[526] So wurde zB im „AMIS-Fall“ noch das „alte Recht“ angewendet; *Bauer* in *Lienbacher/Wielinger* (Hrsg), Jahrbuch 2009, 243 mwN.
[527] *Raschauer*, ÖBA 2004, 336 (343).
[528] *Berka,* Verfassungsrecht^4 Rz 1550; Näheres zum Eigentumsgrundrecht Rz 1542 aaO.
[529] Siehe vor allem Kapitel III 2.2.5.2.

ausgeführt wurde. Auch etwaigen staatlichen Schutzpflichten ist mit der Einleger- und Anlegerentschädigung genüge getan.[530]

2.2.5.5 Fazit

Wie sich zeigt ist die Frage nach der Verfassungsmäßigkeit der gesetzgeberischen Eingriffe in § 3 Abs 1 und Abs 5 FMABG alles andere als einfach zu beantworten. Vielmehr zeigt sich ein Zusammenspiel von mehreren zu beachtenden Faktoren auf verschiedenen Ebenen.

Während sich der Eingriff in § 3 Abs 5 FMABG im Ergebnis als unproblematisch erweist, zeigt sich bei § 3 Abs 1 FMABG ein differenzierteres Bild. Die Frage in der Überschrift, ob der Eingriff der Gesetzgebung gerechtfertigt ist, ist mE mit ja zu beantworten.

Einer der Hauptkritikpunkte war, dass das Heranziehen von ökonomischen, verwaltungspolitischen, monetären Aspekten, oder wie man sie auch sonst noch nennen mag, verfassungsrechtlich, vor allem sachlich, nicht gerecht fertigt ist, da sie kein legitimes öffentliches Interesse darstellen. Dem konnte, wie oben gezeigt, aus verschiedenen Gründen entgegen getreten werden. Zum einen hat der Gesetzgeber lediglich seine Verantwortung wahrgenommen und eine durchaus nötige Entscheidung im Rahmen seines Gestaltungsspielraumes getroffen und somit die kostenlose „Haftpflichtversicherung" abgestellt, die von der Allgemeinheit zu tragen wäre und damit die Interessen dieser gestärkt. Zum anderen hat sich das Risiko der Finanzwelt derart gesteigert, dass eine Neuregelung der Risikoverteilung mehr als notwendig war. Des Weiteren konnte auch gezeigt werden, dass Österreich mit der Amtshaftung für Anleger und Sparer im europäischen Vergleich durchaus als Seltenheit zu qualifizieren ist und sogar das Unionsrecht einer Einschränkung nicht entgegensteht.

Entscheidend im Hinblick auf die Verfassungsmäßigkeit ist, dass dem (einfachgesetzlichen) Gesetzgeber ein Gestaltungsspielraum zukommt, den er im Rahmen seiner Möglichkeiten und mit den Schranken der Verfassung auch nutzen darf. Unter Anwendung der Theorie der primär und beiläufig geschützten Interessen von *Rebhahn,* wie oben gezeigt, können bei Unterlassungen nicht primär geschützte Interessen auch vom einfachen Gesetzgeber zulässigerweise ausgeschlossen werden, wenn die verfassungsrechtlichen Grundsätze gewahrt bleiben. Ein Verstoß gegen diese Grundsätze konnte nicht nachgewiesen werden, weshalb keine verfassungsrechtlichen Bedenken gegenüber § 3 Abs 1 S 2 FMABG bestehen, da der Gesetzgeber hier lediglich eine Klarstellung des Schutzzwecks der Norm unternommen hat.

Die starke und kritische Reaktion auf die Einschränkung lässt sich mE unter anderem so erklären: Dass der Gesetzgeber von seinem Recht Gebrauch macht und den Schutzzweck definiert, ist man in Österreich nicht gewöhnt. Es ist vielmehr zu einer Aufgabe des Gerichtes geworden diesen zu interpretieren. Der Materiengesetzgeber hat selten an die

[530] *Bauer* in *Lienbacher/Wielinger* (Hrsg), Jahrbuch 2009, 244.

schadenersatzrechtlichen Folgen einer fehlerhaften Vollziehung gedacht.[531] Hier findet nun ein Umdenken des Gesetzgebers statt, der begrüßenswert ist, denn gerade in strittigen Bereichen hat der Gesetzgeber im Sinne des Legalitätsprinzips mE sogar eine Pflicht zur Klarstellung.

Zusammenfassend ist es also für den Zeitraum vor Oktober 2008 möglich als Sparer oder Anleger Schadenersatz im Wege der Amtshaftung für mangelhafte Bankenaufsicht geltend zu machen. Für Fälle nach diesem Zeitraum ist dies auf Grund der Verfassungsmäßigkeit der Gesetzänderung nicht mehr möglich.

2.2.6 Einzelfälle

In diesem Kapitel werden Einzelfälle zur Bankenaufsicht dargestellt, die in letzter Zeit die Gerichte beschäftigt haben:

2.2.6.1 Rieger-Bank

Rund um den Konkurs der Rieger Bank im Jahre 1998 gab es einige Verfahren mit enormen Nachwehen. So klagte in einem Verfahren der Masseverwalter zwei Aufsichtsräte, ua weil diese ihre Pflichten zur Überwachung des Vorstandes nicht wahrgenommen hatten[532], in einem anderen Verfahren wurde dem Abschlussprüfer eine Haftung gegenüber Bankgläubigern auferlegt, weil es sich dabei um einen Vertrag zugunsten Dritter handle, wobei die Haftungsbeschränkungen des § 275 Abs 2 HGB anzuwenden waren.[533]

Entscheidend jedoch für die Fragestellung dieser Dissertation ist das Urteil des OGH zur Haftung der Aufsichtsbehörde.[534] Drei Anleger hatten in eine zugegeben risikoreiche Anleihe bei der Rieger-Bank investiert und folglich auch verloren. Diese Verluste wollten sie nun als Schadenersatz wegen mangelhafter Aufsicht im Wege der Amtshaftung geltend machen und stützen sich einerseits auf eine unionsrechtswidrige Umsetzung der Prospekt-Richtlinie[535] und andererseits auf die innerstaatliche Amtshaftung. Die Rieger-Bank hatte es durch eine Gesetzeslücke und durch eine Definition in einem BMF-Erlass, welche nach § 3 Abs 1 Z 3 KMG „Daueremissionen" aus der Prospektpflicht ausnahm und das Bestehen einer Daueremission leicht ermöglicht, geschafft, sich der Anwendung der Prospektpflicht im KMG zu entziehen und rühmte ihre Anleihen im dazugehörigen Prospekt ohne Prospektpflicht zwar

---

[531] *Rebhahn*, Staatshaftung 269; siehe auch *Paar*, ÖZW 2011, 12 (14).
[532] OGH 22.05.2003, 8 Ob 262/02s, RdW 2003/377 = GesRZ 2004, 39 (Anm *Schärf*) = AR 2005 H 2, 27 (Anm *Gruber*) = AR 2005 H 6, 10 (Anm *Stöger*).
[533] OGH 27.11.2001, 5 Ob 262/01t, SZ 74/188 = wbl 2005, 108 (krit Anm *Harrer*).
[534] OGH 11.06.2002, 1 Ob 103/02g, ZIK 2002/301, 212 = ecolex 2003, 17 (Anm *Wilhelm*) = ÖBA 2003/1100, 302 = KRES 10/146.
[535] RL 89/298 EWG.

nicht als gänzlich risikolos, stellte sie aber dennoch in einem sehr schönen und verlockendem Lichte dar.[536] Die drei Anleger sahen im Nichteinschreiten der Aufsichtsbehörde gegen dieses, in ihren Augen richtlinienwidrige, Prospekt ein rechtswidriges Verschulden derselben, ebenso wie in der falschen Beurteilung der Bonität der Bank.

Der OGH ging in weiterer Folge nur mehr auf die innerstaatliche Rechtslage ein, die Staatshaftung wies er auf Grund einer Schlamperei in den Rechtsmitteln ab. Der OGH geht beim Verhalten der Behörde, welche sich der Definition der Daueremission eines BMF-Erlasses angeschlossen hatte, von einer vertretbaren Rechtsansicht aus und verneint somit die Amtshaftung, da, auch wenn im Nachhinein vieles selbstverständlich wirkt, die Behörde zu diesem Zeitpunkt noch nicht einschreiten musste. Außerdem muss die Notwendigkeit eines aufsichtsbehördlichen Einschreitens besonders begründet werden, wenn der Bankprüfer eine Anzeige für nicht nötig hält.[537]

Interessant an dieser Entscheidung ist mE, dass zwar der Bankprüfer nach Ansicht des OGH schon Handlungen im Dienste der Ziele der Bankenaufsicht tätigt, aber sein Handeln noch nicht der Behörde komplett zugerechnet wurde, wie dies im darauf folgenden BHI-Prozess der Fall war. Vielmehr wird klar dargelegt, dass die Behörde auf die Richtigkeit der im Prüfbericht enthaltenen Daten vertrauen darf. Aus diesem und anderen Unterlagen ergab sich also keine „ausreichende Grundlage für die bescheidmäßige Anordnung des scharfen Aufsichtsmittels einer insitu-Prüfung".[538] Dies ist somit ein seltenes Beispiel, in dem der OGH nicht aus jeder an sich freien Ermessensentscheidung, hier eine Vor-Ort-Prüfung anzustrengen, eine Pflicht zum Tätigwerden der Behörde ableitet und die Amtshaftung schon an einer Pflichtbegründung bzw der damit einhergehenden vertretbaren Rechtsansicht scheitern lässt.

Daher scheint es nur klug, dass weitere Klagen von Anlegern der Rieger-Bank-Pleite ua mit Vergleich gelöst wurden.[539]

2.2.6.2 BHI

Der Amtshaftungsprozess[540] rund um die Pleite der Grazer Bank für Handel und Industrie (BHI) 1995 löste mit seiner Kernaussage „Amtshaftung für Bankprüfer" eine ablehnende

---

[536] *Wilhelm*, Riegerbank-Anleihe: Lehrstück für Kridatare, ecolex 2003, 17; der Autor spricht in diesem Zusammenhang von einem „juristischem Unding" und bezeichnet die „prospektfreie Daueremission" als richtlinienwidrig.
[537] Krit dazu *Wilhelm* aaO.
[538] ÖBA 2003/1100, 302 (304).
[539] *Möchel*, Welle an Amtshaftungsklagen beschäftigt Finanzprokuratur, abrufbar unter: http://www.wienerzeitung.at/nachrichten/wirtschaft/oesterreich/421454_Welle-an-Amtshaftungsklagen-beschaeftigt-Finanzprokuratur.html (01.04.2014).
[540] OGH 25.03.2003, 1 Ob 188/02g, ÖBA 2004/1186, 304 = ÖBA 2004, 267 (Anm *Rebhahn*) = ÖBA 2004, 338 (Anm *Raschauer*) = ÖJZ 2005/1, 1 (Anm *Raschauer*) = SZ 2003/28.

Welle der Kritik in Literatur und Lehre aus.[541] Insgesamt klagten 17 Anleger die Republik Österreich auf eine vollständige Befriedigung ihrer Forderungen, welche aus der Konkursmasse nicht zu erringen waren. Das BMF habe mit seiner mangelhaften Bankenaufsicht den Konkurs der Bank und somit auch die Ausfälle der Anleger zu vertreten.

„Kriminelle Verhaltensweisen" seitens des Vorstandes der Bank führen dazu, dass die Bank nicht mehr zahlungsfähig ist. In einen Kreditausfall, der ungenügend gesichert war, wird Geld nachgelegt und diese Vorgehensweise vor allen etwaigen Kontrollorganen, insbesondere auch dem Bankprüfer, verschwiegen. Daneben bestätigt der Bankprüfer, dass die gesetzlich vorgeschriebene „interne Kontrolle" zwar verspätet eingerichtet worden, aber ordnungsgemäß ist. Dass die interne Kontrolle aber in Wahrheit schwerwiegende Ordnungswidrigkeiten aufwies und es dieser in weiterer Folge nicht möglich war, die Malversationen aufzudecken[542], war für das BMF, auf Grund des falschen Berichts, nicht ersichtlich. Der OGH hatte nun zu beurteilen, ob der Bankprüfer als Organ der Bankenaufsicht auftritt und sein Verhalten somit in weiterer Folge der Behörde zuzurechnen ist. Dies hat der OGH, wie schon oben besprochen, bestätigt. Insbesondere ist es Zweck der Bankenaufsicht Anleger vor Verlusten zu schützen, wie sie eben gerade bei Insolvenzen eines Instituts entstehen und des Weiteren setzt der Bankenprüfer ein „Verhalten im Dienst der Erreichung hoheitlicher Zielsetzungen". Im Ergebnis ist das fehlerhafte Verhalten des Bankprüfers, der die mangelhafte interne Kontrolle zumindest erkennen hätte können, der Aufsichtsbehörde, also dem BMF, zuzurechnen und der Klage somit statt zu geben.

Da von diesem Urteil nicht nur die 17 Kläger profitierten, die allein schon je 36.336,42 € erhalten haben, hatte die BHI-Pleite ein Haftungspotenzial von rund 29 Mio Euro für den Bund zur Folge.[543]

Zur Kritik an diesem Urteil siehe oben Kapitel III 2.2.3. Generell stellt dieses Urteil einen Gegensatz zu der noch im Rieger-Bank-Urteil vertretenen Meinung dar, „die Aufsichtsbehörde dürfe auf die Richtigkeit des Sachverhalts im „bankenaufsichtlichen Prüfungsbericht" gemäß § 63 Abs 5 BWG vertrauen, „sofern ihr nicht das Gegenteil oder anderswie die Unzuverlässigkeit des Bankprüfers bekannt wird" (*Laurer,* ÖBA 2000, 341)"[544], ohne dass der Behörde der Bankprüfer als Organ zugerechnet wurde.

---

541 Siehe auch oben Kapitel III 2.2.3.

542 Eine funktionierende interne Kontrolle hätte dies gekonnt.

543 *News*, Nach BHI-Pleite: OGH entschied gegen Republik, abrufbar unter: http://www.news.at/articles/0129/30/17762/nach-bhi-pleite-ogh-republik(01.04.2014).

544 ÖBA 2003/1100, 302 (304).

2.2.6.3 AMIS

Der AMIS-Betrugsfall gehört wohl zu den spektakulärsten Fällen des letzten Jahrzehnts. Auch hier gab es neben Amtshaftungsprozessen[545] noch weitere (strafrechtliche) Verfahren. OGH 1 Ob 187/08v wurde als Musterprozess geführt. Darin klagte eine geschädigte Anlegerin den Bund auf Ersatz ihres Verlustes, welcher nicht eingetreten wäre, wenn die Behörde (BWA) die im WAG genannten Maßnahmen ergriffen hätte.[546]

Ursprünglich veranlagten die Klägerin und ihr Ehemann ihre Ersparnisse in der AMIS Financial Consulting AG (AFC), die vormals eine GmbH war, dessen alleinige Gesellschafterin die AMIS Asset Management Investment Services AG (AMIS) war, die wiederum zuvor AMV Asset Management Vermögensverwaltung AG (AMV) hieß. Die „Erbringung von Wertpapierdienstleistungen" wurde von der AMIS abgespalten und ist inklusive Konzession zur gewerblichen Erbringung von Finanzdienstleistungen auf die ATC übergegangen. Veranlagt wurden die Gelder von diesen AGs dann in luxemburgischen Fonds, mit Hilfe derer rund 60 Mio Euro veruntreut werden konnten. Ein Regierungskommissär konnte 2005 diese Malversationen aufdecken, wobei in der Folge am 2. und 7.11.2005 der Konkurs über das Vermögen der ATC und der AMIS eröffnet wurde.

Der Vorwurf der Klägerin bezieht sich vor allem auf die Konzession, die auf Grund von den der Behörde bekannten Unzulänglichkeiten nie erteilt werden hätte dürfen bzw widerrufen hätte werden müssen.

Der OGH bestätigt in diesem Verfahren wieder, dass auch einzelne Anleger und Sparer vom Schutzzweck der Norm erfasst sind und diese ihre aus teils risikoreichen Anlagen resultierenden Vermögensschäden zurück fordern können. Nochmals stellt er klar, dass es nicht darum geht „die Anleger vor allen erdenklichen „selbst übernommenen" wirtschaftlichen Risiken zu schützen, sondern eben nur vor solchen, die sich bei ordnungsgemäßem Verhalten der Aufsichtsbehörde regelmäßig gerade nicht ergeben."[547] Von dieser Rechtssprechungslinie sieht der OGH keinen Grund ab zu gehen, denn der Ausschluss der Haftung gegenüber Anlegern und Sparern erfolgte erst mit BGBl I 136/2008 (also nach dem einschlägigen Zeitpunkt der Schadensverursachung in diesem Fall). Des Weiteren fordert der OGH eine genauere Feststellung zur Schadensentstehung der Anleger. Nur damit kann die Kausalität und der Rechtswidrigkeitszusammenhang zwischen der vorgeworfenen Pflichtverletzung[548] der Behörde und dem Schaden ermittelt werden. Da dies aber eben nicht

---

[545] OGH 28.01.2009, 1 Ob 187/08v, ecolex 2009/183, 487 = ecolex 2009, 396 (Anm *Graf*) und 28.01.2009, 1 Ob 232/08m, ecolex 2009/183, 487 = ZFR 2009/97, 152 = ÖBA 2010/1596, 70.
[546] *Graf*, ecolex 2009, 396.
[547] OGH 28.01.2009, 1 Ob 187/08v.
[548] Unter anderem wurde seitens der BWA nicht auf Schreiben reagiert, die ernste rechtliche Bedenken gegen AMIS und Co äußern.

festgestellt werden kann, wird der Fall neuerlich dem Erstgericht zur Verfahrensergänzung vorgelegt.[549]

Auch das Urteil 1 Ob 232/08m bietet nichts Neues, im Hinblick auf den Schutzzweck und die Haftung. Es handelt sich dabei um eine Sammelklage von 6 Klägern, die ua behaupten bei ihrer Investition davon ausgegangen zu sein, dass die AMIS- Gruppe behördlich überwacht wird und über die notwendigen behördlichen Genehmigungen verfügt. Der Sachverhalt an sich bleibt derselbe.[550]

Diese Beweggründe, nämlich von einer staatlichen Kontrolle auszugehen und auf Grund derer eine Investition bei AMIS zu tätigen, sind mE sehr interessant. Es mag sein, dass die Aufsicht nicht unbedeutend ist für eine Investitionsentscheidung, darf aber sicherlich nicht einer der Hauptgründe dafür sein. Im Nachhinein dann eine risikoreiche Anlage damit zu rechtfertigen, dass die Behörde ja ohnehin eine Pflicht zur Kontrolle hat und wenn diese nichts tut „schon nichts sein wird", scheint mir unangemessen. Viel mehr verwirklicht sich darin das schon von *Rebhahn* angesprochene Risiko des „moral hazard".

Seit Juli 2012 gibt es nun ein neuerliches und im zweiten Verfahrensgang endgültig entscheidendes Urteil[551] zum Fall AMIS. Anders als in den vorhergehenden Fällen wird die Amtshaftung nun eingeschränkt auf Schäden, die nach dem 1.1.2002 entstanden sind, obwohl die Veranlagung seit 1999 möglich war und des Weiteren haftet der Staat „nur" für solche Schäden, die nicht anderweitig, zB aus der Konkursmasse, den Luxemburger SICAV-Fonds oder der Anlegerentschädigung, beglichen werden.[552] Vorgeworfen wird der Behörde ein Unterlassen von intensiveren Nachforschungen, obwohl die Sachlage auf Grund verschiedenster Feststellungen und Hinweise eindeutig dazu bewegen hätten müssen. Anfang 2002 hätte die Behörde spätestens Maßnahmen setzen müssen, da dies aber unterblieb, hat sie den Schaden mit hoher Wahrscheinlichkeit[553] kausal verschuldet. Soweit ersichtlich nimmt der OGH in diesem Urteil nun erstmals genauer zu den Pflichten der Aufsichtsbehörde Stellung: Diese behauptet immer, dass es keine gesetzliche Pflicht gebe, die die Behörde zum Einschreiten und setzen dieser Maßnahmen verpflichtet. Der OGH widerspricht hier vehement, denn bei Vorliegen von Verdachtsmomenten ist die Behörde „keinesfalls auf ein bestimmtes standardisiertes Vorgehen" beschränkt, viel mehr hat sie ihre Befugnisse auszuschöpfen und den Bedenken nachzugehen. Dafür reicht es nicht sich das Gegenteil vom beaufsichtigten Unternehmen beteuern zu lassen.[554] „Vielmehr sind alle vernünftigerweise in

---

[549] Laut *Graf* sind die Chancen auf Feststellung von Fehlern, nämlich von Unterlassungen, und somit auf eine Haftung des Bundes sehr groß (ecolex 2009, 396).

[550] OGH 28.01.2009, 1 Ob 232/08m, ZIK 2009/176, 107 = ecolex 2009/183, 487 = ZFR 2009/97, 152 = ÖBA 2010/1596, 70.

[551] OGH 22.06.2012, 1 Ob 186/11a, ÖBA 2013/1876.

[552] *WirtschaftsBlatt*, Republik Österreich haftet für Anlegerschäden, http://www.wirtschaftsblatt.at/home/boerse/bwien/republik-oesterreich-haftet-fuer-amis-anlegerschaeden-526972/index.do?_vl_pos=r.5.NT (01.04.2014).

[553] Da, so der OGH weiter, bei pflichtwidriger Unterlassung immer hypothetische Geschehnisabläufe rekonstruiert werden müssen, ist die überwiegende Wahrscheinlichkeit ausreichend um die Kausalität zu begründen.

[554] Im vorliegenden Fall schenkte die Behörde den Aussagen von AMIS glauben, ohne diese jedoch anhand von Konto- oder Depotauszügen nachzukontrollieren.

Betracht kommenden Möglichkeiten auszuschöpfen, um die Richtigkeit der Behauptungen zu überprüfen, wobei insbesondere die Einsichtnahme in Unterlagen bzw der Auftrag, solche vorzulegen, in Betracht kommt."[555]

Die ersten Urteile im Fall AMIS bringen nicht viel Neues, denn im Endeffekt bleibt der OGH mit diesen Urteilen seiner sehr klägerfreundlichen und ohne die Pflichten näher zu erörternden Judikaturlinie treu. Auch wenn diese Judikaturlinie inhaltlich nicht zustimmungswürdig ist, wäre eine Anwendung des neuen § 3 Abs 1 S 2 FMABG auf diesen Fall jedenfalls mit verfassungsrechtlichem Bauchweh zu beurteilen.[556] Denn auch eine Judikaturänderung muss begründet sein und eine Argumentation mit dem neuen Haftungsausschluss, den es zum Zeitpunkt des vorliegenden Sachverhaltes noch gar nicht gegeben hat, wäre wohl im Hinblick auf das Eigentumsgrundrecht mehr als bedenklich. Außerdem dürfen Gesetze nur unter strengen Bedingungen rückwirkend sein, dies war bei dieser Novelle aber nicht vorgesehen.

Mit den Einschränkungen der Haftung auf Grund anderweitiger Befriedigung lehnt sich der OGH an *Rebhahn* an, der im Vorliegen anderweitiger Entschädigungsmöglichkeiten einen Grund für das Entfallen der Amtshaftung sieht.[557]

Das bemerkenswerteste an diesem Urteil, *Graf*[558] nennt es sogar einen Meilenstein, ist aber das Eingehen des OGH auf die Pflicht der Aufsichtsbehörde, welches sich aus meiner Sicht wie folgt zusammenfassen lässt: Generell ist die Behörde an ein vorgegebenes, ja sogar standardisiertes Vorgehen bei der Prüfung gebunden. Entdeckt man aber im Zuge dessen gewisse Unzulänglichkeiten und erhebt dazu ernste Bedenken, ist ein standardisiertes Vorgehen nicht mehr ausreichend. Dann hat die Behörde nämlich, wenn nötig, sogar intensive Nachforschungen anzustrengen und eine besondere Pflicht, diesen Mängeln im Rahmen des ihr Möglichen und Erlaubten auf den Grund zu gehen.

Solche Maßnahmen zu Vorlagen finden und fanden sich zB in § 70 Abs 1 BWG, damals wie heute kann die Behörde zB Einsicht in die Bücher verlangen. Wann dies geschieht, ist eine reine Ermessensentscheidung der Behörde. Mit dem Urteil des OGH steht nun aber fest, dass je mehr Verdachtsmomente vorliegen, desto mehr ist dieses Ermessen eingeschränkt und nur noch ein Verhalten richtig, nämlich genau die eine Maßnahmen zu ergreifen, denn alles andere wäre ein Ermessensfehler. Es verwirklicht sich hier die Pflicht „zum einzig richtigen Handeln". So gesehen, ist der Behörde mE bei AMIS ein gravierender Ermessensfehler unterlaufen, sie hat gegen ihre Pflicht zum eben „einzig richtigen Handeln" verstoßen. Dies rechtfertigt aber dennoch nicht den weiten Schutzzweck für Anleger und Sparer.

---

555 OGH 22.06.2012, 1 Ob 186/11a, ÖBA 2013/1876.
556 Siehe Kapitel III 2.2.5.4.2.
557 Siehe oben Kapitel III 2.1.2.
558 *Graf,* Bund haftet endgültig für BWA/FMA-Versagen im Fall AMIS, ecolex 2012, 768.

2.2.6.4 Bank Burgenland

Als Mehrheitsaktionärin der Bank Burgenland klagte das Land Burgenland die Republik Österreich auf Feststellung „für sämtliche kausale(n) zukünftige(n) Schäden in derzeit noch unbekannter Höhe“ im Falle der Inanspruchnahme aus einer Garantie, weil die Bankenaufsicht ihre Prüfpflichten zwischen 1991 und 2000 unterlassen hatte.[559]

Der Sachverhalt stellt sich folgendermaßen dar: Ein von der Bank Burgenland gewährter Kredit von ca 170 Mio Euro ist im Jahre 1999 uneinbringlich geworden. Um die Zahlungsunfähigkeit der Bank Burgenland zu vermeiden, stellte das Land Burgenland daraufhin eine abstrakte Garantie, die den Forderungsausfall abfangen sollte. Allerdings musste schon im Herbst 2000 wiederum wertberichtigt (auf ca 189 Mio Euro) werden, worauf die Bank Burgenland, das Land Burgenland und die Bank Austria (als Minderheitsaktionärin) eine Rahmenvereinbarung abgeschlossen haben, in der die Bank Austria auf 100 Mio Euro verzichtete und das Land Burgenland Besserung gelobte. Zudem gab das Land Burgenland am 1.12.2000 eine Ausfallsgarantie mit der Bank Austria als Begünstigte ab, für den Fall, dass die Bank Burgenland die entsprechenden Forderungen nicht binnen sieben Jahren an die Bank Austria zahlt.

Für diese Ausfallsbürgschaft stellte das Land Burgenland nun das Feststellungbegehren mit der Begründung, wäre die Bankenaufsichtsbehörde ordnungsgemäß tätig gewesen und hätte zB dem Bankprüfer einen uneingeschränkten Bestätigungsvermerk versagt, dann hätte die Bank Burgenland keine Kredite an kreditunwürdige Kunden ausgeben können. Der Bund berief sich auf ein Mitverschulden des Landes Burgenland, da dieses faktisch eng mit der Bank Burgenland verbunden ist und außerdem Hauptaktionäre vom Schutzzweck nicht erfasst sind. Dem widersprach das Land Burgenland, denn es habe keine vergleichbaren Aufsichtsrechte oder –pflichten wie die Aufsichtsbehörde.

Der OGH setzte sich in dieser Entscheidung sehr genau mit dem Schutzzweck der Norm auseinander und bietet damit eine Art Zusammenfassung der leitenden Judikatur-Floskeln zum Schutzzweck der Bankenaufsicht.[560] Im Wesentlichen schließt sich der OGH der Meinung von *Raschauer*[561] an und nimmt Bankunternehmer, das sind auch Mehrheitsaktionäre, vom Schutzzweck der Bankenaufsicht aus, ua, weil es diesen möglich ist sich durch die Ergreifung von (gesellschaftsrechtlichen) Aufsichtsmaßnahmen vor fehlerhaften Geschäftsführungen zu schützen. Das klagsabweisende Ersturteil wurde vom OGH somit bestätigt.

Diese Entscheidung zeigt mE ganz deutlich, dass die scheinbar horizontlose klägerfreundliche Judikaturlinie im Bereich der Unterlassung staatlicher Bankenaufsicht doch einen Horizont

[559] OGH 04.04.2006, 1 Ob 251/05a, ecolex 2006/205, 480 = GeS 2006, 257 (Anm *Fantur*) = GesRZ 2006, 206 = Zak 2006/368, 215 = AR 2006 H 5, 24 (Anm *Gruber*) = RWZ 2006/53, 176 (Anm *Wenger*) = ZFR 2006/12, 49 (Anm *Linder*) = RZ 2006, 206 = JUS Z/4163 = ZIK 2006/131, 107 = ÖBA 2007/1438, 806 = ÖBA 2007, 794 (Anm *Karner*) = SZ 2006/53 = HS 37.397 = HS 37.458 = HS 37.405 = HS 37.043 = HS 37.252.
[560] Siehe bereits oben Kapitel III 2.2.4.
[561] ÖJZ 2005, 1.

aufweist und demnach doch Grenzen kennt, zumindest in Fällen der Selbstgefährdung. Die Argumentation des OGH deckt sich hier in Grundzügen mit meiner Argumentation zu den Auskunftspflichten, wonach in beiden Fällen reine Vermögensschäden nicht zugesprochen werden sollen, wenn es den Klägern möglich ist, durch eigene Einflussnahme den Schaden zu verhindern.[562] Ebenso lässt sich diese Argumentation mit den „Allgemeinen Kriterien" von *Rebhahn* vereinen, wonach der Staat die Gefahrentragung für ein Risiko übernehmen soll, je leichter es auch vom Staat zu beherrschen ist. Dies heißt im Umkehrschluss, je mehr der Einzelne selbst das Risiko beherrscht oder beherrschen kann, desto eher trägt er selbst das Risiko dafür und der Staat soll damit nicht belastet werden.[563]

2.2.7 Ein Ausblick oder das „Too big to fail"- Problem

Der Amtshaftung für Unterlassungen des Staates kommt im Bereich der Bankenaufsicht gerade in Zeiten wie diesen, nämlich der Finanzkrise, entscheidende Bedeutung zu. Hätte der Gesetzgeber nicht eingegriffen und § 3 FMABG sogar zweimal geändert, so wäre der österreichische Staat wohl von einer Welle an Schadenersatzforderungen überschwemmt worden. Tatsächlich hat der OGH, und tut es noch immer für Fälle vor diesen Gesetzesänderungen, sprich vor Oktober 2008, den Anlegern und Sparern Schadenersatz im Wege der Amtshaftung für Unterlassungen der Bankenaufsichtsbehörde, nämlich der FMA, zugesprochen. Wesentliche Bedeutung kommt auch hier wieder dem Schutzzweck der Norm der Bankenaufsicht zu. Denn laut OGH hat dieser Schutzzweck nicht nur das primäre Ziel eines „volkswirtschaftlichen Interesses an einem funktionierendem Finanzmarkt", sondern beinhaltet auch als sekundären Zweck den Gläubigerschutz. Dieser Gläubigerschutz zielt vor allem auf Anleger und Sparer ab, nicht jedoch auf Geschäftspartner, Investoren und Aktionären, der Schutzzweck für Unterlassungen findet hier auch für den OGH eine Grenze. Unklar ist diese Grenze jedoch noch bei Eingriffen des Staates, also wenn zB eine Konzession rechtswidrig entzogen wird, doch diese Diskussion würde hier zu weit führen.

Die Gesetzesänderungen wurden von vielen als Eingriffe verstanden, die verfassungsrechtlich nicht gedeckt sind. In Anlehnung an die Theorie von *Rebhahn* konnte jedoch gezeigt werden, dass diese Eingriffe lediglich Änderungen waren, die den Schutzzweck der Norm konkretisieren und verfassungsrechtlich jedenfalls zulässig sind. Die Tatsache, dass der Gesetzgeber von diesem Recht, den Schutzzweck gesetzlich zu determinieren, lange Zeit nicht Gebrauch gemacht wurde, berechtigt nicht zur Kritik und ist für die Klarheit vielmehr wünschenswert. Auch die Tatsache, dass vorwiegend ökonomische Gründe als Beweggrund für die Gesetzesänderungen angeführt wurden, ist nicht zu beanstanden. Ökonomisches Handeln ist gerade für den Gesetzgeber ein oberes Gebot, gebunden an eine strikte Haushaltsführung, müssen ökonomische Entscheidungen getroffen werden. Als steuerzahlender Bürger kann ich nur froh sein, dass so entschieden wurde und dem OGH mit

---

[562] Siehe unten Kapitel III 3.
[563] Siehe oben Kapitel III 2.1.2.

seiner klägerfreundlichen Betrachtung entgegengetreten worden ist. Aber auch als Jurist[564] darf man sich diesen ökonomischen Aspekten nicht verschließen. Insbesondere ist neben den finanziellen Aspekten, die Anreizwirkung, die mit einer Haftung des Bundes für Ausfälle von Anlegern, verbunden ist, nicht zu vergessen. *Rebhahn* bezeichnet diese Judikaturlinie zu Recht als „prämienfreie Haftpflichtversicherung". Vor allem ein AMIS-Urteil zeigt, dass die Anreizwirkung durchaus hoch ist, immerhin behaupten die Kläger darin, die Geldanlage vor dem Hintergrund geschlossen zu haben, dass es eine allesüberwachende Bankenaufsicht gibt. Naturgemäß ist der Mut zum Risiko, also auch zu risikoreichen Anlagen, höher, wenn man weiß, dass etwaige Risikoverwirklichungen in Form von Verlusten, sowieso von jemand anderem, nämlich dem Bund und in weiterer Folge der Allgemeinheit, zu tragen sind. Dieses Risiko sollte aber nicht von der Allgemeinheit getragen werden müssen.

So wie sich die Lage der Aufsichtsbehörde im Moment darstellt, mit ihrer Komplexität und Flut an Überwachungsmaßnahmen, ist eine Amtshaftung für Anleger nicht mehr gerechtfertigt. Will man Anleger nach wie vor schützen, so müssen Alternativen überlegt werden, die die Behörde entweder entlasten, in dem ihr Aufgabenbereich kleiner wird, was dann allerdings dem einzelnen Sparer auch nicht gerade hilft oder mehr Mittel zur Verfügung gestellt werden, die einen höheren Ressourceneinsatz[565] ermöglichen würden. Dabei kommt es aber zu einem höheren Kostenaufwand, für den sich natürlich auch erst ein Träger finden muss.[566]

Zum Schluss bleibt nur noch eines zu sagen: Auch die beste Aufsicht wird nicht jeden Fehler, der im Hintergrund läuft, aufdecken können. Eine Ursache dieses Problems kann darin liegen, dass wir eine Kultur haben, in der man keine Fehler machen darf. Und wenn dies nicht erlaubt ist, so wird jeder den Versuch unternehmen, seine Fehler so lange wie möglich zu verstecken, nur dass es dann in den meisten Fällen zu spät ist.[567] Auch hier könnte man einen Lösungsansatz sehen, in dem man versucht Vertuschungen zu vermeiden. Die effizienteste Lösung liegt aber wohl bei jedem Einzelnen selbst, in dem er verlockende Angebote vorher prüft bzw sich bewusst ist, dass versprochene höhere Erträge meist auch ein höheres Risiko bergen und dabei mit Verlusten zu rechnen ist. Mit diesem Bewusstsein lässt sich sicher einiger Katzenjammer verhindern.

Eine Haftung des Staates für eine unterlassene Aufsicht ist nun seit Oktober 2008 nicht mehr möglich. Der Ausblick jedoch auch nicht rosig. Im Hinblick auf zahlreiche (Teil-) Notverstaatlichungen[568] von Banken, ist die Haftung auch aus einem anderen Grund nicht mehr möglich. Es zeigt sich ein ganz anderes Problem: Im Sinne von „too big to fail" wird versucht eine Zahlungsunfähigkeit von Banken, die eben zu groß sind, um zu scheitern, zu vermeiden und damit auch Ausfälle von Anlegern hintanzuhalten. Diese „too big to fail"-

---

[564] So sehen dies zB auch: *Ziehensack*, AHG Einleitung Rz 70 f und § 1 Rz 1521; *Bauer* in *Lienbacher/Wielinger* (Hrsg), Jahrbuch 2009, 229 ff.
[565] Dies fordern auch *Kunst/Salburg* aaO.
[566] Zu den neueren Überlegungen einer einheitlichen europäischen Bankenaufsicht: http://diepresse.com/home/wirtschaft/eurokrise/1289400/Barroso_Oberste-Prioritaet-fuer-Bankenaufsicht- (01.04.2014).
[567] So *Wolfgang Ulrich* in einem Interview: *Kommenda*, "Man muss Fehler machen dürfen", AR 2008 H 1, 2.
[568] ZB die Hypo-Alpe-Adria Bank Ende 2009 oder die Volksbank Anfang 2011.

Problematik führt schließlich auch dazu, dass den Gläubigern kein Schaden entstehen kann. Ob diese „ordnungspolitische Strukturbereinigung“[569] ihr Ziel erreicht oder Steuergeld zum Fenster hinausgeworfen wird, wird sich zeigen. Dass dies im Endeffekt dann wohl oder übel wieder am Steuerzahler hängen bleiben wird, ist ein anderes Problem.

Als Fazit bleibt, dass Amtshaftungsansprüche für Unterlassungen im Bereich der Bankenaufsicht nur noch von den Beaufsichtigten selbst geltend gemacht werden können, was die Anzahl an Amtshaftungsklagen auf ein Minimum beschränken wird.

3 Die Auskunfts- und Aufklärungsunterlassung

3.1 Einleitung

In diesem Kapitel wird die Haftung des Staates für die unterlassene Auskunftserteilung behandelt. Wie schon erwähnt, muss, damit ein Unterlassen rechtswidrig ist, eine Pflicht zu genau diesem unterlassenen Handeln bestehen, in diesem Fall also eine Pflicht Auskunft zu geben. Doch wo lassen sich diese Pflichten finden? Ebenfalls in diesem Zusammenhang müssen die Aufklärungspflichten behandelt werden. Es handelt sich bei den Manuduktionspflichten zwar nicht um Auskünfte im herkömmlichen Sinn, jedoch sehr wohl um Anleitungspflichten. Während es sich bei den Auskünften um vom Auskunftswerber verlangte Informationen handelt, die nicht erteilt werden, obwohl sie erteilt werden hätten müssen, muss die Behörde bei den Belehrungs- und Manuduktionspflichten von sich aus tätig werden.[570]

Auf diese zwei Aspekte ist im Folgenden einzugehen. Dabei gilt es, die Voraussetzungen und den Umfang der Pflichten darzulegen und zu erörtern, inwiefern bei einem Verstoß dagegen Amtshaftungsansprüche zustehen. Natürlich soll auch die dazu ergangene Judikatur beispielhaft angeführt werden und die sich daraus ergebenden Probleme skizziert werden.

---

[569] Nationalbank-Direktor Andreas *Ittner* zur Notverstaatlichung von heimischen Banken, abrufbar unter: http://www.wienerzeitung.at/nachrichten/wirtschaft/oesterreich/451406_Notverstaatlichung-heimischer-Banken-Keine-Alternativen.html (01.04.2014).

[570] Vgl zB die Amtswegigkeit bei § 13a AVG: *Hengstschläger/Leeb,* AVG (2004) § 13a Rz 3; zur Beantragung einer Auskunft unten Kapitel III 3.2.2.

3.2 Die Auskunftspflichten nach den Auskunftspflichtgesetzen

3.2.1 Art 20 B-VG – die verfassungsrechtliche Grundlage der Auskunftspflicht

Gemäß Art 20 Abs 4 B-VG[571] haben alle mit Aufgaben der Bundes-, Landes- und Gemeindeverwaltung betrauten Organe sowie die Organe anderer Körperschaften des öffentlichen Rechts Auskünfte über die Angelegenheiten ihres Wirkungsbereiches zu erteilen, sofern keine gesetzliche Verschwiegenheitspflicht dem entgegensteht. In der Lehre ist strittig, ob es sich bei Art 20 Abs 4 B-VG um ein verfassungsrechtlich gewährleistetes subjektives Recht handelt.[572] Der VfGH lehnt die Ableitung eines verfassungsrechtlich gewährleisteten subjektiven Rechtes auf Auskunft aus Art 20 Abs 4 B-VG ab und sieht darin lediglich die Verpflichtung für den einfachen Gesetzgeber ein solches zu erlassen.[573] Für das Zusprechen von Amtshaftungsansprüchen spielt dies ohnehin keine Rolle, da es zur Anspruchsbegründung nicht nötig ist, dass ein subjektives-öffentliches Recht verletzt wurde.[574] Im Sinne der Theorie der „Allgemeinen Kriterien" von *Rebhahn* ist es aber ein hilfreiches Indiz bei der Zuordnung von nicht mittelbar geschützten Interessen zum Schutzzweck der Norm.[575]

Auf Grundlage des Art 20 Abs 4 B-VG sind das Auskunftspflichtgesetz 1987[576], das Auskunftspflichtgrundsatzgesetz 1987[577] und die einzelnen Landesgesetze[578] erlassen worden. Diese Gesetze garantieren nun ein einfachgesetzlich gewährleistetes Recht auf eine richtige und dem Auskunftsbegehren entsprechende Auskunft.[579]

3.2.2 Die Voraussetzungen für eine Auskunftserteilung

3.2.2.1 Allgemeines

Der in Art 20 Abs 4 B-VG normierte Gesetzesauftrag wurde durch entsprechende Bundes- und Landesgesetze geregelt. Diese sollen Umfang und Verfahren der Auskunftserteilung nun

571 BGBl 1/1930 idF BGBl I 50/2010.
572 Dies vertreten zB *Perthold-Stoitzner*, Die Auskunftspflicht der Verwaltungsorgane² (1998) 59; *Achatz,* Das Auskunftspflichtgesetz- Rechtsnatur und Rechtswirkung von behördlichen Auskünften insbesondere im Steuerrecht, NZ 1988,209; *Winkelhofer,* Säumnis von Verwaltungsbehörden (1991) 260 f.
573 VfSlg 12.838. Als verfehlt bewertet zB von: *Walter/Mayer/Kucsko-Stadlmayer*, Bundesverfassungsrecht[10] 586/4; genaue Analyse bei: *Perthold-Stoitzner*, Auskunftspflicht 59 ff.
574 Siehe oben Kapitel II 2.3.3.4.2.
575 Siehe oben Kapitel III 2.1.2.
576 BGBl 287/1987.
577 BGBl 286/1987.
578 ZB für das Land Salzburg das Gesetz über Auskunftspflicht, Dokumentenweiterverwendung, Datenschutz, Landesstatistik und Geodateninfrastruktur LGBl 73/1988.
579 *Hengstschläger/Leeb*, Verfahrensrechtliche Fragen der Auskunftspflicht, in *Hauer* (Hrsg), Die Verwaltung zwischen Verschwiegenheit und Transparenz (2002) 35.

näher ausgestalten. Die Landesgesetze halten sich dabei weitgehend an das Auskunftspflicht-Grundsatzgesetz und normieren eine allgemeine Regelung. Daher ist es auch möglich, dass diese nicht zur Anwendung kommen, wenn ein anderes Gesetz eine speziellere Auskunftspflicht vorschreibt.[580]

Auskunftsberechtigt ist „jedermann“[581], das bedeutet, dass jede natürliche oder juristische Person, die eine Auskunft verlangt, unabhängig von der Staatszugehörigkeit, einen Anspruch auf dieselbe hat.[582]

Verpflichtet sind hingegen alle „mit Aufgaben der Bundes-, Landes- und Gemeindeverwaltung betrauten Organe“. Eine Ausnahme besteht allerdings auf Grund Art 20 Abs 4 B-VG: „Berufliche Vertretungen“[583] sind „nur gegenüber den ihnen jeweils Zugehörigen“ verpflichtet Auskunft zu geben. Sind jedoch diese „beruflichen Vertretungen“ von ihrer Funktion her in bestimmten Angelegenheiten als Organe „mit Aufgaben der Bundes-, Landes- und Gemeindeverwaltung betraut“, so sind sie wiederum jedermann verpflichtet Antwort zu geben.[584] In der Lehre ist strittig, ob dieser Auskunftsverpflichtung ein organisatorischer oder ein funktioneller Organbegriff zu Grunde liegt, da Art 20 Abs 4 Satz 1 B-VG von einem funktionellen Organbegriff ausgeht, Satz 2 aber von einem organisatorischen.[585] *Perthold-Stoitzner* geht allgemein von einem funktionellen Organbegriff aus, was bedeutet, dass nicht nur die Organe, die der Gebietskörperschaft organisatorisch zuzurechnen sind, verpflichtet sind, Auskünfte zu erteilen, sondern auch all jene, die zwar organisatorisch nicht in den Rechtsträger eingebunden sind, aber Verwaltungsaufgaben besorgen, „maW alle Organe, deren Handeln dem Staat zurechenbar ist, sind zur Auskunftserteilung nach Art 20 Abs 4 B-VG verpflichtet“.[586]

3.2.2.2 Wann und in welchem Umfang ist eine Auskunft zu erteilen?

Die Behörden haben grundsätzlich ohne unnötigen Aufschub, längstens jedoch 8 Wochen nach Erhalt des Auskunftsbegehrens Antwort zu geben. Wird die Auskunft verweigert, so ist auf Antrag des Auskunftswerbers mit Bescheid darüber abzusprechen.[587] Das Auskunftsbegehren kann schriftlich, mündlich oder telefonisch angebracht werden und ist somit formlos.[588] Ein besonderes rechtliches Interesse muss der Auskunftswerber nicht nachweisen. *Schragel* meint aber in Analogie zu § 1293 „Jedermann“, dass diese Begriffe zu

---

580 *Mayer*, Das österreichische Bundes-Verfassungsrecht[4] (2007) Art 20 B-VG C I 1, 162.
581 Vgl zB § 4 Auskunftspflichtgrundsatzgesetz.
582 *Janko*, Auskunftspflichten im österreichischen öffentlichen Recht, in *Hauer* (Hrsg), Verwaltung 10 mwN.
583 Zum Begriff *Perthold-Stoitzner*, Auskunftspflicht 109.
584 *Janko* in *Hauer* (Hrsg), Verwaltung 11.
585 *Walter/Mayer/Kucsko-Stadlmayer*, Bundesverfassungsrecht[10] Rz 586/1.
586 *Perthold-Stoitzner*, Auskunftspflicht 90. So auch *Wieser*, Auskunftspflichtgesetze (1990) 19; aA *Janko* in *Hauer* (Hrsg), Verwaltung 14.
587 Siehe zB § 3 und 4 Salzburger ADSSG-Gesetz.
588 Siehe zB § 4 Auskunftspflicht-Grundsatzgesetz.

weit sind und bloße Neugier keine Auskunftspflicht begründet, weshalb dann sehr wohl, um das überhaupt beurteilen zu können, ein Interesse bei der Antragstellung kundgetan werden muss.[589] Beziehen kann sich diese Auskunft nicht nur auf den Bereich der Hoheitsverwaltung, die Auskunftspflicht umfasst auch die Privatwirtschaftsverwaltung[590] und die Justizverwaltung[591], nicht jedoch die Gerichtsbarkeit[592] und die Gesetzgebung[593]. Da das Auskunftsverfahren an sich als Hoheitsverwaltung gilt[594], kristallisieren sich auch, im Hinblick auf die Anwendbarkeit des AHG, keine denkbaren Probleme durch den Umstand heraus, dass die Privatwirtschaftsverwaltung in den Auskunftsanspruch einbezogen ist.[595]

Die Auskunft stellt eine bloße Wissenserklärung[596] dar. Genauer handelt es sich dabei bloß um die „mehr oder weniger formlose Weitergabe von Informationen über einen bestimmten Akteninhalt."[597] Davon ist jedoch die Akteneinsicht zu unterscheiden, diese ist zwar ein Mittel und vielfach der einfachere Weg eine Auskunft zu erteilen, jedoch hat der Auskunftswerber keinen Anspruch darauf.[598] Strittig ist, in welchem Umfang Rechtsauskünfte zu erteilen sind.[599] Dass sie zu erteilen sind, hat der VwGH schon ausgesprochen.[600] Man kann aber wohl davon ausgehen, dass Rechtsauskünfte, die eben bloße Wissenserklärungen darstellen und keine Willenserklärung voraussetzen, zu erteilen sind.[601]

Eingeschränkt wird die Auskunftspflicht direkt durch das Gesetz. In Art 20 Abs 4 B-VG heißt es, dass die Auskunftsverpflichtung nur insoweit besteht, als „gesetzliche Verschwiegenheitspflichten dem nicht entgegenstehen".[602] Des Weiteren müssen die Organe nur „über Angelegenheiten ihres Wirkungsbereichs" Auskunft geben. Berufliche Vertreter aber nur insoweit „als dadurch die ordnungsgemäße Erfüllung ihrer gesetzlichen Aufgaben nicht verhindert wird" und natürlich nur gegenüber ihren Mitgliedern.[603] Einschränkungen können sich aber auch aus dem Begriff der „Auskunft" ableiten lassen. Der Begriff der „Auskunft" richtet sich nach dem allgemeinen Sprachgebrauch des § 3 Z 5 BMG 1986[604]. Es sind also die Informationen zu erteilen, die zum Zeitpunkt der Anfrage, der Verwaltung bekannt waren und nicht extra beschafft werden müssen. Es besteht daher keine Pflicht zu

---

589 *Schragel*, AHG³ § 1 Rz 94.
590 VwGH 15.10.1996, 95/05/0250.
591 OGH 15.03.1990, 6 Ob 544/90, JBl 1991, 732.
592 VwGH 01.02.1989, 88/01/0199, ZfVB 1990/1021/1165; 12.7.1989, 88/01/0218, ZfVB 1990/478.
593 VwGH 15.09.2006, 2004/04/0018, ZfVB 2007/1449.
594 *Perthold-Stoitzner*, Auskunftspflicht 39.
595 *Schragel*, AHG³ Rz 94.
596 *Perthold-Stoitzner*, Auskunftspflicht 18.
597 *Janko* in *Hauer (Hrsg)*, Verwaltung 15 mwN.
598 *Walter/Mayer/Kucsko-Stadlmayer*, Bundesverfassungsrecht¹⁰ Rz 586/4; eine Untersuchung von *Perthold-Stoitzner* führt zum Ergebnis, dass sich diese Frage nicht eindeutig wissenschaftlich beantworten lässt (Auskunftspflichten 19 ff).
599 *Mayer*, Bundes-Verfassungsrecht⁴ Art 20 B-VG C I.3, 163.
600 VwGH 15.05.1990, 90/05/0074, ZfVB 1991/854 = ecolex 1990, 725.
601 *Perthold-Stoitzner*, Auskunftspflicht 24; *Schragel*, AHG³ Rz 94.
602 Art 20 Abs 3 B-VG („Amtsverschwiegenheit") beinhaltet eine solche Beschränkung; nähere Details: *Perthold-Stoitzner*, Auskunftspflicht 40 ff.
603 Art 20 Abs 4 B-VG.
604 BGBl 76/1986; Diese Regelung war Vorlage und „Vorgängernorm" zu Art 20 Abs 4 B-VG. Es sollte die Pflicht der Ministerien allgemein auf die gesamte Verwaltung ausgeweitet werden.

umfangreichen Ausarbeitungen oder gar der Erstellung von Gutachten oder dergleichen.[605] Auch besteht keine Pflicht „hypothetisch alle denkbaren, auch weiteren Sachverhaltskonstellationen und -änderungen (…) vorwegnehmend ebenfalls zum Inhalt der Auskunft zu machen".[606] Strittig ist, in wieweit Rechtsfolgenauskünfte erteilt werden müssen, also ob eine Pflicht besteht über noch nicht verwirklichte Sachverhalte eine rechtliche Beurteilung abzugeben.[607] Zu beurteilen ist dies mE auch danach, ob eine Rechtsauskunft der Behörde zugemutet werden kann. Dies ist bei der Erteilung einer Auskunft über den Inhalt einer bestimmten Norm unproblematisch, jedoch nicht nachzuvollziehen, wenn mit der Auskunft auch eine Willenserklärung abgegeben werden soll, zB wenn sich das Organ in einer strittigen Rechtsfrage zwischen mehreren Meinungen einer einzigen anschließen soll, also dann sogar eine Willensentscheidung trifft. Insofern ist *Perthold-Stoitzner* hier beizupflichten.[608] Der Umfang der Auskunftspflicht ist daher auch durch etwaige Geheimhaltungspflichten und die Zumutbarkeit eingeschränkt.

3.2.3 Amtshaftung für die Unterlassung einer Auskunft

3.2.3.1 Was ist mit „Unterlassung einer Auskunft" gemeint?

Der Begriff der Unterlassung bedeutet mit anderen Worten nichts anderes als ein „Nicht-Tätigwerden". Das heißt für dieses Thema, dass damit nicht eine negative Auskunft gemeint ist, also der Fall, wenn ein Auskunftsbegehren mit Bescheid abgelehnt und somit die Auskunft also nicht erteilt wird. Denn dann wird die Behörde ja gerade tätig, sie verweigert aus bestimmten Gründen lediglich die Auskunftserteilung. In diesem Fall geht es vielmehr um die Fälle, in denen die Behörde erst gar nicht tätig wird, also genaugenommen säumig ist.

Aber nicht nur säumige Organe unterlassen Handlungen, wodurch sie uU Amtshaftungsansprüche auslösen, auch Organe die eine unvollständige Auskunft erteilen, unterlassen es, eine „ganze" bzw komplette Information zu geben und können damit, betreffend des unvollständigen Teils, Amtshaftung für Unterlassungen auslösen.

3.2.3.2 Erfolgt eine Auskunftserteilung „in Vollziehung der Gesetze"?

Damit eine Haftung nach AHG bejaht werden kann, muss das schädigend und rechtswidrig handelnde Organ „in Vollziehung der Gesetze", also hoheitlich, tätig gewesen sein. Zu fragen

---

[605] *Wieser*, Auskunftspflichtgesetze 23.
[606] OGH 25.05.2000, 1 Ob 46/00x, RdW 2001/27, 18 = ARD 5198/35/2001.
[607] Abhandlung bei *Achatz/Kofler,* Haftung für fehlerhafte Rechtsauskünfte im Steuerrecht, in *Holoubek/Lang* (Hrsg), Organhaftung und Staatshaftung 208 ff.
[608] *Perthold-Stoitzner*, Auskunftspflicht 22; ebenso *Achatz/Kofler* aaO.

gilt es daher, in wieweit man eine Auskunft als Hoheitsakt qualifizieren kann. Laut OGH ist die Auskunft ein Realakt.[609] Anders als die einheitlich definierten faktischen Amtshandlungen (VO, Bescheid, Befehls- und Zwangsgewalt) ergeben sich beim Realakt Abgrenzungsfragen, da es sich um ein „nach außen hin neutrales, also ein nicht schon in einer bestimmten, durch die Rechtsordnung geregelten Rechtsform in Erscheinung tretendes tatsächliches Verhalten handelt, das in gleicher Weise sowohl in der Hoheits-, als auch in der Privatwirtschaftsverwaltung eines Rechtsträgers vorkommen kann".[610] Nun ist es entscheidend, auf den Zusammenhang zu achten, in dem die Auskünfte erteilt werden.[611] Um als Hoheitsverwaltung qualifiziert zu werden, muss ein Realakt einen „ausreichenden äußeren und inneren Zusammenhang […] mit einer bestimmten zu vollziehenden Materie" aufweisen und mit einer Aufgabe staatlicher Vollziehung, welche „ihrem Wesen nach hoheitlicher Natur ist", zusammenhängen, so dass dann auch rein tatsächliche mit der Besorgung verbundene Verhaltensweisen als „in Vollziehung der Gesetze" gelten.[612] Daher gilt eine Auskunft, die im Kern der Erfüllung einer hoheitlichen Aufgabe dient und einer bestimmten Verwaltungsmaterie zuzuordnen ist, schon als hoheitlich.[613] Bejaht wurde dieser „innere Zusammenhang" zB auch schon bei vorbereitenden Tätigkeiten eines Kontrollausschusses der Gemeinde[614] oder auch bei einer Dienstfahrt für die Erfüllung hoheitlicher Aufgaben[615], ebenso wie bei Presseaussendungen[616] oder Interviews.[617]

3.2.3.3 Der Schutzzweck der Norm

Sinn und Zweck von behördlichen Auskünften ist es laut OGH, welcher der Ansicht von *Puck*[618] folgt, wirtschaftliche Dispositionen zu schützen. Dieser Dispositionsschutz soll „Dispositionen erleichtern oder überhaupt erst sinnvoll ermöglichen und deren beabsichtigte Verwirklichung sichern".[619] Diesen Zweck wird daher nur eine „wahre" Information erfüllen können. Oder anders ausgedrückt, handelt es sich um einen Anspruch, inhaltlich richtige, dem Auskunftsbegehren entsprechende Auskünfte zu erhalten.[620] Kommt die Behörde diesem Dispositionsschutz nicht nach, in dem sie eine falsche, eine unzureichende oder auch keine

[609] OGH 22.02.2000, 1 Ob 14/00s, ÖGZ 2000 H 7, 92 = SZ 73/34.
[610] OGH 19.01.1999, 1 Ob 306/98a, JBl 2000, 179 (Anm *Kalb*).
[611] *Puck,* Haftung des Staates für informelle Zusagen und Auskünfte, in *Aicher* (Hrsg), Haftung 177.
[612] OGH 19.01.1999, 1 Ob 306/98a, JBl 2000, 179 (Anm *Kalb*).
[613] *Achatz/Kofler* in *Holoubek/Lang* (Hrsg), Organhaftung und Staatshaftung 221.
[614] OGH 28.09.1995, 6 Ob 33/95, ecolex 1996, 98.
[615] OGH 19.02.1975, 1 Ob 187/74, SZ 48/17.
[616] OGH 04.04.2006, 1 Ob 18/06p, zfhr 2006/12, 133 = RdW 2006/581, 625.
[617] OGH 23.02.2011, 1 Ob 208/10k, JBl 2011, 648; weitere Beispiele bei *Vrba*, Amtshaftung-Staatshaftung Register 2 Kapitel 1.4, 12.
[618] *Puck* in *Aicher* (Hrsg), Haftung 173 f.
[619] *Puck* in *Aicher* (Hrsg), Haftung 173 f; OGH 22.02.2000, 1 Ob 14/00s, ÖGZ 2000 H 7, 92 = SZ 73/34.
[620] *Perthold-Stoitzner*, Auskunftspflicht 68.

Auskunft erteilt und ist dadurch ein Schaden entstanden, so kann, wenn auch die weiteren Voraussetzungen gegeben sind, Schadenersatz nach AHG geltend gemacht werden.[621]

Interessant an der Entscheidung 1 Ob 14/00s[622] des OGH zu den Auskunftspflichten ist auch, dass dieser wieder einmal bekräftigt, dass sich Schutzpflichten auch aus dem Schutzzweck der Norm ableiten lassen, auch wenn es keine positivrechtliche Verankerung in einem Gesetz gibt. Und wieder einmal wird man das Gefühl nicht los, dass der Schutzzweck weniger zur Einschränkung der Haftung dient, als zur klägerfreundlichen Ausweitung derselben.

3.2.3.4 Wann löst eine Unterlassung nun Schadenersatzansprüche nach dem AHG aus?

Wie schon der OGH in 1 Ob 46/00x mit Verweis auf *Perthold-Stoitzner* ausgesprochen hat, „kann eine unrichtige, aber auch unvollständige Auskunft, sowie die rechtswidrige Unterlassung der Auskunftserteilung, wenn die weiteren Voraussetzungen, va die der Schuldhaftigkeit, gegeben sind, Ansprüche nach dem AHG auslösen“.[623]

Es muss also ein Schaden entstanden sein, der durch das Unterlassen der jeweiligen Auskunft kausal, rechtswidrig und schuldhaft verursacht worden ist. Besonderes Augenmerk ist dabei auf die Rechtswidrigkeit und den Rechtswidrigkeitszusammenhang[624] zu legen. Wie schon öfters erwähnt, kann ein Unterlassen nur dann rechtswidrig sein, wenn eine konkrete Pflicht besteht, tätig zu werden. Eine solche lässt hier bei dieser Thematik gerade durch die Auskunftspflichtgesetze leicht begründen. In § 1 Abs 1 APG haben die Organe Auskünfte zu erteilen, wenn keine Verschwiegenheitspflicht vorliegt. Die gleiche bzw sinngemäß gleiche Formulierung findet sich auch in § 1 Auskunftspflicht-Grundsatzgesetz und in den Landesgesetzen. Generell ist ja in den Titeln dieser Gesetze schon die „Auskunftspflicht“ verankert, also eine tatsächliche Pflicht zum Handeln und kein Ermessen.

Die weiteren Voraussetzungen sind dann im Einzelfall nach allgemeinem bürgerlichem Recht zu beurteilen und bereiten keine besonderen einzelfallbezogene Probleme.

Probleme könnten sich bei den Auskunftspflichten eventuell aus § 2 Abs 2 AHG ergeben, nämlich dann, wenn die Behörde erst gar nicht entscheidet und untätig bleibt. Dort heißt es: „Der Ersatzanspruch besteht nicht, wenn der Geschädigte den Schaden durch Rechtsmittel oder durch Beschwerde beim Verwaltungsgericht und Revision beim Verwaltungsgerichtshof hätte abwenden können.“[625] Die Beschwerde, welche nun den Devolutionsantrag[626] ersetzt,

---

[621] *Konecny/Augenhofer*, Amtshaftung für falsche Auskünfte, JAP 2000/2001, 165 (166); zur Kritik an diesen oft weitgefassten Schutzzwecken siehe unten Kapitel III 3.2.4.3.
[622] OGH 22.02.2000, 1 Ob 14/00s, ÖGZ 2000 H 7, 92 = SZ 73/34.
[623] OGH 25.05.2000, 1 Ob 46/00x, RdW 2001/27, 18 = ARD 5198/35/2001.
[624] Siehe bereits oben.
[625] § 2 Abs 2 AHG.
[626] Diesen gibt es seit der Verwaltungsgerichtsbarkeits-Novelle 2012 BGBl I 51/2012 nur noch im eigenen Wirkungsbereich der Gemeinden.

wird dabei wegen „Verletzung der Entscheidungspflicht" beim Verwaltungsgericht eingebracht.[627] Gegen die Säumnis der Oberbehörde stand bisher die Säumnisbeschwerde an den VwGH offen, allerdings nur, wenn die oberste Instanz nicht rechtzeitig über die Berufung einer bescheidmäßig verweigerten Auskunft entschieden hat[628], nicht jedoch, wenn noch gar nicht darüber abgesprochen wurde.[629] Aus der Säumnisbeschwerde ist mit der Verwaltungsgerichtsbarkeits-Novelle 2012[630] aber ein Fristsetzungsantrag geworden.[631] Tatsächlich musste der Devolutionsantrag aber auch geeignet sein, den Schaden abzuwenden, würde der Schaden trotz der Erhebung eines Rechtsmittel entstehen, so steht laut OGH nach wie vor ein Ersatz nach AHG zu[632], was bei den großzügigen Fristen sicher nicht ganz abwegig war. Selbiges wie für den Devolutionsantrag muss nun wohl auch für die Beschwerde und den Fristsetzungsantrag gelten. In aller Regel kommen Rechtsbehelfe bei Unterlassungen und Realakten aber nicht in Betracht.[633]

3.2.4 Fälle aus der Praxis[634]

3.2.4.1 1 Ob 173/03b[635]

Erteilt der Bürgermeister eine unzureichende, sprich unvollständige Auskunft, so unterlässt er es eine vollständige Auskunft zu geben. In diesem Fall wurde trotz Nachfragens, seitens des Bauwerbers, vor einem Liegenschaftskauf nicht über eine rote Zone im Gefahrenzonenplan für die Wildbach- und Lawinenverbauung und der damit einhergehenden wasserrechtlichen Sondergenehmigung aufgeklärt. Auf Grund eines Murenabgangs ist nun ein Schaden an einer Fischereizuchtanstalt entstanden, den der Kläger nun im Wege der Amtshaftung refundiert haben will. Der OGH hatte zu klären, ob der Bürgermeister, als Organ der Gemeinde, nach dem K-APG zur Auskunft verpflichtet war oder nicht. In einem Gespräch fragte der Fischereimeister an, welche weiteren Voraussetzungen für das Bewilligungsverfahren einzuholen seien. Der Bürgermeister meinte daraufhin, dass nichts mehr gemacht werden müsse. Dass es sich bei diesem Gespräch nicht um unverbindliche Verwendungszusagen

---

[627] *Köhler*, Die neue Verwaltungsgerichtsbarkeit 26, abrufbar unter: http://www.verwaltungsakademie.ktn.gv.at/277477_DE--Die_neue_Verwaltungsgerichtsbarkeit_Koehler_2013.pdf (01.04.2014).
[628] VwGH 22.02.1991, 90/12/0214, ZfVB 1992/252 = ÖJZ VwGH A 1992/3 = VwSlg 13388 A; offensichtlich dagegen: *Hengstschläger/Leeb* in *Hauer* (Hrsg), Verwaltung 65.
[629] VwGH 15.01.1990, 89/12/0239, ZfVB 1991/14/188; zur Diskussion: *Hengstschläger/Leeb* in *Hauer* (Hrsg), Verwaltung 65 ff.
[630] BGBl I 51/2012.
[631] *Köhler*, Der Zugang zum VwGH in der zweistufigen Verwaltungsgerichtsbarkeit, ecolex 2013, 589.
[632] OGH 17.05.2004, 1 Ob 287/03t.
[633] *Mader* in *Schwimann³*, AHG § 2 Rz 2.
[634] Soweit ersichtlich, gibt es im Bereich der Auskunftspflichten, keine Urteile, die sich alleine mit der unterlassenen Auskunft auseinandersetzen. Daher werden hier auch Urteile angeführt, die sich mit einer unrichtigen Antwort auseinander zu setzen hatten, dennoch aber auch für die unterlassene Auskunft einschlägig sind.
[635] OGH 01.07.2004, 1 Ob 173/03b, RdW 2004/671, 726 = ecolex 2004/436, 943 = bbl 2004/178, 247 = JBl 2004, 793 = ÖGZ 2005 H 6, 67.

handelte, musste dem Bürgermeister klar sein. Das Verhalten des Bürgermeisters ist laut OGH „zweifelsohne als schuldhaft rechtswidrig" einzustufen, wenn ihm bekannt gewesen ist, dass das Grundstück in der Gefahrenzone liegt. Er wäre nämlich nach § 1 K-APG[636] dazu verpflichtet, eine Wissenserklärung über Angelegenheiten abzugeben, die ihm „zum Zeitpunkt der Einbringung des Auskunftsbegehrens" bekannt sind. Da „Auskünfte wirtschaftliche Dispositionen erleichtern oder überhaupt erst sinnvoll ermöglichen und deren beabsichtigte Verwirklichung sichern" sollen, ist auch der entstandene Schaden aus dem Vertragsabschluss vom Schutzzweck der Norm erfasst. „Ein subjektives öffentliches Recht des Geschädigten auf einen gesetzmäßigen Akt hoheitlicher Vollziehung ist ganz allgemein ein Indiz dafür, dass die Vermeidung eines fehlerhaften Aktes hoheitlicher Vollziehung auch den Eintritt reiner Vermögensschäden verhindern soll." Werden also Auskünfte unrichtig oder unvollständig, also „fehlerhaft" erteilt und damit der Dispositionsschutz vereitelt, so kann auch ein reiner Vermögensschaden im Wege der Amtshaftung geltend gemacht werden. „Erteilt das Organ trotz unzureichender Kenntnisse seine Auskunft unrichtig oder auch bloß unvollständig, so tritt Amtshaftung ein, soweit es seiner Auskunft keinen entsprechenden Vorbehalt beifügt (vgl SZ 71/139; SZ 73/34)."

3.2.4.2 1 Ob 158/06a[637]

Jüngst hat der OGH bestätigt[638], dass § 5 der Kärntner Bauordnung[639] eine spezielle Art der Beratungs- und Auskunftspflicht ist. Danach sind auf Verlangen der Bauinteressenten von der Baubehörde Auskünfte über Bauangelegenheiten zu geben. Dies beinhaltet auch den Hinweis, welche behördlichen Verfahren dafür voraussichtlich noch nötig sind. Konkret ging es um eine erteilte Baubewilligung im Hochwasserabflussgebiet, welche nur mit einer wasserrechtlichen Bewilligung erteilt werden hätte dürfen. Während des Bewilligungsverfahrens wurden die Hochwasserrisiken aber verschwiegen, obwohl sie der Behörde bekannt waren. Diese hatte aber vergessen die Gefahrenzone im Flächenwidmungsplan ersichtlich zu machen und obwohl sie nach § 12 Abs 1 Z 2 K-GplG[640] dazu verpflichtet wäre. Die Baubewilligung wurde dennoch erteilt. Der Kaufvertrag über die Liegenschaft wurde nach Bekanntwerden der Umstände aufgehoben, dennoch hatten die Kläger frustrierte Aufwendungen iHv 16.915,74 €, welche sie nun als Schaden auf Grund der unterlassenen Auskunft über die Hochwassergefahr und der damit verbunden weiteren Verfahren auflisteten. Rechtswidrig hatte die Behörde nicht nur deshalb gehandelt, weil sie es unterlassen hatte, die Änderung im Flächenwidmungsplan einzutragen, sondern auch weil sie es unterlassen hatte, ihrer gesetzlichen Verpflichtung nachzukommen, Hochwasserabflussgebiete zu erheben und Flächenwidmungspläne zu kontrollieren. Vom

[636] LGBl 1988/29 idF LGBl 2001/11.
[637] OGH 28.11.2006, 1 Ob 158/06a, ecolex 2007/147, 349 = bbl 2007/63, 66 = RZ 2007/EÜ 208/209, 12 = Zak 2007/163, 96 = RdU 2007/111, 209 = RFG 2008/22, 85 (Anm *Kerschner*) = SZ 2006/175 = HS 37.460.
[638] Zuvor schon zB in OGH 01.07.2004, 1 Ob 173/03b, JBl 2004, 793.
[639] LGBl 62/1996.
[640] LGBl 23/1995.

Schutzzweck der Raumordnung sind jedenfalls auch die subjektiv-öffentlichen Rechte der Liegenschaftseigentümer und deren Rechtsnachfolger erfasst. Als Bauwerber darf man sich darauf verlassen, dass etwaige Gefahrenzonen im Flächenwidmungsplan ersichtlich gemacht werden. Hätte sich die Behörde gesetzkonform verhalten und Gefahrenzonen-Erhebungen veranlasst, hätte sie die Bauwerber darüber informieren können und der Kläger hätte die Bauführung von vornherein unterlassen und der Schaden wäre nicht eingetreten.[641] Die Revision der Bekl wurde daher abgewiesen.

3.2.4.3 Kritische Betrachtung

Die Frage nach dem Schutzzweck der Norm und den „gerade noch" geschützten Interessen, ist in meinen Augen immer auch eine Frage der Risikoverteilung. Welche Risiken soll der Staat tragen und für welche ist der einzelne Bürger selbst verantwortlich?

Die Aussage, dass „Auskünfte wirtschaftliche Dispositionen erleichtern oder überhaupt erst sinnvoll ermöglichen und deren beabsichtigte Verwirklichung sichern" sollen, erscheint nicht nur sehr weit, sie ist es auch. Über den Schutzzweck der Norm argumentierend, spricht der OGH damit auch bloßen Vermögensschäden (frustrierten Aufwendungen zB durch einen Vertragsabschluss) Ersatzfähigkeit zu. Der Schutzzweck der Norm der Auskunftspflichtgesetze ist damit sehr weit und in dieser Allgemeinheit wohl auch zu hinterfragen, denn expressis verbis sind Vermögensinteressen nicht im Schutzzweck enthalten. Interessant ist aber, dass der OGH bei der Beurteilung, ob das Interesse des Bauwerbers vom Schutzzweck der Norm umfasst ist, im Vorliegen eines subjektiven Rechts ein Indiz für eine Bejahung sieht. Das entspricht auch der Theorie von *Rebhahn,* wonach der Schutzzweck eher zu bejahen ist, wenn ein subjektives Recht vorliegt.[642]

Entscheidend bei dieser Beurteilung ist es, zwischen der unrichtigen, der unvollständigen und der unterlassenen Auskunft zu unterscheiden. Nicht immer ist diese Unterscheidung aber gerade bei der Auskunft klar abzutrennen. Die zentrale Frage ist mE, inwieweit das Vertrauen des Einzelnen, in die jeweilige (unterlassene) Antwort, geschützt ist bzw inwieweit treffen ihn selbst Verpflichtungen diese zu hinterfragen und Nachforschungen anzustrengen.

Bei einer unrichtigen und unvollständigen Antwort[643] seitens der Behörde, sollte das Vertrauen des Auskunftswerbers geschützt sein, es sei denn es gibt Anhaltspunkte der Antwort zu misstrauen. Dann hätte er sehr wohl eine Obliegenheit dem Misstrauen nachzugehen. Allerdings scheint das Vertrauen des Auskunftswerbers auf eine Auskunft mE dort jedenfalls schutzwürdig, wo das Organ eine Auskunft/Aussage als vollständig und richtig

---

[641] Hier treffen zwei Pflichten aufeinander: zum einen jene, die sich aus der Bauordnung ableiten lässt, nämlich die zur Ersichtlichmachung von Gefahrenzonen und deren Einhaltung in weiterer Folge Voraussetzung ist, um Auskunft zu geben und damit die andere Pflicht zu erfüllen. Zum Thema der Unterlassung im Baurecht siehe näher Kapitel III 5.
[642] Siehe oben Kapitel III 2.1.2.
[643] Dies sei hier der Vollständigkeit halber angeführt; siehe auch Exkurs in Kapitel III 3.2.5.

erscheinen lässt, obwohl ein entsprechendes Fachwissen fehlt. Somit wird ein verstärkter Vertrauenstatbestand kreiert und es ist durchaus haltbar, den Staat haften zu lassen und die Verantwortung vom Bürger zu nehmen. Denn in diesem Fall kann man durchaus von einer Art Abhängigkeitsverhältnis sprechen, denn wenn Spezialwissen gefordert ist, braucht es einen Fachmann, auf den man sich verlassen kann, in dem Fall die Behörde. Wüsste man selber Bescheid, würde man kein Auskunftsbegehren stellen. Löst das Organ nun ein solches Vertrauensverhältnis aus, so hat er seine Worte mit Bedacht zu wählen und nun alles zu tun, um den Anschein einer richtigen und vollständigen Auskunft zu vermeiden.[644] In diesem Fall sollen dann auch bloße Vermögensschäden ersatzfähig sein.[645] Bei der Erteilung einer falschen oder auch unvollständigen Auskunft, ist das Vertrauen des Werbers darauf durchaus gerechtfertigt und eine Haftung des Staates angemessen.

In weiterer Folge ist nun aber zu fragen, was bei einer unterlassenen Auskunft ist. Kann der Auskunftswerber auch bloße Vermögensschäden geltend machen, weil eine Antwort unterlassen wurde und er wirtschaftliche Dispositionen getroffen hat, weil er zB auf ein schlüssiges Verhalten[646] der Behörde vertraut hat?

Generell, also auch bei der reinen Unterlassung, ist mE tatsächlich auf dieses zuvor schon erwähnte „Abhängigkeitsverhältnis“ abzustellen. Dies würde auch mit *Rebhahns* Theorie der „Allgemeinen Kriterien“ harmonieren, hauptsächlich mit dem Kriterium der „Inanspruchnahme von Vertrauen“.[647] Ist der Auskunftswerber der Behörde sozusagen „ausgeliefert“ und auf die Auskunft angewiesen, weil er die Information zB selber nicht erlangen kann und nur die Behörde diese kennt bzw kennen kann (zB weil diese gerade nicht im Flächenwidmungsplan aufscheint) oder vertraut der Auskunftswerber berechtigterweise, zB auf Grund von Bescheiden oder anderen staatlichen Dokumenten, auf die Richtigkeit, dann sollen durchaus auch bloße Vermögensschäden nach AHG ersetzt werden. Ist die Information dem Antragssteller, aber leicht erkennbar oder sonst ohne gröbere Umstände zu beschaffen, so soll er Eigenverantwortung dafür übernehmen und der bloße Vermögensschaden ihm zugerechnet werden. Wer, weil er auf ein schlüssiges Verhalten vertraut, Vermögensdispositionen tätigt und dadurch enttäuscht wird, soll nur geschützt werden, wenn dies vom Schutzzweck der Norm umfasst ist, was im Zweifel verneint werden kann.[648]

---

644 Ähnlich *Kerschner,* Diskussion: Amtshaftung bei rechtswidriger Erlaubnis?, RdU 2001, 128.
645 *Kerschner,* Amtshaftung der Gemeinden bei Baugenehmigung in hochwassergefährdeten Gebieten, RFG 2008/22, 85.
646 In dem er sich zB denkt: „Wenn die Behörde nicht reagiert, dann wird wohl auch nichts sein“.
647 Siehe genauer oben Kapitel III 2.1.2.
648 In Anlehnung an *Rebhahn*, Staatshaftung 370 und *Kerschner,* RdU 2001, 128.

3.2.5 Exkurs: Falsche Auskünfte

Viel häufiger als die unterlassene Auskunft kommt die Erteilung einer unrichtigen und falschen Auskunft vor. Auch wenn dies nicht zur Unterlassung der Auskunft zählt, so sei sie doch der Vollständigkeit halber hier kurz erörtert.

Während es bei der unterlassenen Auskunft auf die Frage ankommt, welche Pflichten zur Auskunftserteilung bestehen, zählt bei der unrichtigen Auskunft die Qualität des Inhaltes. Zur Beurteilung werden hierfür § 1300 S1 iVm § 1299 ABGB herangezogen.

HA ist, dass eine Auskunft, die durch ein Organ in Vollziehung der Hoheitsverwaltung erteilt wird, dem geforderten Verpflichtungsverhältnis des § 1300 entspricht.[649] Das betrifft auch die von der Behörde freiwilligen erteilten Auskünfte.[650] Ansonsten richtet sich der Anspruch nach den allgemeinen schadenersatzrechtlichen Voraussetzungen.

Dementsprechend wurden schon für die unrichtige Auskunft über einen Flächenwidmungsplan Amtshaftungsansprüche[651] zugesprochen, aber auch bei einer unrichtigen Auskunft des Arbeitsamtes über einen Anspruch auf Arbeitslosengeld, was letztlich zum Pensionsverlust führte.[652]

3.3 Manuduktionspflichten

Bei den Manuduktionspflichten handelt es sich streng genommen nicht um Auskunftspflichten, sondern um richterliche oder behördliche Anleitungs- und Belehrungspflichten. Dennoch fallen diese in die Kategorie der Aufklärungspflichten und sind dementsprechend an dieser Stelle zu behandeln. Ganz bildlich gesprochen soll eine Partei dabei vom jeweiligen verpflichteten Organ „an die Hand" genommen werden und durch das jeweilige Verfahren geleitet werden.[653] Solche Manuduktionspflichten lassen sich in der österreichischen Gesetzeslandschaft einige finden, wie zB § 432 ZPO oder § 13a AVG. Bei Verletzung dieser Paragrafen auf Grund unterlassener Anleitung wurden auch schon Amtshaftungsansprüche zugesprochen. Dazu nun im Folgenden:

---

649 *Mader* in *Schwimann³*, AHG § 1 Rz 77.

650 *Achatz/Kofler* in *Holoubek/Lang* (Hrsg), Organhaftung und Staatshaftung 223 mwN.

651 OGH 22.02.2000, 1 Ob 14/00s, ÖGZ 2000 H 7, 92 = bbl 2000/105, 164 = ARD 5131/24/2000 = JAP 2000/2001, 165 (Anm *Konecny/Augenhofer*) = ecolex 2001/121, 373 (Anm *Redinger*) = SZ 73/34.

652 OGH 25.10.1994, 1 Ob 32/94, RdW 1995, 99 = ARD 4644/29/95; weitere Einzelfälle siehe bei *Mader* in *Schwimann³*, AHG § 1 Rz 78.

653 Übersetzt aus dem Lateinischen bedeutet „manu ducere" „an der Hand halten/führen".

3.3.1 § 432 ZPO

3.3.1.1 Inhalt der Norm

Eine verstärkte richterliche Anleitungspflicht findet sich in § 432 ZPO. Anders als § 182 ZPO (materielle Prozessleitungspflicht, die auch gegenüber rechtskundigen oder anwaltlich vertretenen Parteien gilt) geht diese Anleitungspflicht weiter und ist gegenüber anwaltlich nicht vertretenen oder rechtsunkundigen Parteien zu erteilen.[654] Nach § 432 Abs 1 ZPO hat der Richter „Parteien, welche rechtsunkundig und nicht durch Rechtsanwälte vertreten sind" Anleitungen über erforderlichenfalls vorzunehmende Prozesshandlungen zu geben und „über die mit ihren Handlungen oder Unterlassungen verbundenen Rechtsfolgen zu belehren." Des Weiteren ist nach Abs 2 auch eine Rechtsmittelbelehrung zu erteilen. Ziel dieser Norm ist es, einen Ausgleich zur fehlenden Anwaltspflicht im bezirksgerichtlichen Verfahren zu schaffen. Während § 432 ZPO eine allgemeine Anleitungspflicht beschreibt, gibt es in den §§ 435, 437, 438, 439 und 447 ZPO noch weitere Regelungen über Belehrungspflichten bei Klagen, Ladungen, dem Amtstag bei Gericht oder die Belehrung über die Anwaltspflicht im Rechtsmittelverfahren.[655]

3.3.1.2 Umfang der Manuduktion

Während sich die Belehrungspflichten des § 13a AVG und § 113 BAO auf verfahrensrechtliche Belange beschränken, ist § 432 ZPO auch auf materiell-rechtliche Fragen ausgeweitet. Eine umfassende Aufklärung soll es den Parteien ermöglichen, ihre Rechte vollständig wahrnehmen zu können.[656] Der Umfang der Belehrung hat sich immer auch an dem erkennbar verfolgten Rechtsschutzziel der Partei zu orientieren. Es darf daher eine Belehrung nicht dazu führen, dass die danach getätigte Aktion nicht mehr vom Rechtsdurchsetzungswillen der Partei getragen ist, zB wenn eine Klage gem § 435 ZPO derart abgeändert wird.[657]

So umfasst § 432 ZPO neben der Belehrung über Einwendungen und Anträgen, auch die Aufklärung über die Behauptungs- und Beweislast.[658] Eine Grenze findet die Manuduktion allerdings am Gebot der Unparteilichkeit, somit darf eine Belehrung über Art, Form, Inhalt und Rechtsfolgen von Prozesshandlungen stets nur in „allgemeiner Form" erteilt werden.[659]

---

[654] OGH 14.10.1997, 1 Ob 144/97a, ÖJZ-LSK 1998/60/61 = ÖJZ EvBl 1998/59 = ecolex 1998, 318 = JBl 1998, 308 = SZ 70/199.
[655] *Kodek* in *Fasching/Konecny,* Zivilprozessgesetze² (2004) § 432 ZPO Rz 1.
[656] *Kodek* in *Fasching/Konecny*², § 432 ZPO Rz 11 mwN.
[657] *Schumacher,* Richterliche Anleitungspflichten (2000) 66.
[658] Eine genaue Auflistung von Einzelfällen findet sich bei *Kodek* in *Fasching/Konecny*², § 432 ZPO Rz 18 ff.
[659] *Kugler*, Die Kooperationsmaxime: Richtermacht und Parteienherrschaft im Zivilprozess - der gemeinsame Weg zum richtigen Prozessergebnis (2002) 83.

Nach § 432 ZPO ist der Richter im bezirksgerichtlichen Verfahren verpflichtet mit seiner Anleitung einen Ausgleich zur juristischen Unkenntnis der Partei zu schaffen. Wie sich die Partei danach verhält, ist allein deren Entscheidung.[660]

3.3.2 § 13a AVG

3.3.2.1 Inhalt der Norm

§ 13a AVG begründet nicht nur eine Pflicht der Behörde zur Belehrung[661], sondern beinhaltet sogar ein subjektives Recht auf eine den Voraussetzungen des § 13a AVG entsprechende Rechtsbelehrung.[662] Die Behörde hat danach den berufsmäßig nicht vertretenen Verfahrensbeteiligten die „zur Vornahme ihrer Verfahrenshandlungen nötige Anleitung“, meist mündlich, zu erteilen und über die Rechtsfolgen dieser Handlungen oder Unterlassungen aufzuklären.[663]

3.3.2.2 Umfang der „nötigen Belehrung“

§ 13a AVG beinhaltet zum einen eine Verhaltensanleitung („zur Vornahme ihrer Verfahrenshandlungen nötige Anleitung“) und eine Rechtsfolgenbelehrung („über die mit diesen Handlungen oder Unterlassungen unmittelbar verbundenen Rechtsfolgen“).[664]

Der Umfang der Belehrung richtet sich auch hier nach den persönlichen Umständen und Verhältnissen des zu Belehrenden, was dazu führen kann, dass uU die „nötige Belehrung“ bei einschlägig ausgebildeten Personen geringer ausfällt, als bei anderen.[665]

Des Weiteren handelt es sich bei § 13a AVG nicht um eine „allgemein, abstrakte“ Pflicht Rechtsauskünfte zu erteilen, es muss dazu schon ein Verfahren laufen bzw ein Anbringen hierzu geltend gemacht worden sein.[666] Die Manuduktion bezieht sich daher nur auf Verfahrensvorgänge.[667] Ebenfalls wird auch hier der Parteilichkeit und auch der Überlastung der Behörde Einhalt geboten, in dem sich die Belehrung nicht auf die Sache selbst beziehen

---

660 *Kugler*, Die Kooperationsmaxime 84.
661 *Davy*, ÖGZ 1983, 58.
662 VwGH 16.09.1993, 92/01/0077, JUS A/1741; *Davy*, ÖGZ 1983, 58.
663 § 13a AVG; *Hengstschläger/Leeb,* AVG § 13a Rz 1.
664 *Hengstschläger/Leeb,* AVG § 13a Rz 4; *Davy*, ÖGZ 1983, 58.
665 *Hengstschläger/Leeb,* AVG § 13a Rz 3 mwN.
666 VwGH 21.01.1992, 91/11/0144, ZfVB 1993/452/510/613 = VJ 1994 H 3, 11; 23.10.2002, 2002/08/0041, ZfVB 2004/1044 = VwSlg 15944 A.
667 Vgl auch oben Kapitel III 3.3.1.2.

darf, sondern nur auf verfahrensrechtliche Vorschriften des AVG oder eines anderen Materiengesetzes.[668] Materiell-rechtlichen Aspekten ist somit keine Beachtung zu schenken.

Eine ähnliche Belehrungspflicht findet sich in § 113 BAO, allerdings wurden hierzu, soweit ersichtlich noch keine Amtshaftungsansprüche geltend gemacht.

3.3.3 Amtshaftung wegen unterlassener Belehrung

Um Amtshaftungsansprüche wegen unterlassener Manuduktion[669] geltend machen zu können, müssen auch die allgemeinen Voraussetzungen des Schadenersatzrechts vorliegen. Es muss durch die mangelnde Belehrung also tatsächlich ein Schaden entstanden sein, der kausal, rechtswidrig und schuldhaft ausgelöst wurde. Hauptaugenmerk ist auch hier auf die Rechtswidrigkeit und den Schutzzweck der Norm zu legen. Die Pflicht zum Handeln ergibt sich aus der jeweiligen Manuduktionsnorm[670], wonach die Behörde unter gegebenen Umständen immer zu belehren hat(!).

Vermehrt hat der OGH ausgesprochen, dass „die Unterlassung, der Rechtspflicht zur Manuduktion zu entsprechen", rechtswidrig sein kann.[671] Daher kann eine unterlassene Belehrung Amtshaftungsansprüche auslösen, „wenn der Schaden durch pflichtgemäßes Handeln unterblieben wäre".[672]

„§ 432 ZPO bezweckt eine ökonomische und zielgerichtete Prozessführung".[673] Der Richter soll die Parteien durch seine Anleitung in die Lage versetzen, die formellen und materiellen Rechte vollständig ausüben zu können.[674] Im Grunde genommen liegt dieser Manuduktionspflicht mE, ähnlich den Auskunftspflichten[675], ein Dispositionsschutz der Parteien zu Grunde. Diese sollen in die Lage versetzt werden, frei über den etwaigen Prozessverlauf disponieren zu können, indem sie mit der Aufklärung und damit mit genügend Wissen über ihre prozessualen Möglichkeiten eine freie Entscheidung treffen können.

Lässt sich nun ein Schaden, der durch die Unterlassung einer Belehrung entstanden ist, nicht im Rechtsmittelweg beseitigen[676], so kann die unbelehrt gebliebene Partei Amtshaftungsansprüche geltend machen.

---

[668] *Davy*, ÖGZ 1983, 59.
[669] Auch hier bedeutet Unterlassung nicht oder nicht vollständig zu handeln; vgl oben Kapitel III 3.2.3.1.
[670] Siehe oben.
[671] OGH 25.03.2003, 1 Ob 9/03k, RZ 2003/23; 12.08.2004, 1 Ob 231/03g, JBl 2005, 184.
[672] OGH 12.08.2004, 1 Ob 231/03g, JBl 2005, 184.
[673] *Danzl,* Kommentar zur Geschäftsordnung für die Gerichte I. und II. Instanz ^{4} (2002) § 54 Anm 15 b.
[674] *Kodek* in *Fasching/Konecny*^{2} § 432 ZPO Rz 11.
[675] Vgl oben Kapitel III 3.2.3.3.
[676] Was bei Unterlassungen meistens der Fall sein wird; anderen Falls würde sonst die Rettungspflicht nach § 2 Abs 2 AHG greifen.

3.3.4 *Einzelfälle*

3.3.4.1 1 Ob 154/98y[677]

In 1 Ob 154/98y hatte sich der OGH mit der Frage zu beschäftigen, ob ein stattgebender Sachbeschluss[678] ohne Rechtsmittelbelehrung zu Amtshaftungsansprüchen führen kann und ob eine Belehrung, dass es unzulässig ist, ein § 18 MRG Verfahren in eines nach § 18a MRG umzuwandeln, erteilt werden hätte müssen. Des Weiteren erklärten die Kläger, nicht (vollständig) über die Möglichkeit etwaiger Förderungsmittel aufgeklärt worden zu sein. Das Gericht musste sich also auch mit der Frage beschäftigen, ob die Richter in dieser Hinsicht eine Nachforschungsobliegenheit haben, denn ohne Spezialwissen ist die Erteilung einer derartigen Auskunft nicht möglich.

Zur ersten Frage sprach der OGH aus, dass wenn die unbelehrt gebliebene Partei Vermögensdispositionen auf Grund der fehlenden Rechtsmittelbelehrung trifft, „der beklagte Rechtsträger für deren daraus entstandenen Schaden" haftet. Das Unterlassen der Rechtsmittelbelehrung gegenüber rechtsunkundigen, anwaltlich nicht vertretenen Personen, ist jedenfalls als rechtwidriges Organverhalten zu qualifizieren.

Zur Belehrung bezüglich der Umwandlung des Verfahrens: Nach § 432 Abs 1 ZPO hätte die Richterin die rechtsunkundigen, anwaltlich nicht vertretenen Kläger über die Unzulässigkeit der Umwandlung aufklären müssen. Da sie selber aber der Meinung war, dass dies zulässig ist, klärte sie die Kläger naturgemäß nicht darüber auf. „Angesichts der klaren Rechtslage und der gebotenen Manuduktion für die Antragsteller, hätte die Richterin diese somit über die Folgen ihres Verhaltens im Verfahren aufklären, jedenfalls aber den geänderten Antrag ohne weiteres zurückweisen müssen, wenn die Kläger auf diese Antragstellung trotz gehöriger Belehrung beharrt hätten."[679] Bei diesem Organverhalten handelt es sich nicht mehr um eine vertretbare Rechtsansicht, weshalb Schäden (hier aus Vermögensdispositionen), die dadurch adäquat und kausal verursacht wurden, Amtshaftung auslösen.

Zur zweiten Frage, ob die Kläger auf die Kompetenz der Richterin hätten vertrauen dürfen, meinte der OGH: Es können sehr wohl Amtshaftungsansprüche aus einer unrichtigen Belehrung abgeleitet werden, wenn diese unvertretbar ist.[680] „Werden von Organen Auskünfte falsch oder unzureichend erteilt oder wird der Rechtsuchende (vor allem die im Verfahren nicht anwaltlich vertretenen Parteien) unrichtig oder lückenhaft belehrt, so tritt Amtshaftung ein (Schragel aaO mwN)."[681] Auch hier handelte es sich um eine unrichtige und lückenhafte Belehrung. Die Richterin erklärte, es gäbe im Fall der Kläger keine Möglichkeit einer Förderung, was in dieser Allgemeinheit nicht stimmte. Die Kläger vertrauten darauf und

---

[677] OGH 25.08.1998, 1 Ob 154/98y, JUS Z/2611 = immolex 1999/59 = SZ 71/139 = MietSlg 50.348 = MietSlg 50.351 = MietSlg 50.712 = MietSlg L/35.

[678] Es ging um die Umwandlung eines nach § 18 MRG eingeleiteten Verfahrens in ein Verfahren nach § 18a MRG, was rechtlich gesehen eigentlich nicht möglich ist.

[679] OGH 25.08.1998, 1 Ob 154/98y.

[680] OGH 25.08.1998, 1 Ob 154/98y mit Verweis auf *Schragel*, AHG[2] Rz 148.

[681] OGH 25.08.1998, 1 Ob 154/98y.

stellten keine Nachforschungen darüber an. Fraglich war nun, inwieweit die Richterin ein Spezialwissen haben musste bzw ob sie verpflichtet ist Nachforschungen anzustellen, wenn sie ein solches Wissen nicht aufweist. Der OGH meinte, dass ein Richter ein solches Spezialwissen nicht haben muss. Jedoch, so der OGH weiter, darf der Richter, wenn er eine (unvollständige) Belehrung erteilt, nicht den Eindruck erwecken, dass es sich dabei um eine vollständige und abschließende Anleitung handelt und muss alles tun um dies zu vermeiden. Also zB zugeben, dass es sich bei der entsprechenden Frage um ein Gebiet handelt, in dem die Richterin nicht bewandert ist.[682]

Zusammenfassend ist fest zu halten, dass die Belehrungspflichten laut OGH auch Vermögensdispositionen schützen und diese somit vom Schutzzweck der Norm umfasst sind.[683] Erteilt das Organ gegenüber rechtsunkundigen und anwaltlich nicht vertretenen Parteien keine Rechtsmittelbelehrung oder klärt nicht über den Verfahrensfortgang auf, so handelt das Organ rechtswidrig und Amtshaftungsansprüche können bei Vorliegen der weiteren Voraussetzungen die Folge sein. Allerdings ist auch hier das Zusprechen reiner Vermögensschäden mE mit Vorsicht zu genießen, wenngleich auch leichter zu bejahen. Denn richtigerweise befindet sich die anzuleitende Partei in einem Abhängigkeitsverhältnis, sie ist angewiesen auf die Aussagen und Belehrungen der Richter, schließlich handelt es sich um Informationen, die dem Laien schwer zugänglich und oft auch schwer verständlich sind. Daher soll auch der Staat hier das Risiko tragen und die Verantwortung vom Einzelnen genommen werden.

Prinzipiell besteht auch bei den Manuduktionspflichten keine Pflicht der Organe Spezialkenntnisse aufweisen zu müssen. Insofern sind sie in weiterer Folge mE auch nicht verpflichtet, sich ein solches durch Nachforschungen anzueignen. Es besteht hierzu also keine Pflicht, auf die sich etwaige Amtshaftungsansprüche stützen könnten.[684] Gibt ein Organ nun aber trotzdem, wohl wissend, dass es nicht über die nötigen Informationen verfügt, Auskünfte und Belehrungen zu einem Themengebiet ab, so darf es nicht den Eindruck erwecken, dass es sich dabei um eine vollständige vertrauenswürdige Anleitung handelt, sondern muss das Gegenteil klar und deutlich machen.[685] Unterlässt es das Organ also, die Auskunft mit Vorbehalt zu erteilen, so können (richtigerweise) auch in diesem Fall Amtshaftungsansprüche entstehen, auch für bloße Vermögensschäden.[686]

682 OGH 25.08.1998, 1 Ob 154/98y.
683 Zur damit einhergehenden Kritik bei reinen Vermögensschäden vgl schon oben bei Kapitel III 3.2.4.3.
684 Immerhin würde dies die Behörde und vor allem die Richter vor eine nicht zu bewältigende Aufgabe stellen, da es in jedem Verfahren immer wieder ein Thema geben wird, für das ein Sonderwissen angeeignet werden müsste.
685 Vgl hierzu auch oben Kapitel III 3.2.4.3.
686 Vgl auch die Argumentation Kapitel III 3.2.4.3.

3.3.4.2 1 Ob 9/03k[687]

Ein Antrag auf Verlängerung der Aufenthaltsgenehmigung gem § 6 Abs 3 S 1 AufG[688] ist schriftlich zu stellen. Wegen Verspätung wurde dieser Antrag aber abgewiesen. Auch in dieser E ging es primär um die Feststellung, ob die Behörde ihrer Entscheidung eine vertretbare Rechtansicht zu Grunde legte.[689] Der OGH sieht in der Rechtsanwendung eine vertretbare Rechtsansicht. Als Eventualbegehren machte der Kläger noch einen Rettungsaufwand geltend, der nötig war, um auf Grund des (nach seiner Meinung eigentlich rechtzeitig gestellten) abgewiesenen Antrags nicht noch mehr Kosten auflaufen zu lassen. Jedoch war der Antrag nicht rechtzeitig eingebracht worden, was der Kläger wiederum auf eine unterlassene Manuduktion nach § 13a AVG zurückführte. Für eine Wiedereinsetzung in den vorherigen Stand reicht die Verletzung von § 13a AVG scheinbar nicht aus, jedoch zur Begründung von Amtshaftungsansprüchen, „wenn der Schadenseintritt durch pflichtgemäßes Handeln unterblieben wäre", denn der Pflicht zur Manuduktion nicht nachzukommen ist rechtswidrig. In diesem Fall hätte die Behörde laut OGH über die Schriftlichkeit des Ansuchens informieren müssen, was jedoch unterblieben ist. Wäre der Antrag also bei richtiger Anleitung noch rechtzeitig eingebracht worden, wären dadurch keine „Rettungskosten" angefallen und der Schaden somit nicht entstanden. Des Weiteren ist die unterlassene Manuduktion, wie zuvor gezeigt, auch rechtswidrig und „wegen der unmissverständlichen gesetzlichen Anleitungspflicht auch als unvertretbares und deshalb schuldhaftes Verhalten zu beurteilen".

Zusammenfassend legt der OGH in dieser E noch einmal klar und deutlich dar, dass auch ein Unterlassen (hier der Manuduktion) zu Schadenersatzansprüchen nach AHG führen kann. Nämlich dann, wenn die „Pflicht zum einzig richtigen Handel" besteht, also keine vertretbare Rechtsansicht möglich ist, die übrigen schadenersatzrechtlichen Voraussetzungen vorliegen und das rechtmäßige Verhalten den Schaden tatsächlich verhindert hätte.

3.3.4.3 1 Ob 210/06y[690]

Tochter, Sohn und Witwe eines Verstobenen klagten die Republik Österreich auf Ersatz der gezahlten Erbschaftssteuer, weil sie der Gerichtskommissär im Verlassenschaftsverfahren nicht über die anfallende Erbschaftssteuer im Falle eines Erbantritts informiert hatte. Hätten die Kläger dies gewusst, hätten sie keine bedingte Erbantrittserklärung abgegeben.

---

687 OGH 25.03.2003, 1 Ob 9/03k, ÖJZ-LSK 2003/143/144/146 = JUS Z/3589 = RZ 2003/23, 216 = SZ 2003/29.

688 BGBl 466/1992.

689 Die Entscheidung stütze sich auf eine verfassungswidrige Gesetzesauslegung. Jedoch ist der OGH bei der Beurteilung der vertretbaren Rechtsansicht nicht an die Urteile des VfGH gebunden, da diese lediglich über die Rechtswidrigkeit und nicht über das Verschulden iSd § 1 AHG iVm § 1295 ABGB absprechen.

690 OGH 28.11.2006, 1 Ob 210/06y, Zak 2007/129, 78.

Da dem Gerichtskommissär bekannt war, dass die Erben keine persönliche Haftung für das Erbe übernehmen wollten, riet er ihnen zu einem bedingten Erbantritt, da ihnen dann über den Wert der übernommenen Aktiva keine Schuldenhaftung drohe. Darauf hinzuweisen, dass gem § 8 Abs 5 ErbStG eine Mindeststeuer zu entrichten ist, hatte der Kommissär aber unterlassen. Diese Mindeststeuer wurde im Erbschaftssteuerbescheid mit dem dreifachen Einheitswert bemessen, obwohl der Schätzwert eigentlich deutlich drunter anzusetzen gewesen wäre, dies war den Klägern auch bekannt, dennoch stellten sie keinen Antrag auf Heranziehung des niedrigeren Wertes nach § 19 Abs 2 ErbStG.

Der OGH bejahte hier zwar eine Amtshaftung wegen unterlassener Aufklärung, wies den Klägern aber auch eine Mitschuld iSd § 2 Abs 2 AHG zu, weshalb nur jener Teil zu ersetzen ist, der bei einem erfolgten Antrag nach § 19 Abs 2 ErbStG zu zahlen gewesen wäre.

Dass der Gerichtskommissär ein Organ iSd § 1 Abs 1 AHG ist, sieht der OGH als unstrittig an. In dieser Funktion hätte er „Erben, die nicht von einem rechtskundigen Bevollmächtigten vertreten seien, bei der Tagsatzung, in der er deren Erbserklärung entgegennehme, über die gesetzlichen Folgen der bedingten und unbedingten Erbserklärung zu belehren. Die Belehrung müsse gegebenenfalls auch die handels-, gewerbe- und abgabenrechtlichen Folgen umfassen und für den Rechtsunkundigen verständlich sein." Da der Kommissär wusste, dass die Kläger unter keinen Umständen mit eigenem Kapital belangt werden wollten und der Kommissär wissen musste, dass eine Steuer anfällt, wäre er verpflichtet gewesen „im Rahmen einer vollständigen Belehrung" darauf hinzuweisen und im Zweifel hätte er bei den Klägern einfach nachfragen sollen, um sich einen Überblick über die Verlassenschaft zu machen.

Zwar handelt es sich bei dieser Entscheidung im Großen und Ganzen um eine unvollständige Belehrung, kausal für den Schaden war aber die Unterlassung der Information über die Steuer. Insofern handelt es sich hier um einen Musterfall einer mangelnden Manuduktion des Gerichts, hier des Kommissärs. Die Manuduktionspflicht geht hier sehr weit, sollte sie im Zweifel doch „handels-, gewerbe- und abgabenrechtlichen Folgen" beachten.

3.3.4.1 1 Ob 178/06t[691]

Hierbei handelt es sich um einen Fall, der die Schwierigkeit der Abgrenzung von Handeln und Unterlassen zeigt. Zwar wurde eine Bewilligung erteilt, aber auch eine für die Bauwerber wichtige Belehrung unterlassen. Es zeigt sich auch, dass für manche Belehrungen keine gesetzlich verankerten Pflichten notwendig sind, denn manche Verpflichtungen ergeben sich schon aus der entsprechenden Gefahrenlage und einer damit einhergehenden Sorgfaltspflicht.

Der Bürgermeister hat eine Baubewilligung für ein Einfamilienhaus erteilt, obwohl ihm kurz vor dem Bewilligungszeitpunkt bekannt wurde, dass sich das Grundstück in einem

[691] OGH 28.11.2006, 1 Ob 178/06t, bbl 2007/64, 66 = Zak 2007/164, 96 = Zak 2007/638, 364 (Anm *Hinghofer-Szalkay*) = RdU 2007/112, 211 (Anm *Kleewein*) = RFG 2008/22, 85 (Anm *Kerschner*).

Hochwasserabflussgebiet befindet. Weder hat der Bürgermeister entsprechende Auflagen erteilt, noch hat er die Bauherren über die gewonnene Erkenntnis informiert. Ein Hochwasser schädigt nun das Haus, der Kläger begehrt daraufhin Schadenersatz für die Behebungskosten sowie die Haftungsfeststellung, denn mit dem Wissen um die Gefährdung hätte er sein Bauvorhaben nicht verwirklicht. Der OGH sprach aus, dass auch wenn die Kenntnis über die Gefährdung erst spät erkannt wird (nach der Umwidmung und Erteilung des Bauplatzes), es die Verantwortung der Gemeinde ist, über die bekanntgewordenen Gefährdungen zu informieren. In diesem Falle hat der Bauwerber ein besonderes Interesse daran, welchem nur durch eine entsprechende Aufklärung genüge getan ist. „Die schuldhafte Unterlassung der von Amts wegen wahrzunehmenden Aufklärung sei rechtswidrig und führe zur Haftung der Gemeinde, sofern pflichtgemäßes Handeln den Schaden vermieden hätte."

Fraglich ist, auf welche konkrete Pflicht zur Aufklärung sich der OGH hier stützt: Die Auskunftspflichtgesetze kommen schon alleine deshalb nicht in Frage, weil der Bauwerber nie um eine Auskunft gebeten hat. Die Frage ist also, auf welche Pflicht lässt sich eine derartige Aufklärungspflicht dann stützen. Warnpflichten sind Sorgfaltspflichten, die auch in einer öffentlich-rechtlichen Beziehung zwischen Bürger und Staat wahrzunehmen sind. Es sollte daher dem Bauwerber nicht zur Last gelegt werden, dass er kein Ansuchen um eine Auskunft stellt, weil er davon ausgeht, dass die Behörde rechtmäßig handelt.[692] Ich glaube auch, dass die Unterscheidung zwischen Auskunft und Aufklärung nicht wesentlich ist, der einzige Unterschied besteht dahingehend, dass bei ersterem noch die Partei zwischengeschaltet ist. Daraus aber andere (nachteilige) Rechtsfolgen für den Aufzuklärenden abzuleiten, ist nicht angemessen, da dieser genauso schutzwürdig ist. In diesem Fall verstößt die Gemeinde gegen Sorgfaltspflichten, die zu tragen ganz klar in der Verantwortung der Gemeinde liegen. Auch hier steht der Bauwerber in einer Abhängigkeit zur Behörde, denn ohne deren Hinweis kann er von der Gefährdung nichts wissen. Erst durch eine Information der Baubehörde und in weiterer Folge der Erteilung von Auflagen, hätte der Bauherr Kenntnis darüber erlangen können. Daher ist hier richtigerweise auch für bloße Vermögensschäden Schadenersatz zugesprochen worden.

3.4 Fazit

Auskunfts- und Manuduktionspflichten unterscheiden sich zwar von ihrer Art, sind inhaltlich, aber oft gleich zu behandeln. Während die Auskunft meist aktiv von Parteien verlangt wird, müssen Anleitungspflichten von Amtswegen wahrgenommen werden. Gemeinsamkeiten ergeben sich zB bei der Einschränkung des Umfanges der Auskunfts- oder Aufklärungspflicht, denn beide Pflichten dürfen eine ordnungsgemäße Erfüllung der sonstigen Aufgaben nicht behindern. Des Weiteren dürfen die Behörden nicht vor eine „nicht

[692] *Kleewein*, RdU 2007/112, 211 (214 f).

zu bewältigende Aufgabe“[693] gestellt werden, wenn sie zur Auskunft oder Belehrung verpflichtet werden. Richtigerweise sagt auch der OGH, dass die Organe nicht verpflichtet sind, Auskünfte oder Belehrungen über Unbekanntes zu erteilen oder gar Nachforschungen anzustellen. Allerdings ist der Auskunftswerber bzw die zu belehrende Partei dann schutzwürdig, wenn ein unwissendes Organ eine scheinbar richtige und vollständige Antwort ohne Vorbehalte erteilt. Eine unterlassene Vervollständigung kann daher Amtshaftungsansprüche begründen, dann sind sogar bloße Vermögensschäden zu ersetzen, denn der zu Belehrende bzw Auskunftswerber hat berechtigterweise auf die Vollständigkeit und Richtigkeit vertraut. Nicht berechtigt wäre dieses Vertrauen nur, wenn gravierende und für den zu Belehrende bzw Auskunftswerber offensichtlich erkennbare Auskunftsfehler der Behörde vorliegen. Hier ergibt sich ein besonders hohes Haftungsrisiko für den Staat. Fraglich ist, inwieweit der OGH auch bei reinen Unterlassungen bloßen Vermögensschäden Ersatzfähigkeit zuspricht. Eine mögliche Lösung, die nicht zu weit führt, wurde unter Kapitel III 3.2.4.3 dargelegt. Generell tendiert der OGH aber eher zu einer klägerfreundlichen Ausweitung des Schutzzwecks, als zu dessen Einschränkung. Für die Zukunft wäre es daher wünschenswert, wenn der OGH den Schutzzweck der Norm nicht mehr so ausweiten würde und ihn zu dem macht, zu dem er wirklich dient: Nämlich zur Einschränkung der Haftung.

4 Die mangelnde Auflagenüberwachung oder –erteilung im Gewerberecht

4.1 Allgemeines

Mit der Entscheidung zum Handlauffall hat der OGH, soweit ersichtlich, das erste Mal Amtshaftung zugesprochen, weil die in einem Betriebsanlagenbewilligungsbescheid erteilten Auflagen nicht kontrolliert bzw überwacht wurden. Insofern wurden das erste Mal Amtshaftungsansprüche für die unterlassene Auflagenüberwachung zuerkannt. Davon zu unterscheiden sind jene Fälle, in denen erst gar keine Auflagen erteilt wurden, obwohl sie erteilt werden hätten müssen und dadurch ein Schaden entsteht und daher richtigerweise Amtshaftung für die unterlassene Auflagenerteilung geltend gemacht werden muss. Anzuwenden ist dies natürlich vor allem im Gewerberecht und hier bei der Betriebsanlagenbewilligung, es kann aber genauso gut das Baurecht betreffen, wo im Baubewilligungsverfahren unter Umständen Auflagen zu erteilen und auch zu überwachen sind. Daher sind die hier erörterten Grundsätze auch im Baurecht anwendbar, auch wenn in diesem Kapitel vor allem die gewerberechtlichen Auflagen erörtert werden sollen.

[693] OGH 12.08.2004, 1 Ob 231/03g, ARD 5548/8/2004 = ÖGZ 2005 H 1, 69 = JBl 2005, 184 = ÖJZ EvBl 2005/65, 299 = ÖJZ-LSK 2005/13/14 = SZ 2004/118.

Um Amtshaftungsansprüche zu begründen müssen auch hier die allgemeinen Voraussetzungen gegeben sein, besonders im Vordergrund stehen auch hier die Pflicht zum Handeln sowie der Rechtswidrigkeitszusammenhang.

4.2 Betriebsanlagengenehmigungen und sich daraus ergebende Pflichten

Auflagen im Gewerberecht werden, wenn, dann im Zuge von Betriebsanlagengenehmigungen erteilt oder zu erteilen sein.

Nach der Legaldefinition des § 74 Abs 1 GewO versteht man unter einer gewerblichen Betriebsanlage, jede örtlich gebundene Einrichtung, die der Entfaltung einer gewerblichen Tätigkeit regelmäßig zu dienen bestimmt ist. Genehmigt werden müssen diese zB nach Abs 2 leg cit dann, wenn sie wegen der Verwendung von Maschinen und Geräten, wegen ihrer Betriebsweise, wegen ihrer Ausstattung oder sonst geeignet sind, das Leben oder die Gesundheit des Gewerbetreibenden, des mittätigen eingetragenen Partners oder der mittätigen Familienangehörigen, wenn diese nicht dem ArbeitnehmerInnenschutzgesetz[694] unterliegen oder aber der Nachbarn oder der Kunden, die die Betriebsanlage der Art des Betriebes gemäß aufsuchen, oder das Eigentum oder sonstige dingliche Rechte der Nachbarn zu gefährden. Können diese Gefährdungen ausgeschlossen werden, unter Umständen eben durch die Erteilung von Auflagen, dann ist die Anlage zu genehmigen.[695] Es ist der Behörde daher nicht erlaubt, die Genehmigung zu versagen, ohne die vorherige Prüfung angestrengt zu haben, „ob ein solches Genehmigungshindernis durch Vorschreibung von (zulässigen) Auflagen beseitigt werden kann“.[696] Liegen zwar Gefährdungsmomente vor, können aber Auflagen diese abwenden, so ist es die Pflicht der Behörde solche auch zu erteilen. Sind Auflagen erteilt worden, so sind diese im Bewilligungsbescheid nach § 359 Abs 1 GewO anzuführen. Dort heißt es aber auch: „Wenn es aus Gründen der Überwachung der Einhaltung der Auflagen notwendig ist, hat die Behörde im Genehmigungsbescheid anzuordnen, daß ihr die Fertigstellung der Anlage angezeigt wird.“ [697] Während es im „Handlauffall“[698] keine Anzeichen einer gesetzlichen Verpflichtung gab, jegliche Art von Auflagen zu kontrollieren, so finden sich, wie gerade gezeigt, mittlerweile eindeutige Aussagen im Gesetz wieder. Die Pflicht Bescheidauflagen zu kontrollieren, ergibt sich heute aus § 360 GewO. Besteht nämlich der Verdacht einer Übertretung der explizit aufgezählten Normierungen, so ist der Betreiber der Anlage „zur Herstellung des der Rechtsordnung entsprechenden Zustandes“ aufzufordern. Dies muss eben auch dann geschehen wenn die im Bescheid vorgeschriebenen Auflagen nicht

[694] BGBl 450/1994.
[695] § 77 Abs 1 GewO idF BGBl I 111/2010.
[696] *Wendl*, Zulässige und unzulässige Auflagen, in *Stolzlechner/Wendl/Bergthaler* (Hrsg), Die gewerbliche Betriebsanlage[3] (2008) Rz 327.
[697] § 359 Abs 1 GewO idF BGBl I 85/2013.
[698] Gemäß § 82a Abs 6 GewO 1974 gab es nur für gefahrengeneigte Anlagen eine Überwachungspflicht, darunter kann man aber eine Gaststätte nicht subsumieren; vgl *Pirker/Kleewein*, ÖJZ 1995, 521.

eingehalten werden.[699] Die Behörde hat hier einstweilige Zwangs- und Sicherheitsmaßnahmen zu setzten, die von Amtswegen getroffen werden müssen. Insbesondere kommt Nachbarn in diesem Fall daher kein Recht auf die Einleitung oder Teilnahme am Verfahren zu. Unterlässt es die Behörde aber einzuschreiten, so verletzt sie ihre Pflicht zum Handeln und an der Gesundheit geschädigte Nachbarn können Amtshaftungsansprüche geltend machen.[700]

4.2.1 Der Schutzzweck der Gewerbeordnung

Für den OGH steht außer Frage, dass es sich bei den folgenden Paragraphen um Schutzgesetze handelt: „§ 74 Abs 2, § 75 Abs 2, § 78 Abs 2, § 360 Abs 2, § 366 Abs 1 und § 367 GewO kommt im Umfang des gesetzlichen Schutzzwecks für Leben, Gesundheit und Eigentum (dingliche Rechte) der Nachbarn schon kraft ausdrücklicher Anordnung im Gesetz der Charakter eines Schutzgesetzes iSd § 1311 ABGB zu."[701]

Der Schutzzweck der Gewerbeordnung ist daher schon kraft Gesetzes sehr weit zu verstehen. Denn danach sind der Gewerbetreibende, im Betrieb mittätige Familienangehörige oder Partner, die nicht dem ArbeitnehmerInnenschutzgesetz unterliegen, an Leben und Gesundheit geschützt. Dies bedeutet, so der OGH, dass anders, „als für das bereits behandelte Gebiet der Bauordnung ergibt sich somit aus § 74 Abs 2 Z 1 GewO selbst, dass zwar Leben und Gesundheit des Gewerbetreibenden, nicht jedoch dessen Eigentum durch das behördliche Einschreiten geschützt werden soll."[702] Ebenso verhält es sich mit den Kunden, die die Betriebsanlage benutzen.

Der Schutz von Nachbarn geht sogar noch weiter, dieser umfasst auch noch das Eigentum der Nachbarn.[703] Der Schutz geht hier nämlich soweit, dass auch bei Unterlassungen jegliche Schäden zu ersetzen sind, dies beinhaltet auch Vermögensschäden.[704] Verursacht die Betriebsanlage eine objektive Wertminderung am Nachbargrundstück, so stelle dies einen Primärschaden dar, der zu ersetzen ist. Folgeschäden könne man aber typischerweise im „Entfall von Entgelt bei einer entgeltlichen Gebrauchsüberlassung" sehen. Auch wenn dies klarerweise bloße Vermögensschäden sind, so sind diese für Nachbarn dennoch vom Schutzzweck der Gewerbeordnung erfasst. Denn so der OGH mit Verweis auf *Koziol*[705], die „Verhaltensnormen, die die Gefährdung oder Beschädigung fremder absoluter Rechtsgüter verbieten, haben nämlich meist nicht nur den Schutz dieses Rechtsguts im Auge, sondern

---

[699] Näheres siehe in Grabler/Stolzlechner/Wendl, Kommentar zur Gewerbeordnung³ (2011) § 360 Rz 14.
[700] *Giese*, in *Stolzlechner/Wendl/Bergthaler* (Hrsg), Betriebsanlage³ Rz 365.
[701] OGH 11.11.1992, 1 Ob 5/92, JBl 1993, 532 (Anm Kerschner) = JAP 1993/94, 98 (Anm Rebhahn).
[702] OGH 24.06.2005, 1 Ob 108/04w; zum Baurecht und dem Schutz des Bauherrn siehe unten Kapitel III 5.
[703] § 74 Abs 2 Z 1 GewO idgF.
[704] *Vrba*, Amtshaftung-Staatshaftung Register 2 Kapitel 2.6, 15.
[705] Haftpflichtrecht³ I Rz 8/35.

auch die Verhinderung weiterer Schäden des Rechtsinhabers."[706] Auch wenn das bloße Vermögen an sich nicht schutzwürdig ist, so ist die Ersatzfähigkeit in Zusammenhang mit Folgeschäden anerkannt, weshalb nicht zusätzliche Verhaltenspflichten normiert werden müssen, damit diese ersatzfähig sind, da der Schädiger ohnehin schon andere Rechtsgüter rechtswidrigerweise verletzt. Der OGH geht hier weiter, als die herrschende öffentlich-rechtliche Lehre und der VwGH, denn nach diesen handelt es sich hierbei nur um einen Substanzschutz. Gefährdungen die zB den Verkehrswert des Eigentums mindern, sollen danach von § 74 Abs 2 Z 1 GewO nicht umfasst sein.[707]

Ebenfalls geschützt sind nachträglich zugezogene Nachbarn. Diese dürfen „ebenso wie die bereits seit längerer Zeit dort ansässigen Nachbarn - darauf vertrauen, dass die Gewerbebehörde die ihr vom Gesetz auferlegten Schritte unternehmen werde, um einen allenfalls rechtswidrigen Zustand zu beseitigen."[708] Sich negativ auswirkende Bedeutung erlangt diese Tatsache des Zuzugs daher nur im Zuge des § 79 GewO und der damit einhergehenden Parteistellung des Nachbarn, welche nachträglich nicht erlangt werden kann.

Generell kommt dem Schutz der Nachbarn im Zuge der Amtshaftungsjudikatur im Gewerberecht ein großer Stellenwert zu. Zum einen darf man nicht außer Acht lassen, dass der Begriff des Nachbarn in § 75 Abs 2 GewO sehr weit gefasst ist. Denn danach sind Nachbarn „alle Personen, die durch die Errichtung, den Bestand oder den Betrieb einer Betriebsanlage gefährdet oder belästigt oder deren Eigentum oder sonstige dingliche Rechte gefährdet werden könnten." Nicht jedoch Personen, die sich in der Nähe aufhalten, sehr wohl aber „Inhaber von Einrichtungen, in denen sich, wie etwa in Beherbergungsbetrieben, Krankenanstalten und Heimen, regelmäßig Personen vorübergehend aufhalten", genauso wie Nachbarn auf grenznahen Grundstücken im Ausland (Abs 3 leg cit). Der Begriff geht also über den bloßen Anrainerbegriff hinaus.[709] Zum anderen setzte der OGH schon in 1 Ob 5/92 ein Zeichen für den Rechtsschutz der Nachbarn von rechtswidrig geführten Betriebsanlagen. Von *Kerschner* als Meilenstein bezeichnet, ist das Problem Folgendes: Den Anrainern kommt hinsichtlich der Überwachung oder Erteilung von Auflagen kein subjektiv-öffentliches Recht zu, gegen eine rechtswidrige Unterlassung vorzugehen. Im Wege der Amtshaftung sind nun aber alle Schäden der Nachbarn an privaten Rechtsgütern zu ersetzen, die diesen entstanden sind, weil die Gewerbebehörde nicht gegen die schädigende Betriebsanlage eingeschritten ist. Nicht unbeachtet darf dabei die präventive Wirkung bleiben, die von der Amtshaftung ausgeht.[710]

---

[706] OGH 29.01.2002, 1 Ob 168/01i, JBl 2002, 390 (Anm *Kerschner*).

[707] *Feik*, Gewerberecht in *Bachmann* et all, Besonderes Verwaltungsrecht[8] 176; VwGH 15.09.1992, 92/04/0099, WBl 1993, 131.

[708] OGH 29.01.2002, 1 Ob 168/01i, JBl 2002, 390 (Anm *Kerschner*).

[709] *Kleewein*, Anrainerschutz bei Massentierhaltung im Privatrecht, RdU 1995, 55.

[710] JBl 1993, 532; ebenfalls bestätigt in OGH 28.04.1998, 1 Ob 107/97k, RdU 1998/120 (Anm *Kerschner/Wagner*); Vgl zur präventiven Wirkung, die mE nicht überbewertet werden sollte: Kapitel III 2.2.5.2.

4.2.2 *Amtshaftung für die unterlassene Auflagenerteilung und Auflagenüberwachung*

Ganz allgemein setzt auch eine unterlassene Auflagenüberwachung oder -erteilung voraus, dass diese rechtswidrig ist. Dies ist eben dann der Fall, „wenn eine gesetzliche Verpflichtung zum Handeln dem Geschädigten gegenüber besteht, das unterlassende Organ also zu positivem Handeln verpflichtet war und pflichtgemäßes Handeln den Schaden abgewendet hätte.“[711] Dabei sind auch hier die Schäden, dann zu ersetzen, wenn sich darin genau jene Gefahr verwirklicht, weswegen der Gesetzgeber eigentlich ein bestimmtes Verhalten gefordert hat. Ermittelt wird diese über den Schutzzweck der Norm. Und auch hier reicht ein bloßes Mitbezwecken aus, wenn die Norm die Verhinderung eines solchen Schadens, wie den der eingetreten ist, angestrebt hat.

Die Gewerbebehörde hat insbesondere gemäß § 71 Abs 2 Z 1 für den Schutz vor Gefahren zu sorgen und dies anhand der bereits aufgetretenen Gefährdungen zu prüfen.

„Besteht eine derartige Gefährdungslage, hat die Behörde gemäß § 77 Abs 1 GewO die Betriebsanlage unter Vorschreibung bestimmter geeigneter Auflagen zu genehmigen, wenn überhaupt oder bei Einhaltung der Auflagen zu erwarten ist, dass - unter anderem - eine Gefährdung von Personen im Sinn des § 74 Abs 2 Z 1 GewO ausgeschlossen ist (vgl JBl 1993, 320). Unterlässt es die Gewerbebehörde rechtswidrig und schuldhaft, für die Herstellung des gesetzesmäßigen Gewerbebetriebs durch Erteilung der erforderlichen Auflagen zu sorgen, so kann dies Amtshaftung begründen (JBl 1993, 532; SZ 71/75).“ Auch wenn eine Betriebsanlage rechtskräftig genehmigt wurde, so kann diese „nicht schlechthin alle Eingriffe in das Eigentum von Nachbargrundstücken zu rechtmäßigen machen“.[712] Die Zivilgerichte haben daher selbst zu prüfen, ob eine Rechtmäßigkeit der Anlage vorliegt oder nicht. Rechtswidrig wäre es dann, wenn die Voraussetzungen weitere Auflagen oder Zwangsmaßnahmen zu erteilen nach § 79 GewO vorgelegen wären und eine Änderung der Auflagen auch tatsächlich den Schaden verhindert hätte.[713]

Hat die Behörde zwar Auflagen erteilt, unterlässt es aber die Auflageneinhaltung zu kontrollieren, so kann dies allenfalls Amtshaftungsansprüche auslösen. „Hat die Gewerbebehörde demnach zwar die Betriebsanlage genehmigt, gleichzeitig aber Auflagen angeordnet, so hat sie deren Befolgung - jedenfalls aber so weit, als diese Auflagen, wie im vorliegenden Fall, zur Vermeidung der Gefährdung der körperlichen Sicherheit von Personen angeordnet wurden (§ 74 Abs 2 Z 1 GewO) - auf geeignete Weise zu überwachen bzw, wenn sie dabei Anstände wahrnimmt, die erforderlichen Vorkehrungen zu treffen.“[714] Auf die Kritik *Rebhahns*[715] zum Handlauffall, es sei nicht klar, woraus sich die Handlungspflicht hierzu ableite, reagierte der OGH wie folgt: Die „ Anordnung von Auflagen zur Abwendung von

[711] OGH 19.12.2000, 1 Ob 93/00h, MietSlg 52.204 = ZVR 2002/21, 89 = RZ 2002/4, 44.
[712] OGH 28.04.1998, 1 Ob 107/97k, RdU 1998/120 (Anm *Kerschner/Wagner*).
[713] OGH 28.04.1998, 1 Ob 107/97k, RdU 1998/120 (Anm *Kerschner/Wagner*).
[714] OGH 19.10.1993, 1 Ob 25/93, JBl 1994, 263.
[715] Vgl genauer Kapitel I 2.4.

Gefahren für das Leben oder die Gesundheit von Menschen" impliziert „die Überwachung ihrer Befolgung und – naturgemäß - deren Erzwingung bei Wahrnehmung von Anständen, (…) bliebe es doch sonst dem Zufall überantwortet, ob die -positiv erkannten - Gefahrenquellen ausgeschaltet werden oder nicht."[716] Zudem lässt der OGH die von *Rebhahn* vorgenommene Anlehnung an das Ingerenzprinzip gelten, wobei es sich um die Pflicht handelt selbst geschaffene Gefahrenquellen zu beseitigen. Geht es also um Gesundheit und Leben, so ergibt sich die Verpflichtung zur Überwachung der Auflage, allein schon aus der damit zu verhindernden Gefahrenlage, eine konkrete gesetzliche Verpflichtung ist daher nicht zwingend erforderlich.

Fraglich ist, wie es dann um das Eigentum (der Nachbarn) gestellt ist. Die explizite Nennung von Gesundheit und Leben lässt aber auf eine Staffelung schließen, wie dies auch *Rebhahn* bei seinen „Allgemeinen Kriterien" vorschlägt, wo Ersatzfähigkeit eher gegeben sein muss, wenn Gesundheit und Leben gefährdet sind. Auch wenn dies auf die Einbeziehung nicht primär geschützter Interessen zum Schutzzweck der Norm abzielt, könnte man mE analog schlussfolgern, dass die Behörde, wenn es um Gesundheit und Leben geht, eher einzuschreiten hat und ihr eine größere Pflicht zukommt, als dies bei einer etwaigen Gefahr fürs Eigentum oder andere Vermögensinteressen der Fall ist. Die Einbeziehung des Vermögens in den Schutzkreis der Norm, könnte aber wiederum zu einer größeren Sorgfaltspflicht der Behörde führen, wenn dieses zB explizit im Gesetzestext genannt ist, als wenn dies nicht der Fall ist.

Des Weiteren lässt der OGH offen, wie sich diese Kontrollpflicht in der Praxis darstellen soll. Weder ist klar, welcher Maßstab an eine solche Überprüfung zu stellen ist, noch wie die Behörde hier im Generellen vorzugehen hat. Ganz geschweige davon, wer, vom immer weniger werdenden Personal, dies kontrollieren soll. Einzelfälle helfen der Behörde jedoch sicher nicht, hier eine eigene Vorgehensweise festzulegen und mit ihren beschränkten Ressourcen und Kapazitäten richtig umzugehen. In weiterer Folge kann dies auch zu einem „Organisationsverschulden" der Oberbehörde führen, die ihre Unterinstanz nicht mit genügend finanziellen Mitteln ausstattet, damit diese ihrer Kontrollpflicht nachkommen kann.

4.3 Exkurs Auflagenüberwachung und –erteilung im Baurecht

Nicht nur im Gewerberecht finden sich beeinträchtigte Nachbarn, auch im Baurecht kommt es durch die nicht Erteilung oder unterlassene Kontrolle von Auflagen des Baubewilligungsbescheids zu Schäden. Aber im Gegensatz zum Gewerberecht, wo der Gewerbetreibende selbst nicht im Eigentum geschützt ist, ist im Baurecht auch der Bauwerber selbst geschützt, wenn die Behörde eine auflagenfreie Baubewilligung erteilt, obwohl sie verpflichtet gewesen wäre Auflagen zu erteilen.[717]

---

[716] OGH 19.10.1993, 1 Ob 25/93, JBl 1994, 263.
[717] OGH 03.02.1999, 1 Ob 362/98m, bbl 1999/182; siehe auch Kapitel III 5.3.3.1.

Auch hier ergibt sich die Verpflichtung vor allem dann, wenn eine gewisse Gefährdungslage gegeben ist. „Sollte unter fachtechnischen Gesichtspunkten - für die auch die allfällige Kenntnis der Baubehörde von Rutschungen im Bereich von Nachbargrundstücken bedeutsam sein könnte - das Abrutschen des Hangs bei Durchführung der geplanten Arbeiten konkret zu befürchten gewesen sein, so wäre es Aufgabe der Baubehörde gewesen, auch zur Bewahrung des Bauwerbers selbst vor Schäden, infolge einer zwar bewilligungsgemäßen, aber doch gefahrträchtigen Bauführung die Baubewilligung an solche Auflagen zu knüpfen, bei deren Einhaltung die Stabilität des Hangs gewährleistet gewesen wäre.“[718]

Auch im Baurecht hat der Nachbar kein Recht darauf, dass ein Bescheid abgeändert, behoben oder gar kontrolliert wird.[719] Daher kann die Amtshaftung wie im Gewerberecht regulierend wirken.

Grundsätzlich muss auch hier eine Pflicht der Behörde zum Tätigwerden bestehen, damit ein Unterlassen rechtswidrig ist. Anders aber als im Gewerberecht, wo dies einheitlich geregelt ist, gibt es in der Bauordnung länderspezifische Unterschiede. So sind (!) nach § 18 Abs 1 Kärntner Bauordnung 1996 Auflagen zu erteilen, wenn (gemäß § 17 Abs 1 leg cit) „dem Vorhaben nach Art, Lage, Umfang, Form und Verwendung öffentliche Interessen, insbesondere solche der Sicherheit, der Gesundheit, der Energieersparnis, des Verkehrs, des Fremdenverkehrs sowie der Erhaltung des Landschaftsbildes oder des Schutzes des Ortsbildes entgegenstehen“. Nach § 39 Abs Sbg BauTG jedoch können (!) zur Abwehr von Gefahren oder Belästigungen weitergehende Auflagen erteilt werden, wenn dies sonst „nach Größe, Lage oder Verwendungszweck erhöhten Anforderungen nach Festigkeit, Brandschutz, Sicherheit und Hygiene entsprechen müssen oder die Belästigungen der Nachbarn erwarten lassen, welche das örtlich zumutbare Maß übersteigen“. Der einzige Unterschied besteht oft in der Wortwahl von „kann“ und „muss“ oder auch anderer Begriffe, die diesen Unterschied ausdrücken. Auch wenn ein „kann“ nicht zwingend auf ein Ermessen schließen lässt, so ist es doch ein starkes nicht zu verachtendes Indiz, was im Zweifel, wie hier mehrfach gezeigt, zu Problemen führen kann.[720]

In der sachlichen Beurteilung des Problems zeigt sich aber, dass es zwischen Bau- und Gewerberecht keine allzu großen Unterschiede gibt und sich diese aneinander anlehnen.

---

[718] OGH 03.02.1999, 1 Ob 362/98m, bbl 1999/182.
[719] *Kleewein*, RdU 1995, 55.
[720] Vgl dazu auch Kapitel I 2.5.

4.4 *Einzelfälle*

4.4.1 1 Ob 173/02a[721]

Die Gewerbebehörde hätte der Betreiberin einer Styropor-Recycling-Anlage die Auflagen erteilt, zum einen an den vorgeschrieben Stellen bis zur Decke reichende Brandmauern zu errichten und zum anderen Warnschilder anzubringen, die das Rauchen, Hantieren mit offenem Feuer und Licht verbieten. Die Auflagen wurden nicht erfüllt, die Gewerbebehörde kontrollierte dies aber auch nicht. Ein mit Flüssiggas betriebenes Heizgerät wurde falsch angeschlossen und löste einen Brand aus, der sowohl diese Anlage, als auch andere im selben Gebäudekomplex untergebrachte Betriebe schädigte. Der Versicherer dieses Gebäudes klagte nun auf Ersatz des Schadens, der ihm entstand, weil er seiner Versicherungsnehmerin den Schaden ersetzen musste.

Der OGH stellte hierzu fest, dass die Überwachung der Auflage für die Brandmauern den Schaden nicht verhindert hätte, denn selbst bei bescheidgemäßer Errichtung der Brandmauern, hätte das Feuer auf die anderen Betriebe übergegriffen, es hätte einer 1m höheren Mauer bedurft, um dies zu verhindern.

Anders sieht dies der OGH aber mit den Auflagen betreffend der Hinweisschilder mit dem Verbot des offenen Feuers. Diese hätten auch im Umkleideraum angebracht werden müssen, wo das Feuer ausgebrochen ist, da dieser auch in der Produktionshalle gelegen war. Da die Pflichtwidrigkeit vermutet wird, muss kein strikter Kausalzusammenhang nachgewiesen werden, sondern lediglich die Übertretung der Norm, sprich die „Unterlassung der Überprüfung der von der Gewerbebehörde verfügten Auflagen". Die Beklagte hat nun den Beweis zu erbringen, dass ihre Organe rechtmäßig gehandelt haben oder der Schaden ohnehin auch bei Überprüfung eingetreten wäre. Da dies nicht gelungen ist, haftet die beklagte Partei „also schon mangels der Überprüfung der Einhaltung dieser Auflage, die die Anbringung der entsprechenden Hinweisschilder zum Gegenstand gehabt hätte".

Da eine um 1m höhere Brandmauer den Brand verhindert hätte, haftet die Beklagte auch für die „Unterlassung der Erteilung einer § 12 Abs 7 BauV entsprechenden Auflage". Den Organen ist daher rechtswidriges und schuldhaftes Verhalten anzulasten, wenn die Auflagen, „die dem durch § 74 Abs 2 Z 1 GewO gebotenen Schutz nicht gerecht werden".

Abgesehen davon, dass die Beklagte auf Grund der Beweislastumkehr das Fehlen der Kausalität nachzuweisen hat und dadurch die Geschädigten entlastet werden, die lediglich die Übertretung einer Norm darlegen müssen, kommt der Behörde auch die Pflicht zu, Auflagen zu erteilen, die tatsächlich geeignet sind Gefährdungen nach § 74 Abs 2 Z1 auszuschließen. Insofern ergibt sich daraus die Pflicht, von vorherein geeignete Auflagen zu erteilen, wie weit hierfür aber die Pflicht geht, im Vorhinein alle möglichen Erhebungen anzustellen, lässt dieses Urteil offen. Im Zweifel klingt aber im Urteil schon an, dass der beigezogene

[721] OGH 26.11.2002, 1 Ob 173/02a, ecolex 2003/75, 172 = bbl 2003/57, 83.

Sachverständige dies wohl im Auftrag der Behörde zu überprüfen gehabt hätte und daher das Nichtwissen um die Gefährdung mangels Überprüfung durch den Sachverständigen, die Haftung nicht ausschließt. Die Behörde wird daher so viele Erhebungen machen müssen, die zur Erteilung einer „richtigen“, sprich ausreichenden, Auflage, nötig sind. Das Unterlassen ausreichender Erhebungen zur Gefährdungslage, könnte daher Amtshaftung auslösen.

4.4.2 1 Ob 93/00h[722]

Eine 25 m hohe Kiefer wird auf das Vorzelt eines Wohnwagens einer auf dem Campingplatz gastierenden Familie geschleudert, weil ein Sturm diese entwurzelte. Dabei werden die Klägerin, ihre Tochter und ihre Schwägerin schwer verletzt, weshalb diese unter anderem Amtshaftung gegen die Republik Österreich geltend machte, da die Behörde es unterlassen habe, nach einer durchgeführten Rodung Auflagen für die restlichen Bäume zu erteilen, die eine Fällung der schadensverursachenden Kiefer zu Folge gehabt hätte. Tatsächlich stellte sich heraus, dass eine zuvor durchgeführte Rodung die restlichen Bäume, ua die Kiefer, frei gestellt hat und zu einer Windwurfanfälligkeit von diesen Bäumen geführt hat.

Während der OGH die Haftung der Forstbehörde ausschloss, da die forstrechtlichen Normen einen Schaden, wie die des eingetretenen „nicht einmal intendieren“, da nach § 176 ForstG abseits von öffentlichen Wegen jeder selbst auf drohende Gefahren zu achten hat, sieht dies aber anders für die Gewerbebehörde aus.

Da ein Campingplatz ein anmeldepflichtiges Gewerbe ist, unterliegt dieser der Gewerbeordnung, nach welcher schon die Errichtung von Anlagen genehmigungspflichtig ist. Die „Gewerbepolizei“ hat dabei „von vornherein für den Schutz vor möglichen Gefahren und Belästigungen“ zu sorgen. Können die in § 74 Abs 2 GewO genannten Gefahren also nicht ausgeschlossen werden, „und zwar selbst dann, wenn es sich um Auswirkungen handelt, die für gewerbliche Betriebsanlagen nicht spezifisch sind“, ist eine Betriebsanlage nach Abs 1 leg cit genehmigungspflichtig. Daher ist eine solche im Falle des Campingplatzes auch nicht fraglich. Die Beurteilung der Gefährdungslage für Leben und Gesundheit hat die Behörde anhand der in der Umwelt bereits aufgetreten Gefährdungen zu beurteilen, insofern kann zB eine solche Gefährdung beim Betrieb eines Schilifts nur dann ausgeschlossen sein, wenn mindestens eine Abfahrt lawinensicher ist. Können Auflagen eine solche Gefährdung ausschließen, so hat die Behörde diese auch zu erteilen. Unterlässt es die Behörde daher für die „Herstellung des gesetzmäßigen Gewerbebetriebes durch Erteilung der erforderlichen Auflagen zu sorgen“, handelt sie rechtswidrig und schuldhaft.

Fraglich war nur, ob die Behörde von der Gefährdung bereits wusste und diese ihr erkennbar war, deshalb wurde zur weiteren Feststellung zurück verwiesen.

[722] OGH 19.12.2000, 1 Ob 93/00h, MietSlg 52.204 = ZVR 2002/21, 89 = RZ 2002/4, 44.

Dieses Urteil zeigt, dass die Behörde bei der Beurteilung der Gefährdungslage sehr viel zu beachten hat, unter anderem eben auch forstrechtliche Gefährdungen einzubeziehen hat, auch wenn dies nicht zu den alltäglichen und typischen Gefährdungen gehört. Dies führt insofern zu einer recht weitgehenden Prüfpflicht der Gewerbebehörde. Stellt sich bei dieser Prüfung eine Gefährdung heraus, so sind Auflagen zu erteilen, wenn diese geeignet sind, die Gefährdung auszuschließen.

4.5 Fazit

Seit dem Urteil zum Handlauffall ist es für den OGH klar, dass Amtshaftung gebührt, wenn es die Gewerbehörde unterlässt, erteilte Auflagen zu überwachen. Dafür ist es nicht einmal nötig, dass in einem Gesetz eine explizite Verpflichtung der Behörde besteht, denn diese lässt sich bei Gefährdungslagen und genehmigungspflichtige Betriebsanlagen sind iSd § 71 Abs 2 GewO typischerweise gefährlich, schon alleine aus dieser ableiten, denn die Erteilung von Auflagen impliziert auch deren Überwachung. Dies führte zu erheblicher Kritik, da ja Unterlassungen nur dann eine Rechtswidrigkeit zugesprochen werden kann, wenn eine Verpflichtung zum Handeln besteht. Bloß, dass diese Verpflichtungen laut OGH nicht immer explizit im Gesetz angeführt sein müssen. Die Anlehnung an das Ingerenzprinzip sollte dabei nicht überstrapaziert werden, denn dann müsste man den Staat für jegliches Verhalten verantwortlich machen, da in einem pessimistischen Szenario betrachtet, alles eine Gefährdungslage begründen kann. Mittlerweile ergibt sich eine Verpflichtung Auflagen zu kontrollieren aus § 360 GewO, nach welcher eben gegen nicht eingehaltene Auflagen vorzugehen ist. Um dies zu bewerkstelligen, muss die Einhaltung kontrolliert werden.

Amtshaftung steht aber auch dann zu, wenn es die Behörde unterlässt Auflagen zu erteilen, obwohl diese, auf Grund der Gefährdungslage, erteilt werden hätten müssen. Auch dies ergibt sich klar aus dem Gesetz, nach welchem eine Betriebsanlagengenehmigung, dann nicht zu versagen ist, wenn durch Auflagen die Gefährdungen für Gesundheit, Leben und Eigentum (der Nachbarn) ausgeschlossen werden können (§ 77 Abs 1 GewO).

Die Amtshaftung für gewerberechtliche Auflagen kommt vor allem den Nachbarn von Betriebsanlagen zu Gute, die auf Grund von fehlenden Abwehrmöglichkeiten, die Amtshaftung als Korrektiv einsetzen können, wenn Schäden entstehen. Da der Schutzzweck für Nachbarn sehr weit gefasst ist, sind sowohl das Eigentum als auch vermögensrechtliche Folgeschäden ersatzfähig.

Im Grunde gleich zu behandeln sind auch die Unterlassungen der Auflagenüberwachung oder –erteilung im Baurecht, auch wenn sich kleine Unterschiede herausstellen, wie etwa der Schutz des Eigentums des Bauherrn.

5 Die Unterlassungen im Bau- und Raumordnungsrecht

5.1 Allgemeines

Grundsätzlich sind auch im Bereich des Baurechts Amtshaftungsansprüche sowohl für Handlungen (zB ein voraussetzungswidriger Baubewilligungsbescheid) als auch Unterlassungen (zB eine Nichtuntersagung von baubewilligungslosen Bauarbeiten) möglich, wenn die allgemeinen Voraussetzungen des Schadenersatzes und die Besonderheiten des Amtshaftungsrechts, also die Eigenschaft der Organe, die „in Vollziehung der Gesetze" tätig sind sowie bei Unterlassungen der Pflichtverstoß gegeben sind.

Da der Bereich der baurechtlichen Maßnahmen nach Art 15 Abs 1 B-VG in Gesetzgebung und Vollziehung in die Kompetenz der Länder fällt, ist bei Amtshaftungsklagen wegen Unterlassungen im Baurecht nicht, wie zuvor meistens, der Bund Hauptbeklagter, sondern das jeweilige (Bundes)Land. Natürlich gibt es auch hier Ausnahmen, wie zB nach Art 118 Abs 3 Z 9 B-VG, wonach die Gemeinden für die Vollziehung der „örtlichen Baupolizei; örtlichen Feuerpolizei; örtlichen Raumplanung" zuständig sind oder auch nach Art 15 Abs 5 B-VG, hier besteht eine Ausnahme für die bundeseigenen Gebäude, die öffentlichen Zwecken dienen. Da der Großteil der Vollziehung im Baurecht an den Gemeinden „hängen" bleibt, sind sie meistens von Amtshaftungsklagen betroffen. Tatsächlich haften und somit Verantwortung übernehmen, müssen sie dabei aber nur für jene Schäden, die die Baubehörde dem Geschädigten beim (Nicht-)Tätigwerden im eigenen Wirkungsbereich zufügt. Welche Aufgabe dabei im eigenen Wirkungsbereich wahrgenommen wird, legen die einzelnen Bauordnungen fest. Wird die Behörde nun aber im übertragenen Wirkungsbereich tätig, haftet gemäß § 1 Abs 1 AHG jener Rechtsträger, für den die Gemeinde das betroffene Gesetz vollzieht, also entweder Bund oder Land.[723]

Im Baurecht kommen daher als Organe in 1. Instanz der Bürgermeister oder aber auch abweichend in Städten mit eigenem Statut der Stadtmagistrat, in 2. Instanz der Gemeinderat bzw der Stadtsenat in Frage.[724] Dabei werden diese nicht nur in Vollziehung der Gesetze rechtswidrig und schuldhaft tätig, wenn zB die Bauaufsicht vernachlässigt wird, ein Bescheid nicht erteilt oder eine Entscheidungspflicht hinausgezögert wird, sondern auch, wenn Auskünfte und Belehrungen im Rahmen der schlichten Hoheitsverwaltung (nicht) erfolgen. Zu Letzterem schon oben Kapitel III 3. In weiterer Folge wird auf diesen Punkt daher nicht mehr explizit eingegangen. Zur Aufsicht im Allgemeinen siehe auch Kapitel III 2.1.

Es gilt nun den Schutzzweck der Bauordnung zu klären, dabei ist vor allem zwischen den Interessen des Bauherrn und den Interessen der Allgemeinheit zu unterscheiden. Genauso

---

[723] *Helmberg*, Amtshaftung im Baurecht, bbl 1998, 151 (152); mit weiteren Ausnahmen.
[724] *Jahnel,* Baurecht, in *Bachmann* et all, Besonderes Verwaltungsrecht^8 (2010) 495 f; mit weiteren Besonderheiten und Abweichungen.

sollen Einzelfälle aufgezeigt werden, die ua Beispiele zur ausufernden Pflichtbegründung liefern.

5.2 *Schutzzweck der Bauvorschriften*

Primär dient das Baurecht mit seinen Schutzbestimmungen dem Schutz der Allgemeinheit[725] und somit der Wahrung öffentlicher Interessen, „wie etwa der Standfestigkeit von Gebäuden, gesundheitlicher (sanitärer) und feuerpolizeilicher Belange, von Stadtplanungs- und Verkehrsrücksichten udgl.“[726] Raum- und Bauordnungen dienen vor allem dazu Personen zu schützen, die die Bauten benutzen.[727] Auch Mieter und deren Eigentum sind damit geschützt.[728] „Das Baubewilligungsverfahren dient - aus dem Blickwinkel der Beurteilung von Schadenersatzansprüchen nach dem Amtshaftungsgesetz gesehen - vor allem dem Zweck, die Allgemeinheit vor Gefahren zu bewahren, die mit der Ausführung von Bauten, die mit der bestehenden Bauordnung nicht im Einklang stehen, verbunden sind.“[729] Flächenwidmungspläne und Bauplatzerklärungen sollen den Liegenschaftseigentümer und dessen Rechtsnachfolger schützen, jedoch nicht jene Personen, die nur in einer obligatorischen Beziehung zum Eigentümer der Liegenschaft stehen, wie zB Hypothekargläubiger, Käufer des Hauses oder Anrainer.[730] Gerade die Raumordnungsgesetze zielen eben nicht auf den Schutz von Vermögensinteressen der Anrainer ab, die „sich im Nahbereich eines von einem Flächenwidmungsplan- oder Bebauungsplan betroffenen Grundstücks befinden“.[731] Anrainern, denen aber ein subjektiv-öffentliches Recht eingeräumt wird, sind auch reine Vermögensschäden zu ersetzen.[732] Subjektiv-öffentliche Rechte dienen daher einer leichteren Beurteilung, ob die Interessen des Geschädigten vom Schutzzweck der Baurechte erfasst sind. Auch das entspricht wieder *Rebhahns* Theorie der „Allgemeinen Kriterien“.[733] Geht es nun aber um den Schutz von Leben, Gesundheit und Eigentum, ist es nicht nötig, subjektiv berechtigt zu sein, hier sollte jeder geschützt werden, dem aus baurechtswidrigen Bauwerken ein Schaden an diesen absolut geschützten Rechten entstehen kann, wie zB Benützern, Mietern oder Passanten.[734] Ist eine Liegenschaft für Bauzwecke gewidmet, so darf sich jeder Benützer darauf verlassen, dass die für die Widmung zuständige

[725] *Mader* in *Schwimann*³, AHG § 1 Rz 62.
[726] OGH 15.07.1997, 1 Ob 77/97y, bbl 1998/71 (Anm *Helmberg*) = SZ 70/144; vgl auch schon SZ 50/24; SZ 53/61; SZ 60/177; 06.09.1995, 1 Ob 22/95, SZ 68/156.
[727] OGH 16.04.1980, 1 Ob 9/80, SZ 53/61.
[728] OGH 23.09.1987, 1 Ob 23/87, SZ 69/177 = ImmZ 1988, 36.
[729] OGH 06.09.1995, 1 Ob 22/95, SZ 68/156.
[730] *Mader* in *Schwimann*³, AHG § 1 Rz 62 mwN.
[731] OGH 01.03.2012, 1 Ob 232/11s, immolex 2012/90, 283 (Anm *Hagen*); *Vrba*, Amtshaftung-Staatshaftung Register 2 Kapitel 2.6, 7.
[732] OGH 29.03.1994, 1 Ob 20/93, ecolex 1994, 534 = JBl 1994, 695.
[733] Siehe Kapitel III 2.1.2.
[734] *Helmberg*, bbl 1998, 151 (156).

Behörde diese auch ausreichend auf Eignung für diesen Zweck geprüft hat und daher keine Gesundheitsgefährdung davon ausgeht.[735]

Die Baugesetze bieten aber nicht nur Schutz vor Fremdgefährdung, auch der Bauwerber selbst ist laut Rsp geschützt. So kann der Bauherr Vermögensschäden geltend machen, die ihm entstanden sind, weil er auf Grund von Hangrutschungen wegen des Aushebens seiner Baugrube Schadenersatzzahlungen an seinen Nachbar leisten musste, denn die entsprechende Bausicherheitsnorm schützt auch das Vermögen des Bauherrn.[736] Unstrittig vom OGH anerkannt und ausgesprochen ist, dass das Vertrauen des Bauwerbers dahingehend geschützt ist, dass eine erteilte[737] Baubewilligung auf Grund einer Rechtswidrigkeit nicht wieder beseitigt wird. Es ist Aufgabe der Baubehörde und liegt somit in deren Risikobereich, für den Bauwerber unüberschaubare öffentlich-rechtliche Rücksichten wahrzunehmen.[738] Der OGH lehnt sich dabei an den BGH an, welcher tatsächlich Amtshaftungsansprüche zugesteht, wenn es auf Grund von Missachtungen öffentlich-rechtlicher Bebauungsvorschriften zum Widerruf von Baubewilligungen kommt. Mit einer eingehenden Prüfung der allgemeinen Bebauungsvorschriften soll vermieden werden, dass der Bauführer nach Baubeginn auf Grund eines Verstoßes gegen diese Normen gezwungen ist, sein Projekt später wieder aufzugeben.[739] Daher werden hier auch die (Vermögens-)Interessen des Bauherrn geschützt.

Die Argumentation des OGH ist jedoch vermehrt auf Kritik gestoßen: *Rebhahn* vertritt die Ansicht, dass auch bei einer rechtswidrigen Genehmigung der Vertrauenstatbestand fehlen kann. Dieser fehlt insbesondere, wenn die Selbstgefährdung nicht durch ein berechtigtes Vertrauen auf staatliches Verhalten veranlasst wurde. Zu denken ist dabei an Fehler im Bauvorhaben, die nicht unbedingt im öffentlich-rechtlichen Anforderungsbereich liegen, wie zB Fehler in der Statik. In Anlehnung an den BGH[740] verallgemeinert *Rebhahn*: „Dem Projekt oder der genehmigten Sache innewohnende Risiken, die nichts mit öffentlich-rechtlichen Hindernissen zu tun haben, sollte der Bauherr und Eigentümer des Bauwerkes in der Regel selbst tragen."[741] Er untermauert dieses Argument damit, dass die Behörde diesbezüglich vor allem in technischer Hinsicht über keine besondere Sachkunde verfügt und die Lage ohne die Genehmigung ohnehin nicht anders wäre als mit. Zudem kann das Vermögen des Bauherrn nie der Hauptzweck der Norm sein, sondern höchstens „ein tertiärer Nebeneffekt". [742] Dem ist mE zuzustimmen, denn Hauptzweck der Baunormen wird regelmäßig Gesundheit, Leben und

[735] OGH 09.03.2010, 1 Ob 120/09t, ecolex 2010/193, 557 (Anm *Wilhelm*); *Vrba*, Amtshaftung-Staatshaftung Register 2 Kapitel 2.6, 7.

[736] Siehe unten Kapitel III 5.3.3.1.

[737] Die Unterlassung ist in diesen Fällen vor der Erteilung der Bewilligung anzusetzen. Die Behörde unterlässt es hier nämlich öffentlich-rechtliche Hindernisse genau zu überprüfen, weshalb im Nachhinein die Bewilligung wieder entzogen werden muss.

[738] OGH 02.06.1982, 1 Ob 24/81, SZ 55/81 = JBl 1983, 326; 15.07.1997, 1 Ob 77/97y, bbl 1998/71 (Anm *Helmberg*) = SZ 70/144; 23.02.1999, 1 Ob 362/98m, bbl 1999/182 = bbl 2000, 112 (Anm *Thunhart*) = SZ 72/29.

[739] BGH 25.11.1968 NJW 1969, 234; 25.01.1973 BGHZ 60, 112 = NJW 1973, 616; 08.05.1980 NJW 1980, 2578.

[740] Dieser hat zB in BGHZ 39, 358 ausgesprochen, dass die Kontrolle der Baustatik nicht den Zweck hat auch den Bauherrn selbst vor Vermögensschäden zu schützen.

[741] *Rebhahn,* Staatshaftung 391 f.

[742] *Rebhahn,* Staatshaftung 392.

das Eigentum sein. Auch *Thunhart*[743] kontert mit der Rsp des BGH, wonach bei technischen Planungsfehlern die Interessen des Bauherrn nicht geschützt sein sollen. Statik-Überprüfungen dienen nämlich nur der Vorbeugung von Gefahren, die die Allgemeinheit auf Grund einstürzender Gebäude erleiden könnte, finanzielle Schäden des Bauherrn wegen mangelhafter Konstruktionsplanungen, die allein in dessen Risikobereich liegen, sollen dadurch aber nicht geschützt werden.[744] *Kerschner* sieht in dieser Rsp sogar eine Sozialisierung des Baugrundrisikos zu Lasten der Allgemeinheit.[745] Grundsätzlich wird damit der Allgemeinheit ein Risiko auferlegt, das eigentlich der Bauherr zu tragen hätte, denn immerhin liegt das Interesse eines Bauvorhabens immer ausschließlich in dessen Interesse und nicht in dem der Allgemeinheit, die das Risiko nun aber tragen muss. Dass das baurechtliche Bewilligungsverfahren aber die Funktion einer gratis Versicherung hat, darf laut *Thunhart* nicht unterstellt werden.[746] Dies ist korrekt und tatsächlich ein zu beachtender Faktor. Tendenziell schränkt der OGH die Haftung aber auch wieder ein, nämlich dann, wenn sich der Bauherr nicht auf den Vertrauenstatbestand berufen kann, weil ihm die Rechtswidrigkeit oder der Widerspruch bekannt war.[747] Auch dem ist mE in Anlehnung an *Rebhahn*[748] zuzustimmen. „Wo kein Vertrauen besteht, ist keines zu schützen."[749]

Zusammenfassend kann zum Schutzzweck der Norm des Baurechts festgehalten werden, dass dieses primär Leben, Gesundheit und Eigentum von Mietern und Benützern von Gebäuden, aber auch Passanten und uU sogar Anrainer schützt. Aber nicht nur diese sind geschützt, auch der Bauwerber selbst ist laut OGH vom Schutz der Baunormen erfasst und das sogar mit seinem Vermögen. Dies ist in dieser Allgemeinheit jedoch nicht zu befürworten und ist dementsprechend auf viel Kritik gestoßen. Generell ist dabei auf den Einzelfall abzustellen, um beurteilen zu können, welche Interessen mitgeschützt sind. Strikt zu verneinen ist dabei jedenfalls der Schutz für Personen, im Speziellen Bauwerber, die auf Grund von Wissen über die Rechtswidrigkeit keinen Vertrauenstatbestand generieren können. Dies sieht auch der OGH so. Aufpassen muss dieser aber auch, wenn der Bauwerber nicht über die Rechtswidrigkeit Bescheid weiß und auf Grund dessen einen Vertrauenstatbestand annimmt. Dies kann zu einer Gratis-Versicherung führen, wenn der Bauherr zB gegenüber den Nachbarn im privatrechtlichen Rahmen ersatzpflichtig wird, weil sein (bewilligtes) Haus Schäden bei diesem verursacht.

---

[743] *Thunhart*, Amtshaftungsansprüche des Bauwerbers wegen Bewilligung fehlerhafter Bauvorhaben. Zugleich eine Besprechung von OGH 23.2.1999, 1 Ob 362/98m, bbl 2000, 112 (113).
[744] Vgl auch BGH 27.05.1963 BGHZ 39, 358; 25.11.1968 NJW 1969, 234; 25.01.1973 BGHZ 1973, 112 = NJW 1973, 616.
[745] *Kerschner*, RFG 2008/22, 85 (87).
[746] *Thunhart*, bbl 2000, 112 (115).
[747] ZB OGH 20.03.1991, 1 Ob 36/90, ÖJZ EvBl 1991/100 = ecolex 1991, 455.
[748] Siehe Kapitel III 2.1.2.
[749] *Helmberg*, bbl 1998, 151 (157).

5.3 Einzelfälle

5.3.1 Allgemeines

Auch im Baurecht finden sich viele Pflichten und Ermächtigungen der Behörde um einzuschreiten. Hier gibt es amtswegig wahrzunehmende Aufklärungspflichten[750], die zB den Bauherrn vor gewissen Gefahren, wie Hochwasser[751], warnen sollen, aber auch die Pflicht im Bedarfsfall Auflagen zu erteilen[752] oder eine wasserrechtliche Bewilligung[753] zu fordern. Quer durch die verschiedenen Baurechtsordnungen lassen sich somit einige Pflichten finden, weshalb eine umfassende Auflistung aller Pflichten weder zielführend ist, noch vollständig möglich wäre. Daher werden im Folgenden jene Pflichten hervorgehoben mit denen sich der OGH in jüngerer Vergangenheit zu beschäftigen hatte. Dies betraf vor allem Pflichten im Zusammenhang mit den Flächenwidmungsplänen und den Baubewilligungen.

5.3.2 Flächenwidmungspläne

5.3.2.1 1 Ob 158/06a[754]

In dieser Entscheidung stellte sich der Sachverhalt wie folgt dar: Der Kläger erwarb ein Grundstück, um ein Einfamilienhaus zu errichten, dafür erteilte die (beklagte) Gemeinde ihm auch eine Baubewilligung. Erst danach erfährt der Kläger durch einen Landesregierungsmitarbeiter, dass sein Grundstück zum Teil im 30-Jährigen Hochwasserabflussgebiet und zur Gänze im 100-Jährigen Hochwasserabflussgebiet liegt. Der Kläger hätte das Grundstück mit diesem Wissen nie erworben, weshalb der Kaufvertrag aufgehoben wurde. Für seine frustrierten Aufwendungen von rund 17.000 € begehrt der Kläger nun Schadenersatz von der Gemeinde im Wege der Amtshaftung.

Die Argumente der Gemeinde, dass diese Gefährdungen aus den Gefahrenzonenplänen und den Wasserbüchern nicht ersichtlich waren und in Folge dessen auch nicht im Flächenwidmungsplan ersichtlich gemacht werden konnten, lässt der OGH nicht gelten. Viel mehr trifft die Gemeinde bei Vorliegen eines konkreten Anhaltspunkts die Pflicht, Erhebungen selbstständig durchzuführen, um Gewissheit darüber zu erlangen, ob ein Hochwasserabflussgebiet vorliegt oder nicht. Diese Pflicht gemäß § 12 Abs 1 Z 2 Kärntner-Gemeindeplanungsgesetz ergibt sich aus dem Vorliegen eines derartigen Hochwasserabflussgebietes. Zudem sei die Gemeinde verpflichtet gemäß § 18 leg cit den Flächenwidmungsplan regelmäßig zu überprüfen.

---

[750] Siehe schon Kapitel III 3.

[751] ZB OGH 28.11.2006, 1 Ob 178/06t, RdU 2007/112, 211.

[752] ZB in § 27a Abs 3 OÖ BauTG idF LGBl 2006/97; siehe auch Kapitel III 4.

[753] ZB in § 12 Abs 1 K-BO idF LGBl 2012/80.

[754] OGH 28.11.2006, 1 Ob 158/06a, bbl 2007/63, 66 = RFG 2008/22, 85 (Anm *Kerschner*) = SZ 2006/175.

Auch das Argument, dass frustrierte Aufwendungen als Vermögensschäden nicht vom Schutzzweck erfasst seien, entkräftet der OGH mit dem Verweis auf *Schragel*[755]: „Vom Schutzzweck der Raumordnungsgesetze sind jedenfalls die subjektiv-öffentlichen Rechte der Liegenschaftseigentümer und ihrer Rechtsnachfolger erfasst. Ein Bauwerber darf sich darauf verlassen, dass bei der Erstellung von Flächenwidmungsplänen die allgemeinen Anforderungen an gesunde Wohn- und Arbeitsverhältnisse berücksichtigt werden, das Gelände also zB nicht unbenutzbar durch Altlasten kontaminiert ist oder in einer Gefahrenzone (zB Hochwasser- oder Lawinengefahr) liegt." Außerdem stellt der Flächenwidmungsplan die wichtigste Grundlage für die Klärung der Bebaubarkeitsfrage und in Folge für wirtschaftliche Dispositionen dar, die mit dem Kauf und der Bebauung verbunden sind.

Da es die Gemeinde unterlassen habe, die Gefahrenzone im Flächenwidmungsplan ersichtlich zu machen, ist dem Kläger der Schaden entstanden, welcher bei gehöriger Erhebung nicht entstanden wäre, weil der Kläger dann die Bauführung nie gestartet hätte. Damit spricht der OGH den frustrierten Aufwendungen des Klägers Ersatzfähigkeit nach dem AHG zu.

Diese Entscheidung scheint meiner Meinung nach auf den ersten Blick nicht sehr weitreichend, da ja hier keine abstrakte und allgemeine Pflicht zur Ersichtlichmachung von Gefahrenzonen im Flächenwidmungsplan besteht, sondern „nur " eine anlassbezogene Pflicht bei Vorliegen konkreter Anhaltspunkte. Allerdings verabsäumt es der OGH zu definieren, was solche Anhaltspunkte sein können. Vielmehr, so erscheint es, sind diese quasi immer gegeben, denn „aus dem Fehlen der Eintragung eines Hochwasserabflussgebiets im Wasserbuch darf nicht geschlossen werden, es existiere ein solches Gebiet überhaupt nicht." Dies hieße mE im Umkehrschluss, dass hier sehr wohl eine abstrakte Pflicht besteht, jedes Gebiet regelmäßig daraufhin zu überprüfen, ob es in einem Hochwasserabflussgebiet liegt oder nicht. Dafür werden jedoch Ressourcen benötigt, die wohl nicht jede Gemeinde besitzen dürfte und diese daher vor unüberschaubare Aufgaben stellt.[756] Gleichsam stellt sich hier wieder die Frage der Tauglichkeit dieses Arguments und damit entsteht wieder die Diskussion, inwieweit eine Pflicht besteht Rechtsträger mit ausreichenden (finanziellen) Ressourcen auszurüsten. Auch der OGH betont in der Entscheidung, dass prinzipiell der Rechtsträger nach pflichtgemäßem Ermessen zu entscheiden hat, in welcher Art und Weise die vorhandenen Mittel möglichst zweckmäßig eingesetzt werden, um eben Gefahren abzuwenden. „Anderes muss allerdings gelten, wenn Gesetze den Ausweis von Gefahrenzonen in Flächenwidmungsplänen oder auf andere Weise fordern, weil dafür Geldmittel vorhanden sein müssen (*Schragel* aaO Rz 163)." [757] Dies führt daher indirekt wieder zu einer Pflicht der Gemeinde genügend Ressourcen für diese Pflichtenerfüllung bereit zu stellen.

---

[755] *Schragel*, AHG³ § 1 Rz 132 mwN.
[756] Vgl auch *Kerschner*, RFG 2008/22, 85 (86).
[757] OGH 28.11.2006, 1 Ob 158/06a, RFG 2008/22, 85 (Anm *Kerschner*).

Der Ersatz von bloßen Vermögensschäden könnte in diesem Fall mE[758] jedoch gerechtfertigt sein, auch wenn die Raum- und Bauordnung primär Leben, Gesundheit, Eigentum und adäquate Vermögensfolgeschäden[759] schützt. Rückgreifend auf die Theorie von *Rebhahn* kann zunächst festgehalten werden, dass das hier vorliegende subjektiv-öffentliche Recht des Bauwerbers eher zur Bejahung des Schutzzwecks führt. Des Weiteren lag hier ein besonderes Vertrauensverhältnis vor, denn auf Grund der mangelhaften Ersichtlichmachung, war das Risiko dem Bauwerber nicht klar ersichtlich, er durfte also davon ausgehen, dass dem Bauvorhaben keine Hochwasserrisiken entgegenstehen. Gerade Hochwasserabflussgebiete sind einem Laien nicht durch bloßes Auge erkennbar, hier wird Spezialwissen benötigt, weshalb dem Bauwerber hier auch nicht vorgeworfen werden kann, er hätte die Gefahr erkennen können, zumal diese in keinem öffentlichen Buch odgl ersichtlich war. In diesem Fall kommt dem Kläger daher eine besondere Schutzbedürftigkeit zu, weshalb der Ersatz seiner frustrierten Aufwendungen durch die Gemeinde auf Grund der vorliegenden Kriterien gerechtfertigt erscheint. Jedenfalls davon auszugehen, dass die Raum- und Bauordnung auch das bloße Vermögen schützt, um wirtschaftliche Dispositionen zu erleichtern, halte ich für nicht zutreffend, wenn keine besondere Schutzbedürftigkeit, wie in diesem Fall, besteht.

5.3.2.2 1 Ob 220/07w[760]

In diesem Fall ging es darum, dass ein Bauvorhaben deshalb vereitelt wurde, weil der Boden Altlasten und Kontaminierungen enthielt, dies deshalb, weil Lehmgruben mit Lederresten und Bauschutt aufgeschüttet wurden und danach begrünt als Bauland deklariert wurden. Der Kläger warf der Gemeinde nun vor, sie hätte die Pflicht gehabt, diese Kontaminierungen im Flächenwidmungsplan auszuweisen und vor der Widmung auf die tatsächliche Bebaubarkeit des Grundstückes hin zu überprüfen. Er begehrte nun den Ersatz von knapp 84.500 € für Grundstückserwerbsaufwendungen, Prozesskosten gegen den Verkäufer[761] des Grundstückes, die Stornogebühr für das Fertighaus und die schon begonnene Bauführung.

Mit Verweis auf 1 Ob 158/06a bestätigt der OGH, dass frustrierte Aufwendungen für ein schon begonnenes Bauvorhaben vom Schutzzweck der Raumordnungsgesetze erfasst sein können. Nicht erfasst sind aber Kosten, die daraus entstehen, die Rückzahlungsforderung einbringlich zu machen, zB eben die daraus entstandenen Prozesskosten. Zur Pflicht der Gemeinde die Bodenbeschaffenheit zu prüfen, kommentiert der OGH nur kurz, dass aus den betreffenden Normen des § 22 Abs 3 und § 23 Abs 1 Z 1 Stmk ROG keine derartige Pflicht abzuleiten ist. Zumal, so der OGH weiter, stellen die unmittelbar an das Grundstück angrenzende Mülldeponie, das „wohl bekannte" Wissen um Lehmgruben rund um eine alte Ziegelfabrik und die Ersichtlichmachung des Grundstückes im Verdachtsflächenkataster nach

---

[758] AA wohl *Kerschner*, RFG 2008/22, 85 (86).
[759] Vgl zB *Kleewein*, RdU 2007/112, 211 (215).
[760] OGH 18.12.2007, 1 Ob 220/07w, bbl 2008/101, 125 = ÖGZ 2008 H 6, 57 = MietSlg 59.814.
[761] Dieser konnte nach Rückabwicklung des Kaufvertrages, den Kaufpreis nicht zurückerstatten, weshalb die Forderung uneinbringlich war.

dem Altlastensanierungsgesetz, keinen ausreichenden Anlass für eine erhöhte Sorgfalt und Aufmerksamkeit seitens der Behörde dar. Des Weiteren bestehen in diesem Gebiet schon jahrelang Wohnhäuser, von welchen der Gemeinde keine Meldungen über Ablagerungen bekannt waren. Außerdem hätte der Bauführer von einem Nachbar über eine frühere auf dem Grundstück befindliche Deponie erfahren, diesen Hinweis hatte der Bauführer aber nicht an die Gemeinde weiter gegeben, weshalb er das Unterlassen einer näheren Überprüfung der Gemeinde nicht vorwerfen kann. Der Kläger ging somit „leer“ aus.

Diese Entscheidung mag zwar im Ergebnis zutreffend sein, verblüfft aber teilweise in der Begründung. Auf Grund des Hinweises des Nachbarn auf eine ehemalige Deponie, ist ein besonderes Vertrauensverhältnis, wie im Fall oben[762], nicht mehr gegeben und der Bauherr scheint nicht mehr schutzwürdig zu sein, da er diesem Hinweis hätte nachgehen müssen bzw der Gemeinde den Hinweis weiter geben hätte müssen, damit diese eine Prüfung vornimmt. Interessant erscheint aber das Ablehnen einer Pflicht der Gemeinde, Erhebungen über die Bodenbeschaffenheit zu tätigen. In 1 Ob 158/06a spricht der OGH ganz allgemein von einer Pflicht zum Tätigwerden, wenn besondere Anhaltspunkte vorliegen. Dort versuchte sich die Gemeinde damit zu „retten“, dass ja die Gefahrenzone im Wasserbuch nicht ersichtlich war. Dies war jedoch laut OGH irrelevant. Aber auch in diesem Fall sind andere öffentliche Register irrelevant, denn die Tatsachen, dass im Ortsgebiet viele Lehmgruben auf Grund einer alten Ziegelsteinfabrik vorhanden waren und ein Eintrag im Verdachtsflächenkataster für Altlasten vorhanden war, bieten keine besonderen Anhaltspunkte eine höhere Sorgfalt walten zu lassen. Das heißt meiner Meinung nach, dass es im Endeffekt egal ist, ob in einem öffentlichen Register, Buch oder Kataster etc ein Hinweis für eine Gefahr zu finden ist oder eben nicht, es hat keinen Einfluss auf eine etwaige konkrete Kontrollpflicht. Die Gemeinde hat nach eigenem Ermessen tätig zu werden. Steht nichts über eine Gefahr in den Registern, hat die Gemeinde dennoch eine Pflicht das Grundstück auf Gefahren hin zu überprüfen, ist eine Gefahr vermerkt, heißt dies aber nicht unbedingt, dass man als Gemeinde verpflichtet ist, eine weitere Prüfung durchzuführen, insbesondere dann, wenn ansonsten keine Anhaltspunkte dafür bestehen.

5.3.3 Baubewilligung

5.3.3.1 1 Ob 362/98m[763]

In dieser Entscheidung wurden dem Bauwerber soweit ersichtlich das erste Mal Amtshaftungsansprüche für die Bewilligung eines fehlerhaften Bauvorhabens zugesprochen, aus diesem Grund und zur besseren Nachvollziehbarkeit der weiteren Fälle, sei diese Entscheidung hier kurz angeführt, auch wenn es sich nicht um einen reinen Unterlassungsfall handelt. Zuvor ließ der OGH die Amtshaftungsansprüche immer an § 2 Abs 2 AHG scheitern,

[762] Siehe Kapitel III 5.3.2.1.
[763] OGH 23.02.1999, 1 Ob 362/98m, bbl 1999/182 = ÖJZ EvBl 1999/138 = JUS Z/2762 = RZ 1999/54 = RdW 1999, 717 = bbl 2000, 112 (Anm *Thunhart*) = ÖGZ 2000 H 5, 61 = SZ 72/29.

mit dem absurden Argument, der Bewilligungswerber hätte gegen seinen positiv bewilligten Antrag Rechtsmittel einlegen sollen.[764] Weshalb es vor dieser Entscheidung nicht möglich war, Amtshaftungsansprüche wegen einer mangelhaften Baubewilligung erfolgreich geltend zu machen. Da es sich dabei im wahrsten Sinne des Wortes „nur" um eine Bewilligung handelt, kann der Bauwerber davon Gebrauch machen, muss es aber nicht, so die Argumentation des OGH. Da aber nicht in Rechte des Geschädigten eingegriffen wird, sondern diesem viel mehr ein solches erteilt wird, ist die Frage nach einem zu ergreifenden Rechtsmittel wegen mangelnder Beschwer wohl obsolet und der vom OGH gezogene Größenschluss zweifelhaft.[765]

Von dieser Argumentation nimmt der OGH nun Abstand und lässt den Anspruch des Bauwerbers noch nicht an dessen falschen Einschätzung der Hangstabilität scheitern. Der Bauwerber erhielt die Baubewilligung ohne Auflagen für die Vorsorge gegen eine Hangrutschung. Durch die Aushebung der Baugrube kommt es nun zu Rutschungen auf seinem und dem Nachbargrundstück, weshalb ihm weitere Baumaßnahmen untersagt wurden. Dem Bauherr entstanden nun Kosten aus Hangsanierungsarbeiten, Schadenersatzzahlungen an den Nachbarn, Prozessführung und sonstigen Aufwendungen, weil die Baubehörde es unterlassen hätte, Auflagen zu erteilen, wollte der Kläger diese Kosten sowie sämtliche Kosten für Folgeschäden ersetzt haben.

Da in Anlehnung an den BGH[766] „auch der Bauwerber selbst in den Schutzbereich des öffentlichen Baurechts einbezogen ist und durch die richtige Anwendung baupolizeilicher Vorschriften nicht bloß vor Personen- und Sach-, sondern auch vor solchen Vermögensschäden bewahrt werden soll, die ihm deshalb erwachsen sind, weil er darauf vertraute, daß der der Baubewilligung entsprechenden Ausführung des Bauvorhabens keine (öffentlich-)rechtlichen Hindernisse entgegenstehen"[767], sind dessen Kosten zu ersetzen.[768] Die Behörde hätte uU[769] die Hangrutschgefahr auf Grund von Sonderwissen erkennen können und die Pflicht gehabt, Auflagen zu erteilen oder ein geologisches Gutachten anzufordern.

Tendenziell geht diese Entscheidung sehr weit, da der Bauherr mit all seinem Vermögen Schutz erfährt und somit Amtshaftung für reine Vermögensschäden geltend gemacht werden kann, wenn die Behörde eine ordentliche Prüfung pflichtwidrig unterlässt. Zur kritischen Lehre siehe bereits in Kapitel III 5.2. Zu befürworten ist dies bei Vermögensschäden, die tatsächlich daraus resultieren, weil der Bauherr darauf vertraut hat, dass dem Bauvorhaben keine öffentlich-rechtlichen Bauvorschriften[770] mehr entgegen stehen, sollte aber ihre Grenze

---

764 Dem OGH war dabei durchaus klar, dass das Unterlassen der Rechtsmitteleinlegung schuldhaft erfolgen muss. Daher prüft dieser, ob der Bauwerber die Mangelhaftigkeit seines Bauprojektes erkennen hätte können (vgl zB OGH 06.09.1995, 1 Ob 22/95, SZ 68/156).

765 *Thunhart*, bbl 2000, 112 f.

766 Siehe oben Kapitel III 5.2.

767 OGH 23.02.1999, 1 Ob 362/98m, bbl 2000, 112 (Anm *Thunhart*) = SZ 72/29.

768 Der Ersatzanspruch wurde aber nach § 1304 ABGB gemindert, weil die Rutschgefahr auch dem Bauwerber erkennbar gewesen wäre und er damit der Bewilligung misstrauen hätte müssen.

769 Zur Beurteilung einer etwaigen pflichtwidrigen Unterlassung wurde die erste Instanz mit der Ergänzung beauftragt.

770 Siehe dazu auch unten Kapitel III 5.3.3.2.

bei Planungsfehlern udgl haben, welche nun wirklich nur im Risikobereich des Bauherrn liegen.[771] Schon *Wilburg* vertrat den Grundsatz, dass der, der einen Nutzen aus einer Sache zieht, auch das damit verbundene Risiko zu tragen hat.[772] Das hieße, dass im vorliegenden Fall die Amtshaftung grundsätzlich verneint werden hätte müssen. Jedoch kommt hier noch ein zusätzlicher Faktor hinzu: Der Behörde war der Mangel nämlich leichter erkennbar, als dem Bauherr, was auf ein Sonderwissen der Behörde schließen lässt.[773] Dies führt jedoch in der Anwendung der „Allgemeinen Kriterien" von *Rebhahn* zur Bestimmung welche Interessen mitgeschützt werden, dazu, dass ein spezieller Vertrauenstatbestand kreiert wird, der im Einzelfall eben auch Vermögensschäden schutzwürdig macht.

5.3.3.2 1 Ob 64/08f[774]

In diesem Fall hatte sich der OGH mit der Frage zu beschäftigen, ob die Normen des Arbeitnehmerschutzes auch von der Baubehörde zu wahrende „öffentliche Rücksichten" darstellen. Regelmäßig spricht der OGH ja aus, dass der Bauwerber darauf vertrauen darf, dass einem Baubewilligungsbescheid keine öffentlich-rechtlichen Hindernisse mehr entgegenstehen, wenn dieser einmal erteilt wurde. Dies machte sich nun ein Seniorenheim zu Nutze und wollte sich die Kosten für einen Umbau der Betriebsküche zurückholen, der nötig geworden war, weil die Küche nicht der Arbeitsstättenverordnung entsprach und somit geschlossen werden musste. Der Kläger begehrte daher Amtshaftung, weil die Behörde den Bescheid auf Grund der zuvor geschilderten Tatsache versagen hätte müssen. Der OGH hatte also zu prüfen, ob tatsächlich eine solche Pflicht, die Arbeitsstättenverordnung zu prüfen, vorlag, die Behörde es also pflichtwidrig unterlassen hat, tätig zu werden.

Ganz allgemein hält der OGH zunächst einmal fest, dass nur, weil seit 1 Ob 362/98m (= SZ 72/29) festgestellt ist, dass Schäden des Bauherrn bei „antragmäßiger Bewilligung fehlerhafte Bauvorhaben" ersetzt werden können, dies noch lange nicht heißt, dass jegliche Art von Schäden ersetzt werden, die dem Bauherren im Zuge der Ausführung des Bauvorhabens entstehen. Vielmehr muss eine Einzelfallentscheidung getroffen werden. Das von den Revisionswerbern vorgebrachte Argument, die Behörde müsse die Konformität des Bauvorhabens mit jeder öffentlich-rechtlicher Norm prüfen, die mit dem Bauvorhaben in Verbindung steht[775], entkräftete der OGH wie folgt: In Anlehnung an *Schwaighofer*[776], der davon ausgeht, dass die Organe der Baubehörde nur die Vollständigkeit und inhaltliche Übereinstimmung mit den von ihnen zu vollziehenden baurechtlichen Normen zu überprüfen

---

[771] Vgl auch *Thunhart*, bbl 2000, 112.
[772] *Wilburg*, Die Elemente des Schadensrechts (1941) 31 und 121 ff.
[773] *Thunhart*, bbl 2000, 112 (115).
[774] OGH 16.09.2008, 1 Ob 64/08f, RdW 2009/67, 66 = ecolex 2009/83, 232 = RZ 2009/EÜ 178, 91 = SZ 2008/130.
[775] Diese Argumentation des OGH erfolgt in Anlehnung an *Seebacher/Sorger*, Amtshaftung gegenüber dem Bauwerber trotz Baubewilligung?, bbl 2006, 89.
[776] *Schwaighofer*, Arbeitnehmerschutz und Bauverfahren. Anmerkungen zu *Seebacher/Sorger*, "Amtshaftung gegenüber dem Bauwerber trotz Baubewilligung?", bbl 2006, 89, bbl 2006, 185.

haben, begründet der OGH zustimmend, dass im Sinne des Legalitätsprinzips die landesrechtlich eingerichteten Baubehörden die Befugnis zum hoheitlichen Handeln nur in ihrem kompetenzrechtlich zugewiesenen Wirkungsbereich haben. Der bundesrechtliche Kompetenztatbestand „Arbeitsrecht" (Art 10 Abs 1 Z 11 B-VG) darf von der Baubehörde jedoch nicht vollzogen werden und in weiterer Folge auch der Baubewilligungsbescheid nicht wegen Widerspruchs zu arbeitsrechtlichen Vorschriften versagt werden, wenn die rechtlichen und technischen Voraussetzungen der jeweiligen Bauvorschriften gegeben sind. Tut die Behörde dies dennoch, handelt sie iSd Legalitätsprinzips nicht hoheitlich, weil sie ihre Kompetenz überschreitet und somit rechtswidrig agieren würde. Ergänzend zu *Schwaighofer* hält der OGH noch fest, dass die Pflicht der Prüfung dort ihre Grenze findet, wo die Zuständigkeit des zuständigen Organs endet. In § 29 Abs 1 des steiermärkischen Baugesetzes ist klar von der Prüfung der Vorlage eines Verstoßes gegen baurechtliche Bestimmungen die Rede. Eine Einbeziehung von Arbeitnehmerschutzvorschriften sieht dieses Gesetz nicht vor, weshalb der Bauwerber nur darauf vertrauen darf, dass seiner Baubewilligung keine baurechtlichen Hindernisse mehr entgegenstehen. Nur weil die Behörde ohne gesetzliche Grundlage auch andere Gesetze vollzieht, wird das Vertrauen des Bauwerbers nicht schutzwürdiger. Im Ergebnis war die Revision zwar zulässig, aber eben nicht berechtigt.

Zusammenfassend kann daher festgehalten werden, dass die Behörde zwar zu prüfen hat, ob dem beantragten Bauvorhaben „öffentlich-rechtliche" Hindernisse entgegenstehen. Dies bedeutet aber nicht, dass die Organe jegliche Normen zu prüfen hätten, sondern lediglich jene, die in ihren Kompetenzbereich und somit in ihre Zuständigkeit fallen. Diese Einschränkung ist mE zu begrüßen, denn alles andere würde die Baubehörde geradezu überschwemmen, da für sämtliche einzubeziehende Gesetze Experten benötigt würden, um diese Aufgabe zufriedenstellend bewältigen zu können. Dies wäre eine zu weit gehende Pflichtenauferlegung durch den OGH, die Einschränkung auf den Zuständigkeitsbereich ist jedoch eine zumutbare Lösung.

5.3.4 Sonstige

5.3.4.1 1 Ob 200/07d (Benützungsbewilligung)

In diesem Fall kam es Jahre später nach der Erteilung der Benützungsbewilligung zu einem Brand in einem Haus, weil ein Metallteil des Rauchfangs eines offenen Kamins nicht den richtigen Abstand zur Außenwand hatte, die aus Holz war. Der Kläger begehrte nun Schadenersatz, weil die Benützungsbewilligung, auf Grund der auffallenden bauordnungswidrigen Ausführung des Kamins, nicht erteilt werden hätte dürfen.

Zunächst prüfte der OGH, ob die Feuersicherheit auch in den Schutzzweck der Wiener Bauordnung fällt, was er folglich bejahte. Des Weiteren besteht nach der Wr Bauordnung eine Pflicht der Baubehörde die Feuersicherheit vor der Erteilung einer Benützungsbewilligung zu überprüfen und wenn es nicht mit bloßem Auge erkennbar ist, auch die Erhebung entsprechender Sachverhaltsgrundlagen[777] zu veranlassen. Insofern können sich nach der Rsp des OGH „aus der schuldhaften Verletzung von der Baubehörde obliegenden Pflichten gerade wegen einer darauf zurückzuführenden Minderung der Feuersicherheit Amtshaftungsansprüche ergeben (SZ 53/61; SZ 50/24; SZ 60/177).“[778]

5.3.4.2 1 Ob 232/05g (Bauingenieur)

In dieser Entscheidung hatte der OGH die Frage zu klären, welche Pflichten ein Prüfingenieur nach der Wr Bauordnung hat und kam zum Ergebnis, dass dieser lediglich die Einhaltung der Baupläne und der Baubewilligung überwachen muss, nicht jedoch etwaige statische Berechnungen. Daher sind Sanierungskosten, die ihre Ursache in der Statik haben, nicht zu ersetzen. Ob der Bauingenieur nun als Organ iSd § 1 Abs 1 AHG handelt, lies der OGH aber leider unbeantwortet.[779]

5.3.5 Zusammenfassung

Das Unterlassen im Baurecht besteht oft nicht in einem gänzlichen Nicht-Tätigwerden, denn oft werden bspw Baubewilligungen erteilt oder Flächenwidmungspläne erstellt, welche sich im Nachhinein als rechtswidrig oder falsch herausstellen. Dem Ganzen vorgelagert ist aber sehr wohl ein Nichtstun, welches sich im Folgenden kausal auf die Handlungen auswirkt, wenn zB seitens der Baubehörde einer Prüfpflicht nicht nachgekommen wird und deshalb der Flächenwidmungsplan Mängel aufweist. Diese mangelnde Erhebung oder Prüfung löst dann oft die Rechtswidrigkeit aus.

Die Pflichten zum Tätigwerden im Baurecht sind umfangreich, das ergibt sich schon aus der Tatsache, dass neun verschiedene Bundesländer zur Regelung des Baurechts berufen sind, somit sind diese Pflichten also auch nicht einheitlich. Die häufigsten Einzelfälle, die den OGH beschäftigt hatten, bezogen sich meist auf mangelnde Flächenwidmungspläne und rechtswidrige Baubewilligungsbescheide. Bei den Flächenwidmungsplänen geht der OGH davon aus, dass die Baubehörde verpflichtet ist, eigene Erhebungen über Risiken (zB Hochwasser, Altlasten, etc) anzustellen, wenn es dazu im Einzelfall konkrete Anhaltspunkte gibt und zwar unabhängig davon, ob diese Gefahr in anderen öffentlichen Registern ersichtlich ist oder nicht. Einer erteilten Baubewilligung hingegen dürfen keine öffentlich-rechtlichen Interessen mehr entgegenstehen, Arbeitnehmerschutzvorschriften fallen jedoch nicht in die von der Baubehörde zu wahrenden öffentlich-rechtlichen Hindernisse. Sehr wohl

---

[777] ZB durch Planeinsicht, Befragung des Bauherrn oder Bauleiters oder der mit dem Einbau des Rauchfanges bzw Cheminées befassten Personen, allenfalls auch für ein Vorgehen nach § 129 Abs 10 BauO für Wien.
[778] OGH 16.12.2008, 1 Ob 200/07d, bbl 2009/92, 113.
[779] OGH 13.12.2005, 1 Ob 232/05g, EvBl 2006,291 = SZ 2005/179.

besteht jedoch eine Pflicht, das Bauvorhaben auf alle baurechtlichen Gegebenheiten hin zu überprüfen. Eine solche Unterlassung kann daher nach AHG schadenersatzpflichtig machen.

5.4 Fazit

Die Amtshaftung für Unterlassungen im Baurecht stellt sich sehr vielschichtig dar. Besondere Probleme bereitet dabei wiederum die Subsumierung von bloßen Vermögensinteressen unter den Schutzzweck der Baunormen. Wie gezeigt werden konnte, sieht der OGH dies sehr weit, ja sogar teilweise zu weit. Dass Leben, Gesundheit und Eigentum ein Schutz zukommt, ist wohl unzweifelhaft, dass diese Normen aber auch wirtschaftliche Dispositionen erleichtern sollen und somit auch das Vermögen des Bauherrn schützen, bedarf einer differenzierteren Betrachtung. Reine Vermögensschäden des Bauherrn bspw für frustrierte Aufwendungen, sollten nur dann vom Schutzzweck mitumfasst sein, wenn ein besonderer Vertrauenstatbestand vorliegt und der Bauherr nicht nur darauf vertraut hat, sondern auch darauf vertrauen durfte, weil zB das verwirklichte Risiko eben nicht aus öffentlichen Büchern oder Registern ersichtlich war und er demzufolge auf das Behördenwissen geradezu angewiesen war.[780] Es liegt also ein besonderer Vertrauenstatbestand vor. Der darüber aber hinausgehende Ersatz von Vermögensschäden, würde wohl tatsächlich auch im Baurecht zu einer Gratisversicherung des Bauherrn führen. Der Grat ist freilich schmal, weshalb es auch hier immer einer Prüfung des Einzelfalls bedarf.

Die Pflichten, deren Unterlassen seitens der Baubehörde Amtshaftungsansprüche auslösen können, bezogen sich in der jüngeren Judikatur meist auf eine mangelnde Ersichtlichmachung von Gefahren im Flächenwidmungsplan, obwohl laut OGH eine Pflicht zur Überprüfung desselben bestand und Baubewilligungen, die ohne ordentliche Prüfung, ob auch tatsächlich kein öffentlich-rechtliches Hindernis derselben entgegensteht, erteilt wurden. In beiden Fällen wurde also eine ordentliche Prüfung unterlassen. Diese zunächst harmlos klingenden Pflichten stellen Gemeinden, vor allem die Kleineren, vor nicht unerhebliche Aufgaben, denn diese müssen im Anlassfall von sich aus prüfen, ob etwaige Gefahren vorliegen könnten, unabhängig davon, ob diese schon in einem anderen öffentlichen Register aufscheinen oder nicht. Ein gewisser Unsicherheitsfaktor ergibt sich für die Gemeinde bei Entscheidungen darüber, ob denn nun konkrete Anhaltspunkte gegeben sind, die zur Auslösung der Pflicht führen. Im Zweifel bleibt der Gemeinde also nichts anderes übrig, als von solchen auszugehen, um sich tatsächlich auf der sicheren Seite zu wägen, denn irgendwelche konkreten Indikatoren werden wohl immer zu finden sein. Auch das Überprüfen der öffentlich-rechtlichen Hindernisse, die einem Bauvorhaben entgegenstehen könnten, stellt die Baubehörde vor nicht unwesentliche Aufgaben, vor allem wenn das „allgemeine Behördenwissen" nicht ausreicht, um dies zu beurteilen und quasi Fachwissen gefordert wäre. Hier hat der OGH jedoch ausgesprochen, dass die Behörde nur die Konformität des Bauvorhabens mit jenen öffentlich-rechtlichen Normen überprüfen muss, welche auch in

[780] Vgl *Kerschner*, RFG 2008/22, 85 (87) und oben schon zur den Auskunftspflichten Kapitel III 3.2.4.3.

ihrem kompetenzrechtlich zugewiesenen Wirkungsbereich liegt. Dies schränkt die Pflicht der handelnden Organe auf ihren Zuständigkeitsbereich ein, was zu begrüßen ist, denn alles andere würde die Baubehörde unnötig überlasten.

Ohne es direkt so zu nennen, legt der OGH den Gemeinden implizit aber noch eine weitere Pflicht für die Erfüllung der zuvor genannten Pflichten auf, nämlich genügend Ressourcen zur Verfügung zu stellen, denn der „Ausrede", es seien zu wenig finanzielle Mittel vorhanden, um diese Pflichten zu erfüllen, erteilt der OGH eine Absage.[781]

6 Die Säumnis von Justiz und Verwaltungsbehörden

6.1 Amtshaftung für Säumnis der Justiz

6.1.1 Allgemeines

Unterlassungen in der Justiz können unterschiedlich ausgestaltet sein. Zum einen können unterlassene Manuduktionen, wie schon in Kapitel III 3.3 gezeigt, zu einer Amtshaftung führen, auf der anderen Seite ist an dieser Stelle aber auch auf die Säumnis im Verfahren von Justizbehörden besonders einzugehen. Um genau zu sein auf die „Defizite im Säumnisschutz". Versagt dieser, kann die Amtshaftung kompensierend wirken.[782] Vor allem derjenige, der im Nachhinein viel zu spät obsiegt, kann Amtshaftung geltend machen, wenn sein Schaden aus der Verfahrensverzögerung resultiert und nicht mehr durch Rechtsmittel beseitigt werden kann und die Säumnis auf verfahrensrechtliche Fehler zurückzuführen ist.[783] Dafür ist es aber auch nötig, dass die Säumnisschutzmöglichkeiten vom Geschädigten auch ausgeschöpft werden, um die Amtshaftung nicht schon auf Grund der (eben nicht nachgekommenen) Rettungspflicht nach § 2 Abs 2 AHG entfallen zu lassen. Ebenfalls zu beachten ist, dass nach § 2 Abs 3 AHG aus einem Erkenntnis der Höchstgerichte keine Amtshaftung entstehen kann, fraglich ist hier jedoch, wie dies im Umkehrschluss mit einer Säumnis der Höchstgerichte aussieht.[784] Anders ist dies auf Unionsebene, hier spricht der EuGH Staatshaftung wegen judikativem Unrecht der Höchstgerichte zu.[785]

Die Frage nach dem Verhalten „in Vollziehung der Gesetze" stellt sich hier nicht, da die Gerichtsbarkeit als typischerweise hoheitlich gilt. Das gilt sowohl für die Säumnis bei der Urteilserlassung, als auch für Unterlassungen beim Amtstag sowie bei Konkurseröffnungen

---

[781] Vgl hierzu auch Kapitel III 6.1.2.
[782] *Kucsko-Stadlmayer* in *Holoubek/Lang* (Hrsg), Untätigkeit 354.
[783] *Schragel*, AHG^3 § 1 Rz 153.
[784] Hierzu unten Kapitel III 6.1.4.
[785] EuGH 30.09.2003, C-224/01 (Köbler), EuGRZ 2003, 597.

und Zustellen von Schriftstücken, aber natürlich auch die schon behandelte unterlassene Manuduktion und Belehrung. [786]

6.1.2 *Rechtswidrigkeit und Schutzzweck der Säumnis*

Auch im Bereich der Säumnis in der Justiz braucht es zunächst einen Verstoß gegen eine Pflicht zum Tätigwerden, damit ein Unterlassen, und die Säumnis ist gerade ein typisches Unterlassen, rechtswidrig ist. Im Falle der Säumnis ist dies oft ein Verstoß gegen Entscheidungspflichten.[787] Aber auch die Nichtwahrung jeglicher anderer Pflicht, die darauf abzielt, ein Verfahren zu beschleunigen, kann zu Amtshaftungsansprüchen führen. Zu denken ist hier zB an die Entscheidungsausfertigungs- oder Verfahrensbeschleunigungsfristen in § 415 und § 180 Abs 3 ZPO oder § 270 StPO.[788] So muss nach § 270 Abs 1 StPO ein Urteil innerhalb von 4 Wochen vom Tage der Urteilsverkündung schriftlich vorliegen und vom Vorsitzenden unterzeichnet worden sein. Abs 2 leg cit enthält eine Aufzählung über zwingende Bestandteile des Urteils. Ebenfalls eine Frist von 4 Wochen nach Schluss der Verhandlung enthält § 415 ZPO. § 180 Abs 3 ZPO hält den Prozessleiter dazu an, dass das Verfahren ohne unnötigen Aufschub zu Ende geführt wird.

Der Schutzzweck dieser Entscheidungspflichten, so *Schragel* mit Verweis auf JBl 1962, 47, ist es, die Parteien vor allen denkbaren Nachteilen zu bewahren, die sich aus Verzögerungen bei der Erledigung von Verfahren ergeben.[789] Auch der OGH bedient sich, wie noch zu zeigen sein wird, gerne dieser Formulierung.[790]

Interessant ist, dass es vor 1999 möglich war, einzuwenden, dass der Amtshaftungsanspruch nicht bestehe, weil die Behörde überlastet war und daher der Rechtswidrigkeitszusammenhang fehle. Genauer genommen ging es darum, dass in diesem Fall nicht die Entscheidungspflicht schuldhaft verletzt wird, sondern die Pflicht der Zentralstellen, ihre Behörden mit ausreichenden finanziellen und personellen Mittel auszustatten, damit diese ihrer Arbeit möglichst schnell nachgehen können. Dies jedoch ist keine Dritten gegenüber wahrzunehmende Amtspflicht, weshalb zwischen der Verletzung der Ausstattungspflicht und dem Schaden des Dritten der Rechtswidrigkeitszusammenhang fehle.[791] Seit der Entscheidung 1 Ob 191/99s ist es nun aber möglich, für ein Organisationsverschulden Amtshaftungsansprüche zugesprochen zu bekommen. Eine etwaige Überlastung der Gerichte schützt den Bund also nicht vor Schadenersatzzahlungen. In dieser Entscheidung, wo es um die Beurteilung eines überlangen Strafprozesses ging, heißt es ganz allgemein: „Das Tätigwerden der Staatsorgane innerhalb ihrer Kompetenz ist nicht nur Recht,

---

[786] *Mader* in *Schwimann*^{3}, AHG § 1 Rz 22 f.
[787] Vgl zB auch § 73 AVG und § 311 BAO unten Kapitel III 6.2.2.
[788] *Kreutzer,* Säumnis-Rechtsschutz gegen überlange Verfahren (2010) 252 f.
[789] *Schragel*, AHG^3 § 1 Rz 153.
[790] Siehe unten Kapitel III 6.1.5.
[791] So erstmals in OGH 24.06.1992, 1 Ob 15/92, SZ 65/94; krit *Schragel,* AHG^3 § 1 Rz 133.

sondern auch Pflicht des Staates. Daraus folgt, dass auch die hierarchisch übergeordneten Organe verpflichtet sind, daran mitzuwirken, dass die zur Sachentscheidung berufenen Stellen, die etwa infolge Arbeitsüberlastung Entscheidungsfristen nicht einhalten können, in den Stand gesetzt werden, ihre Entscheidung fristgerecht zu treffen (SZ 65/94, SZ 68/189).“[792]

Auch hieran zeigt sich mE eine klägerfreundliche Ausweitung, die jedoch anders als zB bei der Bankenaufsicht, gerechtfertigt erscheint, da man als Partei in einem Verfahren der Behörde „ausgeliefert“ und auf diese angewiesen ist, während man sich Geldanlagen meist selbst aussucht.

Der OGH ging in seiner Ansicht aber sogar soweit, dass er aussprach: „Ein Richter, der als Ausfluß seiner Unabhängigkeit an keine Dienstzeit gebunden ist, hat gemäß seiner Dienstpflicht bei größerer Belastung gegebenenfalls auch außerhalb der Dienstzeit der Geschäftsstelle und erforderlichenfalls auch an Wochenenden und Feiertagen seinen Aufgaben zur zeitgerechten Ausfertigung der Entscheidungen nachzukommen und solcherart seiner Verpflichtung zu entsprechen, die bei ihm anhängigen Angelegenheiten im Interesse der rechtsuchenden Bevölkerung so rasch wie möglich zu erledigen.“[793] Auch hieran sieht man, dass der OGH den Organen sehr starke und weite Pflichten auferlegt.

Natürlich kommt den Organen im gerichtlichen Verfahren ein gewisser Beurteilungsspielraum zu, wenn es um die Frage des Tätigwerdens geht, aber auch hier müssen diese „im Rahmen des Vertretbaren“ tätig werden und eine Interessensabwägung durchführen.[794]

6.1.3 Rettungspflicht nach § 2 Abs 2 AHG

Prinzipiell ist es ja so, dass gegen Unterlassungen selten Rechtsmittel zur Verfügung stehen, weshalb bei Unterlassungen der Behörden eine Rettungspflicht nach § 2 Abs 2 AHG regelmäßig mangels Rechtsmittel nicht gegeben sein wird.[795] Eine Ausnahme hiervon bildet zB der Fristsetzungsantrag im Zivilverfahren nach § 91 GOG, der bei dem weiten Rechtsmittelbegriff[796] des AHG wohl als Rechtsmittel in diesem Sinne zu bezeichnen ist. Versucht die Partei daher bei Untätigkeit nicht auf ein Tätigwerden des Gerichtes hinzuwirken, so kann dies zu einer Haftungsbefreiung des Bundes führen. Tatsächlich ausschließen kann dies den Amtshaftungsanspruch jedoch nur dann, wenn dieser Behelf überhaupt eine taugliche Abhilfe darstellt.[797] War der Schaden daher trotz des

---

[792] OGH 23.11.1999, 1 Ob 191/99s und nochmals bekräftigt OGH 17.10.2006, 1 Ob 159/06y, ecolex 2007/75, 174.
[793] OGH 14.12.1994, Ds 6/94, RZ 1996/39 = AnwBl 1997, 8.
[794] *Kucsko-Stadlmayer* in *Holoubek/Lang* (Hrsg), Untätigkeit 358.
[795] Vgl hierzu schon oben Kapitel II 2.4.1 und *Mader* in *Schwimann³,* AHG § 2 Rz 2.
[796] Vgl hierzu zB *Mader* in *Schwimann³,* AHG § 2 Rz 7 f.
[797] *Kodek,* Säumnisschutz im Zivilverfahren, in *Holoubek/Lang* (Hrsg), Untätigkeit 313.

Fristsetzungsantrags nicht zu vermeiden, bildet der Fristsetzungsantrag „eine anspruchsbegründende Voraussetzung für die Erhebung eines auf Verfahrensverzögerungen gerichteten Amtshaftungsanspruchs".[798]

Im Bereich der Gerichtsbarkeit kommen aber prinzipiell alle ordentlichen und außerordentlichen Rechtsbehelfe als „Rechtsmittel" iSd § 2 Abs 2 AHG in Betracht.[799] Ermöglichen Rechtsbehelfe daher gegen eine Untätigkeit der Gerichte einzuschreiten, so sind diese zu ergreifen, um den Amtshaftungsanspruch nicht zu verlieren.

6.1.4 Säumnis der Höchstgerichte

Gemäß § 2 Abs 3 AHG lassen sich ja bekanntlich aus einem Erkenntnis der Höchstgerichte keine Amtshaftungsansprüche ableiten. Dies dient vor allem dem Rechtsschutz und soll eine abschließende und letztgültige Entscheidung garantieren.[800] Da das Gesetz an dieser Stelle eindeutig von Erkenntnis spricht, stellt sich die Frage, in wieweit dieser Absatz drei nun auch auf die Säumnis der Höchstgerichte Anwendung findet. Ein „Erkenntnis" kann jede Art von Entscheidung eines Höchstgerichts sein, welches Verfahren dafür vorgesehen ist, spielt daher keine Rolle.[801] Es kommt daher nicht auf den „technischen", „verfahrensrechtlichen" Begriff an. Vielmehr ist im Sinne des schon angesprochenen Rechtsschutzes davon auszugehen, dass auch die Säumnis eines Höchstgerichts nicht zur Amtshaftung des Bundes führen kann. Gegenteiliges würde dazu führen, dass ein Höchstgericht schließlich wieder über eigenes Verhalten, diesmal eben die eigene Säumnis, zu entscheiden hätte. Ebenso könnten die Höchstgerichte die Amtshaftung wegen Säumnis sehr einfach hintan halten, in dem sie eine zwar rechtswidrige, aber rasche Entscheidung sprechen oder einen Zurückweisungsbeschluss fassen. Auf Grund des § 2 Abs 3 AHG wäre der Bund auch bei rechtswidrigen Entscheidungen vor der Amtshaftung geschützt. So kann zB das Unterlassen einer Beschlussfassung über die Zuerkennung der aufschiebenden Wirkung durch den VwGH oder VfGH[802] keine Amtshaftung auslösen.[803]

Anderer Ansicht ist *Kucsko-Stadlmayer*, die dafür eintritt den Begriff des Erkenntnisses nicht zu extensiv zu interpretieren und die Säumnis daher von § 2 Abs 3 AHG ausschließt.[804] ME ist hier jedoch auf den Sinn und Zweck des § 2 Abs 3 AHG abzustellen. Es soll damit verhindert werden, so *Mader*, dass a) eine untere Instanz eine Entscheidung des Höchstgerichts überprüft und dass b) eine unendliche Prozesskette entsteht.[805] Die Art des

[798] *Schoibl*, Der Fristsetzungsantrag nach § 91 GOG - Eine Maßnahme zur Beschleunigung des Gerichtsverfahrens?, JBl 1991, 14 (24).
[799] Eine ausführliche Auflistung findet sich bei *Mader* in *Schwimann³*, AHG § 2 Rz 8.
[800] *Hofmann* in *Holoubek/Lang* (Hrsg), Organ- und Staatshaftung 155 f.
[801] *Schragel*, AHG³ § 2 Rz 195.
[802] § 30 Abs 2 VwGG und § 85 Abs 2 VfGG.
[803] *Tomasovsky/Urtz* in *Holoubek/Lang* (Hrsg), Organ- und Staatshaftung 266 f.
[804] *Kucsko-Stadlmayer* in *Holoubek/Lang* (Hrsg), Untätigkeit 364.
[805] *Mader* in *Schwimann³*, AHG § 2 Rz 13.

Verhaltens kann mE hier keinen Ausschlag geben, da auch eine Säumnis von einer unteren Instanz zu kontrollieren wäre und die Gefahr einer zwar theoretischen, aber dennoch möglichen unendlichen Prozesskette genauso gegeben ist. Es spricht mE daher nichts gegen eine Ausweitung des Begriffs „Erkenntnis“.

6.1.5 Einzelfälle

6.1.5.1 1 Ob 151/05w[806]

In diesem Verfahren ging es um die vom Gericht unterlassene Bestellung eines gerichtlichen Verwalters nach § 328 Abs 1 EO und somit um ein Exekutionsverfahren. Der Exekutionsbetreiber begehrte zur Befriedigung seiner Geldforderungen ua die Herausgabe einer Liegenschaft. Der Rechtspfleger bewilligte die Exekution, behielt sich aber die eigentlich beantragte Verwertung durch Zwangsverwaltung gem § 328 EO vor. Dies wiederum wurde vom Kläger nicht mit Rechtsmitteln bekämpft. Erst als auf der Liegenschaft eine Hypothek einverleibt wurde, begehrte der Kläger die Durchführung der vorbehaltenen Verwertung, was vom Rechtspfleger abgewiesen wurde. Erst das Rekursgericht veranlasste eine Eintragung der Zwangsverwaltung. Jedoch zu spät, über das Vermögen des Verpflichteten wurde schon der Konkurs verhängt, für den Kläger blieb nach der Zwangsversteigerung nichts mehr übrig, auch das dagegen erhobene Rechtsmittel scheiterte. Der Kläger begehrte nun Amtshaftung, da es nie zur Eintragung der Hypothek kommen hätte können und er somit nicht auf seinen Forderungen sitzen geblieben wäre, wenn der Rechtspfleger von Anfang an die Verwertung durch Zwangsverwaltung zugelassen hätte. Die Unterlassung der Bestellung eines gerichtlichen Verwalters war zudem eine unvertretbare Rechtsansicht. Die Beklagte warf dem Kläger aber eine Verletzung der Rettungspflicht vor, da dieser Rekurs erheben hätte können oder einen sofortigen neuen Verwertungsantrag hätte veranlassen können.

Der OGH meinte zur unterlassenen Bestellung des Verwalters: „Schutzzweck der sich aus § 328 Abs 1 EO ergebenden Pflicht zur Verwalterbestellung ist, die Parteien des Verfahrens vor allen denkbaren Nachteilen zu bewahren, die aus Verzögerungen bei der Erledigung resultieren. (…) Die Unterlassung der Bestellung eines Verwalters nach § 328 Abs 1 EO beruht nicht auf einer vertretbaren Rechtsauffassung, sondern bedeutet ein Abweichen von einer ges Anordnung, ohne dass eine sorgfältige und begründete Überlegung dafür erkennbar wäre.“

Die Rettungspflicht sah der OGH nicht verletzt, da der Erklärung des Gerichts der Entscheidungscharakter fehlte und dies nicht mit Rekurs bekämpft werden kann. Auch die angelastete fehlende Urgenz auf die unterlassene Bestellung ist keine Verletzung der Rettungspflicht, denn Rechtsbehelfe, „die keine Entscheidungspflicht einer Beh zur Folge

[806] OGH 07.03.2006, 1 Ob 151/05w, ÖJZ 2006/118.

haben, gelten nicht als "RM" iSd § 2 Abs 2 AHG." Jedoch, so der OGH mit Verweis auf *Schragel*[807], kann „einer durch längere Zeit untätig gebliebenen Partei" ein Mitverschulden angelastet werden. Zwar darf man prinzipiell als eine „von behördlichem Verhalten betroffenen Person" von einer rechtmäßigen Vorgehensweise der Behörden ausgehen, nicht jedoch, wenn gewisse Anhaltspunkte auf das Gegenteil schließen lassen.[808] Solche Umstände lagen hier vor, weshalb der Klägerin das Einschreiten erst nach der Einverleibung der Hypothek als „Sorglosigkeit im Umgang mit den eigenen Rechtsgütern anzulasten" ist und ein Mitverschulden im Verhältnis 1:2 gegeben ist. Hätte die Klägerin rechtzeitig urgiert, so wäre es wohl bei anzunehmender gesetzmäßiger Vorgehensweise zu einer Fortsetzung des Verfahrens und der damit verbundenen früheren Einverleibung der Zwangsversteigerung gekommen.

Dieses Urteil zeigt mE schön, wie die Rettungspflicht ausnahmsweise auch beim Unterlassen zum Problem werden kann und wie auch das Mitverschulden eine große Rolle spielt. Fraglich erscheint an der Stelle aber, ob nicht überhaupt schon der Rechtswidrigkeitszusammenhang fehlt, da es sich hier ja um Vermögensschäden handelt, die in aller Regel nicht primär geschützt sind. Würden die Vermögensinteressen hier auch zu den sekundär geschützten Interessen zählen, müsste man das Argument des OGH zum Mitverschulden schon an dieser Stelle ansetzen, da die Klägerin nicht blind auf das Behördenverhalten vertrauen darf, wenn Anhaltspunkte dem entgegenstehen. Der ursprünglich generierte Vertrauenstatbestand fehlt und somit wohl auch der Schutzzweck. Der OGH hält sich zum Schutzzweck sehr kurz und zieht diesen sehr weit. Schutz gebührt vor „allen möglichen Nachteilen", da dies auch Vermögensnachteile beinhalten muss, ist davon auszugehen, dass auch diese in den primären Schutzzweck fallen und somit der Rechtswidrigkeitszusammenhang gegeben ist. Die Kriterien *Rebhahns* sind daher an dieser Stelle nicht anzuwenden, da die Vermögensnachteile schon in die primären Interessen fallen und somit erst gar keine sekundäre Interessen unter den Schutzzweck argumentiert werden müssen.

6.1.5.2 1 Ob 349/98z[809]

In diesem Verfahren begehrte die Klägerin deshalb Schadenersatz aus Amtshaftung, weil ein überlanges Verfahren zur Bestellung eines Sachwalters, sie an einem lukrativen Geschäft mit einem potenziellen Käufer ihrer Liegenschaft hinderte. Dieser bot rechtsverbindlich 44 Mio Schilling, allerdings setze die Annahme dieses Angebots die volle Eigenberechtigung der Klägerin voraus, welche aber auf Grund des Sachwalterschaftsverfahren im Zweifel stand. Auf Grund eines wiederholt säumigen Sachverständigen wurde dieses Verfahren ständig hinausgezögert und dauerte mehr als zwei Jahre. Zwischenzeitlich musste die Liegenschaft aber zwangsversteigert werden, was allerding nur 805.000 € einbrachte. Das

[807] *Schragel*, AHG^3 § 2 Rz 186.
[808] Vgl OGH 25.07.2000, 1 Ob 95/00b, ÖJZ-LSK 2000/245/250 = RdW 2001/33, 21 = ÖJZ EvBl 2001/19, 100 = JUS Z/3034 = ÖBl 2001, 129.
[809] OGH 19.01.1999, 1 Ob 349/98z, JBl 1999, 672.

Sachwalterschaftsverfahren wurde später dann eingestellt. Die sich daraus ergebende Differenz wollte die Klägerin nun im Wege der Amtshaftung geltend machen.

Dem OGH schien es zunächst einmal wichtig wiederholend festzuhalten, dass ein Gerichtssachverständiger kein Organ im Sinne des AHG ist.

Im Vergleich mit § 415 ZPO, welcher dem Gericht 4 Wochen nach Verhandlungsschluss Zeit gibt, ein Urteil abzufassen, schließt der OGH etwa auf einen Zeitraum von 4 Wochen nach Untersuchung der Klägerin für die „Erarbeitung, Abfassung, Korrektur und Abgabe von Befund und Gutachten". Bei Bestellung eines neuen Sachverständigen, hätte es wiederum mindestens 2 Monate gedauert, bis jener ein Gutachten vorlegen hätte können. Das Verfahren wäre also so oder so vor Ende September 1992 nicht beendet gewesen, der Käufer verlor jedoch schon ab Herbst desselben Jahres das Interesse an der Liegenschaft. Das Nachkommen der in § 354 ZPO normierten Handlungspflicht, hätte ein „rechtmäßiges richterliches Organverhalten unter Annahme der für die Kl günstigsten Prämissen den behaupteten Schaden nicht mehr verhindern können". Es handelt sich also um ein rechtmäßiges Alternativverhalten der Behörde. Summa summarum liegt in dem Fall keine ungerechtfertigte „Verfahrensverzögerung infolge gesetzwidriger Unterlassungen richterlicher Organe" vor.

Dieses Urteil zeigt sehr gut, dass nicht jedes Unterlassen, das gegen eine Pflicht verstößt, zwingend zu einem Amtshaftungsanspruch führt und den Behörden durchaus ein Ermessensspielraum eröffnet ist, in denen sie sich zwar alternativ, aber rechtmäßig verhalten können. Es scheint hier mE gerade so, als ob hier bei der Säumnis von Gerichten das Ermessen einmal nicht eingeschränkt wird und es keine „Pflicht zum einzig richtigen Handeln" gibt, sondern ein Ermessensspielraum gegeben ist, der von der Behörde ausgeschöpft werden kann.

6.2 *Amtshaftung für die Säumnis von Verwaltungsbehörden*

6.2.1 *Einleitung*

Unterlassungen des Staates können sich, wie bisher schon gezeigt werden konnte, in den verschiedensten Bereichen finden lassen. Der Begriff der Säumnis ist weder gesetzlich noch durch die Lehre eindeutig definiert, lässt sich wohl recht allgemein aber am besten mit der „Untätigkeit des Staates" beschreiben.[810] In diesem Kapitel soll es sich aber vor allem um die Säumnis im verwaltungsbehördlichen Verfahren drehen. Die Säumnis ist hier also jenes Verhalten, welches das Verfahren unnötig in die Länge zieht. Meist wird es dabei unterlassen einer Entscheidungs- oder Beschleunigungspflicht nachzukommen.[811]

---

[810] Vgl hierzu zB *Holoubek/Lang* (Hrsg), Untätigkeit.
[811] *Kreutzer,* Säumnis 250.

6.2.2 *Rechtswidrigkeit und Schutzzweck der Norm*

Wie schon öfter[812] im Rahmen dieser Dissertation erwähnt, gibt es kein subjektiv-öffentliches Recht auf eine gesetzmäßige Führung der Verwaltung. Es bedarf also konkreterer Pflichten, die die Verwaltung zum Tätigwerden anhalten. Solche Pflichten sind zB die Entscheidungspflichten in § 73 AVG oder § 311 BAO. In § 73 AVG findet sich dabei zunächst eine allgemeine Entscheidungspflicht, wonach Behörden zwar ohne „unnötigen Aufschub" längstens aber innerhalb von 6 Monaten zu entscheiden haben. Dabei reicht es aber, um Amtshaftungsansprüche auszulösen, schon aus, wenn zwar innerhalb von 6 Monaten, aber nicht „ohne unnötigen Aufschub" entschieden wurde.[813] Eine ähnliche Pflicht normiert § 311 BAO, auch hier muss ohne unnötigen Aufschub (Abs 1), aber spätestens nach 6 Monaten entschieden werden (Abs 2). Es ist die Pflicht der Behörden, „so rasch wie möglich" zu entscheiden, das Zuwarten bis zum Ende der Frist, obwohl eine Entscheidung bereits früher möglich ist, wäre ein Verstoß gegen diese Verpflichtung.[814] Voraussetzung für den Beginn der Entscheidungsfrist ist aber ein Antrag einer Partei, auf welchen die Erlassung eines Bescheides folgt.[815] Aus der Beantragung von Realakten, also faktischen Amtshandlungen wie Auskünften, Zustellung von Bescheiden oder der Akteneinsicht, folgt im AVG aber keine Entscheidungspflicht.[816] In der BAO geht der Begriff des „Entscheidens" weiter, hier kann neben der Bescheiderlassung auch die Setzung von Amtshandlungen beantragt sein, wie zB Akteneinsicht, Unbedenklichkeitsbescheinigung oder Rückzahlung von Guthaben und damit eine Verpflichtung auslösen.[817] Das Stellen eines Antrages führt dazu, dass der Partei ein subjektives Recht auf eine Entscheidung der Behörde zukommt.[818] Zwar ist ein solches nicht Voraussetzung für die Geltendmachung eines Amtshaftungsanspruches, könnte aber, bei der Beurteilung sekundär geschützter Interessen nach der Theorie von *Rebhahn*[819], wonach bei Vorliegen eines subjektiven Rechtes der Schutzzweck für sekundäre Interessen eher zu bejahen ist, entscheidenden Einfluss nehmen.

Ziel des Gesetzgebers war es 1925 auf „die Beschleunigung des Verfahrens ein[zu]wirken" und „Abhilfe gegen die Untätigkeit (Säumnis) der Behörden" zu schaffen.[820]

„Die Entscheidungspflicht soll die Parteien des Verfahrens vor allen denkbaren Nachteilen bewahren und nicht nur vor solchen, die mit der verzögerten Entscheidung "typischerweise unmittelbar" verbunden sind", so der OGH.[821] Damit zieht der OGH den Schutzzweck sehr

---

[812] Siehe zB Kapitel III 1.6.3.
[813] *Hengstschläger/Leeb,* AVG § 73 Rz 4 mwN; zB OGH 11.11.1992, 1 Ob 5/92, JBl 1993, 532 (Anm *Kerschner*) = JAP 1993/94, 98 (Anm *Rebhahn*).
[814] *Ellinger/Iro/Kramer/Sutter/Urtz*, BAO-Bundesabgabenordnung³ (2012) § 311 Anm 6.
[815] *Hengstschläger/Leeb,* AVG § 73 Rz 6.
[816] *Hengstschläger/Leeb,* AVG § 73 Rz 151 ff.
[817] *Ellinger/Iro/Kramer/Sutter/Urtz*, BAO³ § 311 Anm 7.
[818] ZB VwGH 29.10.1998, 98/07/0113, ZfVB 2000/349 mit Verweis auf das Erkenntnis vom 25. Oktober 1994, Slg. N.F. Nr. 14.151/A.
[819] Siehe oben Kapitel III 2.1.2.
[820] *Hengstschläger/Leeb,* AVG § 73 Rz 1 mwN.
[821] OGH 10.07.1991, 1 Ob 13/91, JBl 1992, 47.

weit, sekundäre Interessen scheinen dabei daher nicht zu existieren, da in den primären Interessen „alle denkbaren Nachteile“ enthalten sind. Dies führt auch dazu, dass Vermögensinteressen, die im Zweifel keine primären wären, dennoch unter diese einzuordnen sind.

Eine Überlastung der Behörde, kann aber auch hier nicht als Ausrede für das Untätigbleiben derselben herangezogen werden.[822]

6.2.3 Rettungspflicht und Säumnis der Höchstgerichte

Auch im Verwaltungsverfahren gibt es die Möglichkeit Rechtsmittel gegen säumige Behörden zu ergreifen. Zu denken war hier bis Ende 2013 zunächst an Devolutionsanträge (zB § 73 Abs 2 AVG oder § 311 Abs 2 BAO), aber auch an die Säumnisbeschwerde an den VwGH. Unterlässt es die Partei diese Rechtsmittel zu ergreifen, so verliert sie unter Umständen ihren Amtshaftungsanspruch. Das in Kapitel III 6.1.3. Gesagte gilt daher sinngemäß. Dies gilt wohl auch nach der Verwaltungsgerichtsbarkeits-Novelle 2012[823], nach der nun eine Beschwerde an das Verwaltungsgericht 1. Instanz wegen Verletzung der Entscheidungspflicht zu stellen ist[824] und die Säumnisbeschwerde ist nun ein Fristsetzungsantrag[825], der an den VwGH zu richten ist (Art 133 Abs 1 Z 2 B-VG). Auch § 2 Abs 2 AHG spricht nun[826], neben dem Rechtsmittel, explizit von „Beschwerde beim Verwaltungsgericht und Revision beim Verwaltungsgerichtshof“.

Werden die verwaltungsrechtlichen Höchstgerichte (VwGH und VfGH) säumig, so ist dies, wie schon in Kapitel III 6.1.4 genauer erläutert, iSd § 2 Abs 3 AHG ohne amtshaftungsrechtliche Konsequenz, ein Amtshaftungsanspruch besteht somit in diesem Fall nicht.

6.2.4 Einzelfälle

6.2.4.1 1 Ob 11/07k[827]

In dieser Entscheidung ging es um einen rechtswidrigen und schuldhafterweise erlassenen negativen Bescheid, der vom Verwaltungsgerichtshof aufgehoben wurde. Der Behörde wurde

[822] OGH 17.10.2006, 1 Ob 159/06y, ecolex 2007/75, 174; vgl oben Kapitel III 6.1.2.
[823] BGBl I 51/2012.
[824] *Köhler*, Die neue Verwaltungsgerichtsbarkeit 26, abrufbar unter: http://www.verwaltungsakademie.ktn.gv.at/277477_DE--Die_neue_Verwaltungsgerichtsbarkeit_Koehler_2013.pdf (01.04.2014).
[825] *Köhler*, Der Zugang zum VwGH in der zweistufigen Verwaltungsgerichtsbarkeit, ecolex 2013, 589.
[826] AHG-Novelle 2013 BGBl I Nr 33/2013.
[827] OGH 03.05.2007, 1 Ob 11/07k, RZ-EÜ 2007/383.

nun unter anderem vorgeworfen, Schäden[828] verursacht zu haben, weil nicht unverzüglich ein positiver „Ersatzbescheid" erlassen wurde und die Behörde somit gegen die Entscheidungspflicht des § 73 AVG verstoßen hat. Die Schäden bestanden im Verdienstentgang, der aus der rechtswidrigen Verweigerung der beantragten, aber eben negativ abgesprochenen, Devisenhändlerermächtigung entstanden ist.

Zunächst hatte der OGH eine Verjährungsfrage zu klären: Da es sich bei den entstandenen Schäden, um „nicht vorhersehbare Folgeschäden" handelt, läuft eine Verjährungsfrist erst ab Kenntnis der (neu entstandenen) Schäden. „Wurde die ursprünglich schädigende Fehlentscheidung aufgehoben, muss der Geschädigte regelmäßig nicht damit rechnen, dass die Schadenszufügung durch weitere Fehlentscheidungen bzw gar durch pflichtwidrige Untätigkeit "prolongiert" wird."

Zum Schutzzweck des § 73 AVG, sprach der OGH aus, dass auch „eine pflichtwidrige Verzögerung der Erledigung, die - entgegen der früheren Rechtslage - eine Verweigerung der beantragten Ermächtigung zur Folge gehabt hätte", auch Amtshaftungsansprüche auslösen kann, „weil die Verpflichtung der Behörde zu möglichst rascher Entscheidung auch derartige Schäden eines Antragstellers verhindern soll." Das Verfahren wurde an das Erstgericht zur neuerlichen Entscheidung zurückverwiesen.

Dieses Verständnis des Schutzzwecks führt dazu, dass der Begriff des positiven Schadens weit gefasst wird, ja sogar überdehnt wird, wie *Rebhahn* schon 1997 anmerkte. Geht es um den Schutz von Gesundheit und Leben, kann der Schutzzweck schon mal dazu führen, dass ein Verdienstentgang schon bei leichter Fahrlässigkeit zu den ersatzfähigen Schäden zu zählen ist. In diesem Fall aber sollen Vorteile ersetzt werden, die durch das rechtswidrige Verweigern der Konzession entfallen. Solche Vorteile wird man gemeinhin auch iSd Gesetzes als entgangenen Gewinn bezeichnen können. Das Einbetten dieser Vorteile in den positiven Schaden führt daher dazu, dass die gesetzliche Unterscheidung konterkariert und eine Qualifikation als rechtlich gesicherte Position erfolgt, ohne dies näher zu begründen. [829]

6.2.4.1 1 Ob 282/00b

In dieser Entscheidung sind sowohl Verwaltungs- als auch Gerichtsorgane von den Anschuldigungen des Klägers betroffen, weshalb es sich hier um einen „gemischten" Fall handelt. Der Kläger begehrte Amtshaftung, weil es die Behörde unterlassen hatte, den Ehemann seiner Mutter davon abzuhalten, diese umzubringen. Immer wieder war es zu körperlichen Auseinandersetzungen zwischen dem Ehemann und der Mutter gekommen, wobei diese immer wieder verletzt wurde. Der Ehemann drohte der Mutter immer wieder mit körperlicher Gewalt und sogar dem Tod. Nach einer erneuten Anzeige der Mutter wurde der Ehemann zwar vernommen, aber keine weiteren Maßnahmen ergriffen. Zwar durfte der

---

[828] Der Kläger beantragte Amtshaftung auch aus dem rechtswidrig erlassenen negativen Bescheid.
[829] *Rebhahn*, Staatshaftung 410.

Ehemann nach einer einstweiligen Verfügung nach § 382b EO nicht mehr in die Ehewohnung, erschoss die Mutter aber dennoch in dieser. Der Kläger begehrte nun den Ersatz der Begräbniskosten der Mutter, der Kosten des Verlassenschaftsverfahrens, Schmerzensgeld für seine durch den grausamen Tod der Mutter erlittenen seelischen Schmerzen[830] und den Ersatz der Kosten der durch den Tod seiner Mutter erforderlich gewordenen psychotherapeutischen Behandlungen. Durch rechtmäßiges Handeln der Sicherheitsorgane und des zugeschalteten Richters hätten diese Schäden verhindert werden können, da die Staatsanwaltschaft einen Haftbefehl erlassen hätte und auch eine Hausdurchsuchung durchgeführt worden wäre und der Ehemann zum Tatzeitpunkt so in Haft gewesen wäre.

Zwar hat der OGH das Verfahren auf Grund von fehlenden Feststellungen zur neuerlichen Verhandlung an das Erstgericht zurückverwiesen, es finden sich aber wichtige Aussagen:

Der OGH hatte zunächst zu klären welches Organ hier die Unterlassung begangen hat. Ganz allgemein stellt er fest, dass ein Unterlassen nur dann zu Schadenersatz führt, wenn eine Pflicht besteht. Die Beamten der Sicherheitsbehörde lösen einen Amtshaftungsanspruch aber jedenfalls aus, als diese als „Sicherheitsbehörde dazu verpflichtet war, die Anzeigen der Mutter des Klägers an die Staatsanwaltschaft weiterzuleiten". Die unterlassene Weiterleitung der Anzeige an die Staatsanwaltschaft würde jedenfalls die Haftung des beklagten Rechtsträger begründen, so der OGH weiter. Sollte die Anzeige jedoch weitergeleitet worden sein (auch dies muss erst festgestellt werden), so hätten die Organe der Rechtspflege die Pflicht gehabt den Haftantrag zu erlassen, wenn zu befürchten war, dass der Ehemann seine Drohung wahr macht, wenn die Haft nicht unverzüglich verhängt wird. „Insoweit ist den Organen der Rechtspflege (Staatsanwaltschaft und Untersuchungsrichter) kein freies Ermessen eingeräumt, sondern muss bei Zutreffen der gesetzlichen Voraussetzungen ein Haftantrag gestellt und die Haft angeordnet werden (SZ 62/73 mwN in einem ähnlich gelagerten Fall)". Zwar regle § 180 StPO unter welchen Voraussetzungen die Untersuchungshaft verhängt bzw verlängert werden kann, jedoch darf dabei nicht vergessen werden, dass bei Vorliegen der Voraussetzungen diese auch verhängt werden muss.

Auch wenn diese Entscheidung kein endgültiges Urteil spricht, zeigt sich hier wieder ein Fall in dem aus einem Ermessen der Behörde, die „Pflicht zum einzig richtigen Handeln" wird, wenn gewisse Anhaltspunkte vorliegen. Jede anderweitige Auslegung stellt ein rechtswidriges Handeln der Behörde dar.

6.2.4.2 1 Ob 159/06y

In dieser Entscheidung warf ein Hotelbesitzer der Gewerbebehörde vor, auf Grund des mehrfachen Nichteinschreitens gegen die Lärmemissionen einer benachbarten Diskothek, einen Schaden wegen rückläufigen Nächtigungen zu haben. Auf Beschwerden der Nachbarn (auch des Hoteliers) wurde seitens der Behörde nicht ausreichend reagiert, somit keine

[830] Diese sind unter besonderen Voraussetzungen auch vom Amtshaftungsanspruch gedeckt.

„Prüfung der Notwendigkeit nachträglicher Auflagen für den Diskothekenbetrieb, durch den sich zahlreiche Anrainer erheblich beeinträchtigt fühlten", durchgeführt.

Der OGH stellt hierzu fest, dass die Arbeitsüberlastung der Behörden, nicht als Ausrede dienen kann, für daraus resultierende Verfahrensverzögerungen.

Des Weiteren bekräftigt der OGH, dass der Staat, wenn er bestimmten Personen (wie hier den Nachbarn) gewisse Rechte einräumt oder er es übernimmt, deren Interessen zu schützen, auch für die Durchsetzung Sorge zu tragen hat.[831] „Der Schutzzweck der einschlägigen Normen begründet eine - auch gegenüber den Betroffenen rechtlich relevante - Pflicht des Rechtsträgers, die zeitgerechte Erledigung der Aufgaben zu gewährleisten." Die Behörde hätte daher mit der nachträglichen Auflagenerteilung nicht so lange zuwarten dürfen, bis für das Erweiterungsersuchen des Diskothekenbetreibers[832] eine ausreichende Entscheidungsgrundlage vorgelegen ist. Es „wäre jedenfalls vordringlich zu prüfen gewesen, ob die Anrainer einer unzumutbaren Lärmbelästigung durch den bisher genehmigten Betrieb ausgesetzt sind."

Dem Erstgericht wurde aufgetragen nach einer Verfahrensergänzung ein neuerliches Urteil zu fällen.

Dieses Urteil macht nun klar, dass eine Arbeitsüberlastung der Organe unter keinen Umständen mehr eine haftungsbefreiende Entschuldigung dafür sein kann, dass ein Verfahren unnötig verzögert wird. Vielmehr weißt der OGH daraufhin, dass die Behörde, wenn sie laut Gesetz schon für Interessen der Menschen eintreten soll, auch so mit Personal etc auszustatten ist, dass diese Interessen auch von der zuständigen Behörde vertreten werden können. Im Zweifel ist diese eben mit mehr Personal auszustatten. Dies belastet dann zwar auch wieder das vom Steuerzahler finanzierte Budget, nur dass man wohl für eine funktionierende Verwaltung, von der man selber profitiert, lieber bereit ist zu zahlen, als zB für fremde Sparer und Anleger. Aber vielleicht braucht es nicht unbedingt mehr Personal, vielleicht würde es schon reichen die Bürokratie zu reduzieren, so dass die Behörde wieder leichter zu den Aufgaben findet, für die sie eigentlich eingerichtet ist.[833]

6.3 *Fazit*

Wie mit den Einzelfällen gezeigt werden konnte, gibt es im Verfahren nicht nur die klassischen Entscheidungs- und Beschleunigungspflichten der ZPO oder des AVG, auch in einfachen Gesetzen, wie der Gewerbeordnung lassen sich solche finden. Dabei haben die Behörden nicht nur in der jeweiligen Frist zu entscheiden, sondern so schnell wie möglich, ein

[831] Mit Verweis auf *Schragel*, AHG³ § 1 Rz 133.
[832] Dieser wollte seinen Betrieb erweitern, als Erklärung für die Verzögerung wandte die Behörde ein, sie wollte abwarten bis dieser Antrag entscheidungsreif wäre.
[833] Vgl *Wilhelm*, ecolex 2007/75 (173 f).

Zuwarten bis zum Ende der Frist, obwohl die Fakten für die Entscheidung schon längst vorliegen, wäre eine Verletzung der Entscheidungspflicht.

Die Amtshaftung für Säumnisse von Justiz und Verwaltung stellen sich, setzt man die Säumnis mit Unterlassen gleich, sehr vielschichtig dar. Hier wird für die unterlassene Belehrung genauso Schadenersatz gefordert, wie für die unterlassene Ladung und Einvernehmung eins Zeugen etc. Ein Sonderfall stellt die Säumnis im Verfahren dar. Es zeigt sich damit auf den ersten Anschein ein sehr großes Haftungspotenzial, da die Klagegründe der Unterlassungen schier unendlich erscheinen, da jedes Unterlassen Potenzial bietet, ein Verfahren unnötig in die Länge zu ziehen. Eine Einschränkung findet sich aber interessanter Weise oft im Wege des rechtmäßigen Alternativverhaltens der Gerichte und Verwaltungsbehörden. Es scheint somit in diesem Bereich eine Einschränkung der „Pflicht zum einzig richtigen Handeln“ zu geben, die Behörden dürfen ihren Ermessensspielraum nützten und somit ein rechtmäßiges und alternatives Verhalten setzen, das auch in einem Unterlassen bestehen kann. Ganz ausgeschlossen ist sie aber auch hier nicht. Der OGH spricht den Behörden nämlich einen vom Gesetz eingeräumten Ermessensspielraum ab, wenn die Indizien und die Umstände nur die eine Entscheidung zulassen, wie etwa die Verhängung der Untersuchungshaft, wenn es mehr als wahrscheinlich erscheint, dass ein potenzieller Täter seine Drohung wahr macht. Die Ermächtigung ist in diesem Fall also als Verpflichtung zum Tätigwerden zu sehen. *Wilhelm* spricht hier von der Pflicht zur Sorgfalt, welche auch dann besteht, wenn die Behörde mit Arbeit überlastet ist.[834]

Tatsächlich gilt auch hier, wie auch bei Unterlassungen im Baurecht[835] erläutert, die indirekte Pflicht der oberen Zweigstellen die unteren Behörden so auszustatten, dass sie ihrer Arbeit fristgerecht nachkommen können. Die Ausrede, auf Grund von (Arbeits-)Überlastung der Entscheidungspflicht nicht nachgekommen zu sein, lässt der OGH nicht gelten, diese dient somit nicht zum Ausschluss der Haftung.

Wird nun eine Behörde im Verfahren nicht tätig, hat der Antragsteller oder Kläger im Verfahren ausnahmsweise aber eine Möglichkeit die Untätigkeit zu bekämpfen und ein Rechtsmittel zu erheben, wie etwa den Fristsetzungsantrag oder die Beschwerde wegen Verletzung der Entscheidungspflicht. Um einen etwaigen Amtshaftungsanspruch nach § 2 Abs 2 AHG aber nicht zu verlieren, tut dieser gut daran, im Falle des Falles von dieser Möglichkeit auch Gebrauch zu machen.

Kein Anspruch gebührt aber dann, wenn es sich um die Säumnis eines Höchstgerichts handelt. Sinnvollerweise muss der Ausschluss des § 2 Abs 3 AHG auch für die Säumnis von Höchstgerichten gelten.

Der Schutzzweck der Norm erfährt auch in diesem Bereich eine extreme Ausweitung und wenig Präzisierung. Entscheidungs- und Verfahrensbeschleunigungspflichten sollen demnach im, so scheint es, größtmöglichen Umfang vor allen (!) Schäden schützen, die auf Grund eines unnötig verlängerten Verfahrens entstehen können. Das führt dazu, dass bloße

[834] *Wilhelm*, ecolex 2007/75, 174.
[835] Siehe Kapitel III 5.

Vermögensschaden, welche typischerweise eher sekundäre Interessen wären, schon zu den Primären zählen und somit auch entgangene Gewinne, wie das Ausbleiben von Gästen, als „hinreichend konkret" qualifiziert werden, sodass sie zum positiven Schaden zählen. Eine weite Fassung des Schutzzwecks der Norm kann in manchen Bereichen, wo es um die Güter Leben und Gesundheit geht, angebracht sein, da diese mE den höchsten Schutz erfahren sollten, der möglich ist. Dies sollte im Weiteren aber nicht dazu führen, dass ein entgangener Gewinn, als positiver Schaden deklariert wird und damit die Differenzierung zwischen positiven Schaden und entgangenem Gewinn obsolet wird. Sohin ein klar als entgangener Gewinn einzustufender Verdienstentgang als positiver Schaden ersetzt wird, weil er als gesicherte Position anerkannt wird. Viel eher sollte dieser als sekundäres Interesse erhalten bleiben. Mit den „Allgemeinen Kriterien" von *Rebhahn* wäre es auch hier möglich auszudifferenzieren, ob zB der Vermögensschaden des Hoteliers dennoch zu ersetzen wäre. Dies müsste mit ja beantwortet werden, denn zum einen hat dieser ein subjektiv-öffentliches Recht auf rasche Erledigung seines Antrages, die Duldung der Betriebsanlage ist ihm auferlegt und er ist gleichsam auf das Tätigwerden der Behörde angewiesen. Schon diese Kriterien müssen ausreichen, um den Schutzzweck zu bejahen. Auch wenn dies im Endeffekt auf das gleiche Ergebnis abzielt, muss man sich doch fragen, ob es so dogmatisch nicht an der richtigeren Stelle angesetzt wäre.

7 Die Unterlassung im Bereich der Universität

7.1 Allgemeines

Nach § 49 Abs 2 UG 2002 haftet der Bund für „den von Organen oder Arbeitnehmerinnen oder Arbeitnehmern der Universität oder von anderen Personen im Auftrag der Universität auf Grund dieses Bundesgesetzes in Wahrnehmung der hoheitlichen Aufgaben wem immer schuldhaft zugefügten Schaden" nach den Bestimmungen des AHG. In Vollziehung der Studienvorschriften handelt die Universität jedenfalls hoheitlich, dies ergibt sich aus § 51 Abs 1 UG 2002, auch die Lehr- und Prüftätigkeit zählt schon auf Grund des Gesetzes (§ 9 UG 2002) zur hoheitlichen Tätigkeit. Auch der OGH bekräftigt, dass „kein Zweifel daran bestehen kann, dass jedenfalls die Organisation des Lehr- und Prüfungsbetriebs, die Erstellung der Studienpläne und die Regelung der Zulassung zu einzelnen Lehrveranstaltungen zu den „Studienvorschriften" gehören".[836] Da die Universität und deren Organe, die den Schaden verursacht haben, dem Geschädigten nicht haften, haftet alleine der Bund für derartige Schäden.[837]

---

[836] OGH 14.08.2007, 1 Ob 142/07z, Zak 2007/617, 356 = zfhr 2007/18, 189; bestätigt in 23.03.2012, 1 Ob 12/12i, Zak 2012/384, 198; zum ansonsten unbestimmten Begriff „hoheitliche Aufgaben" siehe *Kerschner*, Haftung und Schadenersatz im Bereich der öffentlichen Universitäten- Systeme und Einzelfragen, in *Funk* (Hrsg), Öffentliche Universitäten im wirtschaftlichen Wettbewerb (2010) 20 ff.

[837] Näheres zu dieser Frage: *Standeker/Streit/Pressinger-Buchsbaum*, zfhr 2008, 21.

Ansonsten ist auch hier auf die allgemeinen Bestimmungen Bedacht zu nehmen, weshalb an dieser Stelle aus Gründen der Vermeidung von Wiederholungen lediglich darauf verwiesen wird[838] und nur mehr auf die wesentlichen Fragen des Schutzzwecks der Norm und die der Pflichtbegründung eingegangen wird.

Im Bereich der Amtshaftung für Unterlassungen sorgte vor allem jener Fall für Aufregung, wo auf Grund eines mangelnden Lehrveranstaltungsangebot und einer Studienzeitverzögerung ein Schaden zu ersetzen war.

7.2 § 54 Abs 8 UG 2002

Unterlässt es die Universität „Parallellehrveranstaltungen" gem § 54 Abs 8 Satz 2 UG 2002 anzubieten, verstößt sie gegen ihre Pflicht geeignete Maßnahmen zu treffen.[839] § 54 Abs 8 UG 2002[840] lautet: „Im Curriculum ist für Lehrveranstaltungen mit einer beschränkten Zahl von Teilnehmerinnen und Teilnehmern die Anzahl der möglichen Teilnehmerinnen und Teilnehmer sowie das Verfahren zur Vergabe der Plätze festzulegen. Dabei ist zu beachten, dass den bei einer Anmeldung zurückgestellten Studierenden daraus keine Verlängerung der Studienzeit erwächst. Im Bedarfsfall sind überdies Parallellehrveranstaltungen, allenfalls auch während der sonst lehrveranstaltungsfreien Zeit, anzubieten."

Generell wurde diese Bestimmung immer als „bloße Ordnungsvorschrift" verstanden, die nicht den einzelnen Studenten schützen soll und aus der diesem auch kein subjektives Recht erwächst. Dies wurde schon auf Grund der Wortwahl „zu beachten" argumentiert. *Standeker/Streit/Pressinger-Buchsbaum* sehen in einer Pflicht „Studienplätze in unbeschränkten Ausmaß anzubieten" einen klaren Widerspruch zu § 1 UG 2002, nach welchem Forschung und Lehre in qualitativ hochwertiger Weise erfolgen sollen, was bei einer derartigen Pflicht aber dann nicht mehr bewerkstelligt werden kann und somit ist die Einstufung als bloße Ordnungsvorschrift bestätigt. „Diese enthält vielmehr lediglich eine Zielvorgabe, den Studierenden im Rahmen der zur Verfügung stehenden Möglichkeiten und Ressourcen prinzipiell ein Studium zu bieten, bei dem es zu keiner Verzögerung der Studienzeit kommt."[841]

Der OGH sah dies im fortgesetzten Verfahren zu 1 Ob 142/07z aber ganz anders.[842] Er stellte sich die Frage, „ob das Unterlassen des Anbietens einer „Parallellehrveranstaltung" gegen § 54 Abs 8 UG 2002 verstoßen hat."[843] Zum einen, so der OGH, dient diese Norm dem Schutz der Studierenden, die zumindest die Möglichkeit haben sollen in Mindestzeit abzuschließen,

---

838 Siehe Kapitel II.
839 OGH 06.07.2010, 1 Ob 93/10y, JBl 2010, 654 (Anm *Meinhard*).
840 BGBl I 120/2002 idF BGBl I 81/2009.
841 *Standeker/Streit/Pressinger-Buchsbaum*, zfhr 2008, 21 (27).
842 OGH 06.07.2010, 1 Ob 93/10y, JBl 2010, 654 (Anm *Meinhard*); der OGH folgt *Standeker/Streit/Pressinger-Buchsbaum* (aaO) ausdrücklich (sogar mit Verweis darauf) nicht.
843 JBl 2010, 654 (656).

zum anderen haben die Studierenden ein Recht darauf keine Studienzeitverlängerung auf Grund zu weniger Studienplätze zu erleiden. Der Wortlaut des Gesetzes jedenfalls gebe keine Auskunft darüber, dass der Gesetzgeber die Universität nicht verpflichten wollte, vielmehr sieht der OGH in den Wörtern „zu beachten“ zweifelslos eine verbindliche Anordnung. Somit ist das Unterlassen des Anbietens von Parallellehrveranstaltungen „unter Berücksichtigung der einschlägigen gesetzlichen Anordnungen sowie des damit verfolgten Gesetzeszweck[844]“ rechtswidrig.[845]

Der OGH verpflichtet also die Universität hiermit dazu, für Studierende, die auf Grund eines Vergabeverfahrens zurück gestellt wurden, aber generell die Voraussetzungen der Teilnahme erfüllen würden, Parallellehrveranstaltungen anzubieten, wenn ihnen auf Grund der Nichtzulassung zur Hauptlehrveranstaltung eine Studienzeitverzögerung droht. Nicht zulässig ist es dabei, danach zu differenzieren, warum ein Studierender zurück gestellt worden ist.

Dieses Urteil legt den Universitäten somit eine nicht unbedeutende und wohl auch finanziell schwer lastende Verpflichtung auf. Denn da laut OGH weder die budgetäre Situation der Uni[846] noch der Grund der Zurückstellung, als Einwendung gegen eine solche Pflicht gelten, werden die Universitäten wohl für jede Lehrveranstaltung mit beschränkter Teilnehmerzahl, wenn Bedarf besteht, eine Ersatzlehrveranstaltung anbieten müssen, wenn die Wartelistekandidaten die Voraussetzungen für die Hauptlehrveranstaltung erfüllen. Erschreckend daran ist, dass dies auch dann der Fall ist, wenn eventuell auch noch andere Gründe zur Studienzeitverzögerung führen, wie im vorliegenden Urteil. Hier hatte der Student nämlich die vorausgesetzte Prüfung erst beim zweiten Termin positiv absolviert und wurde deshalb im zeitlichen Reihungsverfahren zurückgestellt. Eine Differenzierung danach sieht der OGH aber als nicht zulässig an.

Dieser weitgehenden Pflichtenauferlegung ist so umfassend nicht zuzustimmen. Sinn des § 54 Abs 8 UG 2002 ist es einerseits Teilnehmerbeschränkungen zu erlauben, anderseits aber auch andere Ersatzmaßnahmen zu regeln. Bei diesen Platzbeschränkungen und den damit einhergehenden Vergabeverfahren („dabei“) ist eben zu beachten, dass bei der Ausgestaltung dem Studierenden im Falle einer Zurückstellung keine Verzögerung erwächst. Das heißt also, dass lediglich dann Parallellehrveranstaltungen angeboten werden müssen, wenn alleine, also nur aus der Zurückstellung, Verzögerungen im Studium entstehen. Eine Verpflichtung auch andere Faktoren[847] „abzufedern“, besteht sohin nicht.[848] Zudem ist die Uni nicht auf diese Parallellehrveranstaltungen beschränkt, sie ist lediglich eine Option unter vielen Maßnahmen, um Verzögerungen hintanzuhalten.[849]

---

844 Dazu unten Kapitel III 7.3.
845 JBl 2010, 654 (657).
846 Dies, so der OGH, spiele erst auf der Verschuldensebene eine Rolle; jenes wäre dann ausgeschlossen, wenn das Anbieten von Parallellehrveranstaltungen aus „massiven wirtschaftlichen Gründen“ nicht zumutbar erscheint.
847 Wie hier der zunächst negativ absolvierte 1. Prüfungstermin, der einen 2. erforderlich machte.
848 *Kopetzki,* Haftung für geringes Lehrveranstaltungsangebot, RdM 2010/181, 183 (184).
849 *Ulrich,* Amtshaftung für Studienverzögerung, Zak 2010, 331 (332).

So gesehen muss zB für Erstsemestrige die auf Grund des Zeitpunkts der Anmeldung zurückgestellt werden und deshalb eine Verzögerung erleiden, weil sie ohne diesen Kurs zB nicht in den 2. Abschnitt gelangen, jedenfalls eine andere Maßnahme bzw Parallellehrveranstaltung angeboten werden, denn hier wird die Verzögerung sicherlich nicht durch andere studenteneigene Faktoren beeinflusst. Passiert dasselbe jedoch im 2. Abschnitt und ist es den Studierenden möglich anstelle des einen Kurses zunächst einen anderen zu belegen, so sehe ich keine Verpflichtung der Uni Maßnahmen zu ergreifen.

7.3 Der Schutzzweck der Norm des § 54 Abs 8 UG 2002

§ 54 Abs 8 UG stellt für den OGH eine Schutznorm dar, die Schäden von Studierenden durch Studienzeitverzögerungen verhindern soll. Grundsätzlich soll sie den Studierenden einen Abschluss des Studiums in Mindestzeit ermöglichen. „Da die typische Folge der Verlängerung der Studienzeit in Vermögensnachteilen besteht, soll auch deren Eintritt durch die in Rede stehende Norm verhindert werden“.[850]

Geht man davon aus, dass Vermögensschäden, wenn überhaupt, meist zu den sekundär geschützten Interessen gehören, kann man auch hier wieder mit der Theorie der „Allgemeinen Kriterien“ von *Rebhahn*[851] prüfen, ob die eigentlich nicht primär geschützten Interessen schützenswert wären. Es stellt sich hier dabei mE vor allem die Frage nach der Beherrschbarkeit der Gefahr „Studienzeitverzögerung“. Ist die Studienzeitverzögerung von der Uni eher beherrschbar, als vom Studenten, so sollen auch Vermögensschäden vom Schutzzweck erfasst sein. Dies wäre zB dann der Fall, wenn die Studienzeitverzögerung tatsächlich auf ein Verhalten der Uni zurück zu führen ist und alleine daraus resultiert. Ist die Studienzeitverzögerung allerdings auch auf ein Verhalten des Studenten zurückzuführen bzw von diesem mitbeherrschbar, so spricht dies gegen eine Bejahung des Schutzzwecks. Dies ist zB dann der Fall, wenn der Student durch eine andere Verteilung der Lehrveranstaltungen Einfluss auf die Studienzeit hat.

7.4 Gesetzesanpassung

Interessant erscheint hier auch wieder das Eingreifen des Gesetzgebers als Reaktion auf diese Entscheidung des OGH. Im Ministerialentwurf (227/ME 24. GP) sollte aus der Verpflichtung zur Maßnahmenergreifung lediglich eine Zielbestimmung werden, in dem „dabei ist zu beachten“ durch „dabei ist nach Möglichkeit zu beachten“ ersetzt wurde. Dies wurde so nicht umgesetzt, jedoch wurde mit dem UniversitätsänderungsG 2009[852] in § 59 UG 2002 „Rechte

[850] JBl 2010, 654 (656).
[851] Siehe Kapitel III 2.1.2.
[852] BGBl I 81/2009.

und Pflichten der Studierenden" ein neuer Absatz 7 eingeführt. „Den Studierenden sollen nach Maßgabe der budgetären Möglichkeiten ausreichend zusätzliche Studienangebote oder Lehrveranstaltungen im selben oder spätestens im nächstfolgenden Semester angeboten werden, wenn der oder dem Studierenden eine Verlängerung der Studienzeit zu erwachsen droht, deren Ursache alleine oder überwiegend der Universität zuzurechnen ist, insbesondere im Zusammenhang mit zu geringen Lehrveranstaltungsangeboten der Universität. Der Universität zurechenbar ist eine Verlängerung der Studienzeit insbesondere dann, wenn diese durch Rückstellung bei der Anmeldung zu einer Lehrveranstaltung erfolgt." Dies sollte nun klarstellen, „dass den Studierenden ein ausreichendes Lehrangebot zur Verfügung stehen soll, sodass ein Absolvieren des Studiums in der vorgesehenen Studienzeit möglich ist, ohne dass die Universität zu einer Schadenersatzleistung verpflichtet wird, insbesondere wenn Lehrveranstaltungen wegen zu geringer budgetärer Mittel nicht angeboten werden."[853]

Fraglich erscheint mir, ob dies ausreicht, um eine Haftung auszuschließen: Zumal, weil die „Maßgabe der budgetären Möglichkeiten" in § 54 Abs 8 UG 2002 nicht eingeführt wurde und zum anderen, weil das Verschulden dadurch eventuell nicht ganz ausgeschlossen ist.

Inhaltlich unterscheiden sich § 54 Abs 8 und § 59 Abs 9 UG 2002 nur durch den Zusatz „nach Maßgabe der budgetären Möglichkeiten", ob sich dadurch etwas am Haftungspotenzial ändert darf mE bezweifelt werden.[854] Denn dies ist „im Sinne der nunmehr ergangenen Entscheidung des OGH kongruent zu den dort geforderten „massiven wirtschaftlichen Gründen", die die Einhaltung der bezughabenden Bestimmung des UG unzumutbar macht, zu verstehen".[855] Ein Mehrwert dieses Zusatzes lässt sich daher in meinen Augen nicht erkennen. Massive wirtschaftliche Gründe befreien laut OGH von einer Haftung, weil dadurch das Verschulden verneint werden muss. Ein Ausweg aus der Haftung an sich lässt sich davon aber nicht ableiten. Abgesehen von der Behauptungs- und Beweispflicht des Bundes wird man sich bei mangelnden budgetären Mitteln immer nach der Möglichkeit von Umschichtungen, Lukrieren von Drittmittel und anderen rechtlichen Schritten fragen. Dies lässt, wie *Ulrich* richtig sagt, den Schluss zu, dass ein Verschulden jedenfalls dort gegeben sein wird, wo für eine Zusatzlehrveranstaltung lediglich ein Hörsaal und Lehrpersonal benötigt werden. Sind jedoch teure Zusatzeinrichtungen oder Lehrmittel nötig, so könnte dies zu einem Verschuldens- und somit Haftungsausschluss führen.[856]

Vielmehr stellt sich dabei in weiterer Folge aber die Frage, wie sich das Unterlassen der ausreichenden budgetären Ausstattung der Universitäten auf Amtshaftungsansprüche auswirken könnte und ob eine mangelnde Ausstattung nicht als Organisationsverschulden eingestuft werden könnte.[857] In 1 OB 159/06y[858] sprach der OGH zB aus, wenn der Staat bestimmten Personen Rechte einräumt oder er es übernimmt, deren Interesse zu schützen, so

[853] ErlRV 225 dB XXIV GP 24.
[854] Vgl auch *Kerschner* in *Funk* (Hrsg), Öffentliche Universitäten 20 ff und 42 ff.
[855] *Ulrich,* Zak 2010, 331(332).
[856] *Ulrich,* Zak 2010, 331(331).
[857] *Lukas,* JBl 2010, 654 (658).
[858] Hier hatte eine Behörde wegen Personalmangels und sonstigen Ausstattungsmängeln eine Entscheidungspflicht verletzt.

hat er auch für eine Durchsetzung Sorge zu tragen. „Der Schutzzweck der einschlägigen Normen begründet eine - auch gegenüber den Betroffenen rechtlich relevante - Pflicht des Rechtsträgers, die zeitgerechte Erledigung der Aufgaben zu gewährleisten“.[859] Dies beinhaltet eben auch eine ausreichende budgetäre Ausstattung. Stehen den Universitäten also zu wenig budgetäre Mittel zur Verfügung, wird sich dies auf das Verschulden wohl nicht entschuldigend auswirken können.[860]

Da sich mE aus der Gesetzesänderung bzw -ergänzung keine Abweichung zur Meinung des OGH ergibt, kann eine Prüfung der Gesetzmäßigkeit des Eingriffs unterbleiben.

7.5 Fazit

Studierende können also Schadenersatz im Wege der Amtshaftung vom Bund verlangen, wenn ihnen auf Grund einer Studienzeitverzögerung wegen mangelndem Lehrveranstaltungsangebot ein Schaden entsteht. Dieser Schaden wird regelmäßig ein Vermögensschaden sein, nämlich Verdienstentgänge, zusätzliche Lebenshaltungskosten, Studiengebühren, etc. Laut OGH ist auch ein solcher Vermögensschaden vom Schutzzweck der Norm des § 54 Abs 8 UG 2002 erfasst. Die Universitäten sind daher verpflichtet bei der Beschränkung von Teilnehmerzahlen zu Lehrveranstaltungen, Parallellehrveranstaltungen anzubieten, wenn die Studierenden auf der Warteliste die Teilnahmevoraussetzungen erfüllen. Dies wurde jüngst auch in einem neuerlichen Verfahrensgang vor dem OGH bestätigt.[861] Auch in diesem Bereich wollte sich der Gesetzgeber durch eine Gesetzesänderung der Haftung entziehen. Dass dies mit hoher Wahrscheinlichkeit nicht gelungen ist und eher die Judikatur des OGH bekräftigt, konnte oben gezeigt werden. Generell führt das dargelegte Urteil zu weit, da es auf das Verhalten der Studierenden und ein etwaiges Mitverschulden derselben an der Studienzeitverzögerung nicht Bedacht nimmt.

8 Resümee

Ausgangspunkt dieser Dissertation war der hier vielfach zitierte Handlauffall, der es seit Anfang der 90er Jahre vermehrt möglich machte, für ein Unterlassen einer Behörde den Staat in Anspruch zu nehmen, wenn sich aus diesem Unterlassen ein Schaden ergab. Dazu war es notwendig Pflichten zu ermitteln, aus denen sich eben eine Verpflichtung der Behörde ergibt, genau in diese (schadensverhindernde) Richtung tätig zu werden. Dabei handelt es sich immer um Normen mit Schutzcharakter, weshalb auch die Untersuchung des Schutzzwecks der

---

[859] OGH 17.10.2006, 1 Ob 159/06y, ecolex 2007/75, 174.
[860] *Lukas,* JBl 2010, 654 (658).
[861] OGH 23.03.2012, 1 Ob 12/12i, Zak 2012/384, 198.

jeweiligen Norm eine entscheidende Rolle bei der Amtshaftung für Unterlassungen übernimmt. Mit den hier aufgezeigten und ausführlich dargestellten Beispielen, konnte gezeigt werden, dass Unterlassen nicht gleich Unterlassen ist. Unterlassungen des Staates können in verschiedenen Bereichen zu Amtshaftungsansprüchen führen. Dennoch ist das Unterlassen dabei an unterschiedlichen Stellen anzusetzen. Während es im Baurecht oft ein einer Bewilligung vorgelagertes Unterlassen gibt, welches kausal für die Haftung ist, ist es zB bei der Bankenaufsicht, ein reines Unterlassen und somit ein tatsächliches Nicht-Tätigwerden der Behörde. Wie zB die Auskunftsunterlassung gezeigt hat, ist ein Unterlassen aber oft nicht strikt von einem Handeln zu trennen.

Nach § 1 Abs 1 AHG hat der Staat nach den Bestimmungen des bürgerlichen Rechts für Vermögens- oder Personenschäden zu haften, wenn seine Organe, die in Vollziehung der Gesetze handeln, sich rechtswidrig verhalten.

Nicht immer ist klar, ob die handelnde Person auch dem Staat als Organ zuzurechnen ist. Besondere Abgrenzungsschwierigkeiten ergeben sich dabei in Fällen der Übertragung an sich staatlicher hoheitlicher Aufgaben an Private, wie dies zB beim Bankprüfer oder Kesselprüfer der Fall ist. Die die Organeigenschaft bejahende Judikaturlinie des OGH hat im Falle des Bankprüfers sogar den Gesetzgeber zu einer Gesetzesveränderung veranlasst, die diese Ansicht des OGH nun expressis verbis einschränkt. Auch das Verhalten des Organs ist nicht immer eindeutig der Hoheitsverwaltung zuzuordnen, dies bereitet vor allem dann Probleme, wenn es sich nicht um traditionelles Verwaltungsverhalten handelt, wie zB die Befehls- und Zwangsgewalt. Eine Auskunft, die einen Realakt darstellt, auch wenn sie im Rahmen der Privatwirtschaft erteilt wird, kann aber als hoheitlich qualifiziert werden, da das Auskunftsverfahren an sich als hoheitlich gilt.

Schreibt das AHG keine besonderen Haftungsvoraussetzungen vor, so sind die allgemeinen Grundsätze des bürgerlichen Rechts heranzuziehen. Insbesondere müssen die allgemeinen schadenersatzrechtlichen Voraussetzungen des Schadens, der Kausalität, der Rechtswidrigkeit und des Verschuldens vorliegen.

Das Ausmaß des Schadens kann von schwerwiegenden Gesundheitsbeeinträchtigungen über Schädigungen am Eigentum bis hin zu bloßen Vermögensschäden reichen und ist immer eine Ausprägung des Einzelfalls.

Bei der Kausalität kommt dem Geschädigten eine besondere Beweiserleichterung zu, da die Kausalität des Unterlassens für den dadurch entstandenen Schaden nicht streng nachzuweisen ist und lediglich die Verhinderung des Schadens durch das pflichtgemäße Verhalten wahrscheinlich gemacht werden muss, sohin nur die Gesetzesübertretung streng zu beweisen ist. Es ergibt sich damit der „Vorteil des Anscheinsbeweises", der dazu führt, dass beim Unterlassen die Kausalität nur auf Wahrscheinlichkeitsüberlegungen beruhen kann und nie mit einer absoluten Sicherheit festgestellt werden kann.[862] So wird eine Auflage, die nicht eingehalten wird, durch Verhängung von Strafen eher eingehalten werden, als ohne

862 *Pirker/Kleewein*, ÖJZ 1995, 521.

Androhung der Strafe. Ob die Einhaltung der Auflage aber auch zu einer Verhinderung des Schadens geführt hätte, muss dann gesondert betrachtet werden und wird wohl meist nach den allgemeinen Lebenserfahrungen zu beurteilen sein. Ob der Handlauf in der Gaststätte den Sturz und in weiterer Folge den Tod des Gestützten verhindert hätte, ist aber nicht 100% feststellbar, da Erfahrungen in diesem Bereich wohl „Mangelware" sind. Dies kann daher zu Problemen bei der Beurteilung der Wahrscheinlichkeit führen.[863] Um sich der Haftung zu entziehen, hat der Rechtsträger hier den Beweis zu erbringen, dass der volltrunkene Gast auch mit Handlauf tödlich gestürzt wäre.[864]

Die Amtshaftung für Unterlassungen bringt einige Besonderheiten im Vergleich zum „normalen" Handeln mit sich. Diese ergeben sich vor allem im Bereich der Rechtswidrigkeit. Während bei Eingriffen durch das aktive Handeln oft recht klar ist, wer zur Haftung heranzuziehen ist, ist ein Unterlassen nicht in jedem Fall haftungsbegründend. Damit ein Unterlassen rechtswidrig ist, muss gegen eine Pflicht verstoßen werden, die ein solches (eben unterlassenes) Tätigwerden gerade vorschreibt. Auf Grund der Vielzahl von Gesetzen findet sich im innerstaatlichen Recht keine „Paradepflicht", weswegen Amtshaftungsansprüche geltend gemacht werden können. Jedoch lässt sich feststellen, dass vermehrt im Bereich der Aufsicht, der Auskunft und Manuduktion Klagen eingereicht werden. Auf Grund des Legalitätsprinzips ist es so, dass abstrakte Pflichten in der Regel in den einfachen Gesetzen zu suchen sind. Ein erstes Problem, welches sich aus der Rechtsprechung des OGH ergibt, ist, dass dieser oft konkrete Pflichten an Stellen annimmt, wo zumindest gesetzlich keine vorgesehen sind. Bei den betreffenden Normen handelt es sich meist um Regelungen mit Ermessen. Mit der Annahme einer konkreten Pflicht schränkt der OGH dieses Ermessen in vielen Fällen jedoch in fragwürdiger Weise meist sogar auf null ein. Da oft von keiner vertretbaren Rechtsansicht ausgegangen wird, entsteht eine „Pflicht zum einzig richtigen Handeln". Diese wird vor allem dann schlagend, wenn die Umstände und die Sachlage des Einzelfalls zu keinem anderem Verhalten führen haben können. Hier besteht eine spezielle, über standardisiertes Vorgehen hinausgehende, Nachforschungspflicht. Diese sollte jedoch eher sparsam zum Einsatz kommen, um einen eigentlich gesetzlich zugesprochenen Ermessensspielraum nicht zu sehr einzuschränken. Des Weiteren lässt es der OGH in eigentlich allen Fällen offen, wann genügend Verdachtsmomente vorliegen, die hierzu verpflichten.

Besonders bei Gefährdung von Leben und Gesundheit sieht der OGH gerade in dieser Gefahr die Verpflichtung, diese zu verhindern, weshalb eben im Gewerberecht nicht nur gefahrengeneigte Anlagen, für welche eine gesetzlich festgeschriebene Pflicht besteht, zu überprüfen sind, sondern jede Anlage, wenn von ihr Gefahr für Leib und Leben ausgeht. Ein Unterlassen kann aber nur dann zur Haftung führen, wenn die Behörde ihr Ermessen überschreitet, in dem sie die Kriterien der Ermessensausübung, die das Gesetz selbst vorschreibt, missachtet und somit, wenn auch fälschlicherweise, untätig bleibt, obwohl nach den Umständen des Einzelfalls gehandelt werden hätte sollen. Die Formen des Ermessens

---

[863] *Rebhahn,* JBl 1993, 320.
[864] *Pirker/Kleewein*, ÖJZ 1995, 521.

reichen dabei von Handlungsermessen, über Auswahlermessen bis hin zu bloßen Gestaltungsspielräumen, aber auch bei Letzterem stellte der OGH schon im Handlauffall klar, dass bei Vorliegen konkreter Hinweise auf gefährliche Umstände für Leib und Leben ein Einschreiten verpflichtend und auf Grund der Wichtigkeit der geschützten Güter jedenfalls und immer zumutbar ist.[865] In all diesen Fällen verwirklicht sich dabei eben die „Pflicht zum einzig richtigen Handeln".

Ein weiteres zentrales Problem bei Unterlassungen ergibt sich sodann beim Schutzzweck der Norm. Dieser dient eigentlich zur Einschränkung der Haftung und soll über die Reichweite des jeweiligen Schutzes Aufschluss geben. Dabei soll der Geschädigte geschützt werden, wenn die Normen, deren Einhaltung unterlassen wurde, den Schutz jenes Schaden, wie der des Eingetreten, mitbezweckt und sich also genau jene Gefahr verwirklicht hat, weswegen der Gesetzgeber ein bestimmtes Verhalten, hier also ein Tätigwerden, gefordert hat. Nicht immer ist dabei klar, ob eine Norm nur öffentliche Interessen schützt oder auch die des Einzelnen. Der OGH, auch das konnte mit dieser Untersuchung gezeigt werden, tendiert bei der Auslegung des Schutzzwecks der Norm eher zu einer klägerfreundlichen Ausweitung desselben, in dem nicht primär geschützte Interessen in den Schutzbereich aufgenommen werden, wie dies zB bei den Anlegern und Sparern einer Bank geschehen ist, deren Vermögensinteressen auch von der Aufsicht geschützt sein sollen. In den meisten aufgezeigten Fällen geht es dabei um die Frage, ob Vermögensinteressen vom Schutzzweck erfasst sind. Diesen kann dann Ersatzfähigkeit zugesprochen werden, wenn sie aus der Verletzung von Verträgen, Schutzgesetzen oder absolut geschützten Rechtsgütern resultieren. Da es sich bei den unterlassenen Verpflichtungen meistens um Schutzgesetze handelt, kann den Vermögensschäden die Ersatzfähigkeit nicht generell abgesprochen werden. Problematisch ist dies aber vor allem deshalb, weil es sich dabei eben meist nicht um primär geschützte Interessen handelt. Wann diesen aber dennoch ein Schutz zukommen sollte, lässt sich mit *Rebhahns* Theorie der „Allgemeinen Kriterien" ermitteln, welche unter gewissen Voraussetzungen auch nicht primär geschützten Interessen Ersatzfähigkeit zuspricht. Eines dieser Kriterien ist zum Beispiel das Vorliegen eines subjektiv-öffentlichen Rechts des Geschädigten. Ein solches ist zwar keine Voraussetzung um einen Amtshaftungsanspruch zu begründen, kann aber unter Umständen dazu führen, dass auch den Vermögensinteressen eine Schutzfähigkeit zukommt. Notwendig ist dies aber laut OGH nicht, denn auch wenn kein subjektiv-öffentliches Recht besteht, erfährt zB der Bauherr, der sich der Gefahr Bau ja selbst aussetzt, mit seinem ganzen Vermögen Schutz durch die Baugesetze. Der OGH wendet die Kriterien *Rebhahns* daher wohl nur zufällig und unbewusst in Ausnahmefällen an, wie zB bei der Beurteilung einer vorhandenen anderweitigen Haftpflichtversicherung.[866] Tendenziell ist der OGH in seinen Beurteilungen sehr einzelfall- und floskelbezogen, was den Schutzzweck sehr unbestimmt erscheinen lässt. Im Laufe der Untersuchung zeigt sich auch, dass der Umfang des Schutzzwecks in den einzelnen Bereichen recht unterschiedlich ist. So ist im vergleichbaren Bereich der Auflagenüberwachung der Gewerbetreibende selbst nicht

[865] *Pirker/Kleewein*, ÖJZ 1995, 521.
[866] Siehe Kapitel III 2.1.4.5.

geschützt, der Bauherr aber sehr wohl. Fakt ist jedoch auch, dass der OGH in allen Bereichen sehr klägerfreundlich agiert und selten Einschränkungen von sich aus vornimmt.

Dies ruft vermehrt den Gesetzgeber auf den Plan, denn Einschränkungen ergaben sich bisher nur durch Gesetzesänderungen seitens des Gesetzgebers, der ua bei § 3 FMABG den Schutzzweck der Norm selbst definierte. Wie gezeigt werden konnte, ist dies zumindest bei Unterlassungen und einer Einschränkung nicht primär geschützter Interessen möglich, ohne verfassungswidrig zu sein.

Bei der in dieser Betrachtung nicht im Vordergrund stehenden Voraussetzung des Verschuldens ist der Maßstab des § 1299 ABGB anzuwenden. Auf ein etwaig vorliegendes rechtmäßiges Alternativverhalten ist dabei Bedacht zu nehmen. Die „Ausrede“ nicht genügend Ressourcen zur Verfügung gehabt zu haben oder als Behörde überlastet zu sein lässt der OGH nicht gelten. Es liegt sodann ein Organisationsverschulden vor, welches den Organen anzulasten ist. Die übergeordneten Behörden haben nachgeordnete Stellen mit ausreichend Personal- und Sachmittel zu versorgen, wenn dies nötig ist, um den von Gesetzeswegen übernommenen Verpflichtungen nachzukommen.

Mit dieser Arbeit konnte gezeigt werden, dass die klägerfreundliche Judikatur längst über das Gewerberecht und den Handlauffall hinausgeht. Eine Klägerfreundlichkeit lässt sich in fast allen aufgezeigten Bereichen feststellen. Obwohl diese Klägerfreundlichkeit zunächst nur in Zusammenhang mit den höchst schützenswerten Gütern des Lebens und der Gesundheit geben war, wobei diese hier eher nachzuvollziehen ist, weitete sich diese im Laufe der Zeit auch auf bloße Vermögensschäden aus, die aus selbst gewählten Risiken resultierten. Dies führt im Bereich der Ausgliederung staatlicher Aufgaben an Private dazu, dass der Geschädigte nicht nur gegen den Schädigenden einen Ersatzanspruch hat, sondern auch gegen den viel liquideren Staat. Die Amtshaftung fungiert hier sogar als Ausfallversicherung. Vergessen sollte man dabei aber nicht, dass eine zu klägerfreundliche Judikatur, welche Ersatz für jeglichen Schaden zuspricht, zu überdenken ist.

IV Auf Unionsrecht beruhende Staatshaftungsansprüche

1 Einleitung

Auch im Unionsrecht ist die Untätigkeit als Rechtsproblem vorhanden und als Begriff ebenso wenig definiert. Diese kann sich daher wieder im Nichtstun, im falschen Tun[867], im ungenügenden Handeln oder auch im zu späten Handeln äußern. Manchmal kann es aber sogar geboten sein, nichts zu tun („Unterlassenspflicht"), so haben die Mitgliedstaaten nach Art 4 Abs 3 EUV alles zu unterlassen, was zur Gefährdung der Ziele der Union führen könnte. Rechtswidrig kann ein Unterlassen auch im Unionsrecht wieder nur sein, wenn es eine Handlungspflicht gibt, aber auch hier, so viel vorweg, wird sich keine übergreifende Dogmatik der Unterlassung im Unionsrecht finden lassen.[868]

Die Möglichkeit Schäden wegen (mitglied-)staatlicher Untätigkeit ersetzt zu bekommen, gibt es nicht nur im innerstaatlichen Recht. Auch auf unionsrechtlicher Ebene gibt es hierzu die Möglichkeit Ersatzansprüche geltend zu machen, nämlich über die Staatshaftung. Vorwiegend, dies macht die Sache gerade für diese Dissertation spannend, ging es bei den Verstößen, die zu Schäden führten, um Unterlassungen, meist die unterlassene Umsetzung von Richtlinien durch die einzelnen Mitgliedstaaten. Wer glaubt, eine positivrechtliche Norm mit der Überschrift „Staatshaftung" oder etwa „Haftung der Mitgliedstaaten" zu finden, der irrt. Zwar gibt es in Art 340 AEUV (ex 288 EG) eine positivrechtlich verankerte Haftung der Union und ihrer Organe an sich, jedoch gilt diese, mangels expliziter Nennung, nicht für Mitgliedstaaten. Vielmehr entwickelte sich daraus die Staatshaftung in einem Prozess der richterlichen Rechtsfortbildung. Aus „dem Wesen der mit dem Vertrag geschaffenen Rechtsordnung" leitet der EuGH das Rechtsinstitut der Staatshaftung ab, wonach eine Entschädigung zu erlangen ist, wenn ein Mitgliedstaat gegen Unionsrecht verstößt und damit Rechte des Einzelnen verletzt.[869] Von manchen wird dies sogar als „spektakulärste rechtsschöpferische Leistung des EuGH" bezeichnet.[870] Und auch wenn eine explizite festgeschriebene Norm bis heute fehlt, so gehört die Staatshaftung mittlerweile unbestritten zum acquis communautaire.[871]

---

[867] Vgl hierzu die schwierige Abgrenzung von Handeln und Unterlassen auch im innerstaatlichen Recht; zB Kapitel III 3.2.3.1.
[868] *Storr*, Untätigkeit und Unionsrecht, in *Holoubek/Lang* (Hrsg), Untätigkeit 53.
[869] Erstmals in EuGH 19.11.1991, C-6/90, C-9/90 (Francovich ua), Slg 1991, I-5357.
[870] *Ranacher/Frischhut*, Handbuch Anwendung des EU-Rechts (2009) 218.
[871] ZB *Storr* in *Holoubek/Lang* (Hrsg), Untätigkeit 51 (62); *Karollus,* Der hinreichend qualifizierte Verstoß als Voraussetzung der gemeinschaftsrechtlichen Staatshaftung, in *Karollus/Stadlmeier/Fischer* (Hrsg), Die Welt im Spannungsfeld zwischen Regionalisierung und Globalisierung; Festschrift für Heribert Franz Köck (2009) 169 (171).

In drei Phasen entwickelte der EuGH dabei die Grundsätze für die Staatshaftung, die zwar viele Fragen klären, einige aber auch noch offen lassen.[872] Dabei lassen sich viele Unterschiede, aber auch die eine oder andere Parallele zum innerstaatlichen Amtshaftungsanspruch feststellen.

Bei der Amtshaftung für Unterlassungen ergeben sich die Probleme, wie gezeigt, vor allem aus der „klägerfreundlichen" Judikatur des OGH, welche den Staat stark in die Pflicht nimmt und der damit einhergehenden und stark mit dem Unterlassen verbundenen Frage nach dem Schutzzweck der Norm, welcher vom OGH immer öfters als Korrektiv eingesetzt wird. Dies führt sogar dazu, dass der Gesetzgeber, wenn auch in der Lehre verfassungsrechtlich umstritten, in letzter Zeit selbst versucht den Schutzzweck gesetzlich zu definieren, um so die Haftung einzuschränken. Um diese bereits behandelten Fragestellungen nun abzurunden, ist es nötig auf die Staatshaftung einzugehen, da sich diese ja gerade aus einer Untätigkeit der Staaten entwickelt hat. Dafür erscheint es mir für ein besseres Verständnis nötig, zunächst einen kurzen Überblick über die Entwicklung und die Voraussetzungen derselben zu geben, um dann auf die für die Staatshaftung relevanten Problemstellungen einzugehen, welche vor allem in der Konturierung der Tatbestandsmerkmale und der Frage nach der innerstaatlichen Gerichtszuständigkeit[873] bei der Umsetzung des Staatshaftungsanspruchs liegen.

2 Die Grundlagen

2.1 Allgemeines

Beginnend mit Francovich[874] entwickelte der EuGH durch ständige Rechtsfortbildung das Rechtsinstitut der Staatshaftung. Dies ist jedoch in der europäischen Lehre zunächst auf wenig Verständnis und Zustimmung gestoßen.[875] Unter anderem musste sich der EuGH „Maßstabslosigkeit und Direktionsschwäche"[876] und sogar „apodiktisch, thesenhaft, eher dezisionär als deduktiv"[877] in der Urteilfindung zu sein, vorwerfen lassen. Dies führte sogar soweit, dass der Vorwurf, der EuGH hätte mit dieser richterlichen Rechtsfortbildung seine

[872] *Schwarzenegger,* Staatshaftung. Gemeinschaftsrechtliche Vorgaben und ihre Auswirkungen auf nationales Recht (2001) 20.
[873] Trotz vom VfGH entwickelter Kriterien, gibt es hier mangels einer konkreten gesetzlichen Regelung einige Unklarheiten bezüglich der Geltendmachung des Anspruches; vgl zur Problematik etwa *Dossi,* Die gemeinschaftsrechtliche Staatshaftung am Beispiel Österreichs, in *ÖJK* (Hrsg), Staatshaftung 25 ff und unten Kapitel IV 4.
[874] EuGH 19.11.1991, C-6/90, C-9/90.
[875] Vgl etwa zusammenfassend: *Streinz*, Die Auslegung des Gemeinschaftsrechts bzw Unionsrechts durch den EuGH. Eine kritische Betrachtung, in *Griller/Rill* (Hrsg), Rechtstheorie. Rechtsbegriff - Dynamik – Auslegung (2011) 223 (232 f).
[876] *Von Danwitz*, Zur Entwicklung der gemeinschaftlichen Staatshaftung, JZ 1994, 335 (338).
[877] *Ossenbühl*, Der gemeinschaftsrechtliche Staatshaftungsanspruch, DVBl 1992, 993 (994 f).

Kompetenzen überschritten, in der Literatur überwiegend bejaht wurde.[878] Erst mit dem Brasserie du pêcheur- Urteil[879] konnten sich die Wogen glätten und in der Literatur zog eine positivere Einstellung zur Staatshaftung ein.[880] Ob es sich bei der Einführung dieses Sanktionsmechanismus tatsächlich um eine Kompetenzüberschreitung seitens des EuGH handelt, mag dahingestellt bleiben. Fakt ist, dass die Staatshaftung mittlerweile ein anerkanntes, zum acquis communautaire gehörendes Instrumentarium ist. Die anfängliche Aufregung über das neue Rechtsinstitut ist mE nachzuvollziehen, ging es doch auch um den Vorwurf der Unbestimmtheit dieser „ganzen neuen Sache". So nahm der EuGH wohl implizit viele klassische Haftungsvoraussetzungen als Selbstverständlichkeit an und ging daher nicht näher darauf ein.[881] Wie die nachfolgenden Urteile zeigten, gab es aber tatsächlich noch einige inhaltliche Eckpunkte zu klären.

2.2 *Der Ausgangsfall- Francovich und Bonifaci*

Wie in meiner Untersuchung zum innerstaatlichen Recht, dort ist der Handlauffall[882] ausschlaggebend, gibt es auch hier einen „Stein des Anstoßes", den Fall Francovich[883]. In diesem Urteil musste sich der EuGH das aller erste Mal damit auseinandersetzen, ob dem Einzelnen für (damals noch)[884] Gemeinschaftsrechtsverletzungen durch Unterlassungen, ein Ersatz der ihm daraus entstandenen Schäden gebührt.

2.2.1 *Sachverhalt*

Die Klägergemeinschaft rund um Herrn Francovich und Frau Bonifaci begehrte in diesem Urteil eigentlich nur ersatzweise Schadenersatz wegen Italiens Nichtumsetzung einer Richtlinie. Im Hauptanspruch begehrte die Klägergemeinschaft nämlich die unmittelbare Anwendung der RL 80/987/EWG[885] (Insolvenzentgeltausfallsrichtlinie) und damit der Zahlung der ausständigen Löhne durch den Staat Italien.[886] Italien hatte nämlich diese Insolvenzentgeltausfallsrichtlinie nicht in nationales Recht umgesetzt, weshalb es auch schon

[878] An Stelle vieler, ausführlich: *Eilmannsberger,* Rechtsfolgen und subjektives Recht im Gemeinschaftsrecht: Zugleich ein Beitrag zur Dogmatik der Staatshaftungsdoktrin (1997) 45 f, 59 f, 215 f.
[879] EuGH 05.03.1996, C-46/93, C-48/93 (Brasserie du pêcheure und Factortame), ÖJZ 1996, 401 = ecolex 1996, 428 = Slg 1996, I-1029.
[880] Vgl *Streinz* in *Griller/Rill* (Hrsg), Rechtstheorie, 223 (234) mwN in FN 70.
[881] Vgl *Karollus* in *Karollus/Stadlmeier/Fischer* (Hrsg), FS Köck 169 (173).
[882] OGH 09.06.1992, 1 Ob 16/92, JBl 1993, 320 (Anm *Rebhahn*); siehe auch Kapitel I 2.
[883] EuGH 19.11.1991, C-6/90, C-9/90.
[884] Heute mit dem Vertrag von Lissabon spricht man ja korrekterweise nicht mehr von der „Gemeinschaft", sondern ersetzt den Begriff durch die „Union".
[885] Richtlinie 80/987/EWG des Rates vom 20. Oktober 1980 zur Angleichung der Rechtsvorschriften der Mitgliedstaaten über den Schutz der Arbeitnehmer bei Zahlungsunfähigkeit des Arbeitgebers, ABl L 283, 23.
[886] Vgl hierzu die Vorlagefragen in EuGH 19.11.1991, Rs C-6/90, C-9/90 Rz 7.

in einem Vertragsverletzungsverfahren verurteilt wurde.[887] Italien hätte ein Garantiesystem einrichten müssen, welches Arbeitnehmern, im Falle der Insolvenz ihres Arbeitgebers, die Lohnzahlung sichert. Da dies nicht geschah, konnten die offenen Lohnforderungen der Klägergemeinschaft, welche diese gegen ihre insolventen Arbeitgeber hatte, nicht befriedigt werden.[888]

2.2.2 Die Entscheidung des EuGH

Da die erste Vorlagefrage ja auf die unmittelbare Wirkung der Insolvenzentgeltausfallsrichtlinie abzielte, musste sich der EuGH zunächst mit der Frage der Unbedingtheit und hinreichend genauen Bestimmtheit der Richtlinie beschäftigen. Diese Kriterien bejahte der EuGH jedoch nur teilweise. Zwar sind der anspruchsberechtigte Personenkreis und die Anspruchsinhalte unbedingt und hinreichend bestimmt[889], nicht jedoch der Schuldner der Garantieansprüche, dieser kann von den Mitgliedstaaten nach Art 5 der RL nach eigenem Ermessen gewählt werden, weshalb eine unmittelbare Wirkung auf Grund dieser Unbestimmtheit nicht anzunehmen ist.[890]

Die Frage nach der Haftung der Mitgliedstaaten wegen mangelnder Umsetzung einer Richtlinie prüfte der EuGH nun am allgemeinen System und den wesentlichen Grundsätzen des EWG-Vertrages und kam zum Schluss, dass eine derartige Haftung besteht. Denn zum einen ist das Unionsrecht eine eigenständige Rechtsordnung, welche seinen Rechtssubjekten (Mitgliedstaaten und EU-Bürger) Pflichten auferlegt, aber auch (subjektive) Rechte verleihen kann.[891] Die Mitgliedstaaten haben also die Rechte, die dem Einzelnen zuerkannt werden, zu schützen. „Die volle Wirksamkeit der gemeinschaftsrechtlichen Bestimmungen wäre beeinträchtigt und der Schutz der durch sie begründeten Rechte gemindert, wenn der Einzelne nicht die Möglichkeit hätte, für den Fall eine Entschädigung zu erlangen, daß seine Rechte durch einen Verstoß gegen das Gemeinschaftsrecht verletzt werden, der einem Mitgliedstaat zuzurechnen ist."[892] Dieses Argument des „effet utile", also der Effektivität des Rechtsschutzes im Unionsrecht, bildet eines der Hauptargumente des EuGH für die Begründung der Staatshaftung und des damit geschaffenen Sanktionsmechanismus gegen Unionsrechtsverstöße der Mitgliedstaaten.[893] Außerdem ist gerade dort, wo die „volle Wirkung der gemeinschaftsrechtlichen Bestimmungen" vom Tätigwerden eines Staates abhängt und infolge eines Unterlassens der Einzelne sein Recht nicht durchsetzen kann, eine

[887] EuGH 02.02.1989, C-22/87 (Republik Italien), Slg 1989, 00143.
[888] *Schwarzenegger,* Staatshaftung 21.
[889] EuGH 19.11.1991, Rs C-6/90, C-9/90 Rz 13 ff.
[890] AaO Rz 23 ff.
[891] AaO Rz 31.
[892] AaO Rz 33.
[893] *Schwarzenegger,* Staatshaftung 23 und 27 f.

Entschadigungsmöglichkeit unentbehrlich.[894] Das Institut der Staatshaftung, „folgt somit aus dem Wesen der mit dem EWG-Vertrag geschaffenen Rechtsordnung.“[895]

Eine positivrechtliche Verankerung findet sich laut EuGH, der wohl nur unterstützend darauf verweist[896], im damaligen Art 5 EG-V, nun Art 4 Abs 3 EUV und der darin verankerten mitgliedstaatlichen Treuepflicht, die eben auch eine Verpflichtung beinhalte, Schäden einer Gemeinschaftsrechtsverletzung zu ersetzen.[897]

Damit war der Grundsatz der Staatshaftung für den EuGH begründet, zu den Haftungsvoraussetzungen meinte dieser, dass ein Staatshaftungsanspruch von der Art des Verstoßes abhängt. Ersetzt wird ein Schaden bei mangelnder Richtlinienumsetzung dann, wenn dem Einzelnen durch die verletzte Norm Rechte eingeräumt werden und diese ausreichend inhaltlich bestimmt sind und ein Kausalzusammenhang zwischen Verstoß und Schaden hergestellt werden kann.[898]

Die Folgen des Schadens haben die Mitgliedstaaten, mit Bedacht auf das Diskriminierungs- und Vereitelungsverbot, im innerstaatlichen Recht zu beseitigen.[899]

2.2.3 Zusammenfassung

Zusammenfassend kann daher festgehalten werden, dass der EuGH mit dem Francovich-Urteil einen „neuen“, weil bis dato unbekannten, Grundsatz des Gemeinschaftsrechts etabliert hatte. Da die Haftungsvoraussetzungen von der Art des Verstoßes abhängen, sind sie wohl individuell, sprich im Einzelfall, festzusetzen. Bei einer mangelhaften Richtlinienumsetzung, reicht es aus, dass diese dem Einzelnen Rechte verleihen will, diese Rechte wiederum inhaltlich bestimmt bzw zumindest bestimmbar sind und ein Kausalzusammenhang gegeben ist. Dies wird auch als Francovich-Formel bezeichnet.[900] Durchzusetzen ist der Anspruch dann im nationalen Recht des einzelnen Mitgliedstaates. Dies stellt die Mitgliedstaaten, wie noch gezeigt wird, vor nicht unerhebliche Probleme und führt zu Rechtsunsicherheiten.[901]

[894] EuGH 19.11.1991, Rs C-6/90, C-9/90 Rz 34.
[895] AaO Rz 35.
[896] Vgl *Schwarzenegger,* Staatshaftung 21.
[897] EuGH 19.11.1991, Rs C-6/90, C-9/90 Rz 36.
[898] AaO Rz 38 f.
[899] AaO Rz 42 f.
[900] ZB *Karollus* in *Karollus/Stadlmeier/Fischer* (Hrsg), FS Köck 169 (173).
[901] Siehe unten Kapitel IV 4.

3 Die Voraussetzungen der Staatshaftung

Zwischen Francovich und heute gab es einige Entscheidungen, die essentiell für die Weiterentwicklung der Staatshaftung waren und sehr viele, vor allem in letzter Zeit, die reine Wiederholungen der zuvor ergangen Urteile darstellen.[902] Wie im innerstaatlichen Amtshaftungsrecht, ist es auch hier zunächst einmal nötig, dass ein Schaden vorliegt, der durch das Verhalten eines Organs, welches damit eine unionsrechtliche Norm verletzt, verursacht wurde. Dabei muss die verletzte Bestimmung den Zweck haben, dem Einzelnen Rechte zu verleihen und der Verstoß hinreichend qualifiziert sein. Diese letztgenannten Voraussetzungen entsprechen in etwa der innerstaatlichen Voraussetzung der Rechtswidrigkeit.[903] Auch hier muss der Verstoß gegen Unionsrecht kausal für den eingetretenen Schaden gewesen sein, ein Verschulden ist jedoch keine zwingende Haftungsvoraussetzung, es dient lediglich als Kriterium zur Beurteilung, ob ein hinreichend qualifizierter Verstoß vorliegt.

3.1.1 Der Schaden

Die Tatbestandsvoraussetzung „Schaden" wird weder nach der Francovich-Formel, noch nach der Brasserie-Formel explizit als solche deklariert. So bezeichnet *Von Danwitz* zB die Francovich-Formel als „haftungsrechtlichen Tatbestandstorso"[904], der also weder Hand noch Fuß hat. Schon im Brasserie-Urteil sprach der EuGH wörtlich von einer Ersatzfähigkeit jener „Schäden, die dem Einzelnen durch diesem Staat zuzurechnenden Verstöße gegen das Gemeinschaftsrecht entstehen".[905] Jedoch erfährt der Begriff des „Schadens" auch nach der Brasserie-Formel keine weiterführende Präzisierung, weshalb davon auszugehen ist, dass der EuGH den Schaden implizit als Selbstverständlichkeit erachtet, der keiner weiteren Erörterung bedarf.[906]

Anders als im innerstaatlichen Recht sind nicht nur Schäden am Vermögen oder an der Person (§ 1 Abs 1 AHG) ersatzfähig, sondern jegliche Art von Schaden, somit auch für den entgangenen Gewinn, für immaterielle Schäden und für Verzugszinsen ab

---

902 *Rebhahn*, Staatshaftung bei Verletzung von Gemeinschaftsrecht und Umsetzung in Österreich, in *ÖJK* (Hrsg), Kritik und Fortschritt im Rechtsstaat (1999) 149.
903 *Kucsko-Stadlmayer* in *ÖJK* (Hrsg), Staatshaftung 15 f.
904 *Von Danwitz,* Die gemeinschaftsrechtliche Staatshaftung der Mitgliedstaaten – Entwicklung, Stand und Perspektiven der Europäischen Haftung aus Richterhand, DVBl 1997, 1 (5).
905 EuGH 05.03.1996, C-46/93, 48/93.
906 *Karollus* in *Karollus/Stadlmeier/Fischer* (Hrsg), FS Köck 169 (173) mwN.

Urteilsverkündung.[907] Im Brasserie-Urteil sprach der EuGH sogar unkonkreten Erwerbschancen, nämlich den entstandenen Verdienstausfällen, Ersatzfähigkeit zu.[908]

In welchem Ausmaß Ersatz zu leisten ist, kann durch die Mitgliedstaaten bestimmt werden, diese müssen sich aber an das Diskriminierungs- und Vereitelungsverbot halten. So dürfen die Anspruchsvoraussetzungen nicht ungünstiger sein, als beim gleichen Anspruch nach nationalem Recht und außerdem darf der Ersatz nicht „praktisch unmöglich" oder „übermäßig erschwert" zu erlangen sein. Die Effektivität des Schutzes des Einzelnen muss gewährleistet sein, weshalb der Umfang des Ersatzes auch angemessen sein muss.[909] Nach § 1 Abs 1 AHG ist der Schaden einzig in Geld zu ersetzen. Fraglich ist, ob dies auch uneingeschränkt für die Staatshaftung gilt und nicht doch auch Naturalrestitution erforderlich sein kann. *Rebhahn* bejaht dies unter Vorliegen besonderer Voraussetzungen. Außerdem könnte sich der EuGH auch an die Unionshaftung anlehnen, wo die Naturalrestitution gesetzlich vorgeschrieben ist.[910] Offen lässt der EuGH, ob es den Mitgliedstaaten möglich wäre, den Ersatz des Gewinnentgangs auf grobe Fahrlässigkeit und Vorsatz, wie in Österreich üblich, einzuschränken. Im Brasserie-Urteil[911] heißt es lediglich, dass der Ersatz des entgangenen Gewinns nicht vollständig ausgeschlossen werden darf. Dies deutet wiederum auf einen Spielraum für eine solche Einschränkung hin.[912]

3.1.2 Das Verhalten eines Organs

Die Voraussetzung des „Verhaltens eines mitgliedstaatlichen Organs" wird vom EuGH sehr weit ausgelegt.[913] Schon im Brasserie-Urteil[914] stellt der EuGH klar, dass die Staatshaftung unabhängig davon geltend gemacht werden kann, welches Organ des Mitgliedstaates gegen das Unionsrecht verstoßen hat. Das Verhalten des Organs kann sowohl in einem Tun als auch in einem Unterlassen bestehen.[915] Im innerstaatlichen Recht kann ein Unterlassen einer hoheitlichen Handlung allerdings nur dann Ansprüche nach dem AHG begründen, wenn eine besondere gesetzliche Pflicht des Organs zum Handeln gegenüber dem Geschädigten besteht und auch die weiteren (allgemeinen) Schadenersatzvoraussetzungen vorliegen.[916] Das Merkmal des Vorliegens einer Pflicht bei Unterlassungen muss aber auch für die Staatshaftung gelten.[917] Dabei ist die, meist bei Richtlinien auftretende, nicht fristgerechte,

---

[907] *Kucsko-Stadlmayer* in *ÖJK* (Hrsg), Staatshaftung 10.
[908] EuGH 05.03.1996, C-46/93, C-48/93 Rz 87.
[909] Vgl *Kucsko-Stadlmayer* in *ÖJK* (Hrsg), Staatshaftung 10 f; anstelle vieler: EuGH 05.03.1996, C-46/93, C-48/93 Rz 82 und 90; 23.05.1996, Rs C-5/94 (Hedley Lomas), Slg 1996, I-2553 Rz 31.
[910] *Rebhahn* in *ÖJK* (Hrsg), Kritik und Fortschritt im Rechtsstaat 168.
[911] EuGH 05.03.1996, C-46/93, 48/93.
[912] *Kucsko-Stadlmayer* in *ÖJK* (Hrsg), Staatshaftung 10 f; *Rebhahn* in *ÖJK* (Hrsg), Kritik und Fortschritt im Rechtsstaat 158.
[913] *Kucsko-Stadlmayer* in *ÖJK* (Hrsg), Staatshaftung 11.
[914] EuGH 05.03.1996, C-46/93, C-48/93 Rz 32, 34 ff.
[915] *Rebhahn* in *ÖJK* (Hrsg), Kritik und Fortschritt 156.
[916] *Mader* in *Schwimann*^{3}, AHG § 1 Rz 53 f.
[917] Vgl *Rebhahn*, Staatshaftung 62.

unterlassene Umsetzung von Unionsrecht am bedeutsamsten. Aber auch an die Unterlassung der Anwendung des Anwendungsvorranges oder an das Unterlassen einer unionsrechtskonformen Interpretation nationaler Gesetze ist zu denken.

Ein Unterschied zum innerstaatlichen Amtshaftungsanspruch ist, dass nach diesem ein Handeln „in Vollziehung der Gesetze" erfolgen muss und das Verhalten der innerstaatlichen Höchstgerichte nach § 2 Abs 3 AHG ausgenommen ist, ebenso wie das der Gesetzgebung. [918] Somit ist die ganze Legislative[919], Exekutive[920] und sogar Judikative[921] der Staatshaftung unterworfen. Da jedes Verhalten zählt, ist es nicht nötig, dass die Organe hoheitlich handeln, auch die Privatwirtschaftsverwaltung ist, anders als im österreichischen Recht, umfasst.[922] Die Organe müssen dabei nicht zwingend den typischen Gebietskörperschaften Bund, Länder, Gemeinden zugehörig sein, auch Organe von Selbstverwaltungskörpern oder juristischen Personen öffentlichen Rechts können durch ihr Verhalten Staatshaftungsansprüche auslösen.[923] Des Weiteren muss auch nicht der „Gesamtstaat" für jegliches Unrecht einstehen, es reicht, wenn die jeweilige Gebietskörperschaft oder der Selbstverwaltungskörper für den Schaden einsteht.[924] Dies entspricht auch dem AHG.[925] Staatliche Unternehmen, welche der EuGH gerne als „verlängerter Arm des Staates sieht", sollten laut *Kucsko-Stadlmayer* aber nur dann Staatshaftungsansprüche auslösen können, wenn sie in gleicher Weise wie der Mitgliedstaat selbst Unionsrecht zu vollziehen haben.[926] Problematisch könnte jedoch auch hier wieder die Zurechnung von Privaten zum Staat werden, die laut OGH „im Dienste der Hoheitsverwaltung" tätig werden.[927] Durch den Grundsatz, dass die durch die Mitgliedstaaten definierten Voraussetzungen für die Staatshaftung nicht ungünstiger ausfallen dürfen, als bei ähnlich gelagerten innerstaatlichen Ansprüchen, muss diese teils fragwürdige Judikaturlinie des OGH auch auf das Staatshaftungsrecht übertragen werden.[928]

3.1.3 Der Verstoß gegen Unionsrecht

3.1.3.1 Allgemeines

Grundsätzlich wird für jeglichen Verstoß gegen Unionsrecht, unabhängig davon ob Primäres oder Sekundäres, gehaftet, dazu ist es auch nicht nötig, dass die verletzte Norm unmittelbar

[918] Dies leitet sich aus § 1 Abs 1 AHG ab, wo lediglich für Schäden „in Vollziehung der Gesetze" gehaftet wird.
[919] Seit dem Brasserie-Urteil (EuGH 05.03.1996, C-46/93, 48/93).
[920] Ebenfalls seit Brasserie aaO, siehe aber auch EuGH 30.09.2003, C-224/01.
[921] Seit EuGH 30.09.2003, C-224/01.
[922] *Rebhahn* in *ÖJK* (Hrsg), Kritik und Fortschritt 155; *Kucsko-Stadlmayer* in *ÖJK* (Hrsg), Staatshaftung 12.
[923] *Kucsko-Stadlmayer* in *ÖJK* (Hrsg), Staatshaftung 12.
[924] EuGH 01.06.1999, C-302/97 (Konle), EuGRZ 1999, 329 = wbl 1999, 395 (Anm *Herzig*) Rz 63 f; EuGH 04.07.2000, C-424/97 (Haim) = wbl 2000/272, 409 = ecolex 2000, 764 Rz 30 f.
[925] Vgl bspw die Regressvorschriften in § 9 ff AHG.
[926] *Kucsko-Stadlmayer* in *ÖJK* (Hrsg), Staatshaftung 13.
[927] Dieses Thema ist vor allem bei der staatlichen Aufsicht, wo zB privat bestellte Kesselprüfer als Organe der Aufsichtsbehörde deklariert werden, von Bedeutung; siehe Kapitel III 2.1.4. oder auch OGH 27.03.2001, 1 Ob 25/01k, JBl 2001, 722 = RdW 2001/608, 591 = ÖZW 2002, 59 (Anm *Kucsko-Stadlmayer)* = SZ 74/55.
[928] Vgl *Kucsko-Stadlmayer* in *ÖJK* (Hrsg), Staatshaftung 13.

wirksam war. Die Staatshaftung ist daher nicht subsidiär anzuwenden.[929] Das heißt also, dass die Staatshaftung auch dann geltend gemacht werden kann, wenn der Schaden bspw durch einen anderen Rechtsbehelf, wie etwa die unmittelbare Anwendung oder die unionsrechtskonforme Auslegung, ebenso beseitigt hätte werden können.[930] Dies ist ein Unterschied zum innerstaatlichen Recht. Ist nämlich ein solcher Rechtsbehelf tauglich den Schaden zu vermeiden, wirkt sich dies für den Amtshaftungswerber ungünstig auf den Schadenersatz aus, denn wenn das Rechtsmittel tauglich war den Schaden zu verhindern, entsteht kein Amtshaftungsanspruch.[931] Allerdings lässt auch der EuGH mittlerweile unter Beachtung des Effektivitäts- und Äquivalenzprinzips eine Auferlegung solcher Schadensminderungspflichten auf den Geschädigten zu.[932]

Das Kriterium des Verstoßes gegen Unionsrecht ist mit dem innerstaatlichen Kriterium der Rechtswidrigkeit zu vergleichen. Am meisten verstoßen die Mitgliedstaaten dabei gegen die Pflicht der ordnungsgemäßen Umsetzung von Richtlinien.[933] Damit nun ein Verstoß gegen Unionsrecht aber auch zur Staatshaftung führt, muss die Unionsnorm, gegen die verstoßen wurde, „bezwecken, dem Einzelnen Rechte zu verleihen“ und der Verstoß „hinreichend qualifiziert“ sein. Dazu nun im Einzelnen:

3.1.3.2 Der Zweck dem Einzelnen Rechte zu verleihen

Von Anfang an musste die durch den Mitgliedstaat verletzte Norm auch den Zweck haben, dem Geschädigten Rechte zu verleihen, welche sich mit hinreichender Genauigkeit auch bestimmen lassen.[934] Dieses Kriterium entspricht in etwa dem innerstaatlichen Kriterium des Schutzzwecks der Norm, welches eben auf die von der Norm (gerade noch) geschützten Interessen abzielt.[935] Diese können laut EuGH, müssen aber nicht zwingend, subjektive Rechte des Einzelnen sein, jedoch muss die Norm zumindest ein solches Recht bezwecken. Verleiht eine Norm ein konkretes subjektives Recht, sprich ist die Rechtsposition des Einzelnen klar ersichtlich, ist der Verstoß dagegen eindeutig haftungsbegründend. Subjektive Rechte können aber auch indirekt als Reflex verliehen werden. Dem EuGH geht es dabei oft um die Feststellung, ob der Einzelne im nationalen Verfahren eine Möglichkeit hat, sich auf eine Norm zu berufen, um in den Genuss eines darin vorhandenen Vorteils zu gelangen. Dieses „Evokationsrecht“ soll den Einzelnen schützen. Dies betrifft zB die Grundfreiheiten, aber auch alle unmittelbar anwendbaren Normen des Unionsrechts.[936] Aber auch aus

---

[929] *Kucsko-Stadlmayer* in *ÖJK* (Hrsg), Staatshaftung 15.
[930] *Schwarzenegger,* Staatshaftung 28 f.
[931] Vgl die Rettungspflicht in § 2 Abs 2 AHG.
[932] Vgl auch unten Kapitel IV 3.1.4.
[933] *Rebhahn* in *ÖJK* (Hrsg), Kritik und Fortschritt 157.
[934] ZB EuGH 19.11.1991, Rs C-6/90, C-9/90 Rz 40; EuGH 05.03.1996, C-46/93, C-48/93 Rz 51 oder etwa EuGH 08.10.1996 C-178/94 (Dillenkofer), WBl 1996, 483 = ecolex 1997, 473 Rz 21.
[935] *Rebhahn* in *ÖJK* (Hrsg), Kritik und Fortschritt 158; *Kucsko-Stadlmayer* in *ÖJK* (Hrsg), Staatshaftung 18 mwN.
[936] *Schwarzenegger,* Staatshaftung 20.

Richtlinien ergeben sich subjektive Rechte. In „Dillenkofer“[937] nahm der EuGH zB an, dass die Pauschalreiserichtlinie nicht nur die Reisebranche schützt, sondern durch die verpflichtende Insolvenzabsicherung der Reiseveranstalter auch der Schutz der einzelnen Verbraucher mitbezweckt wird.[938] Damit entspricht der Begriff des „subjektiven Rechts“ auf Unionsrechtsebene nicht dem gleich lautenden und strengeren Begriff des innerstaatlichen Rechts.[939]

Das Kriterium der „hinreichend genauen“ Bestimmtheit dieses subjektiven Rechts wird vom EuGH ebenfalls nicht sehr streng geprüft, meist geht dies Hand in Hand mit der Einräumung desselben und wird selten separat thematisiert. Kann jedoch der Inhalt im Ansatz im Wege der Auslegung ermittelt werden, so ist die Bestimmbarkeit meist gegeben. Daher lassen sich solche subjektiven Rechte auch aus Richtlinien ableiten, welche meist bloße Ziele formulieren und somit den Mitgliedstaaten einen großen Ermessensspielraum bieten.[940] Es geht daher um die Bestimmung von „Mindestrechten“.[941] Ähnlich wie der OGH, jedoch fast stärker, ist der EuGH dabei in seinen Einzelfall bezogenen Sachverhalten sehr rechtsschutzfreundlich.[942] Zum Vergleich siehe auch unten Kapitel IV 4.2.

3.1.3.3 Der hinreichend qualifizierte Verstoß

3.1.3.3.1 Allgemeines

Das Kriterium des „hinreichend qualifizierten Verstoßes“ findet erst mit dem Brasserie-Urteil Eingang in die Staatshaftungsjudikatur. Nach der so genannten Brasserie-Formel müssen drei Voraussetzungen für die Begründung eines Staatshaftungsanspruches vorliegen, nämlich eine verletzte Norm, die den Zweck hat dem einzelnen Recht zu verleihen, ein Verstoß, der hinreichend qualifiziert ist und ein zwischen dem Verstoß und dem entstandenen Schaden bestehender Kausalzusammenhang.[943] Lange war nicht klar, wie sich diese Formel nun zum Francovich-Urteil verhält, da der EuGH sehr kryptisch von Einzelfall-Entscheidungen spricht, die von der Art des Verstoßes abhängen. Erst in „Dillenkofer“ nahm er hierzu Stellung, weshalb dieser Entscheidung eine Art Klammerfunktion zukommt.[944] Danach wurde zwar das Kriterium der hinreichenden Qualifiziertheit in Francovich nicht ausdrücklich erwähnt, lag aber laut EuGH unter den gegebenen Umständen offenkundig vor.[945] Daraus schließt sich, dass die Formeln im Wesentlichen die gleichen Voraussetzungen aufweisen und damit nicht

[937] EuGH 08.12.1996, C-178/94 bis C-190/94.
[938] AaO Rn 37 und 39.
[939] *Kucsko-Stadlmayer* in *ÖJK* (Hrsg), Staatshaftung 17.
[940] *Kucsko-Stadlmayer* in *ÖJK* (Hrsg), Staatshaftung 17.
[941] ZB EuGH 14.07.1994, C-91/92 (Faccini Dori) = Slg 1994, I-3347 Rz 17.
[942] *Kucsko-Stadlmayer* in *ÖJK* (Hrsg), Staatshaftung 19.
[943] EuGH 05.03.1996, C-46/93, C-48/93 Rz 51.
[944] *Schwarzenegger,* Staatshaftung 65.
[945] Diese Argumentation scheint schleierhaft, zumal im Nachhinein ja immer viel Interpretationsspielraum gegeben ist, wenn etwas nicht ausdrücklich ausgesprochen wurde, weshalb es doch erstaunt, was für den EuGH so alles „offensichtlich“ ist; vgl auch: *Karollus* in *Karollus/Stadlmeier/Fischer* (Hrsg), FS Köck 169 (175).

unterschiedlich sind.[946] Zwar können diese Voraussetzungen im Einzelfall auf verschiedene Art und Weise erfüllt werden, die drei zu erfüllenden Voraussetzungen der Haftung sind aber alle gleich.[947]

Das Kriterium der hinreichenden Qualifiziertheit dient nicht nur als Mittel zur Begrenzung der Haftung[948], es führt auch von einer reinen Unrechtshaftung zu einer objektivierten Verschuldenshaftung und entscheidet darüber, ob ein Anspruch des Geschädigten besteht oder nicht.[949] Es ist jene Voraussetzung, der in der Praxis somit die größte Bedeutung zukommt.[950]

3.1.3.3.2 Die hinreichende Qualifiziertheit

Damit nun ein Verhalten eines Mitgliedstaates, und nur auf dieses und dessen Position zur verletzten Norm ist hier abzustellen[951], die Staatshaftung „auslöst", muss dieser Verstoß eine gewisse Intensität aufweisen. Es gilt also zu prüfen, ob die Qualifiziertheitsschwelle für eine Haftbarkeit erreicht ist oder ob das Verhalten in einen haftungs- und somit rechtswidrigkeitsfreien Bereich fällt.[952] Zur Beurteilung dieses Kriteriums unterscheidet der EuGH zunächst danach, ob dem Mitgliedstaat ein „weites Ermessen" zukommt oder eben nicht. Kann der Mitgliedstaat bspw nicht zwischen mehreren gesetzgeberischen Möglichkeiten wählen oder hat er einen erheblich verringerten oder sogar auf null reduzierten Ermessensspielraum, so reicht die bloße Verletzung des Unionsrechts oft aus, um als hinreichend qualifiziert zu gelten[953]. Dies ist zB bei der unterlassenen, nicht rechtzeitigen Umsetzung von Richtlinien der Fall.[954] Kommt dem Mitgliedstaat jedoch ein solches „weites Ermessen"[955] zu, ist eine Haftbarkeit nur gegeben, wenn „das betreffende Organ die Grenzen seiner Befugnisse offenkundig und erheblich überschritten hat".[956] Die Offenkundigkeit und Erheblichkeit prüft der EuGH nach so genannten Gesichtspunkten. Jedoch verschwimmen diese Grenzen immer mehr und der EuGH prüft seinen Gesichtspunktekatalog teilweise auch schon bei Vorliegen eines eingeschränkten Ermessens.[957]

---

[946] EuGH 08.12.1996, C-178/94 bis C-189/94 Rz 23.
[947] *Schwarzenegger,* Staatshaftung 66.
[948] *Rebhahn* in *ÖJK* (Hrsg), Kritik und Fortschritt 158.
[949] *Karollus* in *Karollus/Stadlmeier/Fischer* (Hrsg), FS Köck 169 (176).
[950] *Kucsko-Stadlmayer* in *ÖJK* (Hrsg), Staatshaftung 18.
[951] Und damit ausdrücklich nicht auf das Ausmaß des erlittenen Schadens oder etwaige Rechtspositionen des Einzelnen.
[952] *Karollus* in *Karollus/Stadlmeier/Fischer* (Hrsg), FS Köck 169 (176).
[953] ZB EuGH 23.05.1996, C-5/94 Rz 28.
[954] EuGH 05.03.1996, C-46/93, C-48/93 Rz 46.
[955] Dies liegt bspw dann vor, wenn in einem Bereich noch keine Harmonisierung durch das Sekundärrecht erfolgt ist; EuGH 05.03.1996, C-46/93, C-48/93 Rz 48.
[956] EuGH 05.03.1996, C-46/93, C-48/93 Rz 45.
[957] *Karollus* in *Karollus/Stadlmeier/Fischer* (Hrsg), FS Köck 169 (177).

3.1.3.3.3 Der Gesichtspunktekatalog

Bei der Beurteilung der Offenkundigkeit und Erheblichkeit des Verstoßes bilden drei Gesichtspunkte die wesentliche Grundlage: das Maß der Vorwerfbarkeit (dazu gehören etwa der Rechtsirrtum, die Sorgfaltswidrigkeit, die Entschuldbarkeit, die Ein- oder Mehrdeutigkeit der verletzten Norm, eine gefestigte EuGH-Rechtsprechung, die Offenkundigkeit des Verstoßes etc), der Ermessensspielraum und das Verhalten von Gemeinschaftsorganen (Mitverschulden der Union).[958]

Der Rechtsirrtum spielt hier eine zentrale Rolle. Hat der Mitgliedstaat eine unrichtige Vorstellung über das Unionsrecht, hält er aber sein Verhalten dennoch für unionsrechtskonform, irrt er. Davon ist der Vorsatz mit dem der Verstoß begangen wurde strengstens zu unterscheiden und daher zunächst zu klären, ob der Verstoß vorsätzlich oder irrtümlich begangen wurde. Beim Irrtum kommt es zusätzlich darauf an, ob dieser entschuldbar ist oder nicht. Ob dies der Fall ist, ist dann anhand der weiteren Gesichtspunkte zu klären.[959] Zu berücksichtigen gilt es dabei zB das Maß an Klarheit und Genauigkeit einer verletzten Norm.[960] Je größer das Maß an Klarheit und Genauigkeit ist, desto eher ist ein Verstoß gegen die eindeutige Norm hinreichend qualifiziert. Der EuGH ist dabei sehr mitgliedstaatenfreundlich, denn solange eine, wenn auch nicht vom EuGH geteilte, Auslegung vertretbar ist und „nicht in einem offenkundigen Widerspruch zu Wortlaut und Zielsetzung der Richtlinie“ steht, was zB dann der Fall sein kann, wenn andere Mitgliedstaaten diese Auslegung auch befürwortet haben[961], fehlt es an einer Qualifiziertheit des Verstoßes.[962] Gibt es jedoch eine gefestigte oder maßgebliche Judikatur des EuGH und wurde entgegen dieser gehandelt, so ist der Verstoß sicherlich qualifiziert.[963] Zusammenfassend kann daher festgehalten werden, dass es zu keiner Haftung kommt, wenn eine Richtlinie ungenau bestimmt ist, es keine gefestigte EuGH-Judikatur gibt und die Richtlinie vertretbar ausgelegt wurde.[964] Diese Mitgliedstaatenfreundlichkeit führt sogar dazu, dass *Karollus* diesem Kriterium überhaupt die sachliche Rechtfertigung abspricht.[965]

Eine weitere Beurteilungsgrundlage bildet der Unionsbeitrag. Zu prüfen gilt es dabei, ob das Verhalten eines Unionsorgans zu dem falschen Normverständnis des Mitgliedstaates geführt hat, ihn darin bestätigt oder dieses einfach nur begünstigt hat, dies würde bejahendenfalls nicht zu einer Qualifiziertheit führen.[966] Ein solches Mitverschulden kann zB in einem „harmlosen“ Umsetzungsbericht liegen, in dem zwar richtlinienwidrige, aber auch sehr

[958] *Stein/Itzel/Schwall*, Praxishandbuch des Amts- und Staatshaftungsrecht (2012) Rz 787.
[959] *Karollus* in *Karollus/Stadlmeier/Fischer* (Hrsg), FS Köck 169 (178).
[960] So zB in EuGH 26.03.1996, C-392/93 (British Telecommunications), WBl 1996, 202 = Slg 1996, I-1631 Rz 42.
[961] Was bei mittlerweile 28 Mitgliedern wohl leicht vorkommen kann.
[962] EuGH 26.03.1996, C-392/93 Rz 43.
[963] EuGH 05.03.1996, C-46/93, C-48/93 Rz 57; 30.09.2003, C-224/01 Rz 56.
[964] *Kucsko-Stadlmayer* in *ÖJK* (Hrsg), Staatshaftung 19.
[965] *Karollus* in *Karollus/Stadlmeier/Fischer* (Hrsg), FS Köck 169 (201).
[966] *Karollus* in *Karollus/Stadlmeier/Fischer* (Hrsg), FS Köck 169 (180).

ungenau formulierte Umsetzungsmaßnahmen beschrieben sind.[967] Dazu kann aber auch jedes andere Verhalten zählen, ja sogar die Tolerierung einer Unionsrechtswidrigkeit, insofern also das Unterlassen einer Gegenmaßnahme.[968]

Ein weiterer Gesichtspunkt stellt die Verletzung der Vorlagepflicht nach Art 267 Abs 3 AEUV (Ex-Art 234 Abs 3 EGV) dar.[969] Legt das entsprechende Gericht die Fragen nicht dem EuGH vor und interpretiert die einschlägige Norm dadurch falsch bzw legt diese falsch aus, spricht dies für einen qualifizierten Verstoß. Eine Vorlage darf lediglich dann unterbleiben, wenn die Art der Auslegung derart offenkundig ist, dass daran eigentlich keine Zweifel bestehen.[970]

Der Ausschluss der Haftung bei vertretbarer Rechtsansicht prüft auch der OGH, jedoch beim Verschulden, welches mittlerweile stark objektiviert und losgelöst von einem subjektiven Verschulden ist. Auch wenn nicht ganz deckungsgleich, so entspricht die Voraussetzung der hinreichenden Qualifiziertheit am ehesten dem Kriterium des Verschuldens im innerstaatlichen Recht.[971]

3.1.3.4 Der unmittelbare Kausalzusammenhang

Als letzte Voraussetzung muss der Verstoß für den Schaden „unmittelbar kausal" gewesen sein.[972] Hat es ein Mitgliedstaat bspw unterlassen eine Richtlinie umzusetzen, die Behörde diese aber unmittelbar angewendet, so ist der Schaden nicht aus diesem Unterlassen hervorgegangen und der Staat bleibt haftungsfrei.[973] Der Zusammenhang fehlt auch dann, wenn der Schaden auch bei rechtmäßigem Handeln des Staates oder sowieso auch ohne das Fehlverhalten eingetreten wäre. Daraus ergibt sich, dass das Handeln oder eben Nicht-Handeln des Staates eine „conditio-sine-qua-non" sein muss, wo auch der Adäquanzzusammenhang geben sein muss.[974] Auch eine ganz ungewöhnliche und nicht vorhersehbare Verkettung von Umständen kann zum Schadenseintritt führen, welches jedoch die Haftung des Staates möglicherweise ausschließt.[975]

Besondere Probleme beim Nachweis der Kausalität ergeben sich uU bei Unterlassungen. Hier reicht es nach österreichischem Recht aus, die Wahrscheinlichkeit des Kausalzusammenhangs

---

[967] ZB EuGH 25.01.2007, C-278/05 (Robins), Slg 2007, I-01053.
[968] *Karollus* in *Karollus/Stadlmeier/Fischer* (Hrsg), FS Köck 169 (180).
[969] EuGH 30.09.2003, C-224/01 Rz 55.
[970] EuGH 06.10.1982, C-283/81 (CILFIT), Slg 1982, 3415 Rz 16.
[971] *Kucsko-Stadlmayer* in *ÖJK* (Hrsg), Staatshaftung 21.
[972] ZB EuGH 14.07.1994, C-91/92 Rz 27; 05.03.1996, C-46/93, C-48/93 Rz 51; 15.06.1999, C-140/97 (Rechberger), wbl 1999/238 Rz 72.
[973] EuGH 24.09.1998, C-319/96 (Brinkmann Tabakfabriken), ZER 1999/325 = SWK 1999, R 34 Rz 29.
[974] *Bollenberger* in *Holoubek/Lang* (Hrsg), Organhaftung und Staatshaftung 40 f.
[975] Dies wohl dann, wenn diese Umstände vom Mitgliedstaat einkalkuliert hätten werden müssen; vgl hierzu EuGH 15.06.1999, C-140/97 Rz 69 ff.

darzulegen bzw als beklagter Rechtsträger ernstliche Zweifel bei der Kausalität der Pflichtverletzung aufzubringen.[976]

3.1.4 Sonstiges

Des Weiteren judiziert der EuGH, dass die Mitgliedstaaten die Haftung auch ausschließen oder mindern dürfen, wenn dies angemessen ist und mit dem Grundsatz der Effektivität des Ersatzes vereinbar ist.[977] Daher ist es möglich, dem Geschädigten eine Schadensminderungspflicht aufzuerlegen. Schon im Brasserie-Urteil[978] heißt es dazu, dass „das nationale Gericht bei der Bestimmung des ersatzfähigen Schadens prüfen kann, ob sich der Geschädigte in angemessener Form um die Verhinderung des Schadenseintritts oder um die Begrenzung des Schadensumfangs bemüht hat und ob er insbesondere rechtzeitig von allen ihm zur Verfügung stehenden Rechtsschutzmöglichkeiten Gebrauch gemacht hat." Will der Geschädigte also den Schaden nicht selber tragen, so hat er sich in angemessener Form um eine Schadensbegrenzung zu kümmern.[979] Ob das Unterlassen einer solchen Rettungspflicht zum gänzlichen Ausschluss der Haftung oder doch nur zu einer Minderung führt, wird von der Erkennbarkeit eines Fehlers und auch von der Erfolgschance eines Rechtsmittels abhängen.[980] Die Rettungspflicht des § 2 Abs 2 AHG ist daher unionsrechtskonform.[981]

Da der EuGH Ausschlussfristen bzw Rechtsbehelfsfristen als einen „Anwendungsfall des grundlegenden Prinzips der Rechtssicherheit" sieht, ist eine Anspruchsverjährungsfrist von drei Jahren angemessen.[982] Allerdings dürfen solche Fristen den Erhalt des Ersatzes nicht übermäßig erschweren und sich nicht von jenen für vergleichbare innerstaatliche Ansprüche unterscheiden.[983] Laut EuGH ist aber auch eine einjährige Frist bei Einhaltung dieser Voraussetzungen unionsrechtskonform.[984]

Die Haftungsvoraussetzungen sind des Weiteren von den nationalen Gerichten festzustellen.[985] Das heißt im Folgenden natürlich auch, dass die Staatshaftungsklagen, mangels Verankerung im Unionsrecht, nicht direkt vor dem EuGH geltend gemacht werden können, sondern immer nur vor nationalen Gerichten, welche bei Unstimmigkeiten aber

---

976 *Schragel*, AHG³ Rz 176.
977 *Kucsko-Stadlmayer* in *ÖJK* (Hrsg), Staatshaftung 22.
978 EuGH 05.03.1996, C-46/93, C-48/93 Fn 84.
979 AaO Fn 85.
980 *Griller*, Haftung für legislatives Unrecht, insbesondere für mangelnde oder fehlende Richtlinienumsetzung, in *Holoubek/Lang* (Hrsg), Organhaftung und Staatshaftung 97 mwN.
981 Siehe zB *Schragel*, AHG³ Rz 180 ff.
982 ZB EuGH 24.03.2009, C-445/06 (Danske Slagterrier), ecolex 2009, 726.
983 EuGH aaO Fn 29 und 32 ff.
984 EuGH 10.07.1997, C-261/95(Palmisani), WBl 1997, 429 = ZER 1997/146, 188 Rz 28.
985 So zB EuGH 26.03.1996, C-392/93 Rz 41; 01.06.1999, C-302/97 Rz 58; 10.07.1997, C-261/95 Rz 33; 30.09.2003, C-224/01 Rz 100.

wiederum ihrer Vorlagepflicht an den EuGH nachkommen müssen.[986] Da die innerstaatlichen Gerichte meist über mehr Informationen zum entsprechenden Sachverhalt verfügen, fällt es diesen auch leichter die Voraussetzungen anhand der vom EuGH entwickelten Gesichtspunkte, welche als bloße Leitlinien zu sehen sind, festzustellen.[987] Verfügt der EuGH aber über die, für die Beurteilung notwendigen, Informationen, so prüft der EuGH auch selbst die Voraussetzungen.[988] Da gerade die Voraussetzung des hinreichend qualifizierten Verstoßes ein „extrem unbestimmtes und wertungsbeladenes Tatbestandsmerkmal" ist, nimmt der EuGH den Mitgliedstaaten, wenn auch nur in Ausnahmefällen, damit die Last ab, über die Rechtswidrigkeit eines innerstaatlichen Organverhaltens mit Verbindlichkeit und eigener Verantwortung zu urteilen. Außerdem wirkt sich eine Beurteilung durch den Gerichtshof auch positiv auf die Rechtssicherheit und –einheit aus, die unterschiedliche nationale Beurteilungen ansonsten wohl mit sich bringen.[989]

4 Ein Vergleich mit den innerstaatlichen Fragestellungen

4.1 Die Pflichten

Wie im innerstaatlichen Teil dieser Dissertation gezeigt werden konnte, lassen sich Pflichten zum Tätigwerden in den unterschiedlichsten Rechtsgebieten ausfindig machen. Im Unionsrecht finden sich abstrakte Pflichten[990] dabei vermehrt im sekundären Unionsrecht und dabei eben vor allem in Richtlinien und seltener in Verordnungen.[991] Der Hauptanwendungsfall der Staatshaftung und damit eigentlich eine Art „Paradepflicht", ist aber die Verpflichtung der Staaten Richtlinien fristgerecht umzusetzen. Die Pflicht zur Umsetzung resultiert aus Art 288 AEUV iVm Art 4 Abs 3 AEUV(Loyalitätspflicht). Nach Art 288 Abs 3 AEUV ist eine Richtlinie „für jeden Mitgliedstaat, an den sie gerichtet wird, hinsichtlich des zu erreichenden Ziels verbindlich, überlässt jedoch den innerstaatlichen Stellen die Wahl der Form und der Mittel". Bis wann die konkrete Richtlinie umzusetzen ist, ergibt sich dann aus der Richtlinie direkt, meist ist dort auch nochmals auf die konkrete Pflicht zur Umsetzung hingewiesen.[992]

Auch wenn sich in zahlreichen Unionsnormen Pflichten finden lassen, ist in den meisten Fällen doch die RL-Umsetzungspflicht ausschlaggebend. Zudem finden sich die meisten

---

[986] *Karollus* in *Karollus/Stadlmeier/Fischer* (Hrsg), FS Köck 169 (180).
[987] ZB bei EuGH 01.06.1999, C-302/97 Rz 58; 30.09.2003, C-224/01 Rz 100.
[988] So bei EuGH 26.03.1996, C-392/93 Rz 41.
[989] *Karollus* in *Karollus/Stadlmeier/Fischer* (Hrsg), FS Köck 169 (185).
[990] ZB sind die Mitgliedstaaten nach Art 2 und 4 der RL über gefährliche Abfälle 91/689/EWG verpflichtet die Sammlung und Lagerung von gefährlichen Abfällen zu überwachen.
[991] *Rebhahn*, Staatshaftung 62.
[992] *Vcelouch* in *Mayer/Stöger* (Hrsg), Kommentar zu EUV und AEUV, Art 288 AEUV (2010) Rz 40.

Pflichten gerade in Richtlinien, weshalb es doch den Anschein hat, dass eine Pflicht im Staatshaftungsrecht leichter „ausfindig" gemacht werden kann, als im innerstaatlichen Amtshaftungsrecht. Hier ist zwar an eine Ableitung von Pflichten aus vielen Rechtsquellen zu denken, so zB aus der Verfassung, den Staatszielbestimmungen, den Grundrechten und (vor allem in Bezug auf die Ausgestaltung) aus den einfachen Gesetzen. Auf Grund des Legalitätsprinzips lassen sich jedoch wenig bis gar keine Pflichten unmittelbar aus der Verfassung, den Grundrechten oder den Staatszielbestimmungen ableiten. Dies führt dazu, dass nun die einzelnen einfachgesetzlichen Normen, die eine Pflicht für die Vollziehung begründen, in konkreten Einzelfällen genauer beleuchtet werden müssen. Eine „Paradepflicht"[993], wie die Verpflichtung zur Richtlinienumsetzung auf Unionsebene, gibt es daher im innerstaatlichen Recht nicht.

4.2 Der Schutzzweck der Norm

Der Schutzzweck der Norm nimmt im innerstaatlichen Recht, wie oben gezeigt, eine zentrale Rolle ein. Da die Rechtsträger im Amtshaftungsrecht nicht uferlos in die (Haft-)Pflicht genommen werden sollen, gilt der Grundsatz des Rechtswidrigkeitszusammenhangs bzw Schutzzwecks der Norm. Es ist eigentlich ein Mittel, das dazu dient, die Haftung einzuschränken. Danach sind bei Verletzung einer Norm nur jene Schäden zu ersetzen, die die überschrittene Norm gerade schützen bzw verhindern wollte. Die Frage dabei ist, ob die Norm im öffentlichen Interesse liegt oder doch im Interesse von Einzelnen.[994]

Wie hier schon aufgezeigt wurde, benutzt der OGH im innerstaatlichen Amtshaftungsrecht, vor allem in Fällen von Unterlassungen, den Schutzzweck der Norm als Mittel, um eigentlich sekundäre Interessen, doch noch in den Kreis der entschädigungsfähigen Interessen aufzunehmen. Dies führt zunehmend dazu, dass dem Staat damit eine hohe Verpflichtung auferlegt wird und die Judikaturlinie als sehr „klägerfreundlich" bezeichnet werden kann. Ähnlich wie dem EuGH, reicht es dem OGH, dass die „Verhinderung eines Schadens wie des später eingetretenen lediglich mitbezweckt" wird.[995] Problematisch dabei ist, dass dies in einigen Fällen zu einer Art „prämienfreien Haftpflichtversicherung"[996] führt und damit ein Risiko auf den Staat verlagert wird, welches eigentlich im eigenen Wirtschafts- und Lebensrisiko des Einzelnen stehen sollte. *Rebhahn* hat hier allerdings mit seiner Theorie, allgemeine Kriterien[997] entwickelt, die es ermöglichen, eine Abgrenzung zu finden, wann nicht primär geschützte Interessen, wie eben die des Vermögens, doch noch geschützt sein

---

[993] Vgl zum Begriff schon oben Kapitel III 1.1.
[994] *Paar,* Grundzüge 45.
[995] ÖBA 2007/1438, 806 (812).
[996] *Rebhahn*, Staatshaftung 363 ff.
[997] Zur Wiederholung: Dazu gehören zB die Art des gefährdeten Interesses, das Vorliegen eines subjektiven-öffentlichen Rechts, der Kreis der Betroffenen, die Beherrschung der Gefahr durch den Staat, das Auferlegen des Risikos durch den Staat, die explizite Inanspruchnahme von Vertrauen, Vertrauen bei der Aufsicht und die Sorge des Staates für anderweitigen Ersatz.

sollen. Eher geschützt sind danach eben Leben und Gesundheit, dann erst das Vermögen und erst als letztes sollen auch Vermögensinteressen geschützt werden.[998]

Diese Probleme durch eine klägerfreundliche Auslegung könnten sich auch aus der rechtsschutzfreundlichen Judikatur des EuGH ergeben, immerhin wird das Argument der „gratis Versicherung" ua auch zur Rechtfertigung des Kriteriums des „hinreichend qualifizierten Verstoßes" angeführt.[999] Während jedoch der OGH eisern an seiner Rechtsprechung festhält[1000] und gar nicht an eine Einschränkung der Haftung bzw seiner Zurechnung denkt und damit sogar den Gesetzgeber[1001] auf den Plan ruft, bedient sich der EuGH des Kriteriums des „hinreichend qualifizierten Verstoßes", um die Staatshaftung mitgliedstaatenfreundlicher und damit klägerfeindlicher zu machen. Allerdings läuft der EuGH damit wieder auf ein konträres Problem zu, nämlich zu mitgliedstaatenfreundlich zu werden. Als Hintergrund ist hier aber die Funktion der Staatshaftung als Sanktionsmechanismus gegen mitgliedstaatliche Verstöße des Unionsrechts und nicht als reine Schadenersatzhaftung für die Geschädigten zu sehen. Mit dem „effet utile"-Gedanken rechtfertigt der EuGH die Staatshaftung, die eben nicht den Geschädigten und seinen Schaden in den Vordergrund stellt, sondern vielmehr die Einhaltung des Unionsrechts, wenn auch dem Einzelnen gegenüber, garantieren soll. Daher ist auch der „qualifizierte Verstoß" der zentrale Aspekt der Staatshaftung, der aber eben alleine auf das Verhalten des Mitgliedstaates und seiner Position zur verletzten Norm abzielt und nicht auf Aspekte des Geschädigten[1002]. Diese Fokussierung auf das Verhalten der Mitgliedstaaten führt wohl zu dieser Mitgliedstaatenfreundlichkeit, denn der Mitgliedstaat soll nur dann haften, wenn er in „qualifizierter Weise" gegen Unionsrecht verstoßen hat.

Dass dem Geschädigten ein subjektives Recht (im innerstaatlichen Sinn) zukommt, ist weder in der Staatshaftung, noch in der Amtshaftung Voraussetzung für die Erfüllung des jeweiligen Kriteriums. Jedoch stellt sich die Lage klarer und eindeutiger dar, wenn es ein solches gibt, zB iVm Parteistellungen. Ansonsten geht eine Anspruchsberechtigung weit über solche Rechte hinaus.[1003] Es wirkt gerade so, als ob dem OGH auch gewisse „Mindestrechte" zur Begründung ausreichen und sich OGH und EuGH in diesem Punkt recht einig sein dürften. Auch die Rechtsprechung des EuGH zum „Zweck, der dem Einzelnen Rechte verleiht" ist sehr rechtsschutzfreundlich und extrem einzelfallbezogen.[1004] Ähnlich wie der OGH, so erscheint es, prüft auch der EuGH in seinen Einzelfällen nach den schon üblichen und bekannten Floskeln. Dies macht es aber mA nach sehr schwer allgemeine Rückschlüsse für etwaige Entscheidungskriterien zu finden, mit Hilfe derer der wirklich geschützte

---

[998] *Rebhahn* in *Holoubek/Lang* (Hrsg), Organhaftung und Staatshaftung 284.
[999] Zusammenfassend *Karollus* in *Karollus/Stadlmeier/Fischer* (Hrsg), FS Köck 169 (192 f).
[1000] So zB in OGH 31.01.2006, 1 Ob 268/05a, ÖBA 2006/1363, 614; 13.12.2005, 1 Ob 226/05z, ÖBA 2006/1355, 528; 04.04.2006, 1 Ob 251/05a, ÖBA 2007/1438, 806.
[1001] § 3 Abs 3 Finanzmarktaufsichtsbehördengesetz BGBl I 97/2001 idF BGBl I 136/2008; vgl auch *Bauer* in *Lienbacher/Wielinger* (Hrsg), Jahrbuch 2009, 229.
[1002] Vgl zB *Karollus* in *Karollus/Stadlmeier/Fischer* (Hrsg), FS Köck 169 (176) und (198 f); die sich in diesem Beitrag auch für eine generelle Abschaffung dieses Kriteriums ausspricht, damit der effet utile nicht ausgehöhlt wird.
[1003] *Kucsko-Stadlmayer* in *Holoubek/Lang* (Hrsg), Untätigkeit 358.
[1004] *Kucsko-Stadlmayer* in *ÖJK* (Hrsg), Staatshaftung 18.

Interessenskreis ermittelt werden kann. Da die Kriterien von *Rebhahn* aber sehr allgemein gehalten sind, ließen sich diese mE auch auf die Staatshaftung anwenden. So wäre zB die Zuerkennung (sekundär geschützter) subjektiver Rechte in Fällen von Richtlinien, welche das Leben oder die Gesundheit schützen weit eher zu bejahen, als bei Richtlinien welchen den Schutz des Eigentums bezwecken und hier wieder eher zu bejahen als bei Richtlinien die das bloße Vermögen tangieren. Vielleicht würde sich dann auch das Kriterium des hinreichend qualifizierten Verstoßes erübrigen, dies ist aber wieder eine andere Frage.

5 Die Durchsetzung des Staatshaftungsanspruches in Österreich

5.1 Einleitung

Wie schon erwähnt muss der Staatshaftungsanspruch laut EuGH im innerstaatlichen Recht durchgesetzt werden. Immer wieder bekräftigt dieser, dass es den Mitgliedstaaten im Rahmen ihres nationalen Haftungsrechts überlassen bleibt, die Durchsetzung des Staatshaftungsanspruches zu gewährleisten.[1005] Dies betrifft insbesondere die Ausgestaltung der gerichtlichen Zuständigkeit, des Verfahrens oder der Beweislast. Grenzen findet diese den Mitgliedstaaten eingeräumte Freiheit aber am Diskriminierungs- und Vereitelungsverbot, also am Äquivalenz- und Effektivitätsprinzip.[1006] Da dem innerstaatlichen Recht doch eine recht hohe Maßgeblichkeit zukommt, kann man bei der Staatshaftung wohl nicht von einem in sich geschlossenen System reden, sondern eher von einem „bloßen" Rumpfanspruch.[1007]

Die Durchsetzung des Staatshaftungsanspruches ist bislang in Österreich nicht ausdrücklich in einem besonderen Gesetz geregelt, weshalb für die Ermittlung der Zuständigkeit und des anzuwendenden Rechts die allgemeinen Grundsätze des nationalen Rechts herangezogen werden müssen.[1008] Da es sich bei der vom EuGH entwickelten Staatshaftung aber um unmittelbar anzuwendendes Unionsrecht handelt, sind die Gerichte verpflichtet diese Grundsätze anzuwenden. Selbst wenn es jemals ein innerstaatliches Gesetz diesbezüglich geben sollte, müsste dieses die unionsrechtlichen Rechtsgrundsätze wahren, andernfalls dürften die Gerichte das Gesetz nicht anwenden, da zwingendes Unionsrecht vorgeht.[1009] Die fehlende gesetzliche Regelung führt sogar soweit, dass dem Gesetzgeber große Kritik

[1005] So zB schon in EuGH 19.11.1991, C-6/90, C-9/90 Rz 42, aber auch 30.09.2003, C-224/01 Rz 58 oder etwa 04.07.2000, C-424/97 Rz 33.
[1006] *Kucsko-Stadlmayer* in *ÖJK* (Hrsg), Staatshaftung 23 f mwN.
[1007] *Schoißwohl*, Staatshaftung wegen Gemeinschaftsrechtsverletzung: Anspruchsgrundlage und materielle Voraussetzungen (2002) 125.
[1008] *Ranacher*/*Frischhut*, Handbuch 228.
[1009] *Vrba*, Amtshaftung-Staatshaftung Register 3 Kapitel 2.4.1.

entgegenweht, den Gerichten aber großes Lob ausgesprochen wird, weil sie sich „der Herausforderung der unionsrechtlichen Staatshaftung stellen“.[1010]

Dies wiederum führt zu einigen Problemen und zu zwei vorweg zu klärenden Fragen: Auf welchen Anspruch ist die Klage zu stützen und vor allem bei welchem Gericht und nach welchem Verfahren ist diese dann durchzusetzen.[1011]

Trotz vom VfGH entwickelter Kriterien kommt es oft zu Abgrenzungsschwierigkeiten, in denen die schädigende Handlung nicht eindeutig einer der drei Gewalten (Exekutive-Judikative-Legislative) zugerechnet werden kann. Vor allem die Abgrenzung von legislativem und administrativem Unrecht führt oft zu sogenannten Kumulationslagen und damit dazu, dass die zuvor genannten Fragen schwer zu beantworten sind.

5.2 Die Zuständigkeit der nationalen Gerichte bei der Durchsetzung und anzuwendendes Recht

5.2.1 Administratives Unrecht

Da es an einer innerstaatlichen Regelung zur Geltendmachung von Staatshaftungsansprüchen mangelt, kann man, da die Verwaltungsbehörden bei der Vollziehung von Unionsrecht jedenfalls „in Vollziehung der Gesetze“ tätig sind, die bereits bestehenden innerstaatlichen Regelungen heranziehen, nämlich die des AHG. Resultiert der Schaden aus einem Verhalten in der Privatwirtschaftsverwaltung, so ist der Anspruch auf das ABGB zu stützen.[1012] Das AHG (Art 23 B-VG iVm § 1 Abs 1 AHG) kann also als Anspruchsgrundlage dienen, wenn Verwaltungsbehörden ein Anwendungsfehler in der Ausführung von Unionsrecht unterläuft und zB Verordnungen unionsrechtswidrigerweise (nicht) erlassen werden oder unterinstanzliche Gerichte judikatives Unrecht durch die falsche Anwendung von Unionsrecht schaffen. Sowohl OGH, als auch VfGH sind sich hier einig, dass in solchen Fällen die Zivilgerichte als Amtshaftungsgerichte allein zuständig sind und nach den Bestimmungen von JN, ZPO und allenfalls anwendbaren verfahrensrechtlichen Sondernormen des AHG, sowohl formell, als auch materiell, im Verfahren vorzugehen haben. Diese Regelungen sind jedoch nur dann anzuwenden, wenn sie nicht den Grundsätzen des Unionsrechts widersprechen. Insbesondere sind die Passivlegitimation nach § 1 Abs 1 und 3 AHG, nach welcher auch Staatshaftungsklagen an den jeweiligen Schädiger, zB an ein Bundesland, gerichtet werden müssen, unionsrechtskonform oder auch die Regelung über die Verjährung in § 6 Abs 1

[1010] *Schwarzenegger*, Durchsetzung von Staatshaftungsansprüchen im österreichischen Rechtssystem, in *Leidenmühler/Eder/Leingartner/Winkler* (Hrsg), Grundfreiheiten - Grundrechte - Europäisches Haftungsrecht (2012) 221.
[1011] *Dossi* in *ÖJK* (Hrsg), Staatshaftung 27.
[1012] *Damjanovic,* Durchsetzung von Staatshaftungsansprüchen, in *Holoubek/Lang* (Hrsg), Organhaftung und Staatshaftung 132.

AHG. Im überwiegenden Teil wird es sich wohl beim AHG um eine unionsrechtskonforme Regelung handeln, restlich geklärt, ist dies aber noch nicht. [1013]

5.2.2 Legislatives und höchstgerichtliches judikatives Unrecht

Da es das österreichische Amtshaftungsrecht nicht vorsieht, Schäden aus dem Bereich der Legislative oder aus der Entscheidung eines Höchstgerichts zu ersetzen, die Staatshaftung dies aber sehr wohl vorschreibt[1014], stellt sich hier ein besonderes Problem der Zuständigkeit, denn das AHG oder auch das ABGB kann somit nicht als Anspruchsgrundlage herangezogen werden.[1015] Da das nationale Recht „eine den Vorgaben des EuGH entsprechende Staatshaftung" nicht verwirklichen kann, muss sich die Haftung de lege lata direkt auf das Unionsrecht stützen, welches das nationale Recht verdrängt und überlagert.[1016] Allerdings führt dies zu nächsten Problemen, da das Unionsrecht die Ausgestaltung der Durchsetzung selbst nicht regelt und diese den Mitgliedstaaten überlässt. Da es aber auch hier an einer expliziten Regelung fehlt, muss auf die allgemeinen Grundsätze der Zuständigkeitsverteilung zurückgegriffen werden, wonach in analoger Anwendung des AHG/ABGB die ordentlichen Gerichte oder der VfGH nach Art 137 B-VG (Kausalgerichtsbarkeit) in Betracht kommen.[1017]

5.2.3 Die Kriterien des VfGH

5.2.3.1 Allgemeines

Zunächst mussten sich die ordentlichen Gerichte den Staatshaftungsagenden annehmen. Dies geschah zunächst für die Bereiche der Exekutive und Judikative, später aber auch ohne Unterscheidung für Verletzungen im Bereich der Legislative. Dies wurde auch vom OGH, der lediglich auf § 42 Abs 3 JN[1018] verwies, nicht näher überprüft. Auch der VfGH tolerierte die Herangehensweisen der ordentlichen Gerichte zunächst. In der Literatur war die Zuständigkeit ebenfalls sehr kontrovers diskutiert worden.[1019] Die Zuständigkeit nach Art 137 B-VG nahm der VfGH erst nach der Brenner-Maut-Entscheidung[1020] wahr und entwickelte gewisse Abgrenzungskriterien für die Zuständigkeit der Gerichte in Staatshaftungsangelegenheiten.[1021]

[1013] *Ranacher/Frischhut*, Handbuch 228 ff.
[1014] Siehe Kapitel IV 3.1.2.
[1015] *Damjanovic* in *Holoubek/Lang* (Hrsg), Organhaftung und Staatshaftung 132 f.
[1016] *Rebhahn* in *ÖJK* (Hrsg), Kritik und Fortschritt 172.
[1017] *Damjanovic* in *Holoubek/Lang* (Hrsg), Organhaftung und Staatshaftung 133.
[1018] Dieser Paragraph bindet den OGH an die Rechtsansicht der Unterinstanzen.
[1019] Siehe zusammenfassend zB *Schwarzenegger*, Staatshaftung 254 ff.
[1020] VfGH 06.03.2001, A 23/00, VfSlg 16.107/2001 = ZfV 2001/1563, 759 (Anm *Koziol*).
[1021] *Schwarzenegger* in *Leidenmühler/Eder/Leingartner/Winkler* (Hrsg), Grundfreiheiten 221 (224 f).

5.2.3.2 Die Brenner-Maut-Entscheidung[1022]

Österreichische Transportgesellschaften klagten die Republik Österreich vor dem VfGH auf Grundlage von Art 137 B-VG auf Schadenersatz und sicherheitshalber gleichzeitig auch auf Bereicherung, weil sie zu viel Maut auf der Brennerautobahn bezahlt hatten und die Höhe der Maut auf Grund des Urteils vom EuGH[1023] unionsrechtswidrig war und gegen die Art 7 lit b und h der Richtlinie 93/89/EWG verstößt. Konkret wurde die Maut für die Transitstrecke durch Österreich über den Brenner erhöht, die Höhe aber für Teilstrecken der Brenner-Autobahn gleich belassen. Ebenfalls unionsrechtswidrig war es laut den Klägern, dass diese Erhöhung nicht zur Kostendeckung für Bau, Betrieb oder Ausbau der Autobahn eingeführt wurde.

Da sich der VfGH hier das erste Mal Gedanken, um seine Zuständigkeit machen musste, ging er zunächst allgemein auf diese ein und lies die Frage nach der Begründetheit des Anspruches außen vor. Hierzu entwickelt er die folgenden Kriterien:

Können vermögensrechtliche Ansprüche gegen Gebietskörperschaften nicht im ordentlichen Rechtsweg ausgetragen oder durch Bescheid von einer Verwaltungsbehörde erledigt werden, dann erkennt der VfGH nach Art 137 B-VG. Während die Bereicherungsansprüche jedenfalls im ordentlichen Rechtsweg geltend zu machen sind und hier nur „hilfsweise“ angeführt werden, muss man bei den Staatshaftungsansprüchen wegen Unionsrechtsverletzungen differenzieren.

Nicht zuständig nach Art 137 B-VG hält sich der VfGH jedenfalls dann, „wenn sich die Zuständigkeit der ordentlichen Gerichte zur Entscheidung über den geltend gemachten Anspruch aus § 1 JN herleiten läßt (VfSlg. 12.049/1989).“ Dies ist zunächst insbesondere danach zu beurteilen, ob die betreffenden Rechtsverhältnisse im privaten oder öffentlichen Recht geregelt sind und in welcher rechtlichen Form die Behörde handelt. Schadenersatzansprüche, wie eben auch Amtshaftungsansprüche, sind schon von ihrer Natur her „bürgerliche Rechtssachen“ und somit im ordentlichen Rechtsweg (nach AHG oder ABGB) geltend zu machen, selbst dann, wenn sie auf öffentlich-rechtlichen Regelungen beruhen. Stützen die Kläger daher ihre Ansprüche auf das ABGB (wie in diesem Fall zB den Bereicherungsanspruch), sind sie an die ordentlichen Gerichte zu verweisen.

Da sich der Staatshaftungsanspruch aber aus dem Unionsrecht ableitet, ist weiter zu differenzieren. Mangels innerstaatlicher Regelung zur Durchsetzung dieser Haftungsansprüche, ist laut VfGH auf die „allgemeinen Grundsätze der Zuständigkeitsverteilung“ Bedacht zu nehmen. Es stellt sich daher zunächst die Frage, ob die ordentlichen Gerichte darüber zu entscheiden haben.

[1022] VfGH 06.03.2001, A 23/00, VfSlg 16.107/2001 = ZfV 2001/1563, 759 (Anm *Koziol*).

[1023] EuGH 26.09.2000, C-205/98 (Kommission gg Österreich) = FJ 2001, 100 (Anm *Kilches*) = RdU 2001/51, 58 (Anm *Kind*).

Kein Zweifel besteht für den VfGH daran, dass im Unionsrecht wurzelnde Erstattungs- und Staatshaftungsansprüche „nicht als privatrechtliche Ansprüche angesehen werden" können. Dies bedeutet nun aber nicht, dass der VfGH nun jedenfalls für Staatshaftungsansprüche zuständig wäre, viel mehr ist nun am Punkt der „rechtlichen Handlungsform" anzuknüpfen. War das den Anspruch auslösende Organ privatrechtlich tätig, so führt das zu einer Zuständigkeit der ordentlichen Gerichte. Daher ist die Einhebung der Maut ein Akt der Privatwirtschaftsverwaltung des Staates, genauer der Akt eines ausgegliederten Rechtsträgers (ASFINAG), der rein privat tätig ist und darum sind die ordentlichen Gerichte zuständig, welche in weiterer Folge zu klären haben, ob in Vollziehung der Gesetze gehandelt wurde. Deshalb wurde die Klage vom VfGH mangels Zuständigkeit zurückgewiesen.

Der VfGH führt aber noch weiter aus, dass nicht immer, wenn „legislatives Unrecht" zur Haftung führt, die Zuständigkeit des VfGH angenommen werden darf. „Vielmehr besteht eine Zuständigkeit des Verfassungsgerichtshofes in diesem Fall bloß dann, wenn die anspruchsbegründenden Handlungen oder Unterlassungen nicht einem hoheitlich tätig gewordenen Vollzugsorgan oder einem privatrechtsförmig tätig gewordenen Staatsorgan, sondern unmittelbar dem Gesetzgeber zuzurechnen sind, etwa weil eine Ermächtigung eines Staatsorgans zu einer entsprechenden Tätigkeit gesetzlich (zB bei Untätigbleiben des Gesetzgebers bei der Umsetzung gemeinschaftsrechtlicher Vorgaben) gar nicht vorgesehen ist. Immer dann aber, wenn der Kläger seinen Anspruch auf eine Verletzung des Gemeinschaftsrechts stützt, die er der Vollziehung zurechnet, so sind grundsätzlich (...) die Amtshaftungsgerichte zuständig (...); gleiches gilt mutatis mutandis, wenn das Staatsorgan, dem der Kläger das anspruchsbegründende gemeinschaftsrechtswidrige Staatshandeln zurechnet, privatrechtsförmig tätig wurde: Auch diesfalls sind die ordentlichen Gerichte zuständig, darüber zu befinden."

5.2.3.3 Verstöße der Legislative

Die vom VfGH verwendete „Formel" lässt einiges offen und unklar.[1024] Sind Verstöße „unmittelbar dem Gesetzgeber zuzurechnen" entscheidet der VfGH über den Anspruch. *Schwarzenegger* spricht in diesem Zusammenhang von einem „reinen legislativen Unrecht", weil eine Zurechnung zu einem Vollzugorgan in diesem Fall zumindest objektiv nicht denkbar ist. Dies ist dann der Fall, wenn die Vollziehung für die Schädigung nicht verantwortlich sein kann, weil sie gar nicht tätig werden hätte können.[1025] Als (wohl einziges) Beispiel nennt der VfGH selbst das „Untätigbleiben des Gesetzgebers bei der Umsetzung gemeinschaftsrechtlicher Vorgaben". Es handelt sich dabei also um eine „Entweder-oder-Situation", fraglich bleibt, wer in einer „Sowohl-als-auch-Situation" zuständig ist und ob die

[1024] *Schwarzenegger* in *Leidenmühler/Eder/Leingartner/Winkler* (Hrsg), Grundfreiheiten 221 (225) mwN.
[1025] *Schwarzenegger*, Zur Gerichtszuständigkeit in Staatshaftungssachen, ZfRV 2002/16.

bloße Möglichkeit der Zuordnung zu einem Vollzugsorgan zum Ausschluss der Anknüpfung an das Verhaltens des Gesetzgebers führt.[1026]

In weiterer Folge stützt sich der VfGH auf das „konkrete Vorbringen des Klägers", geht dieser nämlich von einem exekutiven Unrecht aus, so sind die ordentlichen Gerichte zu konsultieren. Interessant daran erscheint, dass es dabei scheinbar irrelevant ist, ob das behauptete Unrecht tatsächlich ein exekutives ist oder ob nicht doch ein legislativer Verstoß dem Ganzen vorangegangen ist.[1027] Jedenfalls hätte es der Kläger damit in der Hand die Zuständigkeit selbst zu wählen, je nachdem auf welches Unrecht er sich bezieht. Fraglich bleibt, welches Gericht zuständig ist, wenn sich der Kläger sowohl auf den legislativen als auch auf den exekutiven Verstoß stützt. Da aber ein Vollzugsorgan als Schädiger in Betracht kommt, müsste der Anspruch wohl an den ordentlichen Gerichten geltend gemacht werden.[1028]

Diese Formel des VfGH löst somit aber nur 2 Fälle eindeutig. Handelt es sich um reines legislatives Unrecht auf das sich der Kläger beruft, so ist der VfGH zuständig. Stützt sich dieser jedoch nur auf ein exekutives Unrecht, so ist dieses vor den ordentlichen Gerichten geltend zu machen.[1029]

5.2.3.4 Verstöße der Höchstgerichte

Darüber hinaus hat der VfGH seine Zuständigkeit auch für Verstöße von Höchstgerichten bejaht.[1030] Dabei betont er, dass die bloße Nichtanwendung des § 2 Abs 3 AHG auf Staatshaftungsansprüche, nicht in Frage kommt, da die Herbeiführung einer unionsrechtskonformen Rechtslage auch anders erreicht werden kann, weil Art 137 B-VG zur Verfügung steht. Subsidiär können also vermögensrechtliche Haftungsansprüche an den VfGH herangetragen werden.[1031] Diese Ansicht des VfGH führte zu einiger Kritik. Er würde damit zum „Richter in eigener Sache" oder gar zum Kontrolleur der anderen Höchstgerichte, jedoch dienen diese Argumente vielmehr der Befürwortung dieser Lösung: Die Chancen, dass der VfGH über ein eigenes Unrecht entscheiden müsste, sind sehr gering, denn zum einen gab es bisher keine Staatshaftungsklage, in die der VfGH als schadensauslösendes Organ des Bundes involviert gewesen wäre und selbst wenn dies mal der Fall sein sollte, könnte dieser den Vorwurf „Richter in eigener Sache zu sein", mit einer Vorlage an den EuGH abwenden. Problematischer sehe dies aber aus, wenn der ordentliche Rechtsweg zulässig wäre, denn dann müssten Unterinstanzen über Erkenntnisse des OGH als ihr Rechtsmittelgericht oder des

---

[1026] *Koziol*, Der Rechtsweg bei Staatshaftungsansprüchen - Gedanken eines Zivilrechtlers zum Beschluss des VfGH vom 6. März 2001, A 23/00 ua, ZfVB 2001/1922, ZfV 2001, 759.
[1027] *Schwarzenegger*, ZfRV 2002/16.
[1028] *Koziol*, ZfV 2001, 759 (763).
[1029] *Schwarzenegger*, ZfRV 2002/16.
[1030] VfGH 10.10.2003, A 36/00, VfSlg 17.019/2003.
[1031] *Dossi*, Staatshaftung und Bereicherungsrecht, in *Eilmansberger/Herzig* (Hrsg), 10 Jahre Anwendung des Gemeinschaftsrechts in Österreich (2006) 132.

VwGH entscheiden, was zu einigen Kuriositäten führen würde. Mittlerweile ist diese anfängliche Kritik daher auch verstummt.[1032]

5.3 Die Abgrenzungsfragen und Kumulationslagen

Leider ermöglichen es diese vom VfGH entwickelten Kriterien aber nicht eine scharfe Trennlinie zu ziehen, weshalb die Ermittlung der Gerichtszuständigkeit in manchen Fällen immer noch nicht endgültig geklärt ist. Dabei wäre die richtige Wahl des Rechtsweges nicht unbedeutend, denn die in § 6 AHG festgesetzte dreijährige Verjährungsfrist greift auch in Staatshaftungssachen und wird bei Klagsführung vor einem unzuständigen Gericht nicht gehemmt.[1033]

5.3.1 Administratives und judikatives Unrecht

Da hier bei der Abgrenzung an das jeweils tätig gewordene Organ angeknüpft werden kann, stellen sich noch keine schwerwiegenden Probleme. Wendet ein Gericht eine unionsrechtswidrige Verordnung an, so zählt dies nur dann als judikatives Unrecht, wenn dem Gericht wirklich ein unionsrechtswidriger Anwendungsfehler unterlaufen ist. Hierbei ist auch zwischen dem Unrecht eines Höchstgerichts, was die Zuständigkeit des VfGH bedeuten würde, und dem eines Instanz-Gerichts, was den ordentlichen Rechtsweg begründen würde, zu unterscheiden.[1034]

5.3.2 Legislatives und administratives Unrecht

Viel kniffliger ist nun aber die Frage der Zuständigkeit, wenn legislatives und administratives Unrecht aufeinander treffen und damit kumuliert vorliegen. Die Frage ist daher regelmäßig, vor welchem Gericht der Anspruch nun geltend zu machen ist, wenn zu unionsrechtswidrigen Gesetzen ebenfalls unionsrechtswidrige Vollzugsfehler hinzukommen.[1035] Dies ist vor allem dann der Fall, wenn es vom Gesetzgeber unterlassen wird, eine Richtlinie rechtzeitig umzusetzen oder nationales Recht nicht dem Primärrecht angepasst wurde und zusätzlich die Vollziehung eine unionsrechtskonforme Auslegung unterlässt und den Anwendungsvorrang

---

[1032] *Heller*, Staatshaftung bei Verletzung des Gemeinschaftsrechts durch nationale Höchstgerichte, in *Hummer* (Hrsg), Neueste Entwicklungen im Zusammenspiel von Europarecht und nationalem Recht der Mitgliedstaaten (2010) 518 f.
[1033] *Ranacher/Frischhut*, Handbuch 236.
[1034] *Ranacher/Frischhut*, Handbuch 237.
[1035] *Ranacher/Frischhut*, Handbuch 237.

hintan hält.[1036] Schon *Rebhahn* sagte, dass eine Bejahung der Zuständigkeit des VfGH nur dann gelingen kann, wenn „diese Zuständigkeit klar und handhabbar von jener der Amtshaftungsgerichte (…) abzugrenzen“ ist.[1037] Dafür müssen, wiederum mangels legislativer Regelungen, die Kriterien des VfGH aus der Brenner-MautE herangezogen werden, worin der VfGH seine Zuständigkeit nur bei „reinem legislativen Unrecht“ bejaht.[1038] Diese restriktive Haltung führte der VfGH bis heute fort.[1039] Jedoch ist diese Grenzziehung alles andere, als eindeutig und lässt Zweifel aufkommen, da auf der einen Seite die objektive Zurechnung greifen soll, auf der anderen aber auch die subjektive Zurechnung durch den Kläger Anklang findet.[1040] Man könnte, so wie *Damjanovic,* nun davon ausgehen, dass der VfGH auch immer dann zuständig sein soll, wenn das ebenfalls handelnde Vollzugsorgan keine Möglichkeit hatte, den Verstoß des Gesetzgebers zu korrigieren, weil zB Unionsrecht nicht unmittelbar angewendet werden darf, oder eine unionsrechtskonforme Interpretation mangels Auslegungsspielraum nicht möglich ist.[1041] Problematisch ist die Zuständigkeitsverteilung des VfGH hier vor allem deshalb, weil dem Vollzugsorgan in der zuvor beschriebenen Konstellation kein „hinreichend qualifizierter Verstoß“ nachwiesen werden kann und damit der Anspruch an der Durchsetzbarkeit scheitern würde und mangels Zurechnung des Verstoßes zum Gesetzgeber, dieser wiederum mit seinem Verstoß „davon kommen“ würde. Damit wäre der Effektivität des Rechtsschutzes, wie es vom EuGH verlangt wird, nicht Genüge getan. *Frischhut/Ranacher* treten daher in diesem Fall für eine subsidiäre Zuständigkeit des VfGH ein, um dem Effektivitätsprinzip Folge leisten zu können.[1042] *Ranacher* unterstellt diese Ansicht, auch mangels expliziter Ausführung, dem VfGH, denn anders lasse sich seine Argumentation nicht deuten.[1043] Trotz abweichender Vorschläge in der Lit[1044], geht der VfGH auch im zuvor angesprochenen Fall von einer Mediatisierung des legislativen Unrechts durch das Vollzugsorgan aus. „Die in der Klage angedeutete Unterscheidung danach, ob die behauptete Gemeinschaftsrechtswidrigkeit bereits auf Ebene des Gesetzes oder auf Ebene der Vollziehung zu vermeiden gewesen wäre, ist für die Frage der Zuständigkeit des Amtshaftungsgerichtes irrelevant.“[1045] Somit kommt die Zuständigkeit des VfGH nur dann zum Tragen, wenn „nicht einmal ein bloß faktisches Dazwischentreten eines Vollzugsaktes (gleichwohl ohne Korrekturmöglichkeit) zu vermerken ist“.[1046] Fraglich bleibt in wieweit die subjektive Qualifikation und Zurechnung des Klägers, der damit eine Wahl des Rechtsweges hätte, die Zuständigkeit des VfGH beeinflusst.[1047] Der OGH behilft

[1036] *Schwarzenegger*, ZfRV 2002/16.
[1037] *Rebhahn* in *ÖJK* (Hrsg), Kritik und Fortschritt 177.
[1038] Vgl schon oben Kapitel IV 5.2.3.
[1039] *Ranacher/Frischhut*, Handbuch 239 mwN.
[1040] *Schwarzenegger*, ZfRV 2002/16.
[1041] *Damjanovic* in *Holoubek/Lang* (Hrsg), Organhaftung und Staatshaftung 140 f.
[1042] *Frischhut/Ranacher*, Die Unterscheidung zwischen legislativem und administrativem Unrecht in Staatshaftungssachen; Eine Untersuchung der Rsp des EuGH und der österreichischen Gerichte, ÖJZ 2005/13 254 f.
[1043] *Ranacher*, Neues vom VfGH zur Staatshaftung, in *Lienbacher/Wielinger* (Hrsg), Öffentliches Recht Jahrbuch 2010 (2010) 132 f.
[1044] Vgl zB auch *Ranacher/Frischhut*, Handbuch 240.
[1045] VfGH 09.10.2008, A 8/08, VfSlg 18.600/2008.
[1046] *Schwarzenegger* in *Leidenmühler/Eder/Leingartner/Winkler* (Hrsg), Grundfreiheiten 231.
[1047] *Ranacher/Frischhut*, Handbuch 240.

sich in dieser Unklarheit so: „Darüber hinaus formulierte er (Anm der VfGH) in dieser Entscheidung, die Amtshaftungsgerichte seien dagegen grundsätzlich immer dann zuständig, wenn der Kläger seinen Anspruch auf eine Verletzung des Gemeinschaftsrechts stützt, die „er der Vollziehung zurechnet". Ob mit dieser Formulierung tatsächlich der Qualifikation staatlichen Handelns durch den Kläger gegenüber einer objektiven Beurteilung besondere Bedeutung zugemessen werden soll, ist aus der Begründung des Verfassungsgerichtshofs nicht wirklich ersichtlich (so auch Frischhut/Ranacher aaO, 253), doch ist immerhin zu bedenken, dass der österreichische Gesetzgeber jegliche Regelung der „Zuständigkeit" für Staatshaftungsansprüche trotz des im hohen Maße vorhandenen Klarstellungsbedarfs unterlassen hat. Auch unter diesem Aspekt erscheint es durchaus gerechtfertigt, der vom Anspruchssteller vorgenommenen Qualifikation in jenen Fällen besondere Bedeutung beizumessen, in denen sich der (objektiv) richtige Verfahrensweg auch aus der bisherigen Judikatur des Verfassungsgerichtshofs nicht ableiten lässt“.[1048] Dies zeigt, dass auch der OGH seine Schwierigkeiten mit den unklaren Kriterien und den damit einhergehenden Abgrenzungsproblemen hat.

5.3.3 Legislatives und judikatives Unrecht

Auch für diese Abgrenzung sind prinzipiell die zuvor genannten Grundsätze anwendbar. So gilt auch hier die subsidiäre Haftung des Gesetzgebers und für das judikative Unrecht, die Abgrenzung zwischen Höchstgericht und Instanzgericht.[1049]

5.3.4 Resümee

Auf Grund der fehlenden innerstaatlichen gesetzlichen Regelung zur Durchsetzung von Staatshaftungsansprüchen, ergeben sich trotz vom VfGH entwickelter Kriterien, nach wie vor Abgrenzungsprobleme, wenn vor allem exekutives Unrecht auf legislatives Unrecht stößt und Ersteres das Letztere sozusagen mediatisieren soll. Zwar ist die Durchsetzung gesichert, dies ist aber ein Verdienst der Rechtsprechung. Die Untätigkeit des Gesetzgebers, welcher mit einer gesetzlichen Regelung die Unsicherheiten beseitigen könnte, stellt für *Schwarzenegger* „einen hinreichend qualifizierten Verstoß“ dar, der, wenn ein Staatshaftungsanspruch auf Grund der Anrufung des falschen Gerichts in weiterer Folge verjährt und somit zu einem Schaden führt, zu einem neuerlichen legislativen Unrecht führt.[1050] Hier stellt sich mE dann aber die Frage, ob dies dann nicht zu einer Endlosschleife führt, da in diesen Fällen nie mehr was verjähren könnte, denn man stünde hier wieder vor der Frage, wo man klagen soll. Klagt

[1048] OGH 29.01.2008, 1 Ob 228/07x, ecolex 2008, 534 = RZ 2008, 237.
[1049] *Ranacher/Frischhut*, Handbuch 243.
[1050] *Schwarzenegger* in *Leidenmühler/Eder/Leingartner/Winkler* (Hrsg), Grundfreiheiten 232.

man auf Grund der Abgrenzungsprobleme falsch, müsste dann ja laut *Schwarzenegger* ein neuerliches Unrecht entstehen.

Ebenfalls problematisch hinsichtlich des Vereitelungsverbotes ist das Thema der Verjährung, wenn auf Grund der Abgrenzungsschwierigkeiten wegen der falschen Anrufung des Gerichts, der Anspruch verjährt.

Eine Zurechnung zum VfGH kann daher nur dann sicher erfolgen, wenn es sich um reines legislatives Unrecht handelt, welches unmittelbar dem Gesetzgeber zugerechnet werden kann, somit kein Vollzugsorgan dazwischen steht. Das Tätigwerden eines Vollzugsorgans führt im Moment zur Zuständigkeit der ordentlichen Gerichte. Ein Spannungsverhältnis kann sich hier wiederum dadurch ergeben, dass eben jenem Vollzugsorgan kein qualifizierter Verstoß vorzuwerfen ist und der Kläger damit den Anspruch nicht zugesprochen bekommt, obwohl dem Ganzen auch ein ebenso kausaler legislativer Verstoß vorangegangen wäre.

Endgültige Klarheit kann daher vermutlich nur der Gesetzgeber schaffen. Eine solche gesetzliche Regelung wurde aber schon angedacht, nämlich im Österreich-Konvent 2003, vom Gesetzgeber aber nicht aufgenommen.[1051]

5.4 *Verfahren*

5.4.1 Vor dem VfGH

Ergibt sich nach all den Abgrenzungsschwierigkeiten nun die Zuständigkeit des VfGH, so ist das Verfahren nach §§ 37 bis 41 VfGG und subsidiär nach der ZPO zu gestalten.[1052] Ist die Klage eingebracht und die Zustellung an alle Parteien erfolgt, sind diese zur Aktenlegung und Gegenschrift aufzufordern. In diesem Vorverfahren ist auch die Verhandlung festzusetzen, welche aber nur dann öffentlich ist, wenn eine mündliche Erörterung zur Klärung der Aktenlage gebraucht wird. Der VfGH kann die Klage sodann abweisen oder ihr stattgeben.[1053]

Auf Grund der fehlenden innerstaatlichen Regelung muss der VfGH materiell auf die unionsrechtlichen Grundsätze der Staatshaftung zurückgreifen. Enthalten diese keine Normierungen, so wendet der VfGH das AHG analog an, wie dies schon in Punkto Verjährung geschehen ist. Die verfassungsrechtliche Kompetenzverteilung entscheidet, wer passiv legitimiert ist. Staatshaftungsansprüche wegen höchstgerichtlichen Unrechts sind daher gegen den Bund zu richten.[1054]

[1051] Vgl zB *Dossi* in *ÖJK* (Hrsg), Staatshaftung 37 f; der die Errungenschaften schon vor Ende des Konvents zur Diskussion stellte.
[1052] *Ranacher/Frischhut*, Handbuch 234.
[1053] *Damjanovic* in *Holoubek/Lang* (Hrsg), Organhaftung und Staatshaftung 143.
[1054] *Ranacher/Frischhut*, Handbuch 236.

5.4.2 *Vor den ordentlichen Gerichten*

Gelangt ein Verfahren nun vor die Zivilgerichte, als Amtshaftungsgerichte, haben diese die JN, die ZPO und die prozessualen Sonderregeln des AHG anzuwenden. Zu denken ist dabei zB an das Aufforderungsverfahren § 8 AHG, die sachliche und örtliche Zuständigkeit in § 9 AHG, aber auch § 11 AHG.[1055] Das AHG ist auch in materieller Hinsicht anzuwenden. Dieses ist aber natürlich nur dann analog anzuwenden, wenn dieses nicht den Grundsätzen des Unionsrechts widerspricht. Dabei haben die Gerichte schon die Passivlegitimation aus § 1 Abs 3 AHG, die Verjährung nach § 6 Abs 1 AHG und den Ausschluss der Naturalrestitution § 1 Abs 1 AHG mehrfach angewandt. Generell ist davon auszugehen, dass das AHG unionsrechtskonform ist.[1056]

6 Einzelfälle

6.1 VfGH

Zahlreiche Folgeurteile bestätigen die Rechtsprechungslinie des VfGH, dass sich dieser nur dann als zuständig erachtet, wenn der Verstoß unmittelbar dem Gesetzgeber oder einem Höchstgericht zuzurechnen ist. So hatte sich der VfGH zB 2009 mit zehn Staatshaftungsbegehren auseinanderzusetzen, aktiver war der VfGH nur 2006, wo es insgesamt 12 Klagen in Staatshaftungsangelegenheiten gab.[1057]

In A 9/08 bestätigt der VfGH zB, dass bei Kumulationslagen der Anspruch im ordentlichen Rechtsweg geltend zu machen ist. Die Klägerin musste Werteinbußen ihres Grundstückes hinnehmen, weil der Ausbau des benachbarten Flughafens Wien Schwechat zu mehr Emissionsbelastungen führte. Mit einer ordentlichen Umsetzung von ua der UVP-RL hätte dies vermieden werden können. Die mangelhafte Umsetzung führte auch zu Vollzugsmängeln, da zB eine Umweltverträglichkeitsprüfung unterlassen wurde. Die von der Klägerin vorgebrachte „Kumulation von legislativem Unrecht mit dadurch unmittelbar verursachtem, administrativem Unrecht" gab dem VfGH allen Grund die Klage zurückzuweisen und seine strenge Linie beizubehalten: „(...) Der Gerichtshof hat in ständiger Rechtsprechung ausgesprochen, dass "es bei der Zuständigkeit der ordentlichen Gerichte auch für eine gemeinschaftsrechtliche Staatshaftung" bleibt, wenn "der behauptete Schaden an ein ... verwaltungsbehördliches oder gerichtliches Handeln" anknüpft (VfSlg. 17.611/2005). Aus seiner Judikatur geht des Weiteren klar hervor, dass dies auch dann gilt, wenn die verwaltungsbehördliche (oder gerichtliche) Handlung "durch ein Fehlverhalten des Gesetzgebers vorherbestimmt" ist (vgl. VfSlg. 16.107/2001, 18.020/2006): Eine auf

[1055] *Damjanovic* in *Holoubek/Lang* (Hrsg), Organhaftung und Staatshaftung 143 f.
[1056] *Ranacher/Frischhut*, Handbuch 229 mwN; zu den Normen des AHG siehe Kapitel II.
[1057] *Ranacher* in *Lienbacher/Wielinger* (Hrsg), Jahrbuch 2010, 130.

Gemeinschaftsrecht gestützte Staatshaftungsklage fällt somit auch dann in die Zuständigkeit der Amtshaftungsgerichte, wenn - wie hier behauptet - die für den Eintritt des behaupteten Schadens kausale Handlung der Vollziehung durch ein gemeinschaftsrechtswidriges Gesetz (etwa auf Grund der fehlerhaften Umsetzung einer EU-Richtlinie) zwingend "vorherbestimmt" sein sollte. (...) Eine kumulative Zuständigkeit sowohl des Verfassungsgerichtshofes als auch der Amtshaftungsgerichte ist vor diesem Hintergrund ausgeschlossen."[1058] Des Weiteren sprach der VfGH erstmals über die Zuordnung von Verordnungserlässen ab: „Nicht nur die (gemeinschafts-)rechtswidrige Erlassung von Verordnungen, auch die behauptetermaßen (gemeinschafts-)rechtswidrige Säumnis bei der Erlassung einer Verordnung ist der Verwaltungstätigkeit zuzuordnen und fällt daher grundsätzlich - sofern die jeweiligen Rechtsvorschriften die Behörden zur Erlassung der betreffenden Verordnung verpflichten - in die Zuständigkeit der Amtshaftungsgerichte."[1059] Im Ergebnis wurde die Klage zurückgewiesen. Dieses Urteil bestätigt daher eine Linie, die zur „umfassenden Zuständigkeit der Amtshaftungsgerichte" führt.[1060]

Mittlerweile haben sich diese Kriterien des VfGH in ständiger Rechtsprechung verfestigt. So bejaht der VfGH seine Zuständigkeit zB in A 17/11. Die Klägerin wollte ihren Anspruch auf Staatshaftung geltend machen, da der OGH, ihrer Ansicht nach, in 4 Ob 125/08y eine unionsrechtswidrige Entscheidung getroffen hat. Genauer wurde dem OGH vorgeworfen, unionsrechtswidrig nicht an den EuGH vorgelegt zu haben. Der VfGH sieht es dabei aber nicht als seine Aufgabe an „in einem Staatshaftungsverfahren wie diesem - ähnlich einem Rechtsmittelgericht - die Richtigkeit der Entscheidungen anderer Höchstgerichte zu prüfen", vielmehr muss er einen qualifizierten Verstoß gegen Unionsrecht feststellen. Der Klägerin gelang es nach Ansicht des VfGH aber nicht, einen solchen Beweis zu erbringen. Die Klage wurde daher zurückgewiesen.[1061] Generell neigt der VfGH bei der Beurteilung einer möglichen Haftung des Bundes für eine unionsrechtswidrige Entscheidung des OGH dazu, diese zu verneinen, da meist kein qualifizierter Verstoß bzw keine damit einhergehende Offenkundigkeit seitens des Klägers nachgewiesen werden kann.[1062]

Auch in Fällen der Nichtzuständigkeit verweist der VfGH mittlerweile lediglich auf seine ständige Rechtsprechung. Wie zB in A 15/11, wo der Kläger einen Vermögensschaden geltend machte, weil die Normverbrauchsabgabe (NoVA) von der Behörde in die Bemessungsgrundlage der Umsatzsteuer eingerechnet wurde, was aber eigentlich einem Urteil des EuGH[1063] widerspricht. Es handle sich dabei, so der Kläger weiter, aber um legislatives Unrecht, da das Handeln der Behörde auf Grund eines unionsrechtswidrigen Gesetzes unmittelbar „vorherbestimmt" war. „Wie der Verfassungsgerichtshof bereits mehrfach dargetan hat (vgl. VfSlg. 16.107/2001, 17.002/2003, 17.611/2005 uva.), ist er zur Entscheidung über solche Ansprüche nur zuständig, wenn die anspruchsbegründenden

---

[1058] VfGH 19.06.2009, A 9/08, VfSlg 18787/2009.
[1059] VfGH 19.06.2009, A 9/08, VfSlg 18787/2009.
[1060] *Ranacher* in *Lienbacher/Wielinger* (Hrsg), Jahrbuch 2010, 134.
[1061] VfGH 10.10.2012, A 17/11, JUS Vf/4765;
[1062] Siehe zB VfGH 18.06.2012, A 13/11, B 815/11, JUS Vf/4704 = Zak 2012/621, 322 = ZfVB 2013/232 oder 20.09.2011, A 11/10, VfSlg 19471/2011.
[1063] EuGH 22.12.2010, C-433/09 (Kommission gg Österreich), Slg. 2010, I-00181.

Handlungen oder Unterlassungen unmittelbar dem Gesetzgeber zuzurechnen sind. Knüpft der behauptete Schaden an ein - wenn auch durch ein Fehlverhalten des Gesetzgebers vorherbestimmtes - verwaltungsbehördliches oder gerichtliches Handeln an, bleibt es bei der Zuständigkeit der ordentlichen Gerichte auch für eine unionsrechtliche Staatshaftung (vgl. VfSlg. 17.611/2005, 18.020/2006 ua.). Eine auf Unionsrecht gestützte Staatshaftungsklage fällt somit auch dann in die Zuständigkeit der Amtshaftungsgerichte, wenn - wie hier behauptet - die für den Eintritt des behaupteten Schadens kausale Handlung der Vollziehung durch ein unionsrechtswidriges Gesetz zwingend "vorherbestimmt" sein sollte." Da der Schaden nicht unmittelbar durch den Gesetzgeber verursacht wurde, sondern durch Handlungen und Unterlassungen von Verwaltungsbehörden, muss der Anspruch vor den ordentlichen Gerichten aus dem Titel der Amtshaftung geltend gemacht werden.[1064]

6.2 OGH

Auf Grund der vom VfGH vorgenommenen Zuständigkeitsverteilung, hat der OGH Entscheidungen zu treffen, wenn eine Staatshaftungsklage im ordentlichen Rechtsweg geltend gemacht wird.

Der OGH weist Klagen auch mangels Zuständigkeit zurück: In 1 Nc 76/11h musste er seine Zuständigkeit verneinen, weil die Klägerin eine „Verletzung von Unionsrecht durch die Höchstgerichte Österreichs" geltend gemacht hat. Der OGH hatte in einer Entscheidung über Strafsachen Unionsrecht nicht angewandt. Des Weiteren begehrte die Klägerin Verfahrenshilfe für die Staatshaftungsklage. Der OGH wies ab: „Dem Obersten Gerichtshof kommt nach der österreichischen Rechtsordnung keine Kompetenz zur Beurteilung eines Anspruchs zu, der aus einem Verstoß eines Höchstgerichts gegen das Unionsrecht abgeleitet wird. Damit fehlt es auch an einer funktionellen Zuständigkeit des Obersten Gerichtshofs zur Beurteilung der Voraussetzungen für die Bewilligung der Verfahrenshilfe zur Erhebung einer darauf gestützten Staatshaftungsklage."[1065]

Der OGH legt auch viele Fragen dem EuGH vor, wie zB in diesem Fall, der zuvor beim VfGH „abgeblitzt" ist[1066]. Die Frage des OGH lautete, ob „die Umweltverträglichkeitsprüfung auch dem Schutz des Einzelnen vor dem Eintritt eines Vermögensschadens durch Minderung des Werts seiner Liegenschaft" dient. Die Klägerin begehrte nämlich 120.000 Euro da ihrem Grundstück eine Wertminderung zu Teil wurde, weil beim Ausbau des Flughafens Wien Schwechat bzw dessen Bewilligung eine Umweltverträglichkeitsprüfung unterlassen wurde und die UVP-Richtlinie nicht richtig umgesetzt wurde und es in weiterer Folge zu mehr Fluglärm kam. Auch die Gesundheit der Klägerin sei beeinträchtigt, insgesamt wurde sowohl gegen nationales Recht, als auch Unionsrecht verstoßen. Der OGH weiter: „Die Entscheidung über diese Ansprüche, die jedenfalls nicht zur Gänze verjährt sind, hängt davon ab, ob die im

1064 VfGH 23.11.2012, A 15/11, JUS Vf/4809.
1065 OGH 31.01.2012, 1 Nc 76/11h.
1066 Siehe Kapitel IV 6.1.

Unionsrecht sowie im nationalen Recht festgelegte Pflicht der Behörden, eine Umweltverträglichkeitsprüfung durchzuführen, den einzelnen von einem umweltrelevanten Vorhaben Betroffenen vor den geltend gemachten Schäden schützen soll." Strittig ist dies deswegen, da in solchen Verfahren Nachbarn meist nur in der Substanz, aber nicht im bloßen Vermögen geschützt sind.[1067] Nun hat der EuGH die Frage zu klären.[1068]

7 Resümee

Wenn auch die Staatshaftung zunächst auf wenig Gegenliebe und Sympathie gestoßen ist, hat sie sich mittlerweile, mehr als 20 Jahre nach Francovich, zu einem Rechtsinstitut entwickelt, das unbestritten zum acquis communautaire gehört.[1069] Mit den auf Francovich folgenden Urteilen konnte der EuGH die Haftungsvoraussetzungen immer mehr präzisieren und ausbauen, sodass es mittlerweile nicht nur bei einer mangelnden Richtlinienumsetzung möglich ist, Staatshaftungsansprüche geltend zu machen, sondern bei jeglicher Verletzung des Unionsrechtes durch einen Mitgliedstaat. Insofern ist es dem EuGH mE in einer wirklich erstaunlichen Rechtsfortbildung gelungen, ein Institut in der EU zu etablieren, welches zu mehr (Unions)-Rechtstaatlichkeit führt. Dennoch bleibt es Richterrecht, welches nach wie vor zu einigen Unklarheiten führt. Die oft herangezogene Argumentation des Gerichtshofes, dass die vorgelegte Frage ohnehin schon in einem früheren Urteil vorlag, obwohl dies dort nicht schriftlich festgehalten, sondern als offensichtlich vorausgesetzt wird und daher, wenn überhaupt, zwischen den Zeilen gesucht werden muss, wirkt mE wie eine Ausrede dafür einen im Nachhinein etablierten Grundsatz rechtfertigen zu können. Dies erstaunt und trägt nicht zur Rechtssicherheit bei, da man sich als Mitgliedstaat nie sicher sein kann, wie der EuGH unklare Ausformulierungen auslegt.

Die mit Francovich und den Folgeurteilen als Grundsatz etablierte Staatshaftung beinhaltet insgesamt drei Voraussetzungskriterien: Zunächst muss ein Schaden vorliegen, der durch den Verstoß gegen Unionsrecht herbeigeführt worden ist, wobei die verletze Norm bezwecken muss dem Einzelnen Rechte zu verleihen. Der EuGH spricht von subjektiven Rechten, die jedoch nicht dem gleichen innerstaatlichen Begriff entsprechen, Mindestrechte sind ausreichend. In diesem Punkt scheint sich der OGH mit dem EuGH, der in diesem Punkt ähnlich klägerfreundlich agiert, einig zu sein.

Der Verstoß muss des Weiteren hinreichend qualifiziert sein, dabei wird versucht mit verschiedenen Gesichtspunkten, wie etwa dem Maß an Vorwerfbarkeit oder dem Ermessensspielraum, die Intensität des Verhaltens des Mitgliedstaates festzustellen. Keine

---

[1067] Vgl dazu Kapitel III 4.2.1; wo der OGH Nachbarn entgegen der hL auch im bloßen Vermögen schützt. Insofern erstaunt die Aussage: „Auch das vorlegende Gericht bevorzugt die Sichtweise, das Schutzgut Eigentum (im Sinn des Begriffs "Sachgüter" in Art 3 der UVP-Richtlinie) auf dessen Substanz zu begrenzen.".

[1068] OGH 21.07.2011, 1 Ob 17/11y = ÖJZ EvBl 2012/19, 128 (Anm *EvBl-Redaktion*).

[1069] *Storr* in *Holoubek/Lang* (Hrsg), Untätigkeit 51 (62).

gesonderte Feststellung bedarf es jedoch zB bei der unterlassenen Richtlinienumsetzung, dieser Verstoß ist jedenfalls qualifiziert. Daher droht den Mitgliedstaaten hier, natürlich nur, wenn die weiteren Voraussetzungen auch vorliegen, eine sichere Haftung. Jedoch prüft der EuGH mittlerweile auch bei sicher qualifizierten Verstößen immer öfter zusätzlich nach den Gesichtspunkten. Dies führt wiederum zu einer sehr mitgliedstaatenfreundlichen, weil haftungsverneinenden, Judikaturlinie. Als letzte Voraussetzung muss der Schaden durch den qualifizierten Verstoß auch kausal herbeigeführt worden sein.

Zu den Haftungsfolgen kann zusammenfassend festgehalten werden, dass die Staatshaftungsansprüche im nationalen Recht durchzusetzen sind. Hierfür haben die Mitgliedstaaten unter Beachtung des Äquivalenz- und des Effektivitätsgebot die Zuständigkeiten der Gerichte und das Verfahren festzulegen. Das Äquivalenzprinzip führt jedoch auch dazu, dass die Staatshaftungswerber gegenüber Amtshaftungswerbern nicht schlechter gestellt werden dürfen. Dies bedeutet, dass auch teils strittige und nicht zustimmungswürdige Auslegungen des OGH im Amtshaftungsrecht auf die Staathaftung anzuwenden sind, wie zB die Organstellung von Kessel- oder Bankprüfern. Für die Durchsetzung gibt es bislang keine expliziten gesetzlichen Regelungen, weshalb auf die bestehenden Normen des innerstaatlichen Rechts zurückgegriffen werden muss. Prinzipiell kann ein Anspruch entweder vor dem VfGH oder den ordentlichen Gerichten geltend gemacht werden. Die Abgrenzung im Detail ist aber in jenen Fällen schwierig, wo sich schädigende Handlungen kumulieren, wie zB beim Zusammentreffen von legislativem und administrativem Unrecht. Es gibt zwar „holprige" Abgrenzungskriterien, die in ein paar Fällen Klärung bringen, eine endgültige Lösung und damit eine Verhinderung von Unklarheiten und Unsicherheiten, kann aber nur der Gesetzgeber herbeiführen. Klar scheint die Zuständigkeit des VfGH in Fällen „reinen legislativen Unrechts" zu sein und bei Verstößen von Höchstgerichten. Wobei sich hier, wie gezeigt werden konnte, in Betracht der neueren Rechtsprechung des VfGH eine Festigung dieser Kriterien abzuzeichnen scheint.

Die Problemstellungen der Amtshaftung und jene der Staatshaftung sind nur in kleinen Bereichen miteinander vergleichbar. Während bei der innerstaatlichen Amtshaftung wegen Unterlassungen die Probleme vor allem bei der Pflichtenfindung und dem Schutzzweck der Norm sowie der damit einhergehenden klägerfreundlichen Ausweitung desselben verhaftet sind, findet sich eine Pflicht auf unionsrechtlicher eben sehr schnell, meist die Pflicht zur fristgerechten Umsetzung von Richtlinien. Zwar sieht auch der EuGH die Verleihung eines Rechts (Rechtswidrigkeitszusammenhang) sehr weit, findet aber eine Einschränkung der Haftung sehr rasch bei der Qualifiziertheit des Verstoßes, weshalb es oft doch nicht zu einer Haftung des Staates kommt. Dieser soll nur dann haften, wenn er „qualifiziert" gegen Unionsrecht verstoßen hat und damit nach Ansicht des EuGH den effet utile gefährdet hat. Die Hauptprobleme der Staatshaftung liegen aber klar in der Umrandung der einzelnen Tatbestandsmerkmale und der innerstaatlichen Umsetzung. Generell unterscheidet sich die Staathaftung, die sehr mitgliedstaatenfreundlich ist, von der Amtshaftung, die mehr auf Seiten der Kläger steht. Es zeigt sich dabei auch, dass der EuGH weit eher auf „Kritik" reagiert, als der OGH, der sehr hartnäckig an seiner Linie fest hält.

V Abkürzungsverzeichnis

Abkürzung	Kurztitel
(E)MRK	Menschenrechtskonvention (Europäische)
(st)Rsp	(ständige) Rechtsprechung
aA	anderer Ansicht
aaO; AaO	am angeführten Ort
Abs	Absatz
ADSSG	Auskunftspflichtgesetz (G über die Auskunftspflicht und den Datenschutz) Salzburg
AEUV	Vertrag über die Arbeitsweise der Europäischen Union
AHG	Amtshaftungsgesetz
aM	anderer Meinung
APG	Auskunftspflichtgesetz
Art	Artikel
ASGG	Arbeits- und Sozialgerichtsgesetz
AtomHG	Atomhaftungsgesetz 1999
AufG	Aufenthaltsgesetz
Beh	Behörde
BGBl	Bundesgesetzblatt
BGH	(deutscher) Bundesgerichtshof
BMF	Bundesministerium für Finanzen
BörseG	Börsegesetz 1989
bspw	beispielsweise
B-VG	Bundes-Verfassungsgesetz

BWA	Bundes-Wertpapieraufsicht
bzw	beziehungsweise
ca	zirka
dFinDAG	(deutsches) Gesetz über die Bundesanstalt für Finanzdienstleistungsaufsicht
dGG	deutsches Grundgesetz
dh	das heißt
DHG	Dienstnehmerhaftpflichtgesetz
EG	Vertrag zur Gründung der Europäischen Gemeinschaft (in der Fassung des Amsterdamer Vertrags) Europäische Gemeinschaften
EGMR	Europäischer Gerichtshof für Menschenrechte
EGV	Vertrag zur Gründung der Europäischen Gemeinschaft
EKHG	Eisenbahn- und Kraftfahrzeughaftpflichtgesetz
EO	Exekutionsordnung
et al	und andere
etc	et cetera
EU	Vertrag über die Europäische Union (in der Fassung des Amsterdamer Vertrags) Europäische Union
EuGH	Europäischer Gerichtshof
EUV	Vertrag über die Europäische Union
EWGV	Vertrag zur Gründung der Europäischen Wirtschaftsgemeinschaft
f	folgend(e)

FBG	Firmenbuchgesetz
ff	fortfolgende
FMA	Finanzmarktaufsicht
FMABG	Finanzmarktaufsichtsbehördengesetz
FS	Festschrift
G	Gesetz
GEG	Gerichtliches Einbringungsgesetz
ges	gesondert
GOG	Gerichtsorganisationsgesetz
GUG	Grundbuchsumstellungsgesetz
hA	herrschende Ansicht
hL	herrschende Lehre
Hrsg	Herausgeber
idF	in der Fassung
iSd	im Sinne des/der
iVm	in Verbindung mit
JN	Jurisdiktionsnorm
KesselG	Kesselgesetz
KFG	Kraftfahrgesetz
KFZ	Kraftfahrzeug
K-GplG	Kärntner Gemeindeplanungsgesetz 1995
KHVG	Kraftfahrzeug-Haftpflichtversicherungsgesetz 1994
KMG	Kapitalmarktgesetz
KWG	Kreditwesengesetz
Lit	Literatur

LuftFG	Luftfahrtgesetz
MBG	Militärbefugnisgesetz
mE	meines Erachtens
NBG	Nationalbankgesetz
Nr	Nummer
OeNB	Österreichische Nationalbank
OGH	Oberster Gerichtshof
OGHG	Oberster Gerichtshof-Gesetz (BG über den Obersten Gerichtshof)
ÖJK	Österreichische Juristenkommission
OrgHG	Organhaftpflichtgesetz
RL	Richtlinie
Rn	Randnummer
Rz	Randziffer
Slg	Amtliche Sammlung der E des EuGH
StEG	Strafrechtliches Entschädigungsgesetz
StGG	Staatsgrundgesetz über die allgemeinen Rechte der Staatsbürger
TierSG	Tierseuchengesetz
ua	unter anderem
uU	unter Umständen
va	vor allem
VfGG	Verfassungsgerichtshofgesetz
VfGH	Verfassungsgerichtshof
Vgl; vgl	vergleiche
WAG	Wertpapieraufsichtsgesetz

zB; ZB	Zum Beispiel
ZPO	Zivilprozessordnung
ZProtEMRK	Zusatzprotokoll zur EMRK

VI Literaturverzeichnis

1 Lehrbücher, Monographien, Sammelbände

- *Aicher* (Hrsg), Die Haftung für staatliche Fehlleistungen im Wirtschaftsleben, Orac Wien 1988
- *Bachmann/Baumgartner/Feik/Giese/Jahnel/Lienbacher* (Hrsg), Besonderes Verwaltungsrecht, 8. Auflage, Verlag Österreich Wien 2010
- *Berka,* Verfassungsrecht: Grundzüge des österreichischen Verfassungsrechts für das juristische Studium, 4. Auflage, Springer Wien New York 2012
- *Binder*, Der Staat als Träger von Privatrechten, Springer Wien New York 1980
- *BMJ* (Hrsg), Haftung für staatliches Handeln, NWV Wien 2003
- *Doralt*, Haftung der Abschlussprüfer, Lexis Nexis Wien 2005
- *Eilmannsberger*, Rechtsfolgen und subjektives Recht im Gemeinschaftsrecht: Zugleich ein Beitrag zur Dogmatik der Staatshaftungsdoktrin, Nomos Baden-Baden 1997
- *Eilmansberger/Herzig* (Hrsg), 10 Jahre Anwendung des Gemeinschaftsrechts in Österreich, NWV Wien 2006
- *Fischer-Czermak/Hopf/Kathrein/Schauer* (Hrsg), Festschrift 200 Jahre ABGB, Manz Wien 2011
- *Funk* (Hrsg), Öffentliche Universitäten im wirtschaftlichen Wettbewerb, ÖGB Verlag Wien 2010
- *Griller/Rill* (Hrsg), Rechtstheorie. Rechtsbegriff - Dynamik – Auslegung, Springer Wien New York 2011
- *Gruber/Harrer* (Hrsg), Aktuelle Probleme der Abschlussprüfung, Manz Wien 2006
- *Hauer* (Hrsg), Die Verwaltung zwischen Verschwiegenheit und Transparenz, Universitätsverlag Rudolf Trauner Linz 2002
- *Hauer*, Staats- und Verwaltungshandeln, 2. Auflage, Pedell Wissenschaftsverlag Linz 2008
- *Heißl* (Hrsg), Handbuch Menschenrechte, Facultas WUV Wien 2009

- *Holoubek*, Grundrechtliche Gewährleistungspflichten. Ein Beitrag zu einer allgemeinen Grundrechtsdogmatik, Springer Wien New York 1997
- *Holoubek/Gutknecht/Schwarzer/Martin* (Hrsg), Dimensionen des modernen Verfassungsstaates, Springer Wien 2001
- *Holoubek/Lang* (Hrsg), Organhaftung und Staatshaftung in Steuersachen, Linde Verlag Wien 2002
- *Holoubek/Lang* (Hrsg), Rechtsschutz gegen staatliche Untätigkeit, Linde Verlag Wien 2011
- *Hummer* (Hrsg), Neueste Entwicklungen im Zusammenspiel von Europarecht und nationalem Recht der Mitgliedstaaten, Springer Wien New York 2010
- *Kahl/Weber*, Allgemeines Verwaltungsrecht, 3. überarbeitete Auflage, facultas.wuv Wien 2011
- *Kammel*, Einführung ins Banken- und Kapitalmarktrecht, Linde Wien 2011
- *Karollus/Stadlmeier/Fischer* (Hrsg), Die Welt im Spannungsfeld zwischen Regionalisierung und Globalisierung, Festschrift für Heribert Franz Köck, Linde Verlag Wien 2009
- *Koziol*, Österreichisches Haftpflichtrecht Band I, 3. Auflage, Manz Wien 1997
- *Koziol*, Österreichisches Haftpflichtrecht Band II, 2. Auflage, Manz Wien 1984
- *Koziol/Welser*, Grundriss des bürgerlichen Rechts Band 2, 13. Auflage, Manz Wien 2006
- *Kreutzer,* Säumnis-Rechtsschutz gegen überlange Verfahren, NWV Wien 2010
- *Kugler*, Die Kooperationsmaxime: Richtermacht und Parteienherrschaft im Zivilprozess - der gemeinsame Weg zum richtigen Prozessergebnis, Universitätsverlag Rudolf Trauner Linz 2002
- *Leidenmühler/Eder/Leingartner/Winkler* (Hrsg), Grundfreiheiten - Grundrechte - Europäisches Haftungsrecht, NWV Wien 2012
- *Lienbacher/Wielinger* (Hrsg), Öffentliches Recht Jahrbuch, NWV Wien Graz 2010
- *Lienbacher/Wielinger* (Hrsg), Öffentliches Recht. Jahrbuch 2009, NWV Wien Graz 2009
- *Merten/Papier*, Handbuch der Grundrechte in Deutschland und Europa, Band VII/1: Grundrechte in Österreich, C. F. Müller Heidelberg 2009

- Öhlinger, Verfassungsrecht, 8. Auflage, facultas.wuv Verlag Wien 2009
- *ÖJK* (Hrsg), Entstaatlichung – Gefahr für den Rechtsstaat?, NWV Wien 2002
- *ÖJK* (Hrsg), Kritik und Fortschritt im Rechtsstaat, NWV Wien 1999
- *ÖJK* (Hrsg), Staatshaftung, Neuer Wissenschaftlicher Verlag Wien-Graz 2004
- *Paar,* Grundzüge des Amtshaftungsrechts, Manz Wien 2010
- *Perthold-Stoitzner*, Die Auskunftspflicht der Verwaltungsorgane: eine systematische Darstellung des Auskunftsrechts nach Art 20 Abs 4 B-VG und den ausführenden Gesetzen, 2. Auflage, Manz Wien 1998
- *Potacs/Holoubek* (Hrsg), Handbuch des öffentlichen Wirtschaftsrechts Band II, 2 Auflage, Springer Wien 2007
- *Ranacher/Frischhut*, Handbuch Anwendung des EU-Rechts, facultas.wuv Wien 2009
- *Rebhahn,* Staatshaftung wegen mangelnder Gefahrenabwehr: eine Studie insbesondere zur österreichischen Amtshaftung mit einem Beitrag zum Kausalzusammenhang im Schadenersatzrecht, Manz Wien 1997
- *Scharrer/Dalibor/Fröhlich/Rodi/Schächterle* (Hrsg), Risiko im Recht-Recht im Risiko, 50. Assistententagung Öffentliches Recht 2010 in Greifswald, Nomos Verlag Baden-Baden 2011
- *Schoißwohl*, Staatshaftung wegen Gemeinschaftsrechtsverletzung: Anspruchsgrundlage und materielle Voraussetzungen, Springer Wien New York 2002
- *Schumacher*, Richterliche Anleitungspflichten, Manz Wien 2000
- *Schwarzenegger,* Staatshaftung. Gemeinschaftsrechtliche Vorgaben und ihre Auswirkungen auf nationales Recht, NWV Wien 2001
- *Stein/Itzel/Schwall*, Praxishandbuch des Amts- und Staatshaftungsrecht, Springer Berlin Heidelberg 2012
- *Stolzlechner/Wendl/Bergthaler* (Hrsg), Die gewerbliche Betriebsanlage 3. Auflage, Manz Wien 2008
- *Walter/Mayer/Kucsko-Stadlmayer*, Grundriss des österreichischen Bundesverfassungsrechts, 10. Auflage, Manz Wien 2007
- *Wieser*, Auskunftspflichtgesetze, Verlag der österreichischen Staatsdruckerei Wien 1990

- Wilburg, Die Elemente des Schadensrechts, Elwert Verlag Marburg a. d. Lahn 1941
- *Winkelhofer*, Säumnis von Verwaltungsbehörden, Verlag der österreichischen Staatsdruckerei Wien 1991

2 Aufsätze

- *Achatz,* Das Auskunftspflichtgesetz- Rechtsnatur und Rechtswirkung von behördlichen Auskünften insbesondere im Steuerrecht, NZ 1988, 209
- *Brandl/Wolfbauer*, Die wirklich neue Finanzmarktaufsichtsbehörde, ecolex, 2002, 294
- *Davy*, ÖGZ 1983, 58
- *Frischhut/Ranacher*, Die Unterscheidung zwischen legislativem und administrativem Unrecht in Staatshaftungssachen; Eine Untersuchung der Rsp des EuGH und der österreichischen Gerichte, ÖJZ 2005/13
- *Graf*, Amtshaftungsansprüche geschädigter AMIS-Anleger - OGH trifft richtungsweisende Entscheidung, ecolex 2009, 396
- Graf, Bund haftet endgültig für BWA/FMA-Versagen im Fall AMIS, ecolex 2012, 768
- *Helmberg*, Amtshaftung im Baurecht, bbl 1998, 151
- *Kerschner,* Amtshaftung der Gemeinden bei Baugenehmigung in hochwassergefährdeten Gebieten, RFG 2008/22, 85
- *Kerschner*, Diskussion: Amtshaftung bei rechtswidriger Erlaubnis?, RdU 2001, 128
- *Kleewein*, Anrainerschutz bei Massentierhaltung im Privatrecht, RdU 1995, 55
- *Köhler*, Der Zugang zum VwGH in der zweistufigen Verwaltungsgerichtsbarkeit, ecolex 2013, 589
- *Kommenda*, "Man muss Fehler machen dürfen", AR 2008 H 1, 2
- *Konecny/Augenhofer*, Amtshaftung für falsche Auskünfte, JAP 2000/2001, 165
- *Kopetzki,* Haftung für geringes Lehrveranstaltungsangebot, RdM 2010/181, 183
- *Koziol*, Der Rechtsweg bei Staatshaftungsansprüchen-Gedanken eines Zivilrechtlers zum Beschluss des VfGH vom 6. März 2001, A 23/00 ua = ZfVB 2001/1922, ZfV 2001, 759

- *Krejci*, Amtshaftung für Bankprüfer, ÖBA 1998, 16
- *Krejci*, Amtshaftung für den Verlust BWG-widriger Investitionen in eine Bank?, ÖBA 2001, 461
- *Kunst/Salburg*, FMA: Amtshaftungsausschluss statt effizienter Aufsicht!, ecolex 2008, 1092
- *Novak*, Lebendiges Verfassungsrecht (1991), JBl 1995, 17
- *Öhlinger*, Sind staatliche Organe überhaupt- und wenn ja: In welchem Umfang- zur Information der Bevölkerung über Unfallgefahren verpflichtet?, ZVR 1995, 282
- *Ossenbühl*, Der gemeinschaftsrechtliche Staatshaftungsanspruch, DVBl 1992, 993
- *Paar*, Amtshaftung- und E-Control, ÖZW 2011, 12
- *Pirker/Kleewein*, Amtshaftung wegen unterbliebener Gefahrenabwehr, ÖJZ 1995, 521
- *Rabl*, Beschränkung der Haftung der FMA verfassungsrechtlich zulässig?, ZFR 2009/119, 186
- *Raschauer*, Amtshaftung und Finanzmarktaufsicht, ÖBA 2004, 338
- *Raschauer*, Bankenaufsicht, Amtshaftung und Beihilfenverbot, ÖJZ 2005/1, 1
- *Rebhahn*, Amtshaftung für "Bankprüfer" - Wohltat oder Irrweg?, ÖBA 2004, 267
- *Rebhahn*, Amtshaftung und Normzweck, JBl 1981, 513 f
- *Schoibl*, Der Fristsetzungsantrag nach § 91 GOG - Eine Maßnahme zur Beschleunigung des Gerichtsverfahrens?, JBl 1991, 14
- *Schwaighofer*, Arbeitnehmerschutz und Bauverfahren. Anmerkungen zu *Seebacher/Sorger*, "Amtshaftung gegenüber dem Bauwerber trotz Baubewilligung?", bbl 2006, 89, bbl 2006, 185
- *Schwarzenegger*, Zur Gerichtszuständigkeit in Staatshaftungssachen, ZfRV 2002/16
- *Seebacher/Sorger*, Amtshaftung gegenüber dem Bauwerber trotz Baubewilligung?, bbl 2006, 89
- *St. Korinek*, Amtshaftung für fehlerhafte Versicherungsaufsicht, ÖJZ 2000, 741
- *Standeker/Streit/Pressinger-Buchsbaum*, Schadensersatzanspruch Studierender gegen die Universität wegen unzureichenden Lehrveranstaltungsangebots? Anmerkungen und Überlegungen zu OGH 1 Ob 142/07z, zfhr 2008, 21

- *Steuxner,* Aspekte der Amtshaftung in der Finanzverwaltung. Unrichtige Bescheide, unrichtig erteilte Auskünfte oder eingetretene Verfahrensverzögerungen können Anlaßfälle sein, SWK 1991, B III 13
- *Thunhart*, Amtshaftungsansprüche des Bauwerbers wegen Bewilligung fehlerhafter Bauvorhaben (zugleich eine Besprechung von OGH 23. 2. 1999, 1 Ob 362/98m), bbl 2000, 112
- *Ulrich,* Amtshaftung für Studienverzögerung, Zak 2010, 331
- *Von Danwitz,* Die gemeinschaftsrechtliche Staatshaftung der Mitgliedstaaten – Entwicklung, Stand und Perspektiven der Europäischen Haftung aus Richterhand, DVBl 1997, 1
- *Von Danwitz,* Zur Entwicklung der gemeinschaftlichen Staatshaftung, JZ 1994, 335
- *Wilhelm*, Riegerbank-Anleihe: Lehrstück für Kridatare, ecolex 2003, 17
- *Winternitz*, Anlegerschäden eine "Reflexwirkung" des Aufsichtsverhaltens? Haftungsbeschränkung der FMA verfassungswidrig, ZFR 2009/118, 183

3 Kommentare

- *Danzl*, Kommentar zur Geschäftsordnung für die Gerichte I. und II. Instanz, 4. Auflage, Manz Wien 2002
- *Dellinger (Hrsg)*, Bankwesengesetz – Kommentar LexisNexis Verlag Wien 2011
- *Ellinger/Iro/Kramer/Sutter/Urtz*, BAO-Bundesabgabenordnung, 3. Auflage, Manz Wien 2012
- *Fasching/Konecny,* Zivilprozessgesetze, 2. Auflage, Manz Wien 2004
- *Grabler/Stolzlechner/Wendl*, Kommentar zur Gewerbeordnung 3. Auflage, Springer Wien 2011
- *Gruber/Raschauer* (Hrsg), Wertpapieraufsichtsgesetz Band I, Lexis Nexis Wien 2010
- *Hengstschläger/Leeb,* Kommentar zum allgemeinen Verwaltungsverfahrensgesetz 1 §§ 1 - 36 AVG, Manz Wien 2004
- *Laurer/Borns/Strobl/M. Schütz/O. Schütz*, Bankwesengesetz, 3. Auflage, Manz Wien 2011

- *Loebenstein/Kaniak,* Kommentar zum Amtshaftungsgesetz, Manz Wien 1985
- *Mayer,* Das österreichische Bundes-Verfassungsrecht - Kurzkommentar, 4.Auflage, Manz Wien 2007
- *Mayer/Stöger* (Hrsg), Kommentar zu EUV und AEUV, Manz Wien 2010
- *Rummel* (Hrsg), Kommentar zum Allgemeinen bürgerlichen Gesetzbuch, 3. Auflage, Manz Wien 2007
- *Schragel,* Kommentar zum Amtshaftungsgesetz (AHG) 3. Auflage, Manz Wien 2003
- *Schwimann,* ABGB Praxiskommentar Haftpflichtgesetze Band 7, 3. Auflage, LexisNexis Wien 2005
- *Vrba*, Amtshaftung-Staatshaftung Nationale und internationale Haftung des Staates für die Verhaltensweisen seiner Organe, Lose Blattsammlung, Weka Wien 2013
- *Vrba/Zechner,* Kommentar zum Amtshaftungsrecht, Orac Verlag Wien 1983
- *Ziehensack*, AHG Amtshaftungsgesetz Praxiskommentar, Lexis Nexis Wien 2011

4 Glossen

- *Klecatsky*, JBl 1981, 114
- *Kleewein*, RdU 2007/112, 211
- *Kucsko-Stadlmayer*, ÖZW 2002, 59
- *Lukas,* JBl 2010, 654
- *Rebhahn*, JBl 1991,180
- *Wilhelm,* ecolex 2007/75

5 Internetquellen

Alle Internetquellen wurden zuletzt am 01.04.2014 auf ihre Funktionalität überprüft.

- *Die Presse*, Berlin stellt Ölmultis unter Staatsaufsicht, abrufbar unter: http://diepresse.com/home/wirtschaft/international/754322/Berlin-stellt-Oelmultis-unter-Staatsaufsicht

- *FMA*, Die Aufgaben der FMA, abrufbar unter: http://www.fma.gv.at/de/ueber-die-fma/kompetenzen/aufgaben-der-fma.html

- *FMA*, Jahresbericht 2008, 24; abrufbar unter: http://www.fma.gv.at/typo3conf/ext/dam_download/secure.php?u=0&file=1936&t=1331633753&hash=22861096f79a9bd93155a3fdaf029a00

- *FMA*, Mission Statement, abrufbar unter: http://www.fma.gv.at/de/ueber-die-fma/mission-statement.html

- *FMA*, Über die FMA, abrufbar unter: http://www.fma.gv.at/de/ueber-die-fma/geschichte-der-fma.html

- *FMA/OeNB*, Handbuch Bankenaufsicht, abrufbar unter: http://www.fma.gv.at/typo3conf/ext/dam_download/secure.php?u=0&file=1903&t=1331645486&hash=68156a3bb99b968fba1b871e391443b4

- Homepage der Bundeskellereiinspektion, abrufbar unter: http://www.bundeskellereiinspektion.at/

- *Köhler*, Die neue Verwaltungsgerichtsbarkeit, abrufbar unter: http://www.verwaltungsakademie.ktn.gv.at/277477_DE--Die_neue_Verwaltungsgerichtsbarkeit_Koehler_2013.pdf

- Mitteilung der Pressestelle des BGH Nr 9/2005, abrufbar unter: http://juris.bundesgerichtshof.de/cgi-bin/rechtsprechung/document.py?Gericht=bgh&Art=en&sid=36c23e96f81ac388364417af5a040824&nr=32256&linked=pm&Blank=1

- *Möchel*, Welle an Amtshaftungsklagen beschäftigt Finanzprokuratur, abrufbar unter: http://www.wienerzeitung.at/nachrichten/wirtschaft/oesterreich/421454_Welle-an-Amtshaftungsklagen-beschaeftigt-Finanzprokuratur.html

- Nationalbank-Direktor Andreas *Ittner* zur Notverstaatlichung von heimischen Banken, abrufbar unter: http://www.wienerzeitung.at/nachrichten/wirtschaft/oesterreich/451406_Notverstaatlichung-heimischer-Banken-Keine-Alternativen.html

- *News*, Nach BHI-Pleite: OGH entschied gegen Republik, abrufbar unter: http://www.news.at/articles/0129/30/17762/nach-bhi-pleite-ogh-republik

- *OeNB*, Bankenaufsicht, abrufbar unter: http://www.oenb.at/Finanzmarktstabilitaet/Bankenaufsicht/Zustaendigkeiten.html

- *OeNB*, Definition Finanzmarktstabilität, abrufbar unter: http://www.oenb.at/Finanzmarktstabilitaet.html
- *WirtschaftsBlatt*, Republik Österreich haftet für Anlegerschäden, abrufbar unter: http://www.wirtschaftsblatt.at/home/boerse/bwien/republik-oesterreich-haftet-fuer-amis-anlegerschaeden-526972/index.do?_vl_pos=r.5.NT

VII Judikaturverzeichnis

1 OGH

Datum	Geschäftszahl	Fundstelle
12.05.1954	1 Ob 295/54	SZ 27/129
28.06.1961	1 Ob 255/61	Ohne Fundstelle
19.02.1975	1 Ob 187/74	SZ 48/17
14.12.1979	1 Ob 36/79	SZ 52/186
16.04.1980	1 Ob 9/80	SZ 53/61
10.09.1980	1 Ob 16/80	ZVR 1981/64
18.02.1981	1 Ob 34/80	JBl 1981,650 = SZ 54/19 = EvBl 1981/161
15.07.1981	1 Ob 35/80	SZ 54/108
14.10.1981	1 Ob 42/81	SZ 54/143
02.06.1982	1 Ob 24/81	SZ 55/81 = JBl 1983, 326
09.03.1983	1 Ob 1/83	SZ 56/36
03.09.1986	1 Ob 30/86	SZ 59/141 = JBl 1987,244
04.03.1987	1 Ob 47/86	SZ 60/33, JBl 1987, 386
23.09.1987	1 Ob 23/87	SZ 69/177 = ImmZ 1988,36
19.07.1988	1 Ob 16/88	JBl 1989, 45 = SZ 61/173
15.03.1990	6 Ob 544/90	JBl 1991, 732
04.04.1990	1 Ob 3/90	JBl 1991, 180 (Anm *Rebhahn*)
20.03.1991	1 Ob 36/90	ÖJZ EvBl 1991/100 = ecolex 1991, 455
26.06.1991	1 Ob 11/91	SZ 64/85
10.07.1991	1 Ob 13/91	JBl 1992, 47 = ÖJZ EvBl 1991/172
18.09.1991	1 Ob 33/91	JBl 1992, 249 = ZVR 1992/57
18.09.1991	1 Ob 38/90	ÖJZ EvBl 1992/14 = ecolex 1992, 89 = JBl 1992, 327 = SZ 64/126
29.01.1992	1 Ob 47/91	EvBl 1992/105
01.04.1992	1 Ob 9/92	JBl 1992, 649 = ZVR 1993/126 = SZ 65/2
09.06.1992	1 Ob 16/92	JBl 1993, 320 (Anm *Rebhahn*)
24.06.1992	1 Ob 15/92	SZ 65/94 = JBl 1993, 399
07.10.1992	1 Ob 46/91	Ohne Fundstelle
11.11.1992	1 Ob 5/92	JBl 1993, 532 (Anm *Kerschner*) = JAP 1993/94, 98 (Anm *Rebhahn*)
22.06.1993	1 Ob 22/92	SZ 66/77
19.10.1993	1 Ob 25/93	JBl 1994, 263 = RdU 1995, 37 = SZ 66/130 = AnwBl 1994, 657
11.03.1994	1 Ob 40/93	SZ 67/39
29.03.1994	1 Ob 20/93	ecolex 1994, 534 = JBl 1994, 695
25.10.1994	1 Ob 32/94	RdW 1995, 99 = ARD 4644/29/95
14.12.1994	Ds 6/94	RZ 1996/39, RZ 1996/39 = AnwBl

		1997, 8
27.07.1995	1 Ob 37/95	SZ 68/134
06.09.1995	1 Ob 22/95	SZ 68/156
28.09.1995	6 Ob 33/95	MR 1995, 225 = ecolex 1996, 98 = JBl 1996, 601
17.10.1995	1 Ob 20/94	SZ 68/189
17.10.1995	1 Ob 34/95	Ohne Fundstelle
17.10.1995	1 Ob 8/95	ecolex 1996,94 = ÖBA 1996,213 = ÖBA 1996,185 (Anm *Rebhahn*) = EvBl 1996/79, 464 = SZ 68/191 = HS 26.127 = HS 26.314 = HS 26.315 = HS 26.733
26.02.1996	16 Ok 9/95	ÖBl 1996, 202 = ecolex 1996, 689 = SZ 69/44 = JUS Z/2074
26.03.1996	1 Ob 2060/96i	Ohne Fundstelle
22.08.1996	1 Ob 2047/96b	SZ 69/188 = ecolex 1998, 408 = HS 27.007 = HS 27.257
15.07.1997	1 Ob 77/97y	bbl 1998/71 (Anm *Helmberg*) = RdW 1997, 719 = SZ 70/144 = ÖGZ 1998 H 7-8, 73
14.10.1997	1 Ob 144/97a	ÖJZ-LSK 1998/60/61 = ÖJZ EvBl 1998/59 = ecolex 1998, 318 = JBl 1998, 308 = SZ 70/199
28.04.1998	1 Ob 107/97k	RdU 1998, 144 (Anm *Kerschner*) = ecolex 1999/11 (Anm *Rabl*) = JBl 1998, 657 = SZ 71/75 = ÖGZ 2002 H 4, 57
19.05.1998	1 Ob 48/98k	ecolex 1998, 627
25.08.1998	1 Ob 154/98y	JUS Z/2611 = immolex 1999/59 = SZ 71/139 = MietSlg 50.348 = MietSlg 50.351 = MietSlg 50.712 = MietSlg L/35
19.01.1999	1 Ob 349/98z	JBl 1999, 672 = Sach 1999, 32
19.01.1999	1 Ob 267/98s	ZVR 1996, 361
19.01.1999	1 Ob 306/98a	JBl 2000, 179 (Anm *Kalb*) = MR 1999, 73 = ÖGZ 1999 H 7, 53 = ÖJZ-LSK 1999/125 = SZ 72/5
23.02.1999	1 Ob 362/98m	bbl 1999/182 = ÖJZ EvBl 1999/138 = JUS Z/2762 = RZ 1999/54 = RdW 1999, 717 = ÖGZ 2000 H 5, 61 = SZ 72/29 = bbl 2000, 112 (Anm *Thunhart*)
22.10.1999	1 Ob 213/99a	Ohne Fundstelle
23.11.1999	1 Ob 191/99s	Ohne Fundstelle
22.02.2000	1 Ob 14/00s	AP 2000/2001, 165 (Anm *Konecny*) = ecolex 2001/121, 373 (Anm *Redinger*) = ÖGZ 2000 H 7, 92 = bbl 2000/105, 164 = ARD 5131/24/2000 = SZ 73/34

22.02.2000	1 Ob 45/00z	ZfRV 2000/64, 151 = ZVR 2000/80, 340
22.02.2000	1 Ob 37/00y	RdW 2000/435, 467 = ÖJZ-LSK 2000/155 = ÖJZ-LSK 2000/165 = ÖJZ EvBl 2000/139, 605 = GesRZ 2001, Kurzinfo X = SZ 73/35
28.04.2000	2 Ob 82/00y	RZ 2000, 205 = JUS Z/2984 = ZVR 2001/2, 12 = EFSlg 93.592 = EFSlg 93.593 = EFSlg 93.594 = EFSlg 93.595 = EFSlg 93.598 = EFSlg 93.600 = ARD 5249/21/2001
25.05.2000	1 Ob 46/00x	RdW 2001/27, 18 = ARD 5198/35/2001
21.06.2000	1 Ob 88/00y	SZ 73/103 = ÖJZ-LSK 2000/231/232/233 = ÖJZ EvBl 2000/207, 894 = JUS Z/3066
25.07.2000	1 Ob 95/00b	ÖJZ-LSK 2000/245/250 = RdW 2001/33, 21 = ÖJZ EvBl 2001/19, 100 = JUS Z/3034 = ÖBl 2001, 129
19.12.2000	1 Ob 93/00h	MietSlg 52.204 = ZVR 2002/21, 89 = RZ 2002/4, 44
27.03.2001	1 Ob 25/01k	SZ 74/55 = ÖZW 2002, 59 (Anm *Kucsko-Stadlmayer*) = ÖJZ-LSK 2001/182 = ÖJZ EvBl 2001/159, 689 = JBl 2001, 722 = JUS Z/3193 = RdW 2001/608, 591
24.04.2001	1 Ob 1/01f	JBl 2001, 788 (Anm *Rummel*) = Sach 2001, 131 (Anm *Krammer*) Zeitschrift: ecolex 2001/304, 834 = RdW 2002/11, 19 = Sach 2002, 173 (Anm *Rummel*)
22.10.2001	1 Ob 262/01p	ecolex 2002/95, 246
27.11.2001	5 Ob 262/01t	ÖBA 2002/1066, 820 (Anm *Doralt*) = ÖZW 2002, 88 (Anm *Artmann*) = RWZ 2002/17, 60 = RdW 2002/82, 87 = ecolex 2002/41, 89 = wbl 2002/159, 226 = GesRZ 2002, Kurzinfo VII = ÖJZ EvBl 2002/97, 383 = SZ 74/188 = KRES 9/78a = KRES 10/141a = JAP 2002/2003, 56 (Anm *Dehn*) = Sach 2002, 173 (Anm *Rummel*) = wbl 2005, 108 (Anm *Harrer*) = ecolex 2005, 599 (Anm *Köck*)
29.01.2002	1 Ob 168/01i	JBl 2002, 390 (Anm *Kerschner*) = RdU 2002/16, 70 (Anm *Kleewein*) = JAP 2003/2004, 118 (Anm *Ortner*) = immolex 2002/62, 127 = ÖJZ-LSK 2002/109 = ÖJZ EvBl

		2002/108, 421 = RdW 2002/534, 592 = MietSlg 54.172 = MietSlg 54.185 = SZ 2002/4
26.02.2002	1 Ob 310/01x	JBl 2002, 520 = JUS Z/3414 = SZ 2002/27
26.02.2002	1 Ob 24/02i	ÖGZ 2002 H 8, 62 = ZVR 2003/24, 75
11.06.2002	1 Ob 103/02g	ZIK 2002/301, 212 = ecolex 2003, 17 (Anm *Wilhelm*) = ÖBA 2003/1100, 302 = KRES 10/146
26.11.2002	1 Ob 173/02a	ecolex 2003/75, 172 = bbl 2003/57, 83
28.01.2003	1 Ob 8/03p	Zak 2009/274, 178 = JBl 2009, 520 = RdW 2009/503, 524 = ecolex 2009/221, 590 = RdM-LS 2009/42, 194 = RZ 2009/EÜ 288, 195 = SZ 2009/30 = ecolex 2009, 579 (Anm *Rabl*)
25.03.2003	1 Ob 9/03k	ÖJZ-LSK 2003/143/144/146 = JUS Z/3589 = RZ 2003/23, 216 = SZ 2003/29
25.03.2003	1 Ob 188/02g	ecolex 2003/175, 416 = RdW 2003/362, 436 = ZIK 2003/197, 141 = wbl 2003/257, 443 = ÖJZ EvBl 2003/129, 608 = ÖJZ-LSK 2003/145 = GesRZ 2003, 239 = ÖBA 2004/1186, 304 = SZ 2003/28 = KRES 9/82 = ÖBA 2004, 267 (Anm *Rebhahn*) = ÖBA 2004, 338 (Anm *Raschauer*) = ÖJZ 2005/1, 1 (Anm *Raschauer*)
22.05.2003	8 Ob 262/02s	GeS 2003, 441 (Anm *Haberer*) = ecolex 2003/313, 763 (Anm *Schordan*) = RdW 2003/377, 448 = ZIK 2003/293, 212= GesRZ 2004, 39 (Anm *Schärf*) = AR 2005 H 2, 27 (Anm *Gruber*) = AR 2005 H 6, 10 (Anm *Stöger*)
01.07.2004	1 Ob 173/03b	RdW 2004/671, 726 = ecolex 2004/436, 943 = bbl 2004/178, 247 = JBl 2004, 793 = ÖGZ 2005 H 6, 67.
12.08.2004	1 Ob 231/03g	ARD 5548/8/2004 = ÖGZ 2005 H 1, 69 = JBl 2005, 184 = ÖJZ EvBl 2005/65, 299 = ÖJZ-LSK 2005/13/14 = SZ 2004/118
12.10.2004	1 Ob 42/04i	ZVR 2005/86, 295 (Anm *Rihs*) = RZ 2005, 122
12.10.2004	1 Ob 296/03s	SZ 2004/145 = ÖGZ 2005 H 1, 70 =

		JBl 2005, 387
24.06.2005	1 Ob 108/04w	JUS Z/4046 = RZ 2005, 283 = SZ 2005/91 = VersE 2045
24.06.2005	1 Ob 49/05w	SZ 2005/92 = ÖA 2005, 306 (Anm *Wienerroither*) = Sach 2005, 177 (Anm *Krammer*) = JUS Z/4038 = JUS Z/4039 = JBl 2006, 117 = ÖJZ-LSK 2005/244/245 = Zak 2005/63, 38 = RZ 2006/11, 106 = SZ 2005/92 = ÖA 2006, 9 (Anm *Schwimann/Weitzenböck*)
13.12.2005	1 Ob 232/05g	ÖGZ 2006 H 3, 58 (Anm *Kind*) = Zak 2006/135, 78 = ÖJZ-LSK 2006/49/50 = RdW 2006/124c, 129 = ÖJZ EvBl 2006/53, 291 = bbl 2006/94, 106 = SZ 2005/179
13.12.2005	1 Ob 226/05z	ecolex 2006/120, 286 = ÖBA 2006/1355, 528 = RZ 2006, 153 = KRES 9/94 = ZFR 2006/44, 109 = ZIK 2006/132, 108 = JUS Z/4139
31.01.2006	1 Ob 268/05a	RdW 2006/211, 215 = ÖJZ-LSK 2006/101 = Zak 2006/332, 198 = ÖJZ EvBl 2006/83, 459 = RZ 2006, 154 = ecolex 2006/285, 665 = ÖBA 2006/1363, 614 = JBl 2006, 530 = ZFR 2006/45, 110 = ZIK 2006/181, 142 = SZ 2006/15 = ZFR 2007/27, 87 (Anm *Gaggl*)
07.03.2006	1 Ob 151/05w	ÖJZ-LSK 2006/158 = ÖJZ EvBl 2006/118, 637
04.04.2006	1 Ob 18/06p	zfhr 2006/12, 133 = RdW 2006/581, 625
04.04.2006	1 Ob 251/05a	RWZ 2006/53, 176 (Anm *Wenger*) = ZFR 2006/12, 49 (Anm *Linder*) = 2006/205, 480 = GeS 2006, 257 = GesRZ 2006, 206 = Zak 2006/368, 215 = RZ 2006, 206 = JUS Z/4163 = ZIK 2006/131, 107 = ÖBA 2007/1438, 806 = SZ 2006/53 = HS 37.397 = HS 37.458 = HS 37.405 = HS 37.043 = HS 37.252 = AR 2006 H 5, 24 (Anm *Gruber*) = ÖBA 2007, 794 (Anm *Karner*)
17.10.2006	1 Ob 159/06y	ecolex 2007/75, 173 (Anm *Wilhelm*) = RdU-LSK 2007/27, 58 = RZ 2007/EÜ 207, 121 = SZ 2006/151
17.10.2006	1 Ob 142/06y	ecolex 2007/50, 106 = RZ 2007/EÜ 168, 118 = Zak 2007/90, 58 = ZFR

		2007/33, 103 = ÖBA 2007/1439, 814 = ZIK 2007/241, 143 = SZ 2006/150 = HS 37.253 = HS 37.404 = ÖBA 2007, 794 (Anm *Karner*)
28.11.2006	1 Ob 178/06t	bbl 2007/64, 66 = Zak 2007/164, 96 = Zak 2007/638, 364 (Anm *Hinghofer-Szalkay*) = RdU 2007/112, 211 (Anm *Kleewein*) = RFG 2008/22, 85 (Anm *Kerschner*)
28.11.2006	1 Ob 210/06y	Zak 2007/129, 78
28.11.2006	1 Ob 158/06a	ecolex 2007/147, 349 = bbl 2007/63, 66 = RZ 2007/EÜ 208/209, 12 = Zak 2007/163, 96 = RdU 2007/111, 209 = RFG 2008/22, 85 (Anm *Kerschner*) = SZ 2006/175 = HS 37.460
23.01.2007	1 Ob 255/06s	ZVR 2007/210, 335 (Anm *Kathrein*) = RZ 2007/8, 102 = RZ 2007/EÜ 240, 125 = Zak 2007/206, 118 = ecolex 2007/183, 437 = ÖJZ EvBl 2007/73, 410 = RdW 2007/351, 321 = KRES 9/102 = SZ 2007/5 = HS 38.392
27.03.2007	1 Ob 271/06v	Zak 2007/390, 219 = iFamZ 2007/94, 188 = RdM 2007/106, 150
27.03.2007	1 Ob 269/06z	ecolex 2007/248, 599 (Anm *Wilhelm*) = ZFR 2007/67, 164 = ÖBA 2007/1449, 918 = ZIK 2007/346, 214
03.05.2007	1 Ob 11/07k	RZ 2007/EÜ 383, 254 = HS 38.415 = HS 38.547 = HS 38.420 = HS 38.480
26.06.2007	1 Ob 103/07i	ÖJZ EvBl 2007/155, 862 = ecolex 2007/357, 854 = Zak 2007/618, 356 = RZ 2008/EÜ 12, 21 = SZ 2007/103 = HS 38.483
14.08.2007	1 Ob 142/07z	Zak 2007/617, 356 = zfhr 2007/18, 189 = ÖJZ EvBl 2008/25, 143 = RZ 2008/EÜ 77, 43 = zfhr 2008, 21 (Anm *Standeker* ua) = SZ 2007/127
18.12.2007	1 Ob 220/07w	bbl 2008/101, 125 = ÖGZ 2008 H 6, 57 = MietSlg 59.814
29.01.2008	1 Ob 228/07x	ÖJZ-LS 2008/37, 419 = ecolex 2008/191, 534 = RZ 2008/17, 237 = RZ 2008/EÜ 327, 255 = ÖGZ 2008 H 5, 65 = SZ 2008/16
16.09.2008	1 Ob 64/08f	RdW 2009/67, 66 = ARD 5936/4/2009 = ÖJZ EvBl-LS 2009/25, 186 = ÖGZ 2009 H 4, 54

		= Zak 2009/49, 38 = ecolex 2009/83, 232 = RZ 2009/EÜ 178, 91 = SZ 2008/130 = JUS Z/4593
30.09.2008	1 Ob 225/07f	ecolex 2008/404, 1128 = ARD 5926/8/2009 = ÖJZ EvBl 2009/44, 314 = JUS Z/4551/4552
16.12.2008	1 Ob 200/07d	bbl 2009/92, 113 = ÖJZ EvBl-LS 2013/49, 331 (Anm *Brenn*)
28.01.2009	1 Ob 187/08v,	RdW 2009/288, 339 = ecolex 2009/183, 487 = RZ 2009/EÜ 247, 142 = ecolex 2009, 396 (Anm *Graf*)
28.01.2009	1 Ob 232/08m	ZIK 2009/176, 107 = ecolex 2009/183, 487 = ZFR 2009/97, 152 = ÖBA 2010/1596, 70
26.02.2009	1 Ob 176/08a	Zak 2009/274, 178 = JBl 2009, 520 = RdW 2009/503, 524 = ecolex 2009/221, 590 = RdM-LS 2009/42, 194 = RZ 2009/EÜ 288, 195 = SZ 2009/30 = ecolex 2009, 579 (Anm *Rabl*)
09.03.2010	1 Ob 120/09t	ecolex 2010/193, 557 (Anm *Wilhelm*) = RdU 2010/146, 210 (Anm *Kleewein*) = bbl 2010/129, 161 = JBl 2010, 582 = RZ 2011/EÜ 15, 16 = SZ 2010/20
06.07.2010	1 Ob 93/10y	RdM 2010/181, 183 (Anm *Perthold-Stoitzner*) = JBl 2010, 654 (Anm *Meinhard*) = Zak 2010/566, 330 (Anm *Ulrich*)
10.08.2010	1 Ob 114/10m	Zak 2010/616, 358 = JBl 2010, 794 = RZ 2011/EÜ 25, 17 = RZ 2011/17, 177
23.02.2011	1 Ob 208/10k	Die Presse 2011/15/05 = MR 2011, 67 = JBl 2011, 648
23.02.2011	1 Ob 224/10p	Zak 2011/289, 157 = bbl 2011/140, 189 = ecolex 2011/319, 814 = MietSlg 63.595
21.07.2011	1 Ob 17/11y	ÖJZ EvBl 2012/19, 128 (Anm *EvBl-Redaktion*) = ecolex 2011/397, 1009
22.12.2011	1 Ob 287/03t	Keine Fundstelle
31.01.2012	1 Nc 76/11h	Keine Fundstelle
01.03.2012	1 Ob 232/11s	immolex 2012/90, 283 (Anm *Hagen*) = Zak 2012/316, 157 = bbl 2012/154, 181
23.03.2012	1 Ob 12/12i	Zak 2012/384, 198 = ecolex 2012/245, 611
22.06.2012	1 Ob 186/11a	ÖJZ EvBl-LS 2012/175, 1099

		(Anm *Brenn*) = RdW 2012/557, 519 = ÖBA 2013/1876, 52 = RZ 2013/EÜ 47, 70 = ZIK 2013/55, 37 = JBl 2013, 444 = ecolex 2012, 768 (Anm *Graf*)

2 VfGH

Datum	**Geschäftszahl**	**Fundstelle**
05.12.1985	B 825/85	VfSlg 10.725/1985
07.10.1991	B 902/88	VfSlg 12.847/1991
12.12.1991	V 210/91-222/91	VfSlg 12.944/1991
24.06.1993	G 191/92, G 274/92	VfSlg 13.476/1993
26.02.1998	B 886/97 ua	VfSlg 15.096/1998
06.03.2001	A 23/00 ua	VfSlg 16.107/2001
12.12.2001	G 269/01	VfSlg 16.400/2001
10.10.2003	A 36/00	VfSlg 17.019/2003
09.10.2008	A 8/08	VfSlg 18.600/2008
19.06.2009	A 9/08	VfSlg 18.787/2009
20.09.2011	A 11/10	VfSlg 19.471/2011
18.06.2012	A 13/11	B 815/11 = JUS Vf/4704 = Zak 2012/621, 322 = ZfVB 2013/232
10.10.2012	A 17/11	JUS Vf/4765
23.11.2012	A 15/11	JUS Vf/4809

3 VwGH

Datum	**Geschäftszahl**	**Fundstelle**
01.02.1989	88/01/0199	ZfVB 1990/1021/1165
12.07.1989	88/01/0218	ZfVB 1990/478
15.01.1990	89/12/0239	ZfVB 1991/14/188
15.05.1990	90/05/0074	ZfVB 1991/854 = ecolex 1990, 725
22.02.1991	90/12/0214	ZfVB 1992/252 = ÖJZ VwGH A 1992/3 = VwSlg 13388 A
21.01.1992	91/11/0144	ZfVB 1993/452/510/613 = VJ 1994 H 3, 11
15.09.1992	92/04/0099	WBl 1993, 131
16.09.1993	92/01/0077	JUS A/1741
15.10.1996	95/05/0250	keine Literatur-Fundstellen
29.10.1998	98/07/0113	ZfVB 2000/349
22.12.1998	96/08/0314	VwSlg 15.063 A/1998
23.10.2002	2002/08/0041	ZfVB 2004/1044 = VwSlg 15944 A

23.09.2004	2003/07/0103	VwSlg 16462 A/2004 = RdU 2005/108, 179 (Anm *Schulev-Steindl*)
16.03.2005	2004/12/0004	keine Literatur-Fundstellen
15.09.2006	2004/04/0018	ZfVB 2007/1449

4 EuGH

Datum	**Rechtssache**	**Partei**	**Fundstelle**
06.10.1982	C-283/81	CILFIT	Slg 1982, 3415
02.02.1989	C-22/87	Republik Italien	Slg 1989, 00143
19.11.1991	C-6/90, C-9/90	Francovich und Bonifaci	Slg 1991, I-5357
14.07.1994	C-91/92	Faccini Dori	Slg 1994, I-3347
05.03.1996	C-46/93, 48/93	Brasserie du pêcheure und Factortame	ÖJZ 1996, 401 = ecolex 1996, 428 = Slg 1996, I-1029
26.03.1996	C-392/93	British Telecommunications	WBl 1996, 202 = ZER 1996/55 = Slg 1996, I-1631
23.5.1996	C-5/94	Hedley Lomas	WBl 1996, 281 = ecolex 1996, 650 = AnwBl 1996, 434 = WBl 1996, 313 = ZER 1996/88 = RdU 1997, 25 = Slg 1996, I-2553
08.10.1996	C-178/94, C-179/94, C-188/94, C-189/94, C-190/94	Dillenkofer	WBl 1996, 483 = ecolex 1997, 473 = ZER 1997/173, 54 = JAP 1996/97 (Anm *Dessulemoustier*), 181 = ARD 4795/46/96 = AnwBl 1996, 743 = WBl 1996, 472 = HS 27.591 = HS 27.888 = Slg 1996 I-04845
10.07.1997	C-261/95	Palmisani	WBl 1997, 429 = ZER 1997/146, 188
24.09.1998	C-319/96	Brinkmann Tabakfabriken	SWI 1998, 538 = ÖStZB 1999, 176 = ZER 1999/325 = SWK 1999, R 34
01.06.1999	C-302/97	Konle	wbl 1999/263 = EuGRZ 1999, 329 = wbl 1999, 395 (Anm *Herzig*) = ecolex 1999, 881 =

			ZER 1999/108 = ZfV 2000/2, 16 (Anm *Schneider*)
15.06.1999	C-140/97	Rechberger	wbl 1999/238 = ARD 5042/17/99 = AnwBl 1999, 470 (Anm *Stix-Hackl*)= ecolex 1999, 880 = ZER 1999/122
04.07.2000	C-424/97	Haim	wbl 2000/272, 409 = ecolex 2000, 764 = ZER 2000/153, 170
26.09.2000	C-205/98	Republik Österreich	FJ 2001, 100 (Anm *Kilches*) = RdU 2001/51, 58 (Anm *Kind*)
30.09.2003	C-224/01	Köbler	EuGRZ 2003, 597 = ARD 5441/14/2003 = ZfRV 2003/43, 228 (Anm *Schwarzenegger*) = wbl 2003, 566 (Anm *Dobrowz*) = FS Funk 2003, 502 (Anm *Schwarzenegger*) = ZAS-Judikatur 2004/22, 33 = ÖGZ 2004 H 2, 47 = ZER 2004/260, 60
12.10.2004	C-222/02	Paul	wbl 2005/3, 32 = ZER 2005/315, 170
25.01.2007	C-278/05	Robins	wbl 2007/80, 190 = ZAS-Judikatur 2007/68, 80 = ARD 5775/6/2007 = ZER 2007/31, 139 = zuvo 2007/38, 51 = ZIK 2008/178, 105 = Slg 2007, I-01053
24.03.2009	C-445/06	Danske Slagterrier	ecolex 2009, 726
22.12.2010	C-433/09	Republik Österreich	Slg. 2010, I-00181

5 Sonstige

Gericht	**Datum**	**Geschäftszahl**	**Fundstelle**
BGH	27.05.1963	III ZR 48/62	BGHZ 39, 358 = NJW 1963, 1821
BGH	25.11.1968	III ZR 73/67	NJW 1969, 1065 (Ls.) = NJW 1969, 234 = WM 1969, 36 = JR 1969, 181

BGH	25.1.1973	III ZR 256/68	BGHZ 60, 112 = NJW 1973, 616 = VersR 1973, 368 = BauR 1973, 104
BGH	8.5.1980	III ZR 27/78	NJW 1980, 2578 = VersR 1980, 847